上級現代文Ⅰ 改訂版

問題編

河合塾講師
晴山 亨／立川芳雄／菊川智子／川野一幸 著

"ADVANCED GENDAIBUN
DESCRIPTIVE WRITING EXERCISES
FOR NATIONAL AND PUBLIC UNIVERSITIES"

桐原書店

目次

本書の使い方……4
入試情報……128

言い換え

1 傍線部中の指示語を言い換える
例題「何も言わない」原研哉 6
実践問題1「幻想の標語」日高敏隆 8
実践問題2「曠野から」川田順造 11

2 傍線部を本文の言葉で説明する
例題「ここではない場所 イマージュの回廊へ」今福龍太 14
実践問題1「精神の政治学」今村仁司 16
実践問題2「『終わり』の終わり」大澤真幸 20

3 傍線部中の複数の要素を言い換える
例題「公共性のパラドックス」平子義雄 24
実践問題1「足音が遠ざかる」松浦寿輝 26
実践問題2「感覚の近代」坪井秀人 30

内容説明

1 物事のつながりを説明する
例題「呪術的儀式」日野啓三 34
実践問題1「法と社会科学をつなぐ」飯田高 36
実践問題2「子規の画」夏目漱石 40

2 物事の違いを説明する
例題「歴史と出会い、社会を見いだす」佐藤健二 44
実践問題1「彩色の精神と脱色の精神」真木悠介 46
実践問題2「書籍について」渡辺一夫 49

［要約 1 条件指定のある要約］
例題「電脳遊戯の少年少女たち」西村清和 52
実践問題1「異文化理解」青木保 54
実践問題2「物語る声を求めて」津島佑子 58

理由説明

1 因果関係を説明する
例題「技術哲学の展望」村田純一 62
実践問題1「『文化が違う』とは何を意味するのか?」岡真理 64
実践問題2「自分ということ」木村敏 68

2 意味内容を説明する
例題「意識は実在しない」河野哲也 72
実践問題1「藤」幸田文 74
実践問題2「山羊小母たちの時間」馬場あき子 78

［要約 2 条件指定のない要約］
例題「学問論」田中美知太郎 82
実践問題1「化生する歴史学」鹿野政直 84
実践問題2「進化するコトバ」沼野充義 87

総合問題1「近代の呪い」渡辺京二 116
「江戸のダイバーシティ」田中優子

表現(小説中心)

1 具体的な事実を盛り込んだ説明をする
例題「童話」阿部昭 90
実践問題1「ダイヤモンドダスト」南木佳士 92
実践問題2「日帰りの旅」伊藤桂一 96

2 本文に書かれていないことを説明する
例題「留学」遠藤周作 100
実践問題1「川べりの道」鷺沢萠 102
実践問題2「妄想」森鷗外 105

3 傍線部中の独特な表現を言い換える
例題「声の山」黒井千次 108
実践問題1「文字禍」中島敦 110
実践問題2「恋愛至上かも知れない」佐藤春夫 113

総合問題2「経験をリセットする」河本英夫 122
「印度放浪」藤原新也

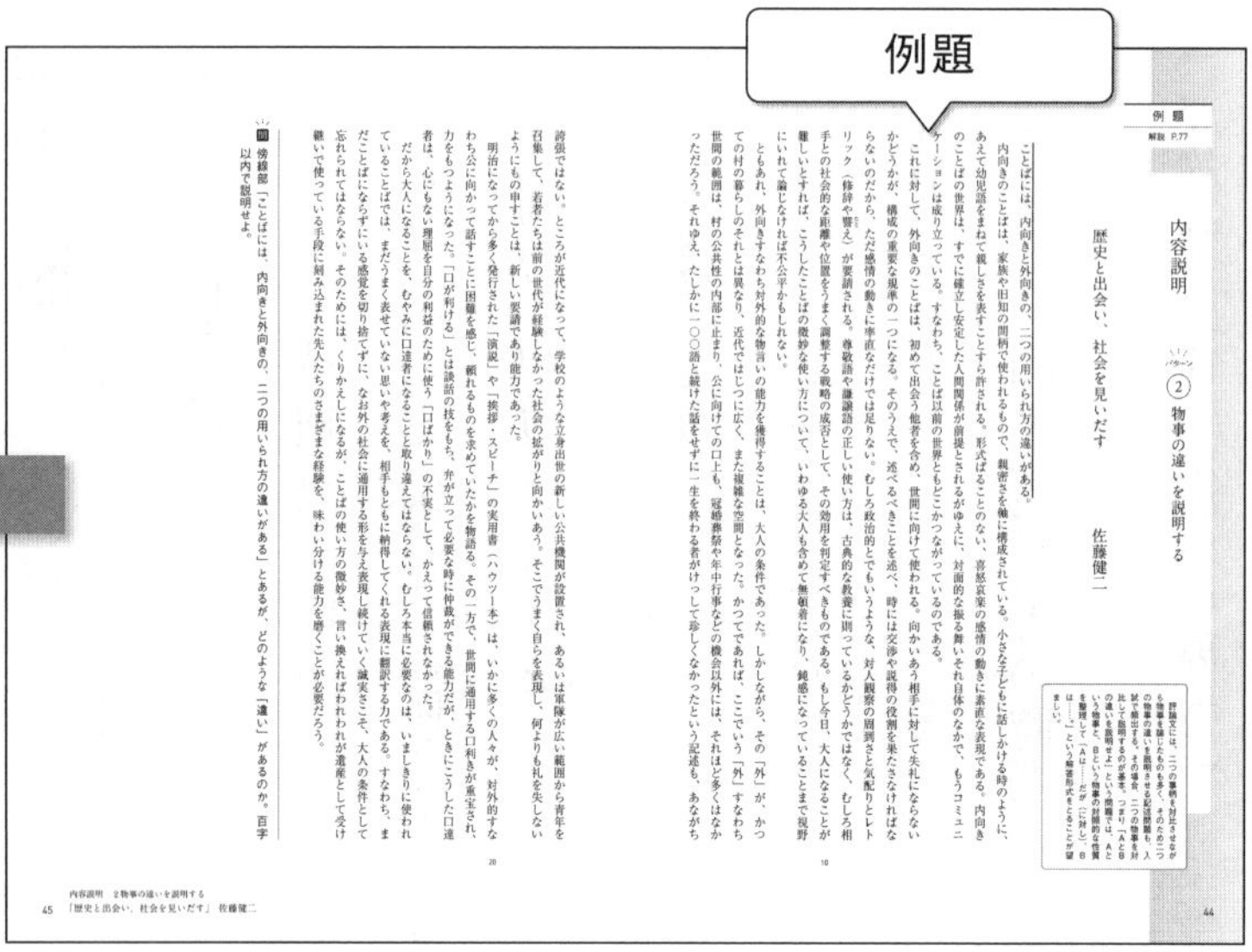

本書の使い方

――問題編――

本書は、記述問題を以下の12のパターンに分類して学習することで、さまざまな記述問題に対応する力を身につけられるよう工夫しています。

言い換え

1 傍線部中の指示語を言い換える

2 傍線部を本文の言葉で説明する

3 傍線部中の複数の要素を言い換える

内容説明

1 物事のつながりを説明する

2 物事の違いを説明する

［要約　1 条件指定のある要約］

理由説明

1 因果関係を説明する

2 意味内容を説明する

［要約　2 条件指定のない要約］

表現

1 具体的な事実を盛り込んだ説明をする

2 本文に書かれていないことを説明する

3 傍線部中の独特な表現を言い換える

12あるパターンをそれぞれ効果的に学習するために、各パターンは、

例題
⇩
実践問題1
⇩
実践問題2

という構成をとっています。一つのパターンについて、それぞれ3題解くことで、パターンをしっかり定着させることができます。

例題は、パターンの内容をつかむための問題です。ここではパターンの理解に集中するようパターンに該当する設問を一問解きます。また、タイトルの下にパターンについての説明を付しています。この説明を読んでから問題に取り組むと理解が増すでしょう。解説・解答編ではさらに詳しい解説をしています。

※例題は、一三〇〇〜一八〇〇字程度の短い文章を使用しています。

※例題は、すべて一問で構成され、20点満点となります。

実践問題1では、実際の入試のように、複数の設問を解きます。そのうち一問は、必ずパターンに該当する設問が含まれています。

が付いているものがパターンに該当する設問です。

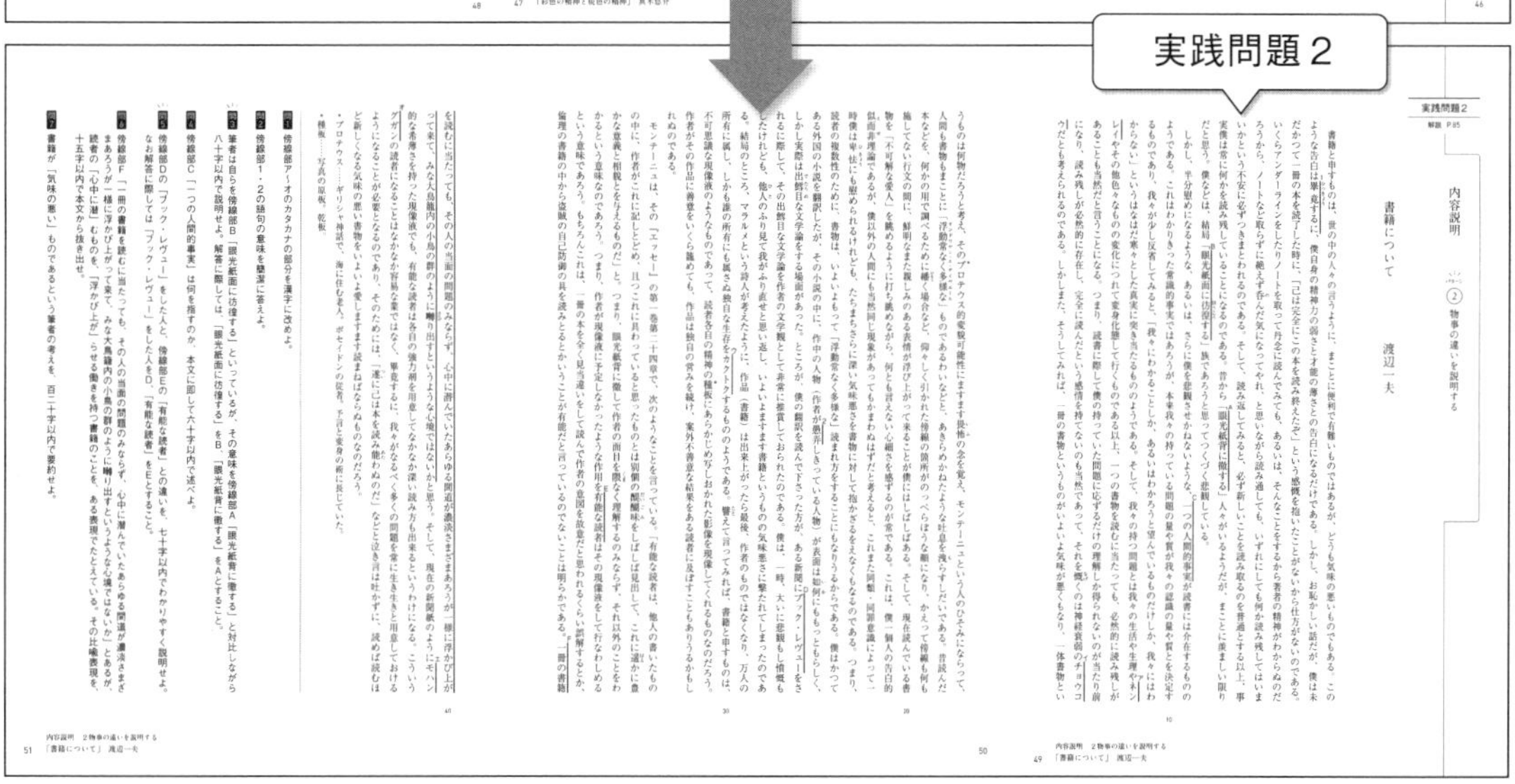

実践問題2では、実践問題1と同様、パターンを含んだ設問を解きます。ここではパターンを含む設問は、一問とは限りません。複数出題されることもあります。

実践問題1より設問数の多いものや、難易度の高い問題を用意しています。

※実践問題1・2は、二二〇〇〜三六〇〇字程度の実際の入試問題を意識した長さの文章を使用しています。

※実践問題1・2は、四〜七問で構成され、50点満点となります。

総合問題では、本書で学習する12のパターンを含んだ設問が複数出題されます。また、複数要素を扱った設問や、字数指定のない設問に取り組むことができます。

記述問題を解く際には、解答字数に気を配る必要があります。解答字数に合わせた別冊の解答欄冊子を用意していますので、字数を意識しながら記述解答を作り上げましょう。

また、記述問題の得点を伸ばすためには、自分の解答を見直すことが必要になります。解説書を読みながら自分の解答を採点し、どのようにすればよりよい解答になるかを検討しながら、再度解答を作り上げてみましょう。

言い換え

パターン ① 傍線部中の指示語を言い換える

記述問題の練習の入り口として、まずは指示語の指示内容を説明する問題を解いてみよう。基本的には、指示語が本文中のどの部分を指しているのかを考えて答えを作ればよい。ただし、解答が完結したわかりやすいものになるように、くれぐれも心がけてほしい。

何も言わない

原研哉

日本では理想的なコミュニケーションが生まれている状況を「阿吽(あうん)の呼吸」という。神社の入り口の左右に立っている狛犬(こまいぬ)の片方は「あ」と息を吐き、他方は「うん」と息をのむ。コミュニケーションに喩えれば、何かを発している状態と、受け入れている状態。これが同時に行われて、瞬時の了解が相互に生まれている状況が阿吽の呼吸である。

日本人のコミュニケーションは分かりづらいと批判されることがある。伝えたい事柄を明言せず、ぼかしてしまう。主語をはっきりさせない。根回しや腹芸を用いて、曖昧なままでことを進めようとする。だから、全てを明確にし、論理構造を顕在化させる西洋式のコミュニケーションの文脈では理解しにくいということであろう。しかし、「阿吽の呼吸」や「根回し」「腹芸」は高度なコミュニケーションでもある。主体をはっきりさせなかったり、責任者を特定できなくしたり、言わずもがなでことをすませることは、暗黙裏の合意形成のシステムである。そのようなコンセンサス*が自然と共有される事態は、錬度の高い集団的コミュニケーションの結果であり、それ自体は優れた伝達技術であると考えた方が自然である。今日のように、インターネットを介した膨大な集団コミュニケーションが動き出している状況においては、むしろこのような合意形成の手法が精密に読み直され、研究される必要があるだろう。

極めて大事な決定をする時に、決定の対象となるものやことを直接指示せず、それを括弧(かっこ)にくるんで扱うという方法は、空白のコミュニケーションであり、エンプティネス*の運用である。

「あれ（　）はそういうこと（　）でよろしいでしょうか」

一同無言。

「ご異議がございませんようですので、あれ（　）はそういうこと（　）ですすめさせていただきます」

などという局面を理解できない外国人がいたならば、切実なる主題を直接的な名詞で言明する荒々しさを避け、代名詞で行うという抑制の効かせ方と、誰かが決めたのではなく、そこに居合わせた全ての人々が、空の器に盛られ、代名詞化されて示された主題の行方を黙認することで、参加者全員が等しくその決定事項の責任を分担するというコミュニケーションのメカニズムを説明してあげなくてはいけない。いい加減にものごとを決めているのではなく、当事者だけが理解できる方法で精密にエンプティネスを運用し、合意を形成し、責任や権力の偏在を回避しているのである。ずるがしこい政治家がこの仕組みを悪用して責任を回避する構図が時にクローズアップされるので、<u>この仕組み</u>そのものがいかがわしく見えてしまう傾向があるが、本質はそうではない。

交差点を十文字に交差させてしまうと、そこには必ず信号機を設置して、「行け」と「止まれ」を峻別（しゅんべつ）する必要が生じる。しかしながら、丸い円を交差点に配した「ラウンダーバード*」という仕組みを用いるならば、全てのクルマは停止することなく、進みたい方向に進んでいくことができる。もちろんこの比喩は正確ではないが、意味の中央をエンプティにすることは、十文字の交差点のような特異点を、コミュニケーションの俎上（そじょう）から巧妙に外していく技術なのである。大事な中枢を括弧でくくって中央を空白にすることで、時にそこに入るべきものを取り違える誤解が生ずるが、誤解が生ずることすらも可能性に含んでいる点も、この仕組みの要点である。

＊コンセンサス……合意。
＊エンプティネス……空っぽ。「エンプティ」はその形容詞形。
＊ラウンダーバード……「ラウンドアバウト」のこと。

問　傍線部「この仕組み」とあるが、その内容を、本文に即して六十字以内でまとめよ。

言い換え

パターン ① 傍線部中の指示語を言い換える

幻想の標語

日高敏隆

どの時代にも、人間の社会にはその時代の関心を反映して、いろいろな標語がカカげられる。たとえば、「自然と人間の共生」、「生態系の調和を乱すな」。

「自然にやさしい」という表現もさまざまな商品に用いられていて、セールス・ポイントにさえなっているようだ。

これらのことばは、いずれももっともで、今、われわれの関心の的である環境問題の解決のためにぜひとも大切な心がまえを示しているようにみえる。

けれどこれらは、どうやら少々古くさい生態学にもとづいた幻想のように思えてくることもあるのだ。

それは、「利己的な遺伝子」という全く別の流行語と関係がある。これはイギリスの動物行動学者リチャード・ドーキンスが創(つく)りだしたキャッチ・フレーズで、自然界の生物たちは、すべて「利己的な遺伝子」の産物であり、われわれ人間もその例にもれないとするダイタンな見方にもとづいている。

テレビなどでもおなじみのとおり、この地球上にはさまざまな種の生物がいて、それぞれに異なった、それぞれに巧みな生きかたをしている。これらさまざまな生きものたちは、それぞれがそれぞれの種を維持するために、一生懸命生きているのだと、かつては思われていた。そして、それらの生物たちは、生態系という一つのシステムの中にあって、そこには彼らが皆、ともに生きていけるような調和のしくみがあるのだと考えられてきた。

しかし、一九七六年に出版された『利己的な遺伝子』でドーキンスが展開した見方は、かつてのこの生物観を根本から覆してしまった。

つまり、生きて殖(ふ)えていこうとしているのは、種でも個体でもなく、遺伝子なのだというのである。

遺伝子はそれぞれの個体に宿っている。それぞれの個体に宿る莫大(ばくだい)な数の遺伝子の集団は、自分たちが生き残っていけるように、見事なティームワークを組みながら、その個体をつくり、生かし、成長させていく。そしてその個体を「操って」子孫をつくらせる。こうして遺伝子は殖えていく。それぞれの個体はこのような遺伝子の「企み」によって、一生懸命生き、自分自身の子孫をできるだけたくさん後代に残そうと努力する。

それぞれの種の一つ一つの個体がそうやって自分自身の子孫を殖やしていこうとするので、それは当然シェア争いになる。なぜならその種が生きていける条件をそなえた場所は限られているからである。

だとすると、B自然はけっして調和のとれた場所ではない。シェア争いに勝った個体の子孫が殖えていき、その結果として種も存続し、進化もおこる。種の存続、種の維持は、かつて考えられていたように目標であったのではなく、個体同士の競争の「結果」にすぎないのである。

同じ種の中でこのような競争がおこっているばかりではない。異なる種、異なる動物と植物の間にも、このような競争がたえずおこっている。しかしCそこには、強弱の問題や、競争のコストの問題があるから、一定のところで妥協点に達せざるを得ない。この妥協した状態をわれわれが外から見ると、それは一つの「調和」のようにみえる。

われわれはそれを、自然界の調和であり、生態系の調和であると思ってしまったのである。けれど実は、そこには予定された調和はなく、絶えざる競争があるにすぎない。

このような見方に立つと、「生態系の調和を乱すな」ということばの意味がわからなくなってくる。本来は存在しない「調和」を乱すも乱さないもないではないか。

「共生」にしてもそうである。共生している二つの生物は、はじめから「お互い仲良く助け合いましょうね」といって「共生」しているわけではない。たとえばいつも共生の例にあげられる花と昆虫も、どうやら互いに相手をウテッテイ的に利用して、それぞれ自分の子孫をできるだけたくさん残そうとしているだけらしい。

花はなんとかして昆虫に花粉を運ばせたい。蜜はそのためのやむを得ないコストとして作っている。昆虫は蜜だけ手に入れればよい。花粉なんか運んでやる気はさらさらない。けれど、花のほうが無理やり花粉をくっつけてしまうので、やむなく運ぶことになっているだけだ。そうだとすると、「自然と人間の共生」とは何を意味するのか？

自然が果てしない競争と闘いの場であるなら、「自然にやさしく」というとき、いったいそのどれにやさしくしたらよいのだろう？　どれかにやさしくすれば、その相手には冷たくしていることになる。

このように考えてみると、ぼくが前から主張している「人里」というエガイネンが、なかなか重要な意味をもっていることがわか

言い換え　1傍線部中の指示語を言い換える

ってきた。

人里とは、人間が住んでいるところと自然とが接している場所である。人間は生きて活動していくために家を建て、田畑を作る。そのためには自然を破壊せざるを得ない。これは人間のロジック（論理）である。家は住んで快適であってほしい。田畑からはよけいな草や虫を追いだして、作物を作らねばならない。自然にやさしくなどしてはいられない。

けれど、その家や田畑のまわりには自然がある。そこでは自然は、自然のロジックに従って、互いに競争しあっている。競争に勝とうとして、人間の家や田畑へ入りこんでくる草木や虫もいるであろう。人間はそれらを、人間のロジックで追いだそうとする。しかし、自然はまた、自然のロジックで巻き返してくる。

このように、Ｄ人間のロジックと自然のロジックがせめぎ合っている場を、ぼくは人里と呼ぶことにしている。こういう人里では、人間は自然のどれかにやさしくしているわけではないが、自然のロジックは自然のロジックのままにさせている。そこに調和はないのだが、人間はあえてそこに調和を作りだそうともせず、あえてかき乱そうともしていない。このような状態が自然と人間の共生なのかもしれないという気がしている。

ぼくが会長をしている日本ホタルの会は、「人里を創ろう」ということを訴えてきた。動物行動学ないし行動生態学の見方に立ってみると、これはオイガイと的はずれではなかったかもしれない。

問1　傍線部ア〜オのカタカナの部分を漢字に改めよ。
問2　傍線部Ａ「この生物観」の内容を、本文に即して八十字以内で説明せよ。
問3　傍線部Ｂ「自然はけっして調和のとれた場所ではない」とあるが、では、どういう場所だというのか。それを言い表した十字以上十五字以内の語句を本文から抜き出せ。
問4　傍線部Ｃ「そこ」の指示内容を、本文に即して三十字以内で答えよ。
問5　傍線部Ｄ「人間のロジックと自然のロジックがせめぎ合っている」とあるが、「人間のロジック」とはどういうことか。本文に即して四十字以内で説明せよ。

言い換え

パターン ① 傍線部中の指示語を言い換える

曠野から

川田順造

このサヴァンナに生きる人々の生活は、荒々しい自然に対して人間がきわめて受動的にしか生きないとき、人間がひきずらなければならない悲惨を私にみせつける。だが、それとは逆に、自然に対して人間がいどみ、人間のもつある種の欲求に自然を従わせようとする努力をしゃにむにつづけたとすれば、そのゆきつく先は、世界の一部にわれわれがすでにみているように、一生土をふまず、合金の檻（おり）のなかでひたすら無精卵を産みつづける鶏や、植物の実としての機能をまったくうばわれた、気の毒な種子（たね）なし西瓜（すいか）をつくり、大気や海を汚し、性行為を生殖からきりはなし、まもなく死ぬことがわかっている病人の、心臓の【ア】コドウがとまらずにいる時間をただ少しでもながびかせるために、気管を切開して、最期に言いたいこともいえなくしてしまう医学を生みだすことになるのであろう。そして、【A】こうした方向への、人間の思いつめた突進は、人間のもつ欲求の一部分だけを絶対化し肥大させたいわゆる合理主義と結びついて、一層たがのはずれたものになったのであろう。だが、この土地の人々の生活をいくらかでも知ったあとでは、私は、【B】単純な自然・原始讃美の論には、どうしても与（くみ）することができない。自然をまもれとか、自然にかえれというようなことが、それ自体人工的な形で問題になるのは、人間がある程度自然を制御するのに成功したあとのことである。自然にうちひしがれたままの人間というのは、みじめであり、腹立たしくさえある。

理想の楽園としての人間の「自然状態」は、実際にはおそらく過去にも存在しなかったし、現在も地上に存在しないだろう。いうまでもなく、私がいま見ているこのアフリカの【イ】イチグウの人々の生活は、ヨーロッパの植民地支配に踏みにじられしぼりとられたあとの、それなりに「自然状態」からはきわめて遠いものである。しかし、アフリカの自然・歴史・社会についていま私がもっているわずかな知識と体験から考えられるかぎりでは、過去をいくらさかのぼっても、アフリカに理想郷があったとは思えないし、私の学んだかぎりでの、現代の人類学の知見も、原始状態を理想化することのむなしさを教えているようだ。私は、人類の歴史は、自然の一部でありながら自然を対象化する意志をもつようになった生物の一つの種が、悲惨な試行錯誤をかさねながら、個人の一生においても、社会全体としても、叡知をつくして、つまり最も「人工的」に、みずからの意志で自然の理法にあらためて帰一する、その模索と努力の過程ではないかと思うことがある。人間の理想としての「自然状態」は、無気力に自然に従属した状態ではなく、また、すでにある手本をさがしてみつかるものでもなく、意志によって人間がつくりだすべきものなのであろう。

　私は、二十世紀後半のアフリカ社会を語るのに、自然と人間という対置をあまり重くみすぎたかもしれない。いまこの国の人たちの生きている生活が、半世紀あまりのフランスの植民地支配によって、どれだけふみにじられたあげくのものであるかということは、簡単には言いつくせない。文字記録をもたないこの社会の歴史を、土地の人たちの伝承を集めたり社会制度や習俗を比較しながらさぐろうとする私の仕事の過程で、植民地支配以来の白人のムチと策謀のあとは、毎日のように私の目と耳につきささってくる。鉄道・道路工事のために、あるいは白人の贅沢な家をつくる材料や食料品や、白人がアフリカから奪いとってゆく物資をはこぶために、天然資源の面で搾取される価値の乏しいこの国の、従順でシンボウづよい人たちが、近隣の、もっと搾取価値の高い植民地へ「人的資源」として、ムチで狩り出されて行ったかずかずの記憶。そのあげくの村の荒廃。入れかわりに流しこまれた安物の商品と貨幣経済。そして、思考や感性の根底から従順な仔羊につくりかえてゆくような、フランス語の義務教育。

　どうすればいいのか――この国の心ある人たちがたえず考えつづけてきたこの難問に、私が安直な答えを出せるはずもない。よそ者の私が、日頃土地の人、政府の人や、技術援助の外人などと話して思うのは、フランスの制度や技術、物の考え方から言語まで見習うことをやめて、皮相な「近代化」（それはもう時代おくれでもある）をいそがずに、遠まわりなようでも、生活の最基層部から、祖先以来の生活様式や技術を再検討していったらどんなものかとか、農業など生活技術の検討を、現地語を用いて、成人もふくめて、さかんにする気運はつくれないものだろうかとか、植民地分割の都合できめられたいまの国境を絶対化せずに、長い目でみてもっと必然性のあるアフリカ再統合の可能性を、近隣のアフリカ諸国と協力して探れないものか、などといったことだが、こうした傍目八目の理想論は、現実の政治情勢や、あらゆる面で形をかえて存続しているフランスの桎梏のために、かんたんには実現しそうもない。ただ、在来の生活様式・技術の再検討、その基礎資料の蒐集などは、私の学んだ人類学の知識と、私がよそ者であるというとりえを活かして、近い将来に、いま企画している条件がととのえば、土地の人に協力して実際にやってみようと思っていることの一つだ。これまでの外国の技術援助をみても、農業や生活の改良で、外から何か立派なものをもちこんで土地の人に「与え」たり、「教え」ようとしたものは、耕耘機の使用、ドジョウ改良、大貯水池の建設など、たいていは根を深くはらない花のようなものに終(おわ)っている。外来者は土地の人に「教える」のではなく、むしろ土地の人の知識や経験の深い意味を「学んで」、それを成熟させる触媒になることが大切なのではないだろうか。Dそのような体験を通じて、外来者の方も、彼自身の社会を考えなおす力をたくわえることができるのかもしれない。

とはいうものの、いまの私にとっては、日々の体験のなかで、頭からざぶりとかぶるなまの感情の前に、抽象的な思考にみちびかれた確信などというものが、いかにかげのうすいものでしかないかを思い知らされることの方が多い。知りあいの村の人に頼まれて、病人を私の小型トラックでテンコドゴの病院に運ぶときだけにはたしかに――この土地に多い髄膜炎で重体だったある男の子は、この私設救急車があったために、一命をとりとめた――それが全体からみればとるにたらぬ気休めにすぎないことがわかっていても、私は、ささやかな充足感のようなものを感じる……。

問1 傍線部ア～エのカタカナの部分を漢字に改めよ。

問2 傍線部A「こうした方向」とは、人間がどのようにすることか。本文に即して三十五字以内で説明せよ。

問3 傍線部B「単純な自然・原始讃美の論には、どうしても与することができない」とあるが、これについて次の二つの問に答えよ。

1 筆者が傍線部のように言うのは、どのようなことを目の当たりにしたからか。本文に即して五十字以内で説明せよ。

2 筆者は傍線部のように言いながらも、望ましい「自然」状態があると考えている。それはどのようなものか。本文に即して八十字以内で説明せよ。

問4 傍線部C「この難問」とあるが、それはどういうことか。百二十字以内で具体的に説明せよ。

問5 傍線部D「そのような体験を通じて、外来者の方も、彼自身の社会を考えなおす力をたくわえることができるのかもしれない」とあるが、それはどういうことか。百二十字以内で説明せよ。

例題
解説 P.25

言い換え

パターン ② 傍線部を本文の言葉で説明する

> 傍線部の内容を、本文中の言葉を使って言い換え、説明する問題を練習してみたい。この例題では、傍線部の「戦略」が「狡猾」なものであり「ビジネス」上のものであるということを説明すればよい。傍線部を含む段落だけを読むのではなく、本文全体の構成をつかんでから答えを作らないと正解できないので、その点に注意しよう。

ここではない場所　イマージュの回廊へ

今福龍太

現代の「エコロジー」は、人間の生存と地球の存続のイメージが重ね合わされたとき、はじめて生まれた。核テクノロジーを中心とした科学技術の加速度的な展開・拡張と、二十世紀末の黙示録的な社会心理とが人間のなかに芽生えさせた「未来のカタストロフ」を漠然と予感するような感覚は、この「終焉の意識」とちょうどバランスをとるようなかたちで、「エコロジー」という名において地球と人間の「再生」を夢見ようとしはじめたのだ。だがその意識のなかの「エコロジー」には無数の変種が存在している。資本主義や科学主義の体系を超え出た、まったく新しい精神の「生態学的叡知（エコソフィア）」をめざそうとする動きはまだかすかな萌芽をみせているにすぎず、むしろ今日の世界を覆い尽くしているのは、エコロジカルな認識がうみだす心理的危機意識を社会の諸領域のなかで巧みに利用して、現実的で実質的な効果をあげようとするムーヴメントの方である。

現在のエコロジー・ムーヴメントが社会に投影される場は、おおまかにいって二つあると考えることができる。そのひとつは、いうまでもなく「政治」の領域だ。フランスやドイツにおける「緑の党」の運動が典型的に示しているように、近年のエコロジストたちは環境保護の思想を社会改革のヴィジョンの基本に据えることによって、人々の政治意識を新しいかたちで動員することを思いたった。そこでは、環境開発に対する抵抗とともに、反核、反公害、反消費主義といったスローガンがエコロジー推進のための政治的態度として選びとられ、中央政府の強固な行政的主導性を転倒し無化することを目的とした市民運動的戦略のかなめにエコロジーは位置づけられることになったのである。

エコロジーの発想が、反戦や平和主義のような（一時代前に興隆をみた）思想よりも現代において市民の政治的動員の原理として優れているのは、それが「科学的真理」という絶対的な論理的基礎を持っているようにみえる点にある。「反戦」や「平和」というような考え方があくまで利害関係のなかでの相対性の問題でしかないことがわかりはじめたいま、「地球の生態学的維持」という科学的なテーマの万人にたいする正当性に裏打ちされたエコロジーは、まさに特権的な立場にあるといえる。

　エコロジーの発想が現代社会に投影される第二の領域としてあげねばならないのが、「産業」、すなわち「ビジネス」の領域である。これは、無農薬野菜の栽培やフロンガス処理器の開発、あるいは光分解性のプラスティックやフェイクファー＊の発明などといったように、地球の生態学的維持そのものに貢献する製品の開発というかたちで行われる場合もあるが、いまむしろ注目しなければならないのは、エコロジーをイメージ戦略として利用したビジネスの興隆である。エコロジー・ファッションにせよ、地球意識（アースコンシャス）を反映した商品のネーミングにせよ、そこにあらわれているのは「エコロジー」という「時代の感性」をいちはやく製品のイメージに付与することで、消費者による製品の使用意識にある種の健全な「主張性」をもたせようとする意図である。これは、エコロジーの健康的でポジティヴなイメージを徹底的に「消費」しつくそうとする、<u>きわめて狡猾（こうかつ）なビジネス戦略</u>といわねばならない。

＊フェイクファー……人工毛皮の総称。

問　傍線部「きわめて狡猾なビジネス戦略」とあるが、それはどのような「戦略」か。八十字以内で説明せよ。

言い換え

パターン②　傍線部を本文の言葉で説明する

精神の政治学

今村仁司

型通りの行為は、ふつう凡庸の極みとして馬鹿にされる。紋切型（もんきりがた）の行為、紋切型の観念や意見などは、およそ知的でないとして攻撃される。たしかに、型通りの行為は平板で凡庸だが、それぱかりであろうか。何らかの観念や行為が紋切型として知覚され、共通に認知されるにはかなりの数の段階を踏んでいる。ひとつの行為や観念が立派な紋切型になっていく歴史が存在する。逆にいえば、それらは最初は紋切型ではなかったのである。それらは元来は、ひょっとすると独創的であったかもしれない。いやきっとそうだ。余りに独創的な観念や行為は、出るクギは打たれる形で、異端として排除されるにちがいないが、場合によっては、それらも人々に受け入れられ、反復され、また反復のプロセスで角がとれて丸々しくなり、誰にでも容易に呑みこむことができるようになる。A このときようやく紋切型が成立する。紋切型が成立してしまえば、歴史は忘却される。型通りの観念や行為が元々どうであったのか、異端であったか中庸であったか、知ろうにも知るすべがない。紋切型は、最初から、紋切型として与えられているかにみえる。

ところで、紋切型とか型通りといわれる思想や行動は、その及ぼすア シャテイを考慮に入れると、人が言うほど凡庸でも平板でもない。それらは、凡庸や平板さの見かけの下にヨロイをかくしている。紋切型は社会的行為としてはなかなかに巧妙かつ狡智である。早い話、紋切型の原型であった行為や観念は、仮りに本当に平板・凡庸だったら、共有の型にすら成りえなかったにちがいない。それらは元来、迫力のある異端とは言わないまでも、それに近い目立つ何ものかであった。経過から言うと、紋切型に成る以前の迫力ある観念・行動は、先行の紋切型を打倒して出てきた歴史的事件であったにちがいない。その瞬間には、何か新しいものを表現するにふさわしい新しい形式があったにちがいない。過去の紋切型を切断する新形式が創造されていたにちがいない。だから、この形式は、余りにも過激な場合には排除され忘却されるが、そうでない限り（ほどほどにオリジナルであれば）、人々に承認され、適当な修正を加えられて次の世代の紋切型（伝統）に成る運命にある。ある観念や行動は、ある程度まで凡庸でなかったからこそ、凡庸な紋切型になりえたのである。

たしかに凡庸でない思考や行為は大切である。紋切型はつねに退屈である。だからこそ人びとは凡庸でない独創的なものを願い、あこがれる。けれども、前にのべたように真に凡庸でないものは、それが出現するたびに忌み嫌われ、異端として排除されたり、破門されたりする。通常のルーティンワーク*がそれによって攪乱（かくらん）されるからだ。思想にせよ行動にせよ滑かにざらつかずに進行するものの方がふつうは歓迎される。[B]毒消し可能な非凡さのみが受容される。これが通常のあり方であり、共同社会の運営は型通りの振舞いなしにはありえない。

このような型にはまった振舞いは、儀礼的行為といわれる。[C]儀礼的行為の原作者を見つけることはできない。儀礼の歴史的起源は探したところで見つからないのは、神話の作者が見つからないのと同じである。社会を研究するとき、儀礼的行為はきわめて大切だと私は考える。なぜなら、社会が秩序を持ち、時折の危機的攪乱を経験しつつも何とかまとまりをもって維持されるにあたっては、この型通りの儀礼を不可欠の条件とするからである。

ところで、儀礼的行為の実証的研究はあまたある。日常的なアイサツから時折の儀式を経て壮大な国家儀礼や宗教儀礼にいたる、こまごました研究が人類学者、歴史学者、社会学者によって報告されている。そうしたものにいろいろつき合っていると、どれだけ時間があっても足りない。そのように捉えどころのない儀礼研究を見ていて私はつねにこう思う――人間はなぜかくもいろいろの紋切型をつくりだすのか、まわりくどい儀礼なしに素直に単刀直入に社会的交通を行なうことができないものか、と。こういう問いの立て方は、多分、近代的で合理主義的なのだろう。事実、合理主義的発想は、人間の社会的交通が儀礼なしに、理性というメディウム*のみで十分可能だと考えている。しかしこの理性主義的交通論は、本質的なものを欠如している。少くともその考え方は、実現不可能な[1]絵空事を語っている。なぜなら、型通りの儀礼的行為は、社会的人間の本性にすらなっており、人間の第二の自然とさえ言えるからである。これまで人間は、日常の社会的関係の中で、理性という媒体のみで振舞ったことは全くない。理性のみでコミュニケートできると信じ合えるのは、理性的なことを対象として討論しあう「教室」のみではあるまいか（そこだってよく見るとかなりあやしい）。[D]理想的対話状況が現実にありうるなら、これほど望ましいことはない、と私も思う。けれども、社会の歴史と現実をいささかでも調べたものには、また少々のリアリスティックなセンスを持った者には、理想的な（理性的）対話で社会的人間が動くとは思われない。私たちにとって大切なのは、紋切型の良し悪しをあげつらうのではなくて、なぜ、いかにして、

言い換え　2傍線部を本文の言葉で説明する

人間は型にはまる儀礼を創出しつづけねばならないか、を何はともあれ知ることである。かくかくの儀礼がある、と事実確認的チンジュツ[イ]をするばかりでなく、それ以上に、多様なパターンをもつ儀礼的行為を貫いていく社会的論理をこそ考えねばならない。それは社会理論のなかでも、しばしば忘れられているがきわめて大切な研究課題になってきている。

無際限にある儀礼現象をひとつやふたつの観点にしぼり切ることは困難であろう。けれども、理論の課題は、たとえ単純化の危険をオカ[ウ]しても、一度は圧縮した図式を構想することである。私の知るかぎり、儀礼の一般論はまだ存在しない。多くの研究者は一つ一つの事例については詳しいが、多くの事例の解読に役立つような理論的チャネル*を用意してくれていない。この種の研究には、門外漢[2]の位置が有利である。多くを知ると道に迷う。少い知識は危険だが時々本質を直観できる。

現在の私の関心は、権力の形成と維持にとって儀礼が不可欠の役割を果す仕掛けに集中している[E]。人間の思考が紋切型と伝統主義になるとき、それは権力と共犯関係に入る。日常行動もしかり。日常生活の潤滑油としての紋切型なら問題はない。直接間接に、知的行為もふくむ一切の行為が権力の担い手になる状態が危険であって、これをこそ分析しなくてはならない。かつて独創的であった哲学的精神の成果（合理性等々）も、制度化し社会化するにつれてひとつの紋切型の精神あるいは儀礼的思考に変質する。経済・政治・文化を貫く効率合理性はその最たるものである。そしてこの合理性は政治権力を円滑にし補強する強い惰性をもっている。紋切型とは、管理・支配の見えざる制度なのである。

＊ルーティンワーク……決まりきった仕事。　＊メディウム……媒体。手段。　＊チャネル……チャンネル。経路。

問1　傍線部ア～ウのカタカナの部分を漢字に改めよ。

問2　傍線部1「絵空事」、2「門外漢」の意味を、それぞれ十字以内（句読点などは字数に含まない）で答えよ。

問3　傍線部A「このときようやく紋切型が成立する」とあるが、「このとき」に「紋切型が成立する」とはどういうことか。六十字以内で説明せよ。

問4　傍線部B「毒消し可能な非凡さ」とは、ここではどういう意味か。四十字以内で説明せよ。

問5 傍線部C「儀礼的行為の原作者を見つけることはできない」とあるが、それはなぜか。六十字以内で説明せよ。

問6 傍線部D「理想的対話状況」とあるが、それはどういう「状況」か。「理想的」という言葉が用いられている理由がわかるように、五十字以内で説明せよ。

問7 傍線部E「権力の形成と維持にとって儀礼が不可欠の役割を果す」とあるが、それはどういうことか。八十字以内で説明せよ。

言い換え

パターン ②　傍線部を本文の言葉で説明する

「終わり」の終わり

大澤真幸

現代社会においては、世界的な規模で終末論が大流行している。たとえば、われわれは、最終戦争による世界の破局を予言する新宗教が、二十世紀の末期から二十一世紀への転換期に、若者を中心とする多くの人々を捉えたことを知っている。終末論のブームに感染しているのは、新宗教だけではない。既成宗教を奉ずる原理*主義的なグループの多くも、陰謀史観やそれに規定された最終戦争への予感を伴う、ア セッパクした終末論を教義の中核に置いている。

こうした、絶対の終焉（しゅうえん）に多くの人々が呪縛（じゅばく）されるのは、なぜであろうか。実際には、現代社会が、資本主義が、「終わり」の不在をこそ、特徴としているからである。現代資本主義を考えるにあたって、まずは、この事実を手掛かりにしてみよう。

世界に「終わり」がないのは当たり前だと思われるかもしれないが、そうではない。むしろ、世界には、無数の終わりが編みこまれていた、と考えるべきである。ごく日常的な体験で、このことを理解させてくれるのは、試験結果や選挙結果の発表をめぐるわれわれの A 一種の錯覚である。本当は、試験であれば、答案用紙を提出した瞬間に、あるいは選挙であれば、投票用紙を投じた瞬間に、結果は既に確定してしまっている。ところが、われわれは、結果の正式発表までの間は、なぜか、まだ戦っているような気分を味わう。たとえば、試験結果の発表を待つまでの間、われわれは、まるで未だに頑張りつづけているような緊張感を味わう。あるいは、テレビで刻々と変化している選挙速報を見ながら、まるで未だに選挙戦が続いているような気分を味わっている。なぜだろうか？ B 試験結果や選挙結果の儀式的な発表が、「真の終わり」として機能していたからである。言い換えれば、それまでは、まだ終わらない、からである。

もう少し説明しよう。人間のあらゆる行為には、偶*有性が伴っている。つまり、他でもありえたかもしれない、という可能性を排除することができない。試験や選挙の場合は、偶有性が特に際立っている。たとえば試験においては、運がよかったら合格していたかもしれない、前の日に恋人から別れのセンコクを受けなかったら合格していたかもしれない、といった可能性を原理的に排除することができない。選挙の場合は、現実に勝利したその人物ではない人物が当選したかもしれない、という「他なる可能性」は、より一層、明示的と言えるだろう。実際に、その負けた候補に票を投じた多数の有権者が、目の前にいるからである。結果発表は、こうした偶有性を必然性へと転換する魔術的効果を伴っているのである。それは、単に現実にそうであること――したがって他でもありえたかもしれないこと――を、必然的にそうであること――つまりそうであるほかないこと――へと変質させるのである。試験結果の公式発表は、受験者に対して、結果を、必然的な運命として受け入れさせる働きを担うのだ。試験後も、しばらく、がんばっている気分になるのは、公式発表までは、「合格できたかもしれない」という偶有性が本当には除去されていなかったからである。選挙結果の発表の場合も同様である。それは、少し事情が異なっていれば、負けた方の候補者の方こそが勝っていたかもしれない、という可能性を、そもそもありえなかった可能性であるかのように排除するのだ。

世界には、このような意味での「終わり」がいくつも組み込まれていた。それは、偶有性を必然性へと転換させ、われわれの行為や体験に絶対の境界線を引く働きを担っているのである。現代社会の特徴を、こうした意味での「終わり」が、次第に機能障害に陥ってきた、という点に見ることができる。

ごくヒキンな例の内にも、そうしたことの痕跡（こんせき）を見ることができる。たとえば、最新式の書斎管理術でよく知られている、ある著名な日本の経済学者は、過去のある文豪が自身の小説に関して、自分はこの作品を完成させるまでに五回も書き直したと豪語しているのを読んで、ひどく驚いた、と書いている。無論、文豪は、推敲（すいこう）の回数の多さを誇っているのだが、この経済学者が驚いたのは、逆に、推敲の回数の少なさである。この経済学者は、一つの原稿を完成させるまでに、何十回、何百回と推敲を重ねるのだという。そんなことが可能なのは、彼が、パソコンで原稿を書いているからである。このエピソードは、パソコンの効用を説く文脈で言及されたものである。

われわれがここで気づかなくてはならないことは、「推敲」ということの意味が、文豪と経済学者では、全然違っている、ということである。文豪にとっては、無論、作品の完成こそが、真の「終わり」である。五回書き直した、ということは、そこに至るまでの煩悶（はんもん）の過程を、それだけの回数体験した、ということである。真の終わりとともに、それと酷似した擬似的な終わりを経由した、と言いたいのである。それに対して、かの経済学者には、実は、真の完成、真の終わりということがないのだ。その何百回もの書き直しのどの段階も、終わりではないし、終わりの近似物でもない。彼の原稿は、いつまでも終わりに到達しないのだ。それは、いつでも、さらに改訂できる状態にある。すなわち、他である可能性——偶有性——を完全には<u>マッショウ</u>[エ]しつくせない状態にあるのだ。「完成稿」として提出される原稿ですら、本来は終わることのない書き直し過程を恣意(しい)的に切断した結果に過ぎない。

パソコンという先端的な機器が可能にした、この完成しない原稿は、現代社会の終わりのなさの隠喩になっているのではないだろうか。こうした見地から、環境倫理、とりわけ「*ディープ・エコロジー」のような環境倫理が、人々を魅惑する理由も説明することができる。環境倫理は、今日、修正主義的ではない、ほとんど唯一のイデオロギーである。つまり、体制の基本的な構造を前提にした上での改革案ではない、社会構造の全的な変革への、ごく少数の指針のひとつである。環境倫理の魅力の中心は、それだけが、現代資本主義の終わりのなさに対抗して、究極の終わり——地球の自然生態系の破局——への想像力を触発し、その反作用として、絶対的な限界線を——人間の行為の越えることのできない境界線を——暗示することができるという点にあるのではないか。他のイデオロギーは、資本主義の終わりなき反復の中で、常に相対化されてしまう。ただ、完全なる破局の可能性に言及する環境倫理だけが、そうした、相対化を免れることができるのである。[D]<u>環境倫理の成功は、それゆえ、現代資本主義における「終わり」の不在を裏側から証明しているのだ</u>。

＊原理主義……ここでは、理念的な原理・原則にあくまでも忠実であろうとする態度のこと。

＊偶有性……偶然性。

＊ディープ・エコロジー……人間の利益よりも環境保護行為それ自体を重視するような、急進的エコロジー運動。

問1 傍線部ア〜エのカタカナの部分を漢字に改めよ。

問2 傍線部A「一種の錯覚」とあるが、それはどういうことか。七十字以内で、「選挙」の例に即して具体的に説明せよ。

問3 傍線部B「試験結果や選挙結果の儀式的な発表が、『真の終わり』として機能していた」とあるが、こうした「発表」にはどういう「機能」があるのか。七十字以内で説明せよ。

問4 傍線部C「『推敲』ということの意味が、文豪と経済学者では、全然違っている」とあるが、どのように「違っている」のか。

八十字以内で説明せよ。

問5 傍線部D「環境倫理の成功は、それゆえ、現代資本主義における『終わり』の不在を裏側から証明しているのだ」とあるが、「環境倫理の成功」が「現代資本主義における『終わり』の不在」を「証明している」とはどういうことか。百二十字以内で説明せよ。

例題
解説 P.43

言い換え

パターン ③ 傍線部中の複数の要素を言い換える

これまでにも何度か解いてはきたが、傍線部に複数の要素があり、それらを言い換えて説明するというタイプの問題を練習してみたい。この例題の場合、傍線部に「権利」と「欲」というキーワードがあり、その「権利」や「欲」が「ない」とはどういうことかの説明が求められている。以上の内容を過不足なく言い換えて説明するようにしてみよう。

公共性のパラドックス

平子義雄

私は、ドイツでこういう経験もしました。時間がなくて急いでいたので、横断歩道を渡るさい、左右を見ても自動車が一台も見えないこともあって、青信号になるのを待たずに渡ったのです。渡りきった所で、一人のおじさんが怖い顔をして私を呼び止めました。その瞬間、私には自分の非がわかりましたが、おじさんは私にお説教を始めました。私はルール破りをした自分が恥ずかしかったのですが、同時にドイツ人の公共精神を思い知りました。ドイツ人はルール破りを黙って見てはいない。ルールは自分のためのもの、自分のものなのです。「自分」の範囲が広い。自分の範囲が大きければ、自分の内部が広い。ドイツ人は公共性を侵害されると、自分を侵害されたと感じる。自分が大事だから（自分の欲が深くて広いから）ルールは大事、なのです。公共性は自分の側のものとして、内部化されているわけです。

この話を日本でするると、ドイツ人のほうを嗤（わら）う人が多い。嗤う人々は、ルールというものはそのときどきの事情で解釈し変更してよいものである（それが思考の柔軟さというものである）、と考えているのでしょう。しかしそれなら、ルールはルールでなくなる。ルールは主観の都合で決めるものではなく、客観的なものなのですから。ルールや法、公共精神は、自分を縛るものではあるが、その縛りゆえにこそ、また自分をも守ってくれるものです。それをヨソ事だとしている人は、いざというとき公共社会に助けてもらえない。ルールを大事にしない人は、自分を大事にしていないわけです。

日本で「公衆」や「公共道徳」と言うとき、この「公／公共」は対象範囲がかなり曖昧です。そこに自分も入ると思っている人と、入らないと思っている人と、さまざまです。公共性は人によってばらばらに理解されている。駐車違反をしている車を見た場合、その車は公共社会に（つまり自分にも）害を及ぼしているのだと考え、自分の権利においてその車に抗議する人が（まれには）いるでしょう。他方、大多数の人々は、かかわりを避けようとしてやり過ごすか、せいぜい警察官なり誰なり、「資格（権力）」「発言権」のある人がやってきて注意してくれるのを待つくらいでしょう。
自分の権利に対する欲がないというか、自己が小さいというか、……日本人は、権力的な「公」を離れると、あとはまったくの「私」しかないと思ってしまう。「私」は公共性を欠いた、公共性の成り立たない次元である。公共性は「公」権力から与えられるばかり。これでは私人（民）どうしの間に公共性は成り立ちません。私どうしの間が真空地帯になっている。公・私の間が重なり合うこともない（公・私の間も真空になっている）。これが日本的公共性の最大の問題だと思われます。

道路では警察官が公共であり、駐車違反の（＝通行人に不利益を加える）自動車があっても通行人は何も言わない。道路の規則は通行人のためにこそ制定されたはずなのに。電車の中での携帯通話でも同じです。車掌あたりがせめてもの「公共当局」、唯一の公共性のありかになっていて、乗客自身のものになっていない。携帯通話禁止のルールは乗客のためにあるのに。乗客はルール違反をしている不埒者を、ただ睨みつけることくらいしかできない。

そういうとき、周りにいる人々の「欲」が大きく、「これは自分の問題だ」と思って、その人に加勢すれば、この不快な事態はうまく克服されるのではないでしょうか。加勢してその人に権威を与えれば、その孤立していた人も公共心が強化され、そしてそのとき同時に周りにも公共性が成立する。

しかし現実は、残念ながら、周りの人たちが事態を他人事として傍観しているだけなので、注意した人が一個の「私」のままに終わってしまいます。不法者と注意する人との間の私的な争いに終わり、公共性が成立しない。公共性は少数者に意識されるだけで、孤立し、援護されない。みんなが公共性という自分たちの権利を見殺しにしている。乗客たちには、自分が公共性を体現するのだという意識（勇気）がない。

問　傍線部「自分の権利に対する欲がない」とあるが、これはどういうことか。八十字以内で説明せよ。

言い換え

パターン ③ 傍線部中の複数の要素を言い換える

足音が遠ざかる

松浦寿輝

西欧の探偵小説の翻訳を読み散らかしていた子供の頃、その指し示している当のものがわたしにとってあまり定かな現実感を帯びるに至らないので、Aこれはどうやら自分の生きている日常とややかけ離れた環境に属する言葉なのではあるまいかという漠然とした気持を抱いていた語彙の一つに、「足音」がある。「足音」が聞こえたとか聞こえないとか言うが、いったいどういうことなのかとわたしはア訝しんでいたのである。

小説を読むという体験は、たとえそれが母国語で書かれた文章の流れを辿(たど)る場合であっても、実はそこで用いられている語彙のすべてを完全に理解したうえで読み進めるというわけのものではない。小説の物語に身を委ねること。それは、次々に継起しては自分の中を通り過ぎてゆく言葉の運動のただなかで、自分には馴染(なじ)みのない土地、馴染みのない時代、馴染みのない文化、馴染みのない階級に属する事物や習俗や観念に出会い、それがいったいどういうものなのかどうももう一つぴんとは来ないけれど、ぴんとは来ないなりに、まあきっとこんなようなことなのだろうと当たりをつけながら読者として自分なりの想像世界を築き上げてゆくという体験にほかならない。「当たりをつける」とは、ここで、自身の実体験に基づく記憶や、他の書物から得た知識や、いろいろな聞き齧(かじ)りや雑学などに照らし合わせて類推することであり、そしてなかんづく、その当の小説の内部で、その未知の言葉がどういう文脈において出現し、どういう用いられかたをしているのかを観察することで、何とはなしに理解してしまう、というよりむしろ理解したことにしてしまうという片のつけかたのことであって、これが出来ない人間には小説を楽しむ資格はないと言える。たとえそれがとりたてて事細かに描写されたり説明されたりしていなくても、その未知の事物や習俗や観念がどういう状況で出現し、隣接しあった単語や行文とどういう関係を取り結んでいるのか、登場人物たちがそれにどういう反応を示しているのかといったことを観察すれば、それがどんなものなのかはおおよそわかるのであり、その程度にわかりさえすれば十分なのである。おおよそわかるというのは、言い換えれば、「実体的」にではなく「形式的」ないし「構造的」にわかるということだ。

たとえば一時代前のイギリスのミステリーを読んでいると、「執事」などというものが出て来て、そんなものはもちろん実物を見たことは一度もないけれど、どういう階級の人々が生きている世界でどういう役割を果たしている存在なのかといったことはだいたい見当がつくので、小説世界を享楽するにはその程度のことでおおかた足りるのだ。英国もので言えば、「ハイ・ティー」とか「パブ」とか「ライス・プディング」とか「フィッシュ・アンド・チップス」とか「ガイ・フォークス・デイ」とか、「貴族」とその「館」とか、「マント」とか「四頭馬車」とか、戦後生まれの日本人の子供にとっては見たことも聞いたこともないものばかりなのだが、たとえその実体をリアリスティックに摑むことはできなくても、そうした言葉がその小説世界の中で「構造的」に意味している内容の大まかなところを理解しさえすれば、それで不自由はしないということなのだ。「リーフィング・ポイント」とは船のどの部位か、「ジビング」するとはどういう行為のことか、たとえ厳密にはわからなくてもわれわれはスティーヴンスンの海洋冒険小説を楽しめるのだし、そもそも人は、そうした未知の単語とのソウグウに魅かれてそれを読むのだとさえ言ってもよい。その逆に、おおむねこんなことだろうと「見当をつけ」なければならない未知の言葉が一つもなく、よくよく見知った物事ばかりで進行する小説を読むつまらなさを考えてみればよい。大人が自分の頭の中にある「子供」の身の丈に合わせたつもりで猫撫で声で物語るいわゆる「児童文学」が、当の子供の読者にとっては退屈でどうにも読めないのは、このことのゆえである。「見当」はもちろん「見当」にすぎず正確な理解ではないから、読み進めるにつれて修正をヨギなくされるということがあり、まったくの「見当違い」だったことがわかって途方に暮れるということもあり、ぼんやりとしかわからなかったものが不意にくっきりした鮮明なイメージを結ぶということもあり、そうした誤解と啓示の絶えざる揺れ動き、迷うことと道を見出すこととの無数の繰り返しを通じて、小説の読者の想像世界は一瞬ごとに築かれては崩れ、また築き直され、生き物のように輪郭を変えつづけてゆくのであり、かくしてわれわれは、小説の第一ページから最後のページまでの厚みを、或る変容と運動の体験として生きることになる。物語に読み耽る子供が、世界を知り初める体験の一種のミニチュアのごときものをそこから受け取るのはこのようにしてなのだ。既知の言葉ばかりで出来ている読み物は、ただ読者を既存の自分自身にめぐりあわせるだけであり、そうした読書によってもたらされるものは退嬰的な満足にすぎず真の悦びではない。

一見したところ、「足音」は単なる普通名詞であり、「パブ」や「フィッシュ・アンド・チップス」のような固有に地方的な文化習俗ではないように見える。古今東西、人間が歩いたり走ったりすれば「足音」が響くに決まっているとも言えるからである。しかし、「足音」が聞こえるとか聞こえないとか、「足音」が近づいて来るとか後をつけて来るといった翻訳小説の記述に対して、子供心に何か或る微妙な違和感を感じていたという鮮明な記憶がわたしにはあるのだ。それがとりわけイギリスの探偵小説と結びついて思い出されるのは、正体不明の人物がただ「足音」として、気配としてのみ迫って来るといった場面がそうしたジャンルの作品に多かったからなのだろうか。

なるほど、わたしの育った街は、細い路地を除けばもうすでにすっかりアスファルトで舗装されてはいたけれど、もとより商店や小さな町工場の多い界隈（エ）だったので、行き交っているのはサンダルや草履を突っかけてぺたぺた歩いている人々ばかりで、スーツに革靴で身を固めて通勤するサラリーマンがアスファルトの上に足音を響かせるということはあまりなかった。のみならず、西欧とは異なり、われわれは屋内では履物を脱ぐ習慣になっているという決定的な事実があるだろう。裸足でひたひたと歩き回っているだけであるにはせよ、人の歩行が濃密な気配となって伝播するという点で言うならば、日本の木造家屋は西欧ふうの石やコンクリートの建物以上だと思うのだが、しかしそこでの「気配」とは、物理的に反響する「足音」の概念とはやはり根本的に異質なものなのではないだろうか。わたしが西洋の翻訳探偵小説の中で出会っていた「足音」の一語は、やはり人々が石畳の上を革靴で音高く闊歩している生活環境に深く根ざした語彙、やはり或る地方性の刻印を帯びていて、西欧人が西欧の風土の中から発想し使用している語彙だったのではないだろうか。

＊スティーヴンスン……（1850〜1894）イギリスの小説家。『宝島』などの作品で知られる。

問1 傍線部ア〜エについて、カタカナは漢字に直し、漢字は読みをひらがなで答えよ。

問2 傍線部A「これはどうやら……『足音』がある」とあるが、ここでいう「自分の生きている日常とややかけ離れた環境」とは、具体的にはどのような環境だったのか。それを言い表した二十五字以内の語句を、本文中から抜き出せ。

問3 傍線部B「『形式的』ないし『構造的』にわかるということ」とあるが、それはどういうことか。百字以内で説明せよ。

問4 傍線部C「大人が自分の頭の中にある『子供』の身の丈に合わせたつもりで猫撫で声で物語るいわゆる『児童文学』」とある

が、それはどういう文学のことだと考えられるか。七十字以内で説明せよ。

問5 傍線部D「しかし、『足音』が……鮮明な記憶がわたしにはあるのだ」とあるが、ここで筆者はどういうことをいおうとしているのか。傍線部冒頭に「しかし」という語が用いられている意図がわかるようにしながら、本文の最後の二つの段落（「一見したところ……」以降）の内容に即して、八十字以内で説明せよ。

言い換え

パターン ③ 傍線部中の複数の要素を言い換える

感覚の近代

坪井秀人

精米の杵(きね)つきの音、お寺の鐘やタイコ[ア]の音、鶯(うぐいす)の鳴き声、それに〝Daikoyai! kabuya-kabu!〟（大根やい、蕪(かぶ)や蕪）、〝Ame-yu!〟（あめー湯〔水飴売り〕）、〝Kawachi-no-kuni-hiotan-yama-koi-no-tsuji-ura!〟（河内(かわち)の国、瓢簞(ひょうたん)山、恋の辻占(つじうら)〔辻占売り〕）といった様々な物売りの声……。「神々の国の首都」というエッセイの中でラフカディオ・ハーン*は、朝から夜にかけての一日の松江の街の音に聞き入り、それをことこまかく書き留めている。恐らく、このようなサウンドスケイプ[A]は、地元松江の人々にはもちろんのこと、当時の東京の人々においてさえもほとんど意識されることはなかったのではないだろうか。ありていに言えば、彼らはそれらの音を聞いてすらいなかったのではないだろうか。かつてはどこの家庭にも柱時計が家の主のようにチンザ[イ]していたものだが、柱時計が刻むチクタクという音はそこに住まう家族たちの耳にはほとんど聞きとめられることはなかったであろう。慣れ親しんだ音は意味ある記号として認識されずに無視されるからだ。逆に例えばヨーロッパの街に滞在して経験する教会の鐘の音のことを思い起こしてみればいいかもしれない。それが石畳に反響して作られるあの独特の音空間に、言うに言われぬ感動を覚えるのは私だけではないだろう。教会によって一つ一つ音も響きも異なる鐘は、それぞれに固有の響きを持った楽器にも等しい存在だ。鐘の音はいわばその街の身体から鳴り響く声なのだ。だが、そんな鐘の音も、毎日聞いている土地の人にとっては無意識の上ではともかく、時の告知としての役割以上に意識されることは稀(まれ)だろう。

　ところが、ハーンが聞いたような生活の豊かな音の数々は、今日の日本の都会はおろか農村においてすらも失われてしまった。威勢のいい物売りの声は市場やスーパーの魚屋などでならまだ聞くことが出来るが、豆腐屋も焼き芋(いも)も物干し竿(ざお)の物売りもテープ録音を車から流して行くだけだし、夜鳴きソバのチャルメラも今ではほとんど録音になってしまった。私などはまだかろうじて金魚売りを始めとする幾つかの物売りの声を覚えている世代なのだが、現代の子どもたちは遮音性の高いアルミサッシ窓の中に暮らしていて、屋外の微かな声や音に耳をそばだてる機会を持つことはもはや難しいだろう。いまや窓の外から聞こえてくる音声といえば、スピーカーでがなり立てる商売や選挙や暴走族、右翼の街宣車、消防車や警察といった、どちらかといえば招かれざる客ばかりなのであって、生活にとけ込んだ〈ね〉（音＝声）などではない。つまり家の外から聞こえてくる音とは、そのほとんどが室内への[ウ]シンニュウ者にも等しい[エ]イまわしいノイズなのだ。他人の音声は防禦されねばならない。そのためには窓や壁は厚いほどよいのだし、通勤通学の移動中はイヤホンで耳を塞ぎ、自分だけの音に引きこもるということにもなる。そういうわけだからハーンの百年後の読者である私たちは、ハーンとは別の意味で、彼が聞き取った〈日本の音〉たちに対して[B]エキゾチシズムを（そして世代によっては少しばかりのノスタルジーを）抱くことにもなるのである。

　尚、明治期の日本の物売りについては『風俗画報』その他の原典から抄出した三谷一馬『明治物売図聚』や菊池真一『明治大阪物売図彙』などが詳しくて便利だ。いま試みに『明治物売図聚』から「豆腐屋」の項にあたってみると、明治以降から、売り声をかけると同時にリン（呼び鈴）を振るようになったとあり、《『下町今昔』には「豆腐屋がラッパを吹き出したのは日露戦争の勝ち戦さ気分からで（……）それまではラッパなしで、『とうふィ、揚げたてェがんもどき』の呼び声だけ」とありますが、「とうふィー」とラッパの間に「リン」を振ったものもありました》と述べられている。同書の「京都の豆腐屋」の『風俗画報』の挿絵には手にラッパを持った豆腐屋が描かれている。所によって物売りの形態も売り声も異なっていたわけだが、こうしたラッパ（それにリン）を伴った豆腐売りの音の風景が味気ない録音のラッパと自動車やバイクでの販売に取って代わられるのは、戦後は一九七〇年頃になってからだったろうか。ともかく日露戦争の頃より六十年、七十年の長きにわたり、豆腐売りの声と音が日本の暮らしの中に溶け込んでいたことが確認できるわけである。この他にも、《淡路島……通う千鳥—恋の辻占》《花の便り……恋は辻占》（以上、辻占売り）、《鋏、包丁、かみそりとぎー》（かみそり磨ぎ）、《デイデイ》（雪駄直し）、といった売り声を拾い出すことが出来る。中には《雨が降ってもかーりかり、りかりかりかりか、かーりかり》（かりかり煎餅売り）などというユニークなものもある。

　明治の時代にはまだこのように人の声が街中を飛び交い、邪魔なノイズとして排除されることもなく、生活の中にＢＧＭ*のごとくに常態化して収まっていた。言い換えれば公共の場で放歌放声することに対してはかなりの程度寛容であり得たわけで、これら物売りの音声そのものが公共空間の一翼を担っていたとも考えられるのである。現在私たちは、公的な情報というものは新聞紙面やテレビやパソコンのモニター、ラジオの受信機あるいは携帯電話のディスプレイなどを通して得られるものと考えている。まかり間違っても隣にいる知人や家族の口を通して伝えられる情報が〈公的〉なものであるとは思わない。このような[C]情報技術の内面

言い換え　3傍線部中の複数の要素を言い換える

化を通して生起してしまう現実と表象の転倒の問題は、介在するメディアの役割を考えなければあまり意味がない。だが、物売りの声が飛び交う時代には路上に聞こえるそれらの肉声が公的な情報であり得たということ。このことを今日のような時代に想起しておくことは、少しは意味のあることだろうと思われる。

*ラフカディオ・ハーン……（1850〜1904）イギリス領生まれの文学者。明治期に来日して日本に帰化し、小泉八雲と名乗った。一時期、島根県の松江に在住。

*BGM……バックグラウンド・ミュージック。

問1 傍線部ア〜エのカタカナの部分を漢字に改めよ。

問2 傍線部A「サウンドスケイプ」とは、「ランドスケイプ（風景）」という語をもとにして作られた造語である。「サウンドスケイプ」とは、ここではどういうものか。三十字以内で説明せよ。

問3 傍線部B「エキゾチシズム」とは、ここではどういう気分のことか。三十字以内で説明せよ。

問4 傍線部C「情報技術の内面化を通して生起してしまう現実と表象の転倒」とあるが、それはどういうことか。六十字以内で説明せよ。

問5 傍線部D「少しは意味のあることだろう」とあるが、このようにいえるのはどうしてか。七十字以内で説明せよ。

解説 P.61

内容説明

パターン ①

物事のつながりを説明する

「『AはBといえる』とあるが、どういうことか説明せよ」など、Aという物事とBという物事のつながりについて説明させる問題は、入試では非常によく出題される。こうした場合は、AとBの性質（特に両者が結びつく性質）を明らかにしてから、その結びつきを説明するのが基本である。
　AかBのいずれか、またはABともにあまりにも自明の事柄である場合は、両者の結びつきを筋道立てて説明する。

呪術的儀式

日野啓三

　私は中学生のとき学校の行事として、丘陵地帯でウサギ狩りをさせられた以外、ハンティングの経験はない。また現在の、趣味としてのハンターたちがハンティングの最中に、古代の呪術的心性を先祖返り的に味わっているかどうかも知らない。だがかつて生存の基本的な行動と文化としての狩猟は、単に諸動物の殺傷行為だけではなかったことを、おぼろげながらも類推し、半ば無意識に追体験できた気がする。

　中学生のときの幾度かのウサギ狩りの記憶でも、小山の頂に網を張り、麓から並んで私たちが追い立ててゆくと、どこからともなく跳び出した山ウサギたちが、まるで網に向かってみずから跳び込んでゆくように見えた。

　私たちは野外授業のひとつとしてそうしただけだが、猟に自分を含めた家族と集団の生存がかかっていた場合、狩猟民たちは、ワナにかかったり待ち伏せの場所に現れたりする動物たちが、不思議な贈りもののように感じられたのではないだろうか。自分たちの食料を気遣ってくれる何者か、自分たちを愛してくれる大いなる誰かの。

　われらの遠い祖先の狩猟民たちは、毛皮を売るためクロテンを根絶やしにしかけたシベリアの毛皮商人や、角だけを切り取って漢方薬屋に高価に売りつけるためにサイを銃撃するアフリカの密猟者や、射撃の楽しみのためにリョコウバトを絶滅させたアメリカのハンターたちのように強欲無謀ではなかった。獲物を狩り尽くすことは自分たちが飢えることだ。妊娠したメスのトナカイは逃がしただろう。

　古代の狩猟民にとって、動物は射的場の的だったのではない。常に飢えている自分たちと、自分たちと生存の場所を同じくする動物たちと、そしてその両者を〝見守っている〟と信じられる大いなる何者か、という立体的なひとつの世界、ひとつの生きた場（フィールド）を感じ続けていたはずだ。それはいまも極北のイヌイットたちの世界観である。

その共通の場の中で、見えない至高の審判者（生態系の法則と呼んでもいい）の見守る下で、狩猟民たちは動物たちと知恵比べのゲームを生命がけでするのだ。その「知恵比べがたまらなく楽しい」とカナダ北極圏に住むインディアンの狩猟民たちは口々に言った、と文化人類学者の原ひろ子は報告している。

そう、狩猟は呪術的行為だ、ということを私は納得しようとしている。呪術という形が、すぐれて精神的な、想像力にかかわる行為だということを。

農耕とくに高度の水田稲作も、種々の呪術的な儀式や祭りを伴っている。だが相手が植物でなく、しばしば反撃もし兇暴化もする動物たちの場合、そのゲームは生命がけである。

ラスコーのあの畏るべき動物壁画が、原始美術などというものではなかったことを、いまわれわれはよく知っている。洞窟の奥深く、真っ暗闇の底で、実物大の黒牛は長い角を振り四肢で大地を蹴って、息遣い荒く筋肉を震わせて、まるで世界を成り立たせている諸力の権化のように走る。その一万数千年後とされるアルタミラの洞窟の奥では、より玄妙な筆致のバイソンが闇の中を浮遊している、霊的にリアルに。

これらの旧石器時代後期の動物壁画についての説明には、必ず「狩りの成功」を祈念する呪術的絵画あるいは呪術的儀式の一部と書いてある。それで一応わかった気になるのだが、「成功」という言い方に私は引っかかる。より太った獲物、より多くの獲物、より多くの食料、より多くの利益を祈念してだろうか。「普通」がまずあって運よく「成功」を手に入れる、ということではないだろう。それは穀物農耕が一般化して以後の心性の仕組だ。女性や子供たちによる居住地周辺での食用植物や食用虫、食用小動物の採集を別にすれば、狩猟民とそのグループの生存は決定的に動物に依存している。動物たちがどこかに行ってしまうか、うまく獲物になってくれなければ、「無」だ。そして彼らが祈り思い描く「成功」は〝大穴〟のバクチではない。「大成功」ではなく、「成功者」に永遠にのし上がることでもない。彼らの連関的世界の中で、人間の側だけが「大成功」し続ければ、動物の側は衰退し、世界のバランスは狂う。

彼らが異常に謙虚だったからではない。〝聡明〟だったからだ。目先きと身のまわりのことだけの〝賢明〟さではなく、自分および自分たち人間をふくんだ全体、目に見えるものと見えないものの関連し合う総体を感じ取ることができたからだ。

問 傍線部「狩猟は呪術的行為」とあるがどういうことか。本文の表現を用いて百字以内で説明せよ。

解説 P.62

内容説明

パターン ① 物事のつながりを説明する

法と社会科学をつなぐ

飯田高

イソップ寓話[1]（ぐうわ）の「北風と太陽」では、どちらが強いか言い争っていた北風と太陽が、旅人の服を脱がせるという勝負を行う（上着だけ脱がせればよいというバージョンもある）。北風は力いっぱい吹きつけて旅人の服を飛ばそうとするが、旅人は寒さを嫌ってしっかり服を押さえるばかりで、疲れ果てた北風は太陽に番を譲る。太陽ははじめゆっくりと照りつけ、旅人が着込んだ服を脱いでいくのを見ながら、徐々に熱を強めていった。ついに旅人は暑さに耐えかね、自ら服を全部脱いで川へ水浴びに行く。

この北風と太陽の寓話には、「説得は強制よりも勝る」「厳しい態度でなく優しい態度で接したほうがうまくいく」というような教訓が付記されていることが多い。調べてみると、説得が強制よりも有効だという解釈はヴィクトリア期に定着したものらしく、この寓話の解釈は時代とともに少しずつ変わってきている。節度を守ることを説いた話なのだと考えた人もいれば、キリスト教の教えに引きつけて解釈した人もいた。

私自身はずいぶん後になって知ったのだが、次のような話が前に付け加わる場合もある。北風と太陽は、旅人の帽子をとる勝負を行っていた。まず太陽が旅人を燦々[2]（さんさん）と照らして暑くしようとしたところ、旅人は日射しを防ぐためにかえって帽子を深くかぶってしまう。次いで北風が思い切り吹きつけると、帽子は簡単に吹き飛んでいった（その後は前記のとおり）。この気の毒な旅人の話の教訓は、「どんなことにも適切な方法があり、つねに最良と言える方法はない」ということである。

とろうとするものが何であるかにかかわらず、[A]北風と太陽の寓話ではインセンティブをうまく扱えなかったほうが負けている。インセンティブとは、「ある個人に特定の行動を選ぶように仕向ける要因」を指す言葉である。この“incentive”の語源をたどってみると、「音楽を[ア]カナでる」ことと「火をつける」ことの両方が関係していたという。これらは人の気持ちを動かすという点で共通しており、要するにその気を起こさせる外からの刺激がインセンティブなのである。太陽はインセンティブを意識的に使い、帽子をとる勝負では失敗し、服をとる勝負では成功を収めている。それとは対照的に、北風はどちらの勝負でもインセンティブを使おうとしていない。それどころか、自分の意図しない方向に作用するインセンティブを旅人に与えてしまってもいる。

このインセンティブという考え方は、社会科学の支柱としての役割を陰に陽に果たしてきた。たとえば、経済学は金銭に関する学問と表現するよりは、インセンティブの構造に関する学問と表現したほうが実態に近い。経済学の主たる舞台である「市場」というものは、インセンティブを活用して人々の満足度を高めようとするしくみの一つと考えることができる。現在の経済学では、狭義の市場のみならず、インセンティブを提供するしくみや制度が広く視野に入れられている。

インセンティブを検討の対象とする学問分野は経済学だけではない。人間行動を探究する際には必然的にその原因や理由について考察を進めることになり、類似の概念が他の分野でもしばしば登場する。心理学の文脈では、インセンティブは外発的動機づけと大まかに対応している。金銭的・物理的な報酬や処罰だけでなく、他者からの承認・非承認などによってもたらされる動機づけもここに含まれる。

外発的動機づけ（⇔インセンティブ）と対になる概念は内発的動機づけであり、こちらは賞罰に依存しない動機づけを指す。行動そのものが目的になっている状況、たとえば美術鑑賞やゲームをしている場面を一例として考えていただければよいだろう。

内発的動機づけと対比すると、インセンティブは外からただ一方的に与えられるもののようにも見えるかもしれない。しかし、インセンティブの妙は、「当の個人は自ら選択を行っていると思っている」という性質を備えている点にある。先の寓話の中で太陽の(イ)ホウリャクが説得や優しさになぞらえられているのは、旅人が「自発性」をもつ余地を——本当に自発的か否かはさておいて——太陽が残しているからであろう。このカギ括弧つきの「自発性」ゆえに、外発的なインセンティブと内発的動機づけの境界が明らかでないことも多々ある。

境界をどこに設定するにしても、法は外発的なインセンティブにも内発的な動機づけにも関わっており、他のさまざまな制度とならんで人間行動をコントロールしている。

法が人々の「自発性」を完全に封じてしまうこともあるが、たいていの場合、法は人々の自律的な意思決定を通じて行動をコントロールすることを目指している。刑罰や行政罰、あるいは損害賠償義務などを使う方法、税金や賦課金といった金銭を徴収する方法、逆に税制上の(ウ)ユウグウ措置やその他の経済的利益によって誘導する方法、違反者の氏名や名称を公表する方法、こういった方法はすべてインセンティブを用いている。

多くの人にとって法は、「強制のための手段」であると同時に「意思決定に影響を及ぼす要素」として立ち現れる。法はインセンティブを提供するための道具なのである。

このように人間行動をインセンティブの観点から捉えるのには大きな意味がある。というのは、他者の行動を説明しようとするとき、性格や気質といった内的要因を過度に重視する一方で、環境や状況などの外的要因を軽視する傾向が私たちにあるからである。

たとえば、ある組織に属する人が違法行為をしたという事件を見聞きすると、たとえ真の原因が別の点にあったとしても、その人の性格に原因を帰属させがちである。これは「基本的帰属錯誤」または「対応バイアス」と呼ばれるが、インセンティブの概念を頭の[エ]カタスミに置いておけば、こうした錯誤は少なからず防げるだろう。

法と人間行動を考えるときに問題となるのは、法がいかなるインセンティブを与えられるのか、そして法の意図するインセンティブと現実のインセンティブがどのくらい合致しているのか、ということである。しかし、これらは十分に解明されているとは言いがたい。

その一因は、[B]行動に対する法の効果を研究する人たちが外発・内発の二分法にこだわりすぎていたという事情にある。つまり、「法が発動する正または負のサンクションによる外からの動機づけ」と「法の正統性や道徳に関係する内からの動機づけ」のどちらがより重要か、という問題設定が幅を利かせていたのである。

実際には、先ほど述べたように、外発と内発はあまりはっきりとは区別できない場合がある。それと同様に、法も意思決定に対しては微妙な形で働きかけをしている。

帽子をとり損ねた太陽と同じように、[C]インセンティブは逆効果を生むことすらある。法との関連性で最も引用されているのは、次のフィールド実験であろう。実験の対象となったイスラエルの民間の託児所（一〇か所）は、一歳から四歳までの幼児を三〇名ほど預かっていた。親が所定の時間に遅れて子を引き取りに来たときに罰金を徴収すると、親の遅刻は減るだろうか。それを調べるため、一〇施設のうち六施設では親が一〇分以上遅刻した場合に罰金を徴収することになった（一方、残りの四施設は徴収しなかった）。すると、罰金制度を導入しなかった四施設と比べ、導入した六施設では遅刻する親の人数が有意に増加するという結果が観察された。しかも興味深いことに、罰金制度をやめた後も、六施設では遅刻率は高止まりしてしまったのである。

この実験結果には「罰金の導入によって人々の状況把握のしかたが変化した」という解釈がある。すなわち、所定の時間を経過した後も子供を預かる託児所側の行動が、「好意で行っていること」ではなく「お金を取って行うサービス」として認知されるようになった、という解釈である。言い換えると、罰金導入により、非金銭的であった社会的交換関係が金銭ベースの取引関係に変質したのである。

これとは別に、インセンティブが内発的動機づけを阻害すること（クラウディング・アウト）をシサ[オ]する研究も数多く存在する。インセンティブの働き方を私たちが正確に理解できるようになるまでには、まだまだ長い道のりがありそうである。

問1 傍線部ア〜オのカタカナの部分を漢字に改めよ。

問2 傍線部1「寓話」と、傍線部2「燦々と」の意味をそれぞれ十字以内で簡潔に答えよ（句読点は不要）。

問3 傍線部A「北風と太陽の寓話ではインセンティブをうまく扱えなかったほうが負けている」とあるが、「北風と太陽の寓話」の「旅人の服を脱がせる勝負」において、「インセンティブをうまく扱えなかったほうが負けている」とはどういうことか。八十字以内で具体的に説明せよ。

問4 傍線部B「行動に対する法の効果」とあるが、筆者は「法」が目指している「人間行動」への「効果」をどのように考えているか。「内発」と「外発」という語を用いて八十字以内で説明せよ。

問5 傍線部C「インセンティブは逆効果を生む」とあるが、どういうことか。傍線部以下の実験結果に即して、百二十字以内で具体的に説明せよ。

内容説明

パターン ① 物事のつながりを説明する

子規の画　夏目漱石

余は子規＊の描いた画をたった一枚持っている。亡友の記念だと思って長い間それを袋の中に入れてしまって置いた。年数の経つに伴れて、ある時はまるで袋の所在を忘れて打ち過ぎる事も多かった。近頃ふと思い出して、ああして置いては転宅の際などに何処へアサンイツするかも知れないから、今のうちに表具屋へやって懸物にでも仕立てさせようという気が起こった。渋紙の袋を引き出して塵を払いて中を検べると、画は元のまま湿っぽく四折に畳んであった。画のほかに、無いと思った子規の手紙も幾通か出て来た。余はその中から子規が余に宛てて寄こした最後のものと、それから年月の分からない短いものとを選び出して、その中間に例の画を挟んで、三つを一纏めに表装させた。

画は一輪ざしに挿した東菊で、図柄としては極めて単簡なものである。傍に「是は萎みかけた所と思いたまえ。A下手いのは病気の所為だと思いたまえ。嘘だと思わば肱をついて描いて見たまえ」という註釈が加えてある所を以て見ると、自分でもそう旨いとは考えていなかったのだろう。子規がこの画を描いた時は、余はもう東京にはいなかった。彼はこの画に、東菊活けて置きけり火＊の国に住みける君が帰り来るかなと云う一首の歌を添えて、熊本まで送って来たのである。

B壁にかけて眺めて見るといかにも淋しい感じがする。色は花と茎と葉と硝子の瓶とを合わせてわずかに三色しか使ってない。花は開いたのが一輪に蕾が二つだけである。葉の数を勘定して見たら、すべてでやっと九枚あった。それに周囲が白いのと、表装の絹地が寒い藍なので、どう眺めても冷たい心持ちがイオソって来てならない。

子規はこの簡単な草花を描くために、非常な努力を惜しまなかったように見える。わずか三茎の花に、少なくとも五六時間の手間をかけて、どこからどこまで丹念に塗り上げている。これほどの骨折りは、ただに病中の根気仕事としてよほどの決心を要するのみならず、いかにも無雑作に俳句や歌を作り上げる彼の性情から云っても、明らかな矛盾である。思うに画と云うことに初心な彼は当時絵画における写生の必要を＊不折などから聞いて、それを一草一花の上にも実行しようとウクワダてながら、彼が俳句の上ですでに悟入した同一方法を、この方面に向かって適用することを忘れたか、または適用する腕がなかったのであろう。

　東菊によって代表された子規の画は、拙くてかつ真面目である。＊才を呵して直ちに章をなす彼の文筆が、絵の具皿に浸ると同時に、たちまち堅くなって、穂先の運行がねっとり竦んでしまったのかと思うと、C余は微笑を禁じ得ないのである。＊虚子が来てこの幅を見た時、正岡の絵は旨いじゃありませんかといったことがある。余はその時、だってあれだけの単純な平凡な特色を出すのに、あのぐらい時間と労力を費やさなければならなかったかと思うと、何だか正岡の頭と手が、いらざる働きを余儀なくされた観がある所に隠しきれない拙が溢れていると思うと答えた。馬鹿律儀なものに厭味も利いた風もありようはない。そこに重厚な好所があるとすれば、子規の画はまさに働きのないエグチョクものの旨さである。けれども一線一画の瞬間作用で、優に始末をつけられべき特長を、咄嗟に弁ずる手際がないためにやむを得ず省略の＊捷径を棄てて、几帳面な塗抹主義を根気に実行したとすれば、拙の一字はどうしてもオマヌカれ難い。

　子規は人間として、また文学者として、もっとも「拙」の欠乏した男であった。永年彼と交際をしたどの月にも、どの日にも、余はいまだかつて彼の拙を笑い得るの機会を捉え得たためしがない。また彼の拙に惚れ込んだ瞬間の場合さえもたなかった。彼の歿後ほとんど十年になろうとする今日、彼のわざわざ余のために描いた一輪の東菊の中に、確かにこの一拙字を認めることのできたのは、その結果が余をして失笑せしむると感服せしむるとに論なく、余にとっては多大の興味がある。ただ画がいかにも淋しい。できうるならば、子規にこの拙な所をもう少し雄大に発揮させて、D淋しさの償いとしたかった。

＊子規……正岡子規（1867～1902）。闘病のかたわら「写生」を唱え、短歌や俳句の革新運動を行った。漱石との深い親交でも知られる。
＊火の国……熊本。漱石は熊本の第五高等学校に赴任していた。
＊不折……中村不折（1866～1943）。洋画家・書家。本の装丁なども行い、作家たちとも親交が深かった。
＊才を呵して直ちに章をなす……才能のおもむくままに作品ができあがる。
＊虚子……高浜虚子（1874～1959）。俳人。正岡子規に師事した。
＊捷径……ちかみち。

問1 傍線部ア〜オのカタカナの部分を漢字に改めよ。

問2 傍線部A「下手いのは病気の所為だと思いたまえ」とあるが、ここには子規のどのような心情があらわれているか。六十字以内で説明せよ。

問3 傍線部B「壁にかけて眺めて見るといかにも淋しい感じがする」とあるが、それはどういうことか。九十字以内で説明せよ。

問4 傍線部C「余は微笑を禁じ得ないのである」とあるが、ここでの「余」の心情を説明したのが次の文であり、空欄Xには十五字以上二十字以内の語句が、空欄Yには十字以上十五字以内の語句が入る。それぞれの語句を、傍線部Cまでの本文中の表現から抜き出せ。

[X] 子規の描く画が [Y] ことを、むしろほほえましく感じている。

問5 傍線部D「淋しさの償いとしたかった」とあるが、こうした表現には「余」のどのような心情があらわれているか。五十字以内で説明せよ。

例題

解説 P.77

内容説明

パターン②

物事の違いを説明する

評論文には、二つの事柄を対比させながら物事を論じたものも多く、そのため二つの物事の違いを説明させる記述問題も、入試で頻出する。その場合、二つの物事を対比して説明するのが基本。つまり「AとBの違いを説明せよ」という問題では、Aという物事と、Bという物事の対照的な性質を整理して「Aは……だが（に対し）、Bは……。」という解答形式をとることが望ましい。

歴史と出会い、社会を見いだす

佐藤健二

ことばには、内向きと外向きの、二つの用いられ方の違いがある。内向きのことばは、家族や旧知の間柄で使われるもので、親密さを軸に構成されている。小さな子どもに話しかける時のように、あえて幼児語をまねて親しさを表すことすら許される。形式ばることのない、喜怒哀楽の感情の動きに素直な表現である。内向きのことばの世界は、すでに確立し安定した人間関係が前提とされるがゆえに、対面的な振る舞いそれ自体のなかで、もうコミュニケーションは成り立っている。すなわち、ことば以前の世界ともどこかつながっているのである。

これに対して、外向きのことばは、初めて出会う他者を含め、世間に向けて使われる。向かいあう相手に対して失礼にならないかどうかが、構成の重要な規準の一つになる。そのうえで、述べるべきことを述べ、時には交渉や説得の役割を果たさなければならないのだから、ただ感情の動きに率直なだけでは足りない。むしろ政治的とでもいうような、対人観察の周到さと気配りとレトリック（修辞や譬（たと）え）が要請される。尊敬語や謙譲語の正しい使い方は、古典的な教養に則っているかどうかではなく、むしろ相手との社会的な距離や位置をうまく調整する戦略の成否として、その効用を判定すべきものである。もし今日、大人になることが難しいとすれば、こうしたことばの微妙な使い方について、いわゆる大人も含めて無頓着になり、鈍感になっていることまで視野にいれて論じなければ不公平かもしれない。

ともあれ、外向きすなわち対外的な物言いの能力を獲得することは、大人の条件であった。しかしながら、その「外」が、かつての村の暮らしのそれとは異なり、近代ではじつに広く、また複雑な空間となった。かつてであれば、ここでいう「外」すなわち世間の範囲は、村の公共性の内部に止まり、公に向けての口上も、冠婚葬祭や年中行事などの機会以外には、それほど多くはなかっただろう。それゆえ、たしかに一〇〇語と続けた話をせずに一生を終わる者がけっして珍しくなかったという記述も、あながち誇張ではない。ところが近代になって、学校のような立身出世の新しい公共機関が設置され、あるいは軍隊が広い範囲から青年を召集して、若者たちは前の世代が経験しなかった社会の拡がりと向かいあう。そこでうまく自らを表現し、何よりも礼を失しないようにもの申すことは、新しい要請であり能力であった。

明治になってから多く発行された「演説」や「挨拶・スピーチ」の実用書（ハウツー本）は、いかに多くの人々が、対外的すなわち公に向かって話すことに困難を感じ、頼れるものを求めていたかを物語る。その一方で、世間に通用する口利きが重宝され、力をもつようになった。「口が利ける」とは談話の技をもち、弁が立って必要な時に仲裁ができる能力だが、ときにこうした口達者は、心にもない理屈を自分の利益のために使う「口ばかり」の不実として、かえって信頼されなかった。

だから大人になることを、むやみに口達者になることと取り違えてはならない。むしろ本当に必要なのは、いましきりに使われていることばでは、まだうまく表せていない思いや考えを、相手もともに納得してくれる表現に翻訳する力である。すなわち、まだことばにならずにいる感覚を切り捨てずに、なお外の社会に通用する形を与え表現し続けていく誠実さこそ、大人の条件として忘れられてはならない。そのためには、くりかえしになるが、ことばの使い方の微妙さ、言い換えればわれわれが遺産として受け継いで使っている手段に刻み込まれた先人たちのさまざまな経験を、味わい分ける能力を磨くことが必要だろう。

問 傍線部「ことばには、内向きと外向きの、二つの用いられ方の違いがある」とあるが、どのような「違い」があるのか。百字以内で説明せよ。

内容説明

パターン ② 物事の違いを説明する

彩色の精神と脱色の精神

真木悠介

『更級日記』にこんな話が書いてある。作者と姉とが迷いこんできた猫を大切に飼っている。あるとき姉の夢まくらにこの猫がきて、自分はじつは侍従の大納言どのの息女なのだが、さる[ア]インネンがあってしばらくここにきている。このごろは気品のない人たちのなかにおかれて、わびしいといって泣く。それから姉妹はこの猫をいよいよ大切に扱ってかしずくのである。ひとりの時などこの猫をなでて、「侍従大納言どのの姫君なのね、大納言どのにお知らせしましょうね」などと言いかけると、この猫にだけは心がつうじているように思われたりする。

猫はもちろんふつうの猫にきまっているのだが、『更級日記』の作者にとって、現実のなにごともないできごとの一つ一つが、さまざまな夢によって意味づけられ彩りをおびる。

夢といえば、[*A]フロイトのいき方はこれと正反対である。フロイトの「分析」にとって、シャンデリアや[イ]フンスイや美しい飛行の夢も、宝石箱や運河や螺旋(らせん)階段の夢も、現実の人間世界の心的機制や身体の部分を示すものとして処理されてしまう。フロイトは夢を、この変哲もない現実の日常性の延長として分析し、解明してみせる。ところが『更級日記』では逆に、この日常の現実が夢の延長として語られる。フロイトは現実によって夢を解釈し、『更級日記』は夢によって現実を解釈する。

この二つの[ウ]タイショウ的な精神態度を、ここではかりに、[B]〈彩色の精神〉と〈脱色の精神〉というふうに名づけたい。

われわれのまわりには、こういうタイプの人間がいる。世の中のたいていのことはクダラナイ、ツマラナイ、オレハチットモ面白クナイ、という顔をしていて、いつも冷静で、理性的で、たえず分析し、還元し、君たちは面白がっているけれどこんなものショセン××ニスギナイノダといった調子で、世界を脱色してしまう。そのような人たちにとって、世界と人生はつまるところは退屈で無意味な灰色の荒野にすぎない。

また反対に、こういうタイプの人間もいる。なんにでも旺盛な興味を示し、すぐに面白がり、人間や思想や事物に惚(ほ)れっぽく、まわりの人がなんでもないと思っている物事の一つ一つに独創的な意味を見出し、どんなつまらぬ材料からでも豊饒(ほうじょう)な夢をくりひろげていく。そのような人たちにとって、世界と人生は目もあやな彩りにみちた幻想のうずまく饗宴(きょうえん)である。

冷静で理知的な〈脱色の精神〉は近代の科学と産業を生みだしてきた。たとえばフロイトはわれわれの「心」の深奥に近代科学のメスを入れようと試みたパイオニアである。そして科学と産業の勝利的前進とともに、この〈脱色の精神〉は全世界の人びとの心をとらえ、その生きる世界を脱色していった。

森の妖精や木霊(こだま)のむれは進撃するブルドーザーのひびきのまえに姿を没し、谷川や木石にひそむ*魑魅魍魎(ちみもうりょう)は、スモッグや有機水銀の廃水にむせて影をひそめた。すみずみまで科学によって照明され、技術によって開発しつくされたこの世界の中で、現代人はさてそのかげりのなさに退屈し、「なにか面白いことないか」といったうそ寒いあいさつを交わす。

世界の諸事物の帯電する[エ]コユウの意味の一つ一つは剝奪され解体されて、相互に交換可能な価値として抽象され計量化される。個々の行為や関係のうちに内在する意味への感覚の[オ]ソウシツとして特色づけられるこれらの過程は、日常的な実践への埋没によって虚無から逃れでるのでないならば、生のたしかさの外的な支えとしての、なんらかの〈人生の目的〉を必要とする。

それが近代の実践理性の要請としての「神」であれ、その不全なる等価としての「天皇」であれ、またはむきだしの富や権力や名声であれ、心まずしき近代人の生の意味への感覚を外部から支えようとするこれらいっさいの価値体系は、精神が明晰であればあるほど、それ自体の根拠への問いにさらされざるをえず、しかも[C]この問いが合理主義自体によっては答えられぬという[1]ジレンマに直面せずにはいないから、このような価値体系は、主体が明晰であればあるほど、根源的に不吉なニヒリズムの影におびやかされざるをえない。

ここにはいっさいの幻想を排するがゆえに、逆に幻想なくしては存立しえず、しかもこのみずからを存立せしめる幻想を、みずから解体してゆかざるをえない、近代合理主義の逆説をみることができる。

われわれはこの荒廃から、幻想のための幻想といった自己欺瞞(ぎまん)に後退するのでなしに、どこに出口を見出すことができるだろうか。

＊フロイト……(1856〜1939) オーストリアの精神医学者。

＊魑魅魍魎……山川の精霊や妖怪変化。

問1 傍線部ア〜オのカタカナの部分を漢字に改めよ。

問2 傍線部1「ジレンマ」の意味を、五字以内で簡潔に答えよ。

問3 傍線部A「フロイトのいき方」とあるが、フロイトはどのようなことを試みたのか。それを比喩的に述べた部分を二十五字以上三十字以内で本文から抜き出せ（カギカッコ等も字数に含む）。

問4 傍線部B「〈彩色の精神〉と〈脱色の精神〉」とあるが、両者の性質の違いを本文中の表現を用いて百字以内で説明せよ。なお、〈彩色の精神〉を「前者」、〈脱色の精神〉を「後者」として解答すること。

問5 傍線部C「この問いが合理主義自体によっては答えられぬ」について、以下の問いに答えよ。

1 「この問い」とはどのような問いか。四十字以内で答えよ。

2 それが「合理主義自体」によって答えられないのは、「合理主義」がどのような性質を持つものだからか。次の解答欄に適合するように、傍線部C以降の十二字以内の表現を本文から抜き出せ。

合理主義は［　　　　　　　　　　　　］という性質を持つものだから。

書籍について

渡辺一夫

書籍と申すものは、世の中の人々の言うように、まことに便利で有難いものではあるが、どうも気味の悪いものでもある。このような告白は[1]畢竟（ひっきょう）するに、僕自身の精神力の弱さと才能の薄さとの告白になるだけである。しかし、お恥かしい話だが、僕は未だかつて一冊の本を読了した時に、「己は完全にこの本を読み終えたぞ」という感慨を抱いたことがないから仕方がないのである。いくらアンダーラインをしたりノートを取って丹念に読んでみても、あるいは、そんなことをするから著者の精神がわからぬのだろうから、ノートなど取らずに絶えず呑（の）んだ気になってやれ、と思いながら読み通しても、いずれにしても何か読み残してはいまいかという不安に必ずつきまとわれるのである。そして、読み返してみると、必ず新しいことを読み取るのを普通とする以上、事実僕は常に何かを読み残していることになるのである。昔から[A]「眼光紙背に徹する」人々がいるようだが、まことに羨ましい限りだと思う。僕などは、結局[B]「眼光紙面に彷徨（ほうこう）する」族であろうと思ってつくづく悲観している。

しかし、半分慰めになるような、あるいは、さらに僕を悲観させかねないような、[C]一つの人間的事実が読書には介在するもののようである。これはわかりきった常識的事実ではあろうが、本来我々の持っている問題の量や質が我々の認識の量や質とを決定するものであり、我々が少し反省してみると、「我々にわかることとしか、あるいはわかろうと望んでいるものだけしか、我々にはわからない」というはなはだ寒々とした真実に突き当たるもののようである。そして、我々の持つ問題とは我々の生活や生理や[ア]ネンレイやその他色々なものの変化につれて変身化態して行くものである以上、一つの書物を読むに当たっても、必然的に読み残しがあることも当然だと言うことになる。つまり、読書に際して僕の持っていた問題に応ずるだけの理解しか得られないのが当たり前になり、読み残しが必然的に存在し、完全に読んだという感情を持てないのも当然であって、それを慨（なげ）くのは神経衰弱の[イ]チョウコウだとも考えられるのである。しかしまた、そうしてみれば、一冊の書物というものがいよいよ気味が悪くもなり、一体書物というものは何物だろうと考え、その＊プロテウス的変貌可能性にますます畏怖(いふ)の念を覚え、モンテーニュという人のひそみにならって、人間も書物もまことに「浮動常なく多様な(オンドワヤン・エ・ディヴェール)」ものであるわいなどと、あきらめかねたような吐息を洩(も)らすしだいである。昔読んだ本などを、何かの用で調べるために繙(ひもと)く場合など、仰々しく引かれた傍線の箇所がのっぺらぼうな顔になり、かえって傍線も何も施してない行文の間に、鮮明なまた親しみのある表情が浮び上がって来ることが僕にはしばしばある。そして、現在読んでいる書物を「不可解な愛人」を眺めるように打ち眺めながら、何とも言えない心細さを感ずるのが常である。これは、僕一個人の告白的似而非(えせ)理論であるが、僕以外の人間にも当然同じ現象があってもかまわぬはずだと考えると、これまた同類・同罪意識によって一時僕は卑怯(ひきょう)にも慰められるけれども、たちまちさらに深い気味悪さを書物に対して抱かざるをえなくもなるのである。つまり、読者の複数性のために、書物は、いよいよもって「浮動常なく多様な」読まれ方をすることにもなりうるからである。僕はかつてある外国の小説を翻訳したが、その小説の中に、作中の人物（作者が愚弄[2]しきっている人物）が表面は如何(いか)にももっともらしく、しかし実際は出鱈目(でたらめ)な文学論をする場面があった。ところが、僕の翻訳を読んで下さった方が、ある新聞にブック・レヴュー[D]をされるに際して、その出鱈目な文学論を作者の文学観として非常に推賞しておられたのである。僕は、一時、大いに悲観もし憤慨もしたけれども、他人(ひと)のふり見て我がふり直せと思い返し、いよいよますます書籍というものの気味悪さに撃たれてしまったのである。結局のところ、マラルメという詩人が考えたように、作品（書籍）は出来上がったら最後、作者のものではなくなり、万人の所有に属し、しかも誰の所有にも属さぬ独自な生存をカクトク[ウ]するもののようである。譬(たと)えて言ってみれば、書籍と申すものは、不可思議な現像液のようなものであって、読者各自の精神の＊種板にあらかじめ写しおかれた影像を現像してくれるものなのだろう。作者がその作品に善意をいくら籠めても、作品は独自の営みを続け、案外不善意な結果をある読者に及ぼすこともありうるかもしれぬのである。

　モンテーニュは、その『エッセー』の第一巻第二十四章で、次のようなことを言っている。「有能な読者は、他人の書いたものの中に、作者がこれに記しとどめ、且つこれに具わっていると思ったものとは別個の醍醐味(だいごみ)をしばしば見出して、これに遥(はる)かに豊かな意義と相貌とを与えるものだ」と。つまり、眼光紙背に徹して作者の面目を隈(くま)なく理解するのみならず、それ以外のことをわかるという意味なのであろう。つまり、作者が現像液に予定しなかったような作用を有能な読者[E]はその現像液をして行なわしめるという意味であろう。もちろんこれは、一冊の本を全く見当違いをして読んで作者の意図を故意だと思われるくらい誤解するとか、倫理の書籍の中から盗賊の自己防御の具を読みとるとかいうことが有能だと言っているのでないことは明らかである。一冊の書籍[F]

を読むに当たっても、その人の当面の問題のみならず、心中に潜んでいたあらゆる問道が濃淡さまざまあろうが一様に浮かび上がって来て、みな大鳥籠内の小鳥の群のように囀(さえず)り出すというような心境ではないかと思う。そして、現在の新聞紙のようにモハン(エ)的な希薄さを持った現像液でも、有能な読者は各自の強力剤を用意してなかなか深い読み方も出来るというわけになる。こういうグガン(オ)の読者になることはなかなか容易な業ではなく、畢竟するに、我々がなるべく多くの問題を常に生き生きと用意しておけるようになることが必要となるのであり、そのためには、「遂(つい)に己は本を読み能(あた)わぬのだ」などと泣き言は吐かずに、読めば読むほど新しくなる気味の悪い書物をいよいよ愛しますます読まねばならぬものなのだろう。

＊プロテウス……ギリシャ神話で、海に住む老人。ポセイドンの従者。予言と変身の術に長じていた。

＊種板……写真の原板。乾板。

問1 傍線部ア～オのカタカナの部分を漢字に改めよ。

問2 傍線部1・2の語句の意味を簡潔に答えよ。

問3 筆者は自らを傍線部B「眼光紙面に彷徨する」といっているが、その意味を傍線部A「眼光紙背に徹する」と対比しながら八十字以内で説明せよ。解答に際しては、「眼光紙面に彷徨する」をB、「眼光紙背に徹する」をAとすること。

問4 傍線部C「一つの人間的事実」は何を指すのか、本文に即して六十字以内で述べよ。

問5 傍線部Dの「ブック・レヴュー」をした人と、傍線部Eの「有能な読者」との違いを、七十字以内でわかりやすく説明せよ。なお解答に際しては「ブック・レヴュー」をした人をD、「有能な読者」をEとすること。

問6 傍線部F「一冊の書籍を読むに当たっても、その人の当面の問題のみならず、心中に潜んでいたあらゆる問道が濃淡さまざまあろうが一様に浮かび上がって来て、みな大鳥籠内の小鳥の群のように囀り出すというような心境ではないか」とあるが、読者の「心中に潜」むものを、「浮かび上が」らせる働きを持つ書籍のことを、ある表現でたとえている。その比喩表現を、十五字以内で本文から抜き出せ。

問7 書籍が「気味の悪い」ものであるという筆者の考えを、百二十字以内で要約せよ。

例題
解説 P.93

要約

パターン 1

条件指定のある要約

「要約」とは、文章の要点をまとめること。本文の主旨（中心となる内容）、すなわち〈主張や結論〉を書くことが重要である。ただし、大学入試では、結論だけでなく、そこに至るまでの〈論の筋道〉を明確に示すことが要求されている点に注意してほしい。また、この例題のように、「AとBの違いを明らかにしつつ」など〈条件〉が付いた要約問題の場合は、その〈条件〉に従ってまとめることが必要である。

電脳遊戯の少年少女たち

西村清和

従来の遊び論は、現実の日常生活の典型を真剣な労働にもとめ、これに対して遊びを、そのような日常的現実の外のいわば余白、したがって非日常、非現実と考えてきた。しかも、そのような非生産的な「たんなる遊び」が、なお積極的な意味や価値をもつとすれば、それがなんらかのしかたで訓育、勤勉、効率という生産の倫理に寄与する場合である。つまり、子どもたちは遊びをつうじて、知らず知らずのうちに手先の訓練と大人になってからの労働の準備をし、集団行動とルールの遵守という社会性を身につけ、さらには想像力や創造力を涵養（かんよう）する、というわけである。遊びもまた無償のものではなく、労働への準備、産業社会へのイニシエーションとして、子どもの「仕事」なのである。だが、われわれの単純な経験によるかぎり、遊びは、他の諸行動を補完する副次的な行動というよりは、他の諸行動とならんで、ひとがこの世の日常の中で生き行動するひとつの、独特のありかたである。

いま、仕事をしたり、議論したり、学習したりするふるまいを、そのつどなにかある目的や計画をねらい、その実現に向かっていく行動という意味で、「企て」とよぶことにしよう。わたしは、そのつどある目的にねらいを定める。だが、わたしのこのまなざしは、つねに他者のまなざし、他者の企ての抵抗に出会わずにはいない。それら自他のまなざしは、企ての方向においても、利害においても、いわばまっこうから対立し、拮抗しあうが、この緊張した「対向」関係のもとで、われわれはそのつど相互に調整し、妥協し、ときに争う。

遊びというふるまいにおける、ひととひとの関係は、これとはまるでことなっている。たとえば、もっとも単純で基本的な遊びを考えてみよう。母親が笑いかけて、「いない、いない」とはやしながら顔をかくし、赤ん坊がこれにこたえて、母親のほうをじっと見つめながら、その顔のあらわれるのを「いまか、いまか」とまちうける。この宙づりにされた期待がきわまったとき、「ばあ」という声とともに母親の顔がふたたびあらわれ、期待どおりの結果を得て、赤ん坊は「きゃっ、きゃっ」と笑う。期待の宙づりを仕組み、しかしかならずこの期待を充足すること、これがこのゲームのルールである。

母親と赤ん坊の両者のまなざしは、けっして相反する企てが拮抗しあう対向関係にではなく、おたがいに笑いかけ、笑いでこたえつつ、顔がきえてはあらわれるひとつの動きを追い、これに同調する。それは、いわばまなざしのキャッチボールである。この、遊びに独特の関係とそのあいだの動きは、遊びの基本骨格として、おそらくはより複雑な遊び行動にも、共通して見られるものである。逃亡者は、自分を射すくめる追跡者の容赦のないまなざしをあくまでのがれようとするのに対して、鬼ごっこやかくれんぼの子どもたちは、鬼のまなざしからいったん身をかくしながらも、鬼に見つけられつかまえられるのを、物かげで、「いまか、いまか」とワクワクしながらまっている。かくれている子どもたちも、これをあばこうとする鬼も、そのまなざしは、おたがいに笑いかけあって、同調しているのである。大人たちが、遊びでテニスに興じたり、談笑したりする場合も、おなじ関係が見られるはずである。

つまり、企てと遊びとは、人間の日常生活における、二つの基本的なありかたであり、ひととひとの関係のとりかたと、その関係のもとでのふるまいかたの二つの基本様式である。子どもでも大人でも、いつも緊張した企ての関係に身をおくことも、逆にもっぱら遊びの同調関係に浮遊することも、できるものではない。われわれは企てにおいて自己を主張し、自己の欲求を追求しながらも、遊びの同調に身をゆだねて、他者とともにゆるやかに、かろやかに世界につつまれる実感をも、必要とする。問題は、日常生活において出会う他者のまなざしに対して、それがはたして企ての関係なのか遊びの関係なのかを、そのつど見きわめる能力であり、つまりは、他者とのコミュニケーションの能力である。

問 「遊び」と「企て」がそれぞれどういうものかが明らかになるように、本文を百五十字以内で要約せよ。

解説 P.94

要約

パターン ① 条件指定のある要約

異文化理解

青木保

異文化を体験するとは、本質的にはどういうことでしょうか？ それは、異質な時間と空間を体験することにほかなりません。異文化の空間が違うのはいわば当たり前といえるかもしれませんが、時間が異質だと言うのは、別に「時差」のことを指しているわけではありません。時間の認識とか感覚に違う面があることを意味します。

たとえば、私たちがいま普通に認識している近代的な時間は、「時計の時間」ということができます。昨日から今日へ、今日から明日へ、限りなく直線的に前に前に進む時間で、限りがありませんし、引き返すこともできません。その近代的な時間を生きる私たちの生活も仕事も、引き返すことが出来ない、前進するしかしようがない時間の中にあるわけです。

しかし、古代ギリシアや古代インドでは、明らかに時間は違った流れ方をしていました。古代ギリシアでは、時間は振り子のように行っては戻るもので、繰り返すものと考えられていました。また、古代インドの時間は[ア]エンカン的にぐるりと回ってくるものでした。この二つの時間の考え方からは、時間が繰り返すものであるために、何らかの意味で人生にも繰り返しがきく、引き返せるという感じ方が芽生え、それが古代ギリシアや古代インドの文化に穏やかさとか悠久のイメージを与えているように思います。

時間が繰り返すという考え方は同時に、必ず始まりと終わりがある、とりわけ「時間が一度終わってしまう」という発想を芽生えさせます。この発想はキリスト教の「最後の審判」を預言する終末論に[イ]テンケイ的な形で出てきています。仏教でも、五六億七〇〇〇万年という時間が過ぎると登場してきて救済をする未来仏、弥勒菩薩について語られていますが、それはやはり終末論と言っていいでしょう。

古代ギリシアや古代インドの時間認識は、実は近代的な時間認識の中にも存在しないわけではありません。

現在、暦では確かに多くの国で西暦が採用されていますが、タイなどの仏教国では仏陀が亡くなってからの年月（仏暦）でも数えていますから、二〇世紀末といった数え方とは違う時間認識があるわけです。また日本にも皇紀何千年という言い方がかつてはあり、いまでも使われている元号は、明治以降は時間を天皇の在位期間で区切る考え方です。天皇が亡くなると日本の時間は一応そこでとぎれて、次の天皇が即位するとまた新しい時間が生まれてくる。いわば、天皇の生命と時間の持続とが重ねられているわけです。

王の身体がその国の時間を支配している元号のような考え方は、国家や社会の生命は王の生命と同義である「王の身体説」に基づくものですが、こうした考え方は現代世界でも比較的力を持っている考え方です。たとえばタイの王様が八〇年代初めに心臓病でかなり重態になられたことがあったのですが、その時タイの株価が下がりました。それは多くの人が王の病気でタイの国力が弱ると感じたということなのです。現代風に説明するなら、王がいるからタイ社会は安定している、王がいなくなったら社会は混乱しタイ経済が危なくなる（したがって株価は下がる）ことなのですが、いずれにせよ王の身体説はまだ力を持っていると見ることができるのです。日本でも昭和天皇の病気を国中で心配したことを鮮やかに思い出しますが、そこにはやはり「王の身体説」が働いていた面があると思います。王の身体の如何[1]は国と国民の運営に重なるという考え方です。

ですから、現代の日本や経済発展したタイ社会の現在を見ると、これは近代社会であり人々は近代の時間を生きていると思いますが、日本にもタイにも近代的時間とは別のいわば象徴的な時間があり、二通りの時間が流れているとみなすことができると思います。日本とタイ以外の多くの文化でもそれを見出すことはできるでしょう。そして、近代的時間と違ったもうひとつの時間認識を生み出したものこそがその地域や社会固有の文化なのですから、その文化の時間を知ることが、異文化理解のうえでも非常に重要なことになるわけです。

異文化を体験し、そこで時間がさまざまに流れている、日本の日常生活とは時間の流れ方が違っていると気づくことは、異文化理解のためだけでなく、私たちが自分の人生を生きていくうえでも非常に重要なことのように思います。

たとえば場所が違えば社会的な時間のありようからして違います。昔はよく「タイ時間」などと言って、ヤクソク[ウ]した時間に二時間は遅れていかないと何も始まらないとか言われたものでした。「ブラジル時間」とか「メキシコ時間」とか、同じような言い方が世界各地についてあったものです。タイ時間などは現在のタイのような経済発展の社会では徐々になくなりつつあると思われますが、香港に行ってもスリランカに行っても、食事時間というごく基本的なものからしてそれぞれ日本とは違うことに気がつきます。そしてそれが各社会を実際に動かしているわけですから、時間が各文化の中でどうなっているのかを学ぶことが非常に重要になってくるのです。

しかし、ここで私自身が経験し、また貴重なことと感じる異文化における時間の流れ方の意味ということでお話ししておきたいのは、「夕刻」という時間についてです。一日の中で昼はおわったがまだ夜にはならない夕刻という、狭間であり一種の境界である時間は、仕事と憩いの、公と私の境目の時間に当たります。よくホテルでは、ラウンジでピアノが流れる「ハッピー・アワーズ」とか「カクテルの時間」を設けていますが、夕刻を過ごすのにちょっとした儀式があって、その時間を上手く間をもたせて夕食につなげる工夫をしています。

それは伝統的な社会でも同じで、タイやスリランカでは、夕方には多くの人々は仕事を終えて、夕食が始まる前にお寺に行き、お花とか水を捧げます。スリランカの仏教徒の間ではそれを「ギランパサ（夕方の水かけ儀式）」と言い、サリーに身をつつんだご婦人たちを中心に、男性、老人、子どもたちが手に手に水差しと花を持って集まり、僧による[エ]ドキョウを少し聞いた後、「サートゥ」と唱えつつ合唱しながら、菩提樹や仏塔に花を捧げ、水を振りかけるのです。スリランカの仏教徒は、この小一時間ほどの夕べの儀式を終えて初めて、「ビジネス・アワー」とは違った、私的な夜の時間を迎えていました。私もコロンボにいるときは、よくこの時刻にお寺に出かけギランパサに参列しました。それはまことに充実した夕刻のひとときと感じられました。

日本からアジアのさまざまな社会に行って、人々がそういう夕べの儀式を行なっているのに接すると、私自身何かほっとするものを感じます。

私たちの現代日本社会は、[2]のべつまくなしに日常の仕事の時間が全体を覆っており、朝起きてから夜寝るまで、[A]「境界の時間」がどこにも設定されていません。人生という視点から見ても、たとえば成人式などの意義はなくなっています。「成人の日」はありますが「境界の時間」を過ごす日ではもはやありません。結局、現代の直接的な時間に裂け目を作る[オ]ソウチがないために、日本社会はゆとりのない、緊張ずくめの社会になってしまっているとも感じられるのです。だからスリランカに行ってギランパサを見たり、夕刻の紅茶の時間を過ごしたりすると、ほっと充実した気持ちになるのです。

日本でも近代以前には生活の中に「境界の時間」にあたるものが組み込まれていたのですが、近代化と都市化のプロセスの中でほとんど失われてしまいました。今では異文化に接することによって、その中に自文化にないものを見つけていくしかなくなっているわけです。

異文化を理解することの意義は、ひとつには自分たちにないものをその中に発見して、それが自文化ではどうしてなくなったんだろうとあらためて考えさせずにおかないところにもあるように思えます。これは異文化が単にもの珍しい存在というだけではなく、自文化を見直す機会としてもあるということです。また、私たちの時間は、近代的な時間に支配されてしまっているのですが、異文化に接することによって違う時間があることを発見することができます。違う時間に接することで、事物を視る眼が硬直せず、緊張しきった心が穏やかになり、豊かになるはずです。あるいは自分たちが生きる意味も、異文化と出会い、自文化を捉え直す作業の中で見出されるのではないでしょうか。

問1 傍線部ア〜オのカタカナの部分を漢字に改めよ。

問2 傍線部1「如何」と、傍線部2「のべつまくなし」のここでの意味を、それぞれ五字以内で簡潔に答えよ（句読点は不要）。

問3 傍線部A「境界の時間」には、どのような働きがあるか、五十字以内で説明せよ。

問4 異文化理解の意義が明らかになるように、本文の要旨を百五十字以内でまとめよ。

解説 P.100

要約

パターン ① 条件指定のある要約

物語る声を求めて

津島佑子

口承で伝えられた物語の世界はなぜ、私を魅了するのだろう。

自分にとってあまりに当然のことを改めて言葉で説明しようとすると、急になんだかむずかしいことになってしまう。子どものころ、お小遣いを親からもらえなかったから、こっそりただ見をするしかなかった紙芝居の、わくわくするあの楽しさから、それははじまっているのだろうか。

それとも近所のお祭りのとき、見せ物小屋の前で「[1]親の因果が子に報い……」と呼び込みの人が「うたって」いた、あのいかにもまがまがしい[ア]コウジョウを聞いて、子どもの私が感じていたこわいもの見たさの興奮からはじまっているのだろうか。

試しにこうして、子どものころを思い出すと、そこには口承の物語がふんだんに生きていたんだな、と改めて気がつき、驚かされる。ただ、そのころはそんな言葉を知らなかっただけの話だ。

子どものころの世界は、音とにおいと手触りとでできあがっているということなのだろうか。

母親の気分[イ]シダイだったと思うけれど、夜、寝る前に、私も母親に話をしてもらっていた。レパートリーの少ない人だったから、桃太郎の話と、ヤマンバの話ぐらいしか記憶に残っていない。一体、いくつぐらいまで、母親はそうした話を聞かせてくれていたのだろう。幼稚園に通いはじめると、キンダーブックをもらえたので、絵本にもなじみはじめていた。けれども、そこにどんなおもしろい話が書いてあっても、母親の口から聞く話ほどには、[A]どきどきするような現実感がなかった。

ヤマンバの話では、母親の声から誘い出されて、どこだかわからない山の風景が浮かび上がり、そこを歩く馬子と馬の姿、そしてそれを追いかけるヤマンバの姿がシルエットとして現われる。そして馬子が逃げ出し、ヤマンバが髪を振り乱し、追いかける。馬子やあ、待てえ、馬子やあ、待てえ。このヤマンバの声が私の頭と体に反響して、私はやがて眠気に誘われていく。

山の稜線（りょうせん）を走りつづけるヤマンバと馬子のシルエットは、その声の反響と共に、私の日常の一部になっていた。それは家のどこか、庭のどこかをひたすら走りつづけているのだ。

　そのように、子どもは物語の世界を直接、体に受け入れて生きてしまう。だから、どんなことよりも興奮するし、その経験が子どもの人生を形づくってしまうから、こわいといえばこわい。

　子どものころの経験を文学で表現するという例は、珍しいものではない。むしろ、詩でも、小説でも、ありふれたテーマだと言えるだろう。けれどもそこで表現される子どもの世界は、「無垢（むく）」、あるいは「無知」の[ウ]ショウチョウとして描かれている場合が多い。日本の近代文学も例外ではなく、それはドイツ・ロマンティシズムの影響だったにちがいない。小学生のころ、学校の優等生たちが読んでいた「赤い鳥[*]」系の話のなんと、私にはつまらなかったことか。子どもの本能で、そこを支配している「近代性」をかぎ分けていたのかもしれない。言葉が近代の論理できれいに整理され、描かれている人物たちも「近代的」論理性のなかでしか生きていない。

　子ども向けの本は嫌いだった。そうは言っても、すでに母親は「お話」をしてくれなくなっていたし、「お話ごっこ」はあんまり子どもっぽいと自分で思うようにはなっていた。それで本を読まざるを得なくなる。学校の図書室で私は仕方なく、民話の本を読みつづけていた。小泉八雲のお化けの話が気に入っていた。高学年になると、外地からの引き揚げ者や空襲、原爆の被害者たちの経験談を集めた本を片っ端から読みあさった。当時は、そんな本がつぎつぎ出版され、一種の流行になっていたのだ。これも今、思えば、私は物語の声を求めつづけていた、ということになるのだろうか。

　口承の物語は決して、現代の私たちと切り離された、異質な世界ではない。そのことを忘れてはいけないのだと思う。今の時代は確かに、紙芝居や見せ物小屋など消えてしまい（私の住む地域では、神社のお祭りで五年前に最後の見せ物小屋が以前の半分の規模ながらも[エ]フントウしていたのを最後に、その呼び込みの人が亡くなったこともあって、残念ながら消滅してしまった）、町に響く物売りの声も少なくなってしまった。子ども同士が誘い合うのも、以前は「××ちゃん、遊びましょ」という声が歌のように響いていた。子守歌、遊び歌、仕事歌、そんな歌も消えてしまった。

　けれども親たちは自分の子どもに物語を相変わらず、語り聞かせていると思うし、子守歌も歌っているにちがいない。お店の呼び込みの声はまだ、消えていない。子どもたちは今でも歌が好きだし、大人たちは落語を聞いたり、小説の朗読にわざわざ耳を傾けたりする。地方では、河内音頭もまださかんだし、大衆芝居の世界も生きつづけている。こうした芸能はみな、書き言葉とは縁のない、あくまでもソッキョウの物語の世界なのだ。

近代の文学と口承の物語とは、ジャーナリズムの言葉と個人の言葉のちがいだと言えるのかもしれない。個人の言葉の場合は、ひとりひとりの顔が見える言葉なのだ。家族や地縁に支えられている言葉でもある。だからこそ、地方の風土、習慣、伝統がそこでは生きつづけ、それを確認するための道具にもなっていく。

一方の近代の文学は、印刷術と共に発達した新しい分野で、血縁、地縁を超えて、自分の意見を発表できるという魅力から、活版印刷の普及は急速に新聞、そして文学というジャンルを作り出していった。けれどもそのためには、幅広い人たちに理解できる言葉が必要になり、共通語が作られていく。つまり、人工の言葉を使うという約束事を守ることが前提になり、それは言うまでもなく、近代国家という新しい枠組みとも、歩みを共にしている。

こうした近代の発想に私自身も育まれている。今さら、過去の地縁、血縁の世界に戻ることはできそうにない。もし、現在の小説が充分に力強く、魅力にあふれた作品に恵まれつづけているのなら、今までの近代的文学観を守って書きつづければいいようなものなのだが、実情がそうではなくなっているので、さて、どうしたらいいものか、と私たちは考え込まざるを得なくなっている。かなり前から、ラテン・アメリカの世界で「マジック・リアリズム」と呼ばれる、その風土に昔から生きつづけた神話的想像力と近代の小説とを結び合わせた不思議な小説が出現しはじめて、日本の読者をも魅了した。つづけて、カリブ海の島々から、土地の言葉と植民宗主国のフランス語がごたまぜになった、今まではいかにも教養のない、出来損ないの言葉だとされてきた言葉を小説に活かして、その風土の想像力を描く「クレオール文学」と呼ばれる小説も現れはじめた。ほかにも、それぞれの風土の時間を近代の時計からはずして、神話的な時間に読み替えていこうとする試みは、世界中ではじまっている。

こうした流れを一言で言えば、近代が見失ってきたものをなんとか取り戻したいという人間たちの欲求なのにちがいない。そこにはもう一つ、近代の学問がとんでもない古代の口承文学の世界を見事に読み解いてくれたという「大発見」も手伝っているのかもしれない。その成果を考えると、私はいやでも複雑な思いにならずにいられなくなる。

＊「赤い鳥」……小説家、児童文学者の鈴木三重吉により一九一八（明治7）年に創刊された児童文学雑誌。理想的な子どもを育む童話や童謡を創作し、普及させることが目指された。

問1 傍線部ア〜オのカタカナの部分を漢字に改めよ。

問2 傍線部1「親の因果が子に報い」は「親の善悪の行為の結果が子にもたらされる」という意味だが、「過去の善悪の行為が原因となり、現在にその善悪の結果がもたらされること」を意味する四字熟語を漢字で記せ。

問3 傍線部A「どきどきするような現実感」について、「現実感」とはどのようなことを指していったものか。それを説明した次の文の空欄に入る内容を、三十字以内で書け。

物語を語る母親の声を聞いて、[　　　　　]こと。

問4 傍線部B「私はいやでも複雑な思いにならずにいられなくなる」について、「私」が「複雑な思い」を抱くのはどうしてか。六十字以内でわかりやすく説明せよ。

問5 近代の文学と口承の物語の違いを明らかにしつつ、本文の要旨を二百字以内でまとめよ。

理由説明

パターン
① 因果関係を説明する

設問で「どうしてか」「なぜか」と問われるのが〈理由説明〉である。この場合、傍線部の〈原因・理由〉となる内容を本文から読み取り、それを「〜から（ので・ため）」という形で答える。この例題のように、〈原因と結果の関係（因果関係）〉を答えるパターンである。これが〈理由説明〉の基本となる。

技術哲学の展望

村田純一

　現実の状況というのは、多くの要因が絡み合った多様性を示すので、人工物が用いられる場合に、必ずしも常に一義的な仕方で使用の仕方が実現するとは限らない。しばしば、道具を設計したデザイナーの意図と反するような仕方で道具が使用されたり、あるいは、ある状況での道具の使用を介して道具に全く新たな目的が付加されるということも起きる。やや極端な例ではあるが、金槌は状況に応じて、本来の目的のほかに、人に危害を加えるためにも、ものを押さえるためにも、あるいは、芸術作品として用いられることもある。どのような人工物も、程度の違いはあれ、このような多次元性をもっているし、しかも、技術の歴史はこの種の事例で満ちているともいえる。

　例えば、一七世紀から一八世紀にかけてヨーロッパから多数の機械時計が中国に輸入された。それらはおもに交易を求めたヨーロッパ人が中国の皇帝に献上品として運んできたものである。当時の中国は古来の不定時法を採用していたので、機械時計は実際の生活に役立つものではなかった。にもかかわらず、多数の時計が持ち込まれたのは、芸術作品、ないし、玩具として、おもに宮廷に関係する人々にとっての鑑賞の対象になっていたからである。この例は、技術的人工物が異なった文化的脈絡のなかで用いられる場合には、あらためて「解釈」される必要のあることを示しており、その意味で、異なった文化のあいだで発揮される人工物に備わる「解釈の柔軟性」を示しているということができる。

　制作された最初の目的や機能とは異なった仕方で技術が「解釈」されるようになる可能性は、二〇世紀の技術の場合にも決して珍しいわけではない。インターネットが典型例の一つである。よく知られているようにインターネット技術のもともとの起源は軍事的領域にあったが、現在では日常生活の新たなコミュニケーションの形態を作り上げることになった。自動車の技術もこの例に含めることができる。ベンツやダイムラーらが自動車を発明する以前に、あるいは、フォードがT型フォードを開発し、自動車が大量生産されるようになる以前に、馬車より速い乗り物がないことは「問題」ではなかったし、馬車より速い乗り物に対する強い社会的な需要があったわけでもない。例えば、アメリカでは、自動車は最初は都市部の富裕階級によっておもに娯楽のために用いられる乗り物として登場した。農村部では、自動車は馬車による交通の邪魔になり、家畜に被害をもたらし、道路を破壊するやっかいものでしかなく、「悪魔の乗り物」(devil wagon)と呼ばれ、嫌われた。自動車が農村部での日常的使用にも耐えるようなデザインに改良され、広く普及されるようになってはじめて、つまり、自動車によって移動することが自明化し、日常的な価値基準の一つとなってはじめて、一般に自動車が存在しないことが「問題」と見なされるようになったのである。

　これらは、既存の目的―手段―連関が、技術の展開のなかで変換され、新たな目的―手段―連関を形成することになったという点で技術の創造性が発揮された例と考えられる。

　こうした事例に加えて、技術の歴史のなかには、意図に反した結果がもっぱら「否定的」に解される事例も豊富に見出される。例えば、E・テナーは『逆襲するテクノロジー』のなかで、オフィスのネットワーク化は紙でコピーを取ることを不要にするだろうという未来学者の予言に反して、現在のオフィスは紙であふれているという事態、あるいは、ある地域で安価なセキュリティ・システムの導入がなされたが、それによって誤作動や誤報が多くなったために、かえって前よりもセキュリティのレヴェルを下げることになってしまったといった事例をあげて、「モノが反撃しているように見える」と述べている。

　これらの事例は、技術が単なる道具に還元できない「他者性」を持つことを印象深く示している。ただし、ここで示されている他者性は、広い意味で「創造性」ということのできる特徴である。というのも、これらの事例で示されているのは、技術の展開がデザイナーや製作者の意図に反して実現する過程であり、そしてこの過程はポジティヴに評価されるにせよネガティヴに評価されるにせよ、いずれにせよ、人工物が新たな意味を獲得する過程だと考えることができるからである。

問　傍線部「馬車より速い乗り物に対する強い社会的な需要」がアメリカで生まれたのはどうしてか、本文に即して、六十字以内で説明せよ。

解説 P.110

理由説明

パターン ① 因果関係を説明する

「文化が違う」とは何を意味するのか？

岡真理

モロッコの社会学者ファーティマ・メルニーシーがどこかでこんなことを書いていた。西洋社会の人間はアラブ社会は宗教的だと言うが、自分がアメリカで暮らしてみて驚いたのは、アメリカ社会の日常が、キリスト教の宗教的含意によって満たされていたということだ。それを日常として生きている者にはごく当たり前のことであって、ことさらに宗教的であるとは感じないかもしれないが、他文化の者にとっては、アメリカはその日常の細部までキリスト教的含意に満ち満ちた実に宗教的な社会に映ったという。同じことはこの日本社会についても言えるかもしれない。A日本人は宗教心が希薄だと、日本人自身が言うのをよく聴く。たいていの場合、「それに較(くら)べてイスラームの人々は宗教熱心で、私たちとはぜんぜん違う」という言葉があとに続くのだが、でも、そうした日本人自身の意識とは正反対に、日本社会を体験したイスラーム教徒が強調するのは、日本社会がいかに宗教的であるか、ということだ。何十万という人々が神社に初詣に出かけ、柏手を打ったり、何事か祈願して絵馬をアホウノウしたり、おみくじを引いたり、七五三で神社にお参りに出かけたり、仏壇に朝晩供えものをしたり、お盆に坊さんを呼んで法事をしたり……私たちにとってそれは、とりたてて宗教的な行為というわけではなく、親がやってきたから自分も何となく繰り返している日常の一こま、あるいは年中行事のひとつに過ぎないとしても、それはたしかに宗教的な意味に浸潤されている行為なのだ。そして私たちは、それを当たり前の日常として生きているがゆえに、その宗教性は空気のように自然化されてしまっており、ことさらに宗教的な行為とは感じなくなってしまっているだけなのかもしれない。

だから、イスラームの社会において私たちの目から見れば、非常に宗教的な振る舞いと見えるものであっても、本人たちはそれをたんに慣れ親しんだ日常の一部として行っている場合もたくさんあるだろう。ムスリム女性の被るスカーフなど、その良い例かもしれない。

私たちにとって、イスラーム社会における女性のスカーフ姿は、「イスラーム女性」のシンボルとなっているといってもカゴンではない。私たちにとってスカーフはお洒落（しゃれ）のためのアイテムであり、それ以外の理由ではスカーフを被らない。でも、彼女たちはみな、宗教ゆえにスカーフを被る。私たちと彼女たちとの間のこの違い。目に見える違い。「文化の違い」。「なぜ、スカーフを被るのですか？」と彼女たちに訊（たず）ねればきっと、訊ねられた誰もが、イスラームの教えに従って、と答えるに違いない。中には、コーランやハディース（預言者の言行録）から、信徒のたしなみについて述べた章句や言葉を引用する者もいるだろう。イスラームの教えに従ってスカーフを被る女性たち。私たちはそんなことしない。私たちとは違う彼女たち。個人の服装まで律する厳格な教え。それに従う厳格な女性たち。自由な私たちとはまるで異質な存在……。

たしかに、ムスリム女性のスカーフには宗教的なコンキョがある。しかし、だからといって、すべての女性が熱烈な宗教心の証としてスカーフを被っているわけではないこともまた、たしかだ。都市部と違い地方部では女性がスカーフを被るのが、いまでもまだ当たり前だ。母も祖母も姉も、自分のまわりのすべての女性たちがスカーフを被っている。だから自分も被る。それは女性たちにとってまず、宗教的行為というよりも地域に根ざした生活習慣としてである。私たちにも、とくにその由来を考えることなく、永年の生活習慣として行っている多くの行為があるのではないだろうか。

「イスラーム」という「文化」の違いは、女性たちが被るスカーフという実に目に見えやすい形で現象している。その、目に見える違い、つまり「文化の違い」ということがにわかに、現代においてなお人々が厳格に宗教的に生きているイスラーム社会、特殊な社会というイメージを生み出す。「文化の違い」はたしかに、スカーフの有無という可視化される差異として現象しているけれども、たとえば永年の生活習慣としてそれが行われているという点に注目すれば、私たちの社会もまた、現れ方は異なるけれども、同じような態度が見られることに気がつくだろう。

つまり、私たちと彼らは、実はそんなに違わない、ということだ。少なくとも、同じ人間として理解できないほど違う、というわけでは決してない。そして、このとき「文化の違い」とは、私たちには一見すると、私たちとの異質性を物語るような具体的な違い、「私たち」と「彼ら」のあいだの可視化された差異について、それが同じ人間としてじゅうぶん理解可能であることを示してくれるものなのだ。

「文化の違い」をこのようなものとして考えるならば、「文化が違う」ということは、彼我のあいだの通約不能な異質性を意味するものではなく、反対に、人がそれぞれの社会で生きている現実の細部の違いを越えて、理解しあう可能性を表すものとなる。「理解する」とは、それを丸ごと肯定することとは違う。むしろ、私たちは「理解する」からこそ、そこにおいて、批判も含めた対話が、他者とのあいだで可能になるのではないだろうか。そして、理解することなく「これが彼らの文化だ、彼らの価値観だ」と丸ごと肯定しているかぎり、マッショウされ、私たちの目には見えないでいる、その文化内部の多様な差異やせめぎあい、ゆらぎや葛藤もまた、私たちが「理解」しようとすることで立ち現れてくるだろう。

他文化を自分たちとは異質だ、特殊だと決めつける視線、それは、自分たちもまた、形こそ違え、実は彼らと同じようなことをしている、同じように生きている、という、批判的な自己認識を欠いたものである。そして、この、自文化に対する批判的な自己認識を欠落させた視線が、かつて自らの「普遍性」を僭称し、他文化を「野蛮」と貶めたのではなかっただろうか。文化相対主義とはまずもって、そうした自文化中心主義的な態度に対する批判としてあることを私たちは確認しておこう。自文化中心的に他文化を裁断することを戒めるため、自文化をつねに相対化して考えることの大切さ。したがって、そのような文化相対主義は、自文化に対する批判的な認識を欠いて、他文化を自文化とは決定的に異なった特殊なものとして見出す「文化相対主義」とは、ぜんぜん別物である。

いま、「文化」が現代世界を理解するための重要なキーワードとなっている。だが、それはいったい、いかなる「文化」なのか？　「文化の違い」が主張されるとき、それは、何を主張しているのか？　われわれにはわれわれ固有の価値観がある、それはお前たちの価値観とは違うのだ、それがお前たちの目から見て、どんなに間違っていようと、われわれはこれでいいのだ、という自文化中心的な「文化相対主義」の主張は、たんに一文化の独自性の主張にとどまらない。それは、自分たちの「文化」だけでなく、およそ「自文化」というものを、自閉的でナルシスティックに肯定したいこの世界のありとあらゆる者たちの共犯者となって、自らが帰属する社会を、その歴史を、無条件に肯定したいという自己愛に満ちた欲望を支えている。お前たちはそれを侵略といい、虐殺といい、奴隷制という。それはお前たちの価値観、お前たちの歴史だ。われわれにはわれわれの価値観、われわれの歴史があるのだという主張。そして、このような「文化相対主義」に基づいて主張される多文化主義は、アメリカのハケン主義を共犯者として補完するものであって、決して、グローバリゼーションの対抗言説にはなり得ない。

したがって、反・自文化中心的な文化相対主義に基づいて、「文化」を、そして「文化の違い」というものを考えること。そのようなものとして、いま「文化」を理解することこそがおそらく、いまだ明かされない新しい普遍性へと世界を、そして私たちを開いていくだろう。

問1 傍線部ア～オのカタカナの部分を漢字に改めよ。

問2 傍線部1「特殊」と対になる言葉を、本文から漢字二字で抜き出せ。

問3 傍線部A「日本人は宗教心が希薄だと、日本人自身が言うのをよく聴く」とあるが、「日本人は宗教心が希薄だ」と「日本人自身」が感じるのはなぜか、傍線部Aを含む段落の内容を踏まえて、四十字以内で説明せよ。

問4 傍線部B「『私たち』と『彼ら』のあいだの可視化された差異について、それが同じ人間としてじゅうぶん理解可能であること」とはどういうことか、「同じ人間として」の意味内容がわかるように、八十字以内で説明せよ。

問5 傍線部C「丸ごと肯定すること」を筆者は批判しているが、それはなぜか。傍線部C以降の内容を踏まえて、理由を二点挙げよ（それぞれ四十字以内）。

理由説明

パターン①　因果関係を説明する

自分ということ

木村敏

そもそも、「自然」という語が「自然環境」を意味する西洋語の訳語として使われるようになったのは、たかだか百年ぐらい前からのことにすぎない。一方この言葉それ自身は、それよりも遥かに以前から日本語として定着していたのだし、もちろんこの言葉の生まれコキョウ[ア]である中国では、それよりもさらに古い歴史を持っていたわけである。そして、私たちにとって特に重要なことは、西洋語の「自然」と癒着する以前のこの言葉は、中国においても日本においても、けっして名詞としては用いられてこなかったという点なのである。

中国における「自然」の古い用例として、有名な老子の「人は地に法(のっと)り、地は天に法り、天は道に法り、道は自然に法る」を採ろう。ここでは「自然」は、人・地・天・道などと並記されて、一見名詞形で書かれてはいる。ところが、老子を英訳したウェイリーという人の苦心の訳語によると、この「自然」は、〝the self-so〟ないしは〝the what-is-so-of-itself〟のことなのであって、これをもう一度反訳すれば「おのずからそうであること」なのである。名詞形では書かれていても、これは「もの」ではなくて「こと」である。of itself（おのずから、ひとりでに）というありかたのことである。

日本での最古の用例としては、万葉集の巻第十三にある「山の辺の五十師(いし)の御井(みゐ)は自然(おのずから)成れる錦(にしき)を張れる山かも」（三二三五）を挙げよう。この時代には、この「自然」という外来語は、まだ完全に日本語に同化しきっていなかったのだろう。そして、後の時代のように音読みで国語化される前に、いわば訓読みで、「おのずから」という古来の日本語を表記する文字として当てられたのだろう。いうまでもなく、これは副詞であって名詞ではない。そしてこの「非名詞性」は、ここでは老子の場合よりもいっそうはっきりしている。

次は、あまりにも有名な親鸞(しんらん)の「自然法爾(じねんほうに)」である。「自然(じねん)といふは、自(じ)はおのづからといふ、行者(ぎょうじゃ)のはからいにあらず、しからしむといふことばなり。然といふは、しからしむといふことば、行者のはからいにあらず」（『末燈鈔』）。あるいは、「わがはからざるを自然とまうすなり」（『歎異鈔』）とも書かれている。「自然」を「じねん」と呉音読みする伝統は、仏教と共にはぐくまれて来たものであって、現代でも年輩の人たちのあいだにはまだ日常語として残っている。そしてその場合、この語は「人為の加わらないままに、おのずからそうなっていること」の意味で「じねんの」「じねんに」「じねんと」といった形で主として用いられている。

ところで「自然」を「しぜん」と漢音読みにする発音は、現在広く行われている西洋語の「自然」の訳語としての用法は別として、中世には非常に独特の用法をもっていたようである。というのは、これが「万一、もしも、不慮のこと」を意味して、「自然の事もあらば」という用いられかたが、当時はしきりに行われていた。大野晋氏らの岩波古語辞典には、「世話に自然と呉音に云へば自然天然の様に心得、自然と漢音に云へば若の様に心得るなり」（見聞愚案記）という文章が挙げられている。この用法について唐木順三氏は、「乱世において戦ふ者としての武士は、死するのがむしろ当然で、生きてゐることの方が反って例外、偶然といふことを自覚した」ためであり、「死の方がむしろおのづから然りとなった」ためであるという解釈を述べておられる。しかし、この用法は必ずしも軍記物だけに限って出て来るわけではなく、また「万一のこと」といっても、いつも不慮の戦死を意味したわけではなさそうである。私はむしろ、「人力で左右できない事態を表わして」この意味が生じたものと見る大野氏らの考えの方をとる。いずれにしても、これが「おのずから」としての自然のヴァリエイションであることは間違いない。

このように、日本語あるいは中国語における「自然」の語の元来の意味は、現今この言葉を当てて訳すことになっている西洋語の意味とは、かなり本質的なところで相違しているようである。

西洋語の「自然」は、どこまでも客体的・対象的なもの、内なる主体的自己に対して外部から対峙するものである。人為を排し、主観的恣意を超えているという点では、東洋語の「自然」と一致しているように思えるけれども、その超人為性も、結局は客観的・対象的に認識される合法則性・規則性としてとらえられていて、親鸞が「わがはからざるを自然とまうすなり」といったのとは、かなり趣きをことにしている。

古来の日本語が、こういった客観的・超越的な対象一般としての「自然」を表現する名詞を持っていなかったということ（大野晋『日本語の年輪』）は、たいへん重要な意味を含んでいる。古代の日本人にとっては、「自然一般」という対象世界は存在しなかった。存在しないものに名前をつけられるはずがない。山や川や草木のそれぞれは、具体的個物として知覚や認識の対象となりえたし、労働、芸術、宗教などのジッセン的行為の対象ともなりえただろう。しかしそれらはあくまでも山として、川として、草木として人間の意識にのぼりえたのであって、それらを下位概念として包摂する上位概念としての「自然」、それらを組み込み、配列する枠組としての「自然」が、普遍的対象概念として形成されるには至らなかった。日本人は、「自然というもの」を客体的総称名詞として立てて花鳥山水をその中に一括するかわりに、自然のひとこまひとこまを、いわば自己の主観的情態性の面に反映させて「自然さ」という情感において、みずからの心でそれを感じとってきたのである。

　日本語の「自然」は、「おのずから」という情態性を表している。それは主語として立てられうる名詞的実体ではなくて、どこまでも述語的に、自己の内面的な心の動きを捲き込んだあり方を示している。私たちは、人為的なはからいの及ばない、「おのずからそうであり」、「ひとりでにそうなる」事態に出会った場合に、そこに一種不安にも似た情感を抱く。この情感において、私たちの祖先は自然を「あはれ」と感じ、そこに無常を見て取っていた。

　この不安の情態性がきわめて強調された形で言語化されたものが「万一のこと」、「不慮のこと」を意味する「自然」の用法であろう。「自然」が「不測の偶発事」を意味しうるというようなことは、西洋人の理解を全く超えたことである。ここで「自然のこと」といわれているような事態は、西洋人の眼から見ればきわめて不自然な、自然の摂理に反するような椿事である。それが死を指しているときには、それは明らかに「不自然死」である。ところが日本人にとっては、自然はつねに「もしも」という仮定法的な心の動きをうながすというところがある。西洋の自然が主として人間の心に安らぎを与え、緊張を解除するように働くものだとするならば、日本の自然は自己の一種の緊張感において成立しているといってもよいだろう。

　この対比が鋭く現れているいまひとつの例として、西洋の庭園と日本の庭園との差異について触れておこう。西洋の庭園の代表的様式としては、フランス式庭園とイギリス式庭園がある。前者は左右対称の幾何学的図形を基本とする人工的装飾の趣きの強いものであるのに対して、後者はできるかぎり人工を排して自然の風景そのままの再現をムネとしている。一方これに対して、日本の庭園では、狭い空間にいわば象徴的に天地山水を配する技法が重んじられ、その意味では人為の極致とも考えられるけれども、しかもその人為を人為として、技術を技術として感じさせず、自然の真意をそのままに表した庭が最高の庭とされている。イギリス式庭園が自然に対して写実的であるとするならば、日本の庭園は自然に対して表意的である。イギリス式庭園が本来の自然のコピーとして、不特定多数の人びとのために手軽な代用的自然を提供する「公園」であるのに対して、日本の庭は、そこに表意されている自然の真意を鋭敏に感じとる主体の側の感受性を期待して作られるものであって、したがって当然のことながら、鑑賞能力を有する少数の人だけのための私的・閉鎖的な芸術作品という性格をオ[エ]びる。
　この庭園の例によってもわかるように、西洋の自然が誰にとっても一様に自然であり、人間一般に対しての外的実在であるのとちがって、日本の自然は、心の一種の緊張感においてそれを自然として感じとる個人を必要とし、人間一般の外にあるのではなくて一人一人の個人の心の内にある。というよりはむしろ、自己がその心の動きを、張りつめた集中性において、しかもそれでいながら一切の束縛を離れたありのままの自在性において感じとっているという事態、あるいはそのような事態を出現させるケイキ[オ]となっている事物、そういったものが日本人にとっては「自然」の語の意味内容となっているのである。

問1 傍線部ア～オのカタカナの部分を漢字に改めよ。

問2 傍線部1「恣意」と傍線部2「椿事」の意味を、それぞれ簡潔に記せ（句読点は不要）。

問3 傍線部A「『万一、もしも、不慮のこと』」について、なぜ「自然」という語が「万一、もしも、不慮のこと」の意味に用いられるようになったのか。筆者の見解に即して、百字以内で説明せよ。

問4 傍線部B「『自然一般』という対象世界」とはどのような世界か。六十字以内で説明せよ。

問5 傍線部C「西洋の庭園」とあるが、「イギリス式庭園」とはどのようなものか。四十字以内で簡潔に説明せよ。

問6 傍線部D「日本の庭園」とはどのようなものか。六十字以内でわかりやすく説明せよ。

理由説明

パターン ②

意味内容を説明する

設問は「どうしてか」「なぜか」など〈理由説明〉の形になっていても、実際には〈意味内容を説明する〉というケースは意外に多い。この例題のように、傍線部の意味内容を文脈に即して詳しく説明するパターンである。ただし、この場合も答案の文末は「〜から。」といった形でまとめる必要がある。

意識は実在しない

河野哲也

環境問題は、汚染による生態系の劣悪化、生物種の減少、資源の枯渇、廃棄物の累積などの形であらわれている。その原因は、自然の回復力と維持力を超えた人間による自然資源の搾取にある。環境問題の改善には、思想的・イデオロギー的な対立と国益の衝突を超えて、国際的な政治合意を形成して問題に対処していく必要がある。

しかしながら、環境問題をより深いレベルで捉え、私たちの現在の自然観・世界観を見直す必要性もある。というのも、自然の搾取を推進したその理論的・思想的背景は近代科学の自然観にあると考えられるからだ。もちろん、自然の搾取は人間社会のトータルな活動から生まれたものであり、環境問題の原因のすべてを近代科学に押しつけることはできない。

しかしながら、近代科学が、自然を使用するに当たって強力な推進力を私たちに与えてきたことは間違いない。その推進力とは、ただ単に近代科学がテクノロジーを発展させ、人間の欲求を追求するための効率的な手段と道具を与えたというだけではない（テクノロジーとは、科学的知識に支えられた技術のことを言う）。それだけではなく、近代科学の自然観そのものの中に、生態系の維持と保護に相反する発想が含まれていたと考えられるのである。近代科学とは、一七世紀にガリレオやデカルトたちによって開始され、次いでニュートンをもって確立された科学を指している。近代科学が現代科学の基礎となっていることは言うまでもない。近代科学の自然観には、中世までの自然観と比較して、いくつかの重要な特徴がある。

第一の特徴は、機械論的自然観である。中世までは自然の中には、ある種の目的や意志が宿っていると考えられていたが、近代科学は、自然からそれら精神性を剥奪し、定められた法則どおりに動くだけの死せる機械とみなすようになった。

第二に、原子論的な還元主義である。自然はすべて微少な粒子とそれに外から課される自然法則からできており、それら原子と法則だけが自然の真の姿であると考えられるようになった。

ここから第三の特徴として、物心二元論が生じてくる。二元論によれば、身体器官によって捉えられる知覚の世界は、主観の世界である。自然に本来、実在しているのは、色も味も臭いもない原子以下の微粒子だけである。知覚において光が瞬間に到達するように見えたり、地球が不動に思えたりするのは、主観的に見られているからである。自然の感性的な性格は、自然本来の内在的な性質ではなく、自然をそのように感受し認識する主体の側にある。つまり、心あるいは脳が生み出した性質なのだ。

　真に実在するのは物理学が描き出す世界であり、そこからの物理的な刺激作用は、脳内の推論、記憶、連合、類推などの働きによって、秩序ある経験（知覚世界）へと構成される。つまり、知覚世界は心ないし脳の中に生じた一種のイメージや表象にすぎない。物理学的世界は、人間的な意味に欠けた無情の世界である。

　それに対して、知覚世界は、「使いやすい机」「嫌いな犬」「美しい樹木」「愛すべき人間」などの意味や価値のある日常物に満ちている。しかしこれは、主観が対象にそのように意味づけたからである。こうして、物理学が記述する自然の客観的な真の姿と、私たちの主観的表象とは、質的にも、存在の身分としても、まったく異質のものとみなされる。

　これが二元論的な認識論である。そこでは、感性によって捉えられる自然の意味や価値は主体によって与えられるとされる。いわば、自然賛美の抒情詩を作る詩人は、いまや人間の精神の素晴らしさを讃える自己賛美を口にしなければならなくなったのである。こうした物心二元論は、物理と心理、身体と心、客観と主観、自然と人間、野生と文化、事実と規範といった言葉の対によって表現されながら、私たちの生活に深く広く浸透している。日本における理系と文系といった学問の区別もそのひとつである。

　二元論によれば、自然は、何の個性もない粒子が反復的に法則に従っているだけの存在となる。こうした宇宙に完全に欠落しているのは、ある特定の場所や物がもっているはずの個性である。時間的にも空間的にも極微にまで切り詰められた自然は、場所と歴史としての特殊性を奪われる。近代的自然科学に含まれる自然観は、自然を分解して利用する道をこれまでないほどに推進した。最終的に原子の構造を砕いて核分裂のエネルギーを取り出すようになる。自然を分解して（知的に言えば、分析をして）、材料として他の場所で利用する。近代科学の自然に対する知的・実践的態度は、自然をかみ砕いて栄養として摂取することに比較できる。

　近代科学が明らかにしていった自然法則は、自然を改変し操作する強力なテクノロジーとして応用されていった。しかも自然が機械にすぎず、その意味や価値はすべて人間が与えるものにすぎないのならば、自然を徹底的に利用することに躊躇を覚える必要はない。本当に大切なのは、ただ人間の主観、心だけだからだ。こうした態度の積み重ねが現在の環境問題を生んだ。

問　傍線部「近代科学の自然に対する知的・実践的態度は、自然をかみ砕いて栄養として摂取することに比較できる」とあるが、なぜそういえるのか。七十字以内で説明せよ。

解説 P.126

理由説明

パターン ② 意味内容を説明する

藤

幸田文

どういう切っ掛けから、草木に心をよせるようになったのか、ときかれた。心をよせるなど、そんなしっかりしたことではない。毎日のくらしに織り込まれて見聞きする草木のことで、ただちっとばかり気持ちがうるむという、そんな程度の思いなのである。今朝、道の途中でみごとな柘榴（ざくろ）の花に逢（あ）ったとか、今年はあらしに揉まれたので、公孫樹（いちょう）がきれいに染まらないとか、そういう些細な見たり聞いたりに感情がうごき、時によると二日も三日も尾をひいて感情の［ア］ヨインがのこる、そんなことだけなのだ。でもそうした思いをもつ元は、幼い日に、三つの事柄があったからだ、とおもう。

一つは、環境だった。住んでいた土地に、いくらか草木があったこと。二つ目は、教えだろうか。教えというのも少し過ぎる気がするけれども、とにかく親がそう仕向けてくれたこと。三つ目は、私の嫉妬心である。嫉妬がバネになって、木の姿花の姿が目にしみたといえる。

住む所に多少の草木があったのは、郊外の農村だったからである。もちろん畑たんぼの作物があり、用水堀ぞいに雑木の藪（やぶ）もあり、植木屋の植溜（うえだめ）もいくつかあったし、またどこの家にもたいがい、なにがしか青いものが植えてあった。子供たちはひとりでに、木や草に親しんでいた。

そういう土地柄のうえに、私のうちではもう少しよけいに自然と親しむように、親が世話をやいた。私は三人きょうだいだが、めいめいに木が与えられていた。不公平がないように、同じ種類の木を一本ずつ、これは誰のときめて植えてあった。だから蜜柑（みかん）も三本、柿も三本、桜も椿も三本ずつあって、持主がきまっていた。持主は花も実も自由にしていいのだが、その代り害虫を注意すること、施肥（せひ）をしてもらうとき、植木屋さんに礼をいっておじぎをすること等々を、いいつかっていた。敷地にゆとりがあったから、こんなこともできたのだろうが、花の木実の木と、子供の好くように［イ］ハイリョして、関心をもたせるようにしたのだとおもう。

父はまた、木の葉のあてっこをさせた。木の葉をとってきて、あてさせるのである。その葉がどの木のものか、はっきりおぼえさせるためだろう。姉はそれが得意だった。枯れ葉になって干からびていても、虫が巣にして筒のように巻きあげているのも、羽状複葉の一枚をとってきたのでも、難なく当ててしまう。まだ葉にひらいていない、かがまった芽でさえ、ぴたりとあてた。私もいくつかは当てることができるのだが、干からびたのなどだされると、つかえてしまう。そこを横から姉が、さっと答えて、父をよろこばす。私はいい気持ではなかった。姉のその高慢ちきがにくらしく、口惜(くや)しかった。しかし、どうやっても私はかなわなかった。そんなにくやしがるなら、自分もしっかり覚えればいいものを、そこが性格だろうか、どこか締りがゆるいとみえて、不確かにずっこけた。ここが出来のいい子と出来のわるい子との、別れ道だった。

出来のいい姉を、父は文句なくよろこんで、次々にもっと教えようとした。姉にはそれが理解できるらしかったが、私はそうはいかなかった。姉はいつも父と連立(つれだ)ち、妹はいつも置去(おきざ)りにされ、でも仕方がないから、うしろから一人でついていく。A嫉妬の淋(さみ)しさがあった。一方はうまれつき聡(さと)いという恵まれた素質をもつ上に、教える人を喜ばせ、自分もたのしく和気あいあいのうちに進歩する。一方は鈍いという負目をもつ上に、教える人をなげかせ、自分も楽しまず、ねたましさを味(あじわ)う。まことに仕方のない成りゆきである。環境も親のコーチも、草木へ縁をもつ切掛けではあるが、姉への嫉妬がその切掛けをより強くしているのだから、すくなからず気がさす。

しかし、姉は早世した。のちに父はウツイオクして、あれには植物学をさせてやるつもりだったのに、としばしば残念がってこぼしていたところをみると、やはり相当の期待をもっていたことがわかるし、その子に死なれてしまって気の毒である。

出来が悪くても子は子である。姉がいなくなったあとも、父は私にも弟にも、花の話木の話をしてくれた。教材は目の前にたくさんある。大根の花は白く咲くが、何日かたつうちに花びらの先はうす紫だの、うす紅だのに色がさす。みかんの花は匂いがいいばかりではない、花を裂いて、花底をなめてみれば、どんなにかぐわしい蜜を貯えていることか。あんずの花と桃の花はどこがちがうか。いぬえんじゅ、猫やなぎ、ねずみもち、なぜそんなことというのか知ってるか。蓮(はす)の花は咲くとき音がするといわれているが、嘘かほんとうか、試してみる気はないか——そんなことをいわれると、私は夢中になって早起きをした。私のきいた限りでは、花はポンなんていわなかった。だが、音はした。こすれるような、ずれるような、かすかな音をきいた。あの花びらには、ややこわい縦の筋が立っていて、ごそっぽい触感がある。開くときそれがきしんで、ざらつくのだろうか。

B こういう指示は私には大へんおもしろかった。うす紫に色をさした大根の花には、畑の隅のしいんとしたうら淋しさがあり、虻のむらがる蜜柑の花には、元気にいきいきした気分があり、蓮の花や月見草の咲くのには、息さえひそめてうっとりした。ぴたっと身に貼りつく感動である。興奮である。子供ながら、それが鬼ごっこや縄とびのおもしろさとは、全くちがうたちのものだということがわかっていた。

ふじの花も印象ふかかった。いったいに蝶形の花ははなやかである。ましてそれが房になって咲けば、またエカクベツの魅力がある。子供たちが見逃すわけがない。ただこの花は取ることができにくかった。川べりの藪に這いかかっているのは危くてだめだし、野生のせいか花房も短い。庭のものは長い房で美しいが、勝手にとるわけにはいかない。そこで空家の軒とか、廃園の池とかの花の下を遊び場にする。私もそこへ行きたかった。けれども父親からきびしく禁止されていた。そんな場所の藤棚は、一見なんでもなく見えて、実はもう腐れがきていることが多く、ひょっとした弾みに一度につぶれるから危険だ、という。ことに水の上へさし出して作った棚は、植木屋でさえ用心するくらいで、子供は絶対に一人で行ってはいけない、といい渡されていた。

荒れてはいるが留守番も置いて、門をしめている園があった。藤を藤をと私がせがむので父はそこへ連れていってくれた。俗にひょうたん池と呼ばれる中くびれの池があって、くびれの所に土橋がかかっていた。だがかなり大きい池だし、植込みが茂っていて、瓢簞というより二つの池というような趣きになっていた。藤棚は大きい池に大小二つ、小さい池に一つあってその小さい池の花がひときわ勝れていた。紫が濃く、花が大きく、房も長かった。棚はもう前のほうは崩れて、そこの部分の花は水にふれんばかりに、低く落ちこんで咲いていた。いまが盛りなのだが、すでに下り坂になっている盛りだったろうか。しきりに花が落ちた。ぽとぽとと音をたてて落ちるのである。落ちたところから丸い水の輪が、ゆらゆらとひろがったり、重なって消えたりする。明るい陽がさし入っていて、そんな軽い水紋のゆらぎさえ照り返して、棚の花は絶えず水あかりをうけて、その美しさはない。沢山な虻が酔って夢中なように飛び交う。羽根の音が高低なく一つになっていた。しばらく立っていると、花の匂いがむうっと流れてきた。誰もいなくて、陽と花と虻と水だけだった。虻の羽音と落花の音がきこえて、ほかに何の音もしなかった。ぼんやりというか、うっとりというか、父と並んで無言で佇んでいた。C 飽和というのがあの状態のことか、と後に思ったのだが、別にどうということがあったわけでもなく、ただ藤の花を見ていただけなのに、どうしてああも魅入られたようになったのか、ふしぎな気がする。

だが、これもずっと後になって、父の藤を書いた随筆をみて、はっとした。この花の秋に咲くものならぬこそ幸いなれと書き、虻の声は天地の活気を語りと書き、この花をみれば我が心は天にもつかず地にもつかぬ空に漂いて、ものを思うにもなく思わぬにもなき境に遊ぶなり、と書いているのである。これはそっくりあの時の気持ちの通りだとおもう。だがこの文章は私の生まれるより数年前、あの廃園の藤の時より十三、四年前に書かれているのである。とすれば父はこの作文をした明治三十一年以前に、どこかの藤で、天にも地にもつかぬ空に漂う気持ち、もの思うにも思わぬにもない、妙な浮かされた思いを味わっていたと推察できるのである。

しかしあの時、父がなにか話したろうかとうたがう。私はなにもおぼえていない、ただ自分の目と耳と鼻の記憶だけしか残っていない。父がかつて文章に書いたようなことを、その時私に話し、私がそれに誘われて夢心地になった、とは考えられないのである。父も私も無言で見ていた、と思うのである。[1]以心伝心だろうか。それとも父子は似た感情感覚をもつ、ということだろうか。それともまた、藤というものがそのような、なにかわからないあやしい[オ]フンイキをかもすものなのか。思うたびに、あわい愁いがかかるのである。

問1 傍線部ア～オのカタカナの部分を漢字に改めよ。

問2 傍線部1「以心伝心」の意味を二十字以内で説明せよ。

問3 傍線部A「嫉妬の淋しさ」とはどういうことか、六十字以内で説明せよ。

問4 傍線部B「こういう指示は私には大へんおもしろかった」とあるが、なぜおもしろかったのか、七十字以内で説明せよ。

問5 傍線部C「飽和というのがあの状態のことか、と後に思った」とあるが、どう思ったのか、六十字以内で説明せよ。

理由説明

パターン②　意味内容を説明する

山羊小母（めんこばんば）たちの時間

馬場あき子

いなかに百一歳の叔母がいる。いなかは奥会津である。若い日には山羊（やぎ）を飼って乳などを搾っていたので山羊小母（めんこばんば）と呼ばれている。山羊小母の家に行ったことは二、三度しかないが説明するとなるとア<u>ケッコウ</u>たいへんである。

一見、藁葺（わらぶき）屋根のふつうの農家だが、入口を入ると土間があって、その土間を只見（ただみ）川の支流から引き入れた水が溝川をなして流れている。台所の流しから流れ出る米の磨（と）ぎ汁をはじめ、米粒、野菜の切り屑（くず）などはこの溝川を流れて庭の池に注ぎこむ。池には鯉（こい）がいて、これを餌にしている。

土間から上った板敷には囲炉裏が切ってあり、冬場は薪がぼんぼん焚（た）かれ、戦前までは小作の人たちがイ<u>ダン</u>を取っていたという。板敷につづく少し高い板の間にはぶ厚い藁莫蓙（わらござ）が敷かれていて、大きな四角い火鉢が置かれ、太い炭がまっかに熾（おこ）され鉄瓶の湯が煮えたぎっていた。そのまた奥に一段高い座敷があり、そこが仏壇のある当主の居間であった。当主は仏壇を背にして坐（すわ）り、ここにも大きな火鉢がある。隠居の老人は口少なに控え目の姿でこの部屋に坐っていた。

土間からの上がり框（かまち）*には腰かけて休息の湯を飲む忙しい日の手伝い人もいたり、囲炉裏のまわりの人の中にはすぐ立てるように片膝を立てて坐っている若い者もあったという。A<u>農業が盛んだった頃の一風景が、段差のある家の構造自体の中に残っている</u>のだ。

戦後六十年以上たって農村はまるで変ったが、家だけは今も残っていて、山羊小母はこの家に一人で住んでいた。夫は早くなくなり、息子たちも都会に流出し、長男も仕事が忙しく別居していた。私がこの叔母の家に行ったのはその頃だった。家は戸障子を取りはずして、ほとんどがらんどうの空間の中に平然として、小さくちんまりと坐っている。

「さびしくないの」ときいてみると、何ともユニークな答えがかえってきた。「なあんもさびしかないよ。この家の中にはいっぱいご先祖さまがいて、毎日守っていて下さるんだ。お仏壇にお経は上げないけれど、その日にあったことはみんな話しているよ」

というわけである。家の中のほの暗い隅々にはたくさんの祖霊が住んでいて、今やけっこう大家族なのだという。それはどこか怖いような夜に思えるが、長く生きて沢山の人の死を看取ったり、一生という[ウ]メイウンを見とどけてきた山羊小母にとっては、温(ぬく)とい思い出の影がその辺いっぱいに漂っているようなもので、[B]かえって安らかなのである。

　私のような都会育ちのものは、どうかすると人間がもっている時間というものをつい忘れて、えたいのしれない時間に追いまわされて焦っているのだが、山羊小母の意識にある人間の時間はもっと長く、前代、前々代へと溯(さかのぼ)る広がりがあって、そしてその時間を受け継いでいるいまの時間なのだ。

　築百八十年の家に住んでいると、しぜんにそうなるのだろうか。村の古い馴染みの家の一軒一軒にある時間、それは川の流れのようにあっさりしたものではなく、そこに生きた人間の貌(かお)や、姿や、生きた物語とともに伝えられてきたものである。破滅に瀕した時間もあれば、興隆の活力をみせた時間もある。そんな物語や逸話を伝えるのが老人たちの役割だった。

　冬は雪が家屋の一階部分を埋めつくした。今は雪もそんなには降らなくなり、道にも融雪器がついて交通も便利になった。それでも一冬に一度ぐらいは大雪が降り車が通らなくなることがある。かつてこの村の春は、等身大の地蔵さまの首が雪の上にあらわれる頃からだった。長靴でぶすっぶすっと膝まで沈む雪の庭を歩いていると、山羊小母はそのかたわらを雪下駄を履いてすいすいと歩いてゆく。ふしぎな、妖しい歩行術である。そういえば、ある夏のこと、蛍の青い雫(しずく)をひょいと手に掬(すく)い取り、何匹も意のままに捕まえてみせてくれたが、いえば、どこか山姥(やまうば)のような[エ]ケハイがあった。

　こういう「ばっぱ」とか「おばば」と呼ばれているお年寄がどの家にもいて、長い女の時間を紡いでいたのだ。もう一軒、本家と呼ばれる家にも年齢[オ]フショウの綺麗なおばばがいて、午後には必ず着物を替えるというほどお洒落なおばばだった。何でも越後から六十六里越えをして貰われてきた美貌の嫁だったという。物腰優美で色襟を指でもてあそびながら、絶えまなく降る雪をほうと眺めていた。

　越後の空を恋うというのでもなく、実子を持たなかったさびしさをいうのでもなく、ただ、ただ、雪の降る空こそがふるさとだというように、曖昧なほほえみを漂わせて雪をみている。しかし、決して惚けているのではない。[1]しゃもじをいまだに嫁に渡さないと囁く声をどこかできいた。命を継ぎ、命を継ぐ、そして一族の間に列伝のように語り伝えられる長い時間の中に存在するからこそ安らかな人間の時間なのだということを、私は長く忘れていた。

　長男でもなく二男でもない私の父は、こんな村の時間からこぼれ落ちて、都市の一隅に一人一人がもつ一生という[C]小さな時間を抱いて終った。私も都市に生れ、都市に育って、そういう時間を持っているだけだが、折ふしにこの山羊小母たちが持っているD安らかな生の時間のことが思われる。Eそれはもう、昔語りの域に入りそうな伝説的時間になってしまったのであろうか。

＊上がり框……玄関の上がり口で履物を置く土間の部分と床との段差部に水平に渡した横木。

問1 傍線部ア〜オのカタカナの部分を漢字に改めよ。

問2 傍線部1「しゃもじ」について説明する次の文の空欄に入る言葉を考えて記せ。

「しゃもじ」は汁や飯などをすくうのに用いる道具であり、ここでは家の中を取り仕切る主婦の［　　　　］を象徴するものと考えられる。

問3 傍線部A「農業が盛んだった頃の一風景が、段差のある家の構造自体の中に残っている」とはどういうことか。それを説明する次の文の空欄に入る内容を、二十字以内で記せ。

［　　　　　　　　　　］が、昔の農家の賑わいをうかがわせるということ。

問4 傍線部B「かえって安らかなのである」とあるが、それはどうしてか、五十字以内で説明せよ。

問5 傍線部C「小さな時間」とあるが、なぜそういえるのか。四十字以内で説明せよ。

問6 傍線部D「安らかな生の時間」とはどういう時間のことか。四十字以内で説明せよ。

問7 傍線部E「それはもう、昔語りの域に入りそうな伝説的時間になってしまったのであろうか」とあるが、筆者はなぜそう思うのか。本文全体を踏まえて七十字以内で説明せよ。

要約

パターン② 条件指定のない要約

特に条件指定のない「本文の内容を要約せよ」などという要約問題では、本文全体の内容を凝縮してまとめることが求められている。できるだけ本文全体の論の流れや、全体の構造を、キーワードを落とさずに、わかりやすく筋を通してすっきりまとめること。重要な文をいくつか抜き出してつなげただけの安易な解答では困る。表現や内容の重複を避けて、文章の論理的な骨組みがよくわかるような解答にするよう心がけよう。

学問論　田中美知太郎

文字の発明の功罪については、プラトンの『パイドロス』にくわしい議論がある。そのうちで特に注目される批判は、文字に書かれたことば、簡単に言えば書物というものは、備忘的な役目が第一なのであって、それは記憶をたすける形で、実はわれわれの記憶力を弱めるものである。つまり書いたものを頼りにすることによって、われわれは記憶する努力をしなくなるからである。要するにそれは、われわれに忘れたところを思い出させるだけのものであって、忘れようにも何も考えたことも、学んだこともない者には、何の役にも立たないものなのである。書物というものは、死物であって、生きた精神をもつものではない。これに反して生きているソクラテスは、われわれの問いに答えてくれるし、われわれをはげましたり、叱ったり、愛したりしてくれる。われわれは書物を前にして、いいかげんな解釈で、すっかりわかったつもりになったりする。そういう知ったかぶりのにせ知者が、読書によって濫造されるというのである。

われわれは今日書物の氾濫している社会に生きている。書物に対して何の不思議も感じはしない。それは当り前の存在なのである。しかしそれが出はじめた頃には、人びとはプラトンと同じように、それをうさんくさい存在として、疑惑の眼をもって眺めていたのではないかと思う。そしてそこに批評されている点も大いに当るところがあるとも考えられる。わたしたちは著者の講演などを直接聞くことによって、その著書に言われていることを、何とはなしに全体的にわかったと思うことがある。つまり直接に理解することができたことを、読書によって思い出すことができるわけであって、それは読書だけでは経験できなかったことだとも考えられる。また実際的な書物、たとえば料理法とか礼儀作法の書物、あるいは工業技術や経営の実務に関する書物、さらに一般的に理科関係の書物には、プラトンの指摘したような書物の二次的、副次的な役割というものがひろく認められるように思われる。実験室や研究室の仕事が主たるべきものであって、それの記録はただ後日メモとして用いるためであり、雑誌なども他人の行なった実験や観察の記録を見るためのものであると言わなければならない。だから、自分で実験なり、観察なり、あるいはモデルづくりをしているのでなければ、素人にはまったく寄りつくところもない、閉ざされた書物になってしまう。もしまったくの素人が、そういう記録を読んで、自分だけの空想によって何かわかったようなことを言っても、そのようなにせ知識人は、専門家から冷笑され、黙殺されるだけだろう。書物はすでに知っている人にしか役に立たないという、プラトンのパラドックスめいた主張は一つの真理であると言わなければならない。

しかしながら、ギリシャ神話で言えばプロメテウスの贈物である文字の発明を、このようにただ否定的にだけ考えてしまうのは、やはり一面の真理にとどまると言わなければならないだろう。現在はラジオやテレビの発明と発達によって、また再度むかしのギリシャ人が親しんでいたようなレトリックの復活が見られることになった。演技用の微笑まで用意して、子供たちや子供のような女たちにこびながら、健康によいかどうか疑わしいお菓子の宣伝をする男が、苦い薬をのむことをすすめる医者の下手な演説を圧倒して、大衆の指導者となる時代が来たのである。デマゴギーというのは、ギリシャ人のことばなのであるが、意味は大衆迎合の演説ということである。

今日のいわゆる後進国社会に見られる独裁者革命は、ラジオや拡声器を通じての、大衆迎合の演説を最大の武器としている。大衆民主主義社会における独裁者の出現という、すでにプラトンが予見していたパラドックスは、「はなしことば」の第一次的な応力の利用に大きく依存していると言うことができるだろう。ヒットラーはそのお手本みたいなものである。このようなレトリックに対して、文字と書物がこれに対立すると言うこともできるだろう。演説はその場かぎりのものであって、われわれも感情の弱味をおさえられると、普段の判断力も狂ってしまって、とんでもないことを信じこまされることがある。だから、後でまた気が変わるということも起こる。それを防ぐために、覚書きというものがつくられたりする。文字は一時のものではなくて、一種の恒久性をもっている。それは何度もくりかえして読むことができる。一時の感激ではなくて、冷静な判断の余裕を与えてくれる。

問　本文を二百字以内で要約せよ。

要約

パターン ② 条件指定のない要約

化生する歴史学

鹿野政直

歴史学という分野に棲息（せいそく）する一教員として、一九八〇年代をつうじてずうっと、学生たちの歴史ばなれを痛感してきた。

その歴史ばなれの基礎要因として、「豊かな日本」の実現があった。豊かさのもつ満足感が、意識のなかに占める現在の比重を極度に<u>ヒダイ</u>ア させ、「豊かな日本」とは対比的なもう一つの現在や（その対比性は、両者の密接な関係性によって生じているのだが）、過去への関心を衰弱させてしまった。いやたんに衰弱に止まらず、それらへの拒否反応をさえともなっていたかもしれない。さらに豊かさのもたらす達成感は、未来への関心をも低下させていったともいえよう。

その結果、彼らの歴史意識（もしそう呼ぶことができるなら）は、いまとむかしの二分法で成立するに至った。いまはおおよそ物心ついてからの時期を指し、その前はすべてむかしと一括（ひとくく）りされるとともに、むかしはいまから断絶した時間帯、むしろ異空間と目されるようになった。

A <u>それ</u>まで歴史学は、〝問題意識〟が強ければ強いほど、過去のもつ現在への規制力を念頭に置いてきた。その意味で過去は現在まで持続しており、少なくとも無縁でなく、それゆえにそのトピックは取りあげるに値した。わたくしもその一人だが、歴史家たちは、いかにみずからの主題が、現在と関わっているかを力説してきたことか。過去を扱いながらも論文の末尾に、「それは現在も生きている」とか「けっして過去となっていない」というふうに、現代的意義を強調する一句を記すのは、ほとんど常套（じょうとう）の手法となっていた。

そういう過去観が習性化していた歴史学にとって、ほぼ一九七〇年ころ以前をひとまとめにむかしとし、しかもそれをあっけらかんと現在と断絶したものとする心象の出現は、衝撃的といっていいほどの事件であった。仮りに現在と関連づけてみられた過去を「歴史」とし、その顧慮なく放りだされたまま対象化される過去を、それ自体との意味を込めて「過去」というならば、「歴史」

は「過去」へと変色した。

満足感を梃子（てこ）としての、現在（というよりも自分を中心としての現状）への関心の集中は、社会的なあるいは歴史的な視野の狭（きょう）窄（さく）をきたした反面で、思わぬB自己点検を強いる結果を招いた。いうまでもなく歴史学は、歴史としての過去の探究を専門とする学問で、その意味で過去のイショウアクを自明の前提としていた。ショウアクに空白部分があっても、それは史料の不足ゆえに起きている現象で、いつかは埋められるべきものであった。だが、その前提が崩れたのである。

歴史ばなれは、いささかウフキンシンな表現を使えば、歴史学にとっての〝顧客〟の離散を意味するが、事態はそれだけには止まらなかった。いまからC糸の切れた凧（たこ）同然となったむかし＝「過去」は、歴史学にとって異物と化した。それを現在と結びつけようとするこころみは、おおむね冷淡に迎えられて空を切った。歴史学は、本来の領域と自認してきた過去で、手の届かぬ部分があることを知った。

その体験は、歴史学が、みずからの体質を捉え直そうとする気運をもたらした。その結果として歴史学は、過去がいかに現実を規制しているかの究明を役割と思い込んでいたにもかかわらず、じつは統一的に解釈することをとおして、過去を規制する役割を果してきたことを自覚するに至る。過去を問う学問をもって任じてきた歴史学は、こうして過去から問われる存在と化した。歴史意識の希薄化が引金になった点については、多少のいまいましさや嘆かわしさ、あるいは無力感ないし危機感は避けられなかったが、その想いを反芻（はんすう）するだけでは、歴史学の回復に繋（つな）がらないことも、否定しうべくもなかった。

「歴史」の「過去」への変色を、歴史ばなれの第一段階であったとすると、一九九〇年代に入るころから、その第二段階の様相があらわれ始めたようにみえる。正確にいえばそれは、歴史ばなれの加速ではない。歴史への関心はむしろエケンチョに回復しつつある。世界史の転換や繁栄の破綻が、否応（いやおう）なく歴史への回帰を促している。ただその場合、歴史への回帰は、かつてのような過去↓現在の関係を回復するものではなかった。

そのことは二つの点で指摘しうる。一つは、過去探究とはいっても、現在の起点としてのというよりは、現在とは切断された異物としての「過去」探究、ないしそうした「過去」からの現在の照射という視点が、優越していることである。そこには、歴史学が錦*の御旗（みはた）としてきたところの、たぶんに進歩の観念に裏打ちされた過去から現在への連続性の意識が、ほぼ欠落している。したがってその姿勢は、現在とは異なる何かを求めようとさまよいだす心に支えられての過去の探究か、過去を拠（よ）りどころとして現在を冷やかに眺めるものとなる。いま一つは、歴史への回帰が必ずしも歴史学への回帰を意味していないことである。過去を探究する学問としての文化人類学や民俗学の影響が、ますます強くなっているばかりでなく、社会学や心理学、また教育学、さらに新興の女性学など、現状シンダン（オ）を本来の機能とするもろもろの学問が、いっせいに過去解釈に参入してきて、歴史学をはじきとばそうとの勢いさえ示している。歴史への回帰という意識の動向にもかかわらず、歴史学は、過去探究の〝帝王〟の位置をすべり落ちてしまい、その分野での諸学の一つとなりつつある。

＊錦の御旗……他に対して自己の行為・主張などを権威づけるためのもの。

問1 傍線部ア～オのカタカナの部分を漢字に改めよ。

問2 傍線部A「それ」が指している八字以内の語句を抜き出して記せ。

問3 傍線部B「自己点検」を言い換えた二十五字以内の表現を次の解答欄に適合するかたちで本文から抜き出せ。

［　　　　　　　　　　　　　］こと。

問4 傍線部C「糸の切れた凧同然となったむかし」とは「むかし」がどのようになった状態を意味しているのか。本文中の表現を用いて二十五字以内で説明せよ。

問5 本文を二百字以内で要約せよ。

解説 P.149

要約

パターン ② 条件指定のない要約

進化するコトバ

沼野充義

「いまの日本語は乱れている」といった小言とも[ア]ガイタンともとれるような指摘を、しばしば耳にする。見渡してみれば、確かに「乱れ」はいたるところにある。しかし、[A]逆説的なことに、それほど日本語が「乱れている」いま、強く求められているのは、日本人の「国際化」だともいう。ここでいう「国際化」とは、[1]煎じ詰めれば、なんのことはない、「もっと英語ができるようになりましょう」ということだ。ひょっとしたら、二一世紀には、母語である日本語をおろそかにしながら、外国語（英語）だけは立派に使いこなせる、といった日本人が量産され、国際的に活躍し、世界における日本のイメージを高めてくれるのだろうか？ まあ、そんな変なことは絶対に起こらないだろうと、ぼくは確信している。母語がきちんと使いこなせない人間に、外国語が使いこなせるはずはないからだ。国際人として尊敬されたいと思ったら、内容のないことを英語でぺらぺら言おうとする前に、言うべき中身をきちんと持つことのほうが先決問題だ。

「国際化」のことはともかく、「日本語の乱れ」のほうはどうだろうか。この種の批判は「いまどきの若いもんは……」と同じことで、べつに今に始まったことではない。言葉は生き物であり、歴史を見ればわかるとおり、常に動き、変化してきた。その変化がいつも「いい方向へ」のものだったかどうかは、この際問題ではない。生き物はともかく、動かなければ生き物ではなくなってしまうのだ。おそらく人間が言葉を持つようになって以来、言葉というものはいつだって「乱れ」ていたのではないか。「乱れ」はおおいにけっこう。それは何よりも時代を超えて生き延び、進化していく生き物としての活力の証（あかし）だからだ。

しかし、そうは言っても、言葉にはやはり、比較的安定して落ち着いている時期と、特に激しく乱れる時期とがあることは否定できない。ちなみにいま筆者はモスクワに滞在しながらこの小文を書いているが、ペレストロイカからソ連崩壊を経て現在にいたる激変の中でのロシア語の激しい変化は、日本の場合とは比べものにならないほどだ。旧社会主義時代、ソ連ではイデオロギー的な支配体制のもとに、*ジョージ・オーウェル流に「ニュースピーク」とも呼ぶべき全体主義の言語が幅をきかせ、ロシア語そのものを貧困にした。しかも、西側から[イ]シャダンされ、検閲に縛られる状況が長く続いていたため、ロシア語は言わば「無菌状態」に長いあいだ置かれ、外からの影響に対する抵抗力を失ってしまった。

ところが、突然、ソ連が崩壊して言語に対する統制も検閲もなくなり、西側の文明がどっと入ってきた。いま、モスクワの町中に氾濫する外来語の[ウ]ボウダイさには、驚くばかりだ。モスクワ一の大型書店「ドーム・クニーギ」に行っても、「インターネット」「マネジメント」「マーケティング」といったコーナーばかりで、これがトルストイやドストエフスキーを生んだ偉大な文学の国のなれの果てか、と、ロシア文学びいきの日本人としては、ついなげかわしい気持ちにもなろうというものだ。

しかし、その一方で、日本の都会ではとうに失われてしまった言葉の生々しさのようなものが、現代のロシアではいまだに保存されているということも見のがしてはならない。ロシア人たちは、ほんのちょっとしたことをきっかけに、たとえ見知らぬ他人どうしであっても、驚くほど多くの言葉を費やして、自分の考えと感情を相手に直接ぶつける。それは情報伝達の行為というよりは、言葉を通じて互いの存在を認識しあう共同体の儀式にも似ている。おそらく二一世紀の日本で今後、どんどん失われていくのは、まさに言葉のこういった機能ではないかと思う。

コンピュータ技術が[エ]ヒヤク的に発達し、これから社会の「情報化」がますます進展していくことだろう。商取引から恋愛まで、すべてはインターネット上のヴァーチャルな体験に置き換えられ、一歩も自分の部屋を出なくとも生活が何不自由なくできるという時代が来るのも夢ではない。しかし、そうなったとき、決定的に失われる危険があるのは、個人的な接触を可能にし、互いに同じ人間なのだということを実感させてくれる言葉の機能である。こういった言葉の基本機能のことを、言語学者のヤコブソンは「交感機能」と呼んでいるが、これが失われたら、言葉は言葉でなくなってしまうと言っても過言ではないだろう。

では、そのとき言葉は何になるのか。おそらく「言葉もどき」、オーウェルの表現を再び借りれば、新たな[B]「ニュースピーク」ではないか。ニュースピークとはなにも、過ぎ去った過去の亡霊ではない。それは、人間から個性も思考力も奪い、社会を構成する者全員を画一化する新たな、より強力な全体主義の時代に、再び装いも新たに現れることだろう。

なんだか見通しの暗い予報になってしまったみたいだが、正直なところを言えば、そんなニュースピークの時代が本当に到来するなどとは考えたくはない。これはあくまでも一種の[オ]ケイコクである。妙なことを言うようだが、おそらく私たちは、言葉という不思議な生き物の未来については、人類の未来について以上に楽観的になってもいいのではないだろうか。

というのも、言葉は人類のありとあらゆる惨事と残虐と愚かしさを目撃し、克明に記録しながらも絶望することなくしぶとく生き延び、時代の激変を通じてみずからもしなやかに変容しながら、それでいて言葉でありつづけることを止めないで今日まで来ているからだ。ぼくは人智を超えた神秘的な言霊などのことを言っているわけではない。言葉は人間の作り出したものでありながら、人間以上の生命力を持ち、人間社会を逆に作っていく働きさえ備えている。コンピュータ程度の発明に簡単にやられはしないだろう。しかし、それは潜在的に恐ろしい力でもあり続ける。言葉を支配する者は、結局のところ、世界を支配することになるからだ。

＊ジョージ・オーウェル……（1903〜1950）イギリスの小説家。

問1 傍線部ア〜オのカタカナの部分を漢字に改めよ。

問2 傍線部1「煎じ詰めれば」の意味を十字以内で簡潔に答えよ。

問3 傍線部A「逆説的」とあるが、どういう点が「逆説的」なのか。八十字以内で説明せよ。

問4 傍線部B「ニュースピーク」の意味に該当する十字以内の表現を本文から抜き出せ。

問5 本文を二百字以内で要約せよ。

解説 P.157

表現

パターン ① 具体的な事実を盛り込んだ説明をする

「……とあるが、それはどういうことか」と問われた場合、まず「……」の箇所が、一般的な内容か、具体的な内容かを確認しよう。「……」が一般的な内容であれば、本文内容に即してそれを具体化し、「……」が具体的な内容であれば、それを一般化して解答する必要がある。また「……」に指示語が含まれている場合は、それが何を指示しているのか、明らかにするよう心がけよう。

童話　阿部昭

一体に大人というものは、子供にこわい話をしかけずにはいられないものらしい。白昼子供に及ぼすその種の無用の恐怖が、夜になって寝つきの悪さや歯ぎしりや寝小便（こわいので便所に行くのを怠る）やにつながることを体験的に承知していながら、どうもその誘惑には勝てない。で、私も自分が幼時におびえさせられたもろもろの形態のバケモンを持ち出しては、息子を緊張させてたのしむのである。

しかし、息子もだんだん大きくなるし、話のタネも尽きてくる。並大抵の化けものの話では、わかってるよ、という顔をされて、うるさがられるだけだ。ついこないだまで、私は、夜二階の押入れをどんどんもぐって行くとお寺の墓地に出る、またもっと行くと川の橋の下にも出るのだとか、夜中に化けものが現われる前ぶれに、お前が寝ている部屋の柱時計の文字盤が真っ赤に光るのだとか、そんなでたらめを結構息子に信じ込ませていた。そんな幼稚な手はもはや通用しない。

そこで私は、やや話の筋立てに手を込ませて、恐怖を暗示する方法をとる。特に何者が出現するというのではないが、漠然とこわい感じのする話を作り上げて、試してみることを思いつく。

私は息子を膝にのせて、おもむろに話して聞かせる――

『そのとき、お父さんは会社に行って、おうちにいませんでした。

お母さんは、裏で洗濯物を干していました。

坊やが一人、二階でおとなしくご本を見ていました。』

ここで一と息入れる。息子は身じろぎもせず静聴している。

『そのうちに、お母さんが洗濯物を干しおわって、買い物に出かけようと、二階にいる坊やを「サブロー、サブロー」と（ここはわざと息子の名前を使って）呼びました。
返事がありません。
もう一度、「サブロー、サブロー」と呼びましたが、やっぱり返事がありません。おかしいなあと思って、お母さんが二階に上がってみますと、今までいた坊やが急にいなくなっていて、着ていたものとご本だけが残っていました。』

たったこれだけの話だが、こういうほうが利き目がある。息子はじっと息を呑んだようにしている。突然自分がいなくなる、というのが、なんだかこわいのだ。

「それからどうしたの、それから?」

しつこくたずねるが、それは私にも分らない。分らないから、こわくていいのだ。私は内心得意でならない。だが、つぎの瞬間には、そんなたわいのない怪談で息子をおびやかしている父親よりも、子供のほうがよっぽど哲学的だと思い直すことになる。

しばらく黙っていた息子が、訴えるような口ぶりで、つぶやく——

「サブちゃん、いやだなア、死ぬから……」

私はなにか愕然（がくぜん）とし、狼狽（ろうばい）して、

「死にやしないよ、道路にとび出して車にひかれたりしなければ、死なないからだいじょうぶだよ。」

そんな凡庸きわまる見解を述べる。

しかし、息子は、父親の気休めを*憫察（びんさつ）するかのように、すかさず、

「だって、大人になったら死ぬじゃないの……」

そう反論して、憂わしげに顔をくもらせる。

私は、そこで、黙り込むのだ。

*憫察……あわれみ思いやること。

問 傍線部「こういうほうが利き目がある」とあるが、それはどういうことか。七十字以内で具体的に説明せよ。

表現

パターン ① 具体的な事実を盛り込んだ説明をする

ダイヤモンドダスト

南木佳士

和夫は看護士として、香坂は医師として、同じ病院で働いていた。マイク・チャンドラーはアメリカ人宣教師であり、癌を患い、彼らが働く病院に入院していた。松吉は和夫の父であり、以前、マイクと同じ病室にいた。

香坂が松吉の退院を急がせたのは、実はマイクの病態の悪化が予想されたためらしいと気づいたのは、一週間ほどあとになってからのことだった。和夫が病室に姿を見せても、マイクはベッドに横になったまま背を向けていることが多くなった。手のつけられていない夕食のけんちん汁や塩ジャケを見ると、異国で不治の病を得てしまったアメリカ人としてのマイクが哀れに思えて、和夫はかける言葉がなかった。

病棟のカンファレンスでは、香坂がマイクの死の近いことを告げていた。化学療法に抵抗力を獲得した細胞が急速に[ア]ゾウショクし、彼の右肺はすでに換気能力を失い、左の気管支にタンでもつまればそれで最期だろう、と。

「この人はアメリカに帰る気がないようだ」と、香坂は付け加えた。

「万一亡くなられたときは、どなたが引き取るのですか」という婦長の質問には、「宣教師の会の代表がいて、その人が来てくれるそうだ。オレゴンの妻子というのはベトナム戦争から帰ってすぐに離婚した人たちらしい。それ以上は聞いていないが」と、[A]香坂らしく、感情を表に出さない乾いた口調で応えた。

それから数日して、和夫が夜勤の夜、マイクの部屋からナースコールがあった。和夫は妙な胸さわぎがして、受話器を取る前に走り出した。勢いよくドアを開けると、マイクはベッドの上にあぐらをかいて肩を大きく上下させていた。カーテンを開け放してある広い窓は、深い森の闇への入口に見えた。[イ]シュウシン用の小灯だけがともる病室の入口に立つと、マイクがそのままの姿勢ですべるように森の闇に消えて行くような錯覚にとらわれた。たしかに、マイクの背中は驚くほど小さく、軽そうだった。

「どうしました」和夫は窓とマイクの間に割り込んだ。「ああ、あなたでよかった」マイクは蒼白な顔に、口の周囲だけシワを寄せた。話をすると、肉の落ちた目の縁を眼鏡がすべり落ち、一瞬、ウカンペキな老人の顔になった。

「B星を見ていたら、たまらなく誰かと話がしたくなったのです。ご迷惑ではありませんか」マイクは眼鏡を右手で押さえながら、頭を下げた。

ベッドの脇の丸椅子に座った和夫は首を振り、窓越しに夜空を見上げた。峠の稜線(りょうせん)から視線を上げていくと、黒いシルエットとなって立ち並ぶ森の唐松の木によじ登れば手の届きそうなところに、白く冷えた星の群れが静止していた。

「ファントムで北ベトナムの橋を爆撃したときの話ですけど……戦争の話、嫌ですか……」マイクは自分の左肩に頬をあずけて、力よわく笑った。毛糸の帽子が耳までずり落ちた。

和夫は、どうぞ続けて下さい、というふうに右手を前に出した。

「私のファントムは対空砲火を受けて燃料が漏れ、エンジンにもトラブルを起して仲間から遅れたのです。北ベトナムに降下すれば、ゲリラのリンチにあうと教えられていましたから、とにかく海をめざして飛んだのです。トンキン湾沖で待つ母艦まではとても無理でしたけれど、海にさえ出ればなんとかなる、と思って必死でした。日は暮れて、周囲は深い闇でした。燃料がゼロになったとき、座席ごと脱出しました。パラシュートが開いてから、ふと上を見ると、星がありました。とてもたしかな配置で星があったのです」

マイクは落ちてくる眼鏡をいく度も右手で押し上げていたが、やがて高い鼻の先端にとどめたままにし、顔をのけ反らせて夜空をエアオいだ。

「誰かこの星たちの位置をアレンジした人がいる。私はそのとき確信したのです。海に落ちてから、私の心はとても平和でした。その人の胸に抱かれて、星たちとおなじ規則でアレンジされている自分を見出して、心の底から安心したのです。今、星を見ていて、あのときのやすらかな気持を想い出したかったのです。誰かに話すことで想い出したかったのです」話し終えると、静脈の浮くマイクの細い首から、タンのからむ嫌な音が聞こえ始めた。

和夫は肩を支え、マイクをベッドに横たえた。掌に背骨が直接触れる背を、静かにさすり上げた。

「とてもいいお話ですね。こんな感想しかないのが申し訳ないくらい、とてもいいお話ですね」

呼吸の荒さがおさまってきたのを見て、和夫はマイクの背から手を放した。

「検査の技術が進歩して、癌患者の予後が正確に分かるのに、治療が追いついていない。このアンバランスはきっと、星のアレンジをしている人が、自分勝手に死さえも制御できると思いあがった人間たちに課している試練なのだと思います。今、とても素直な気持でそう思う……思いたいのです」

マイクは気管の奥に落ちついたタンを再び騒ぎ出させないように、とてもひくい声を用いていた。

「よく分かる気がします。どうですか、眠れそうですか」和夫も声をおとした。

「ありがとう。おかげで休めそうです。ところで、松吉さんは水車を造っていますか」

マイクは眼鏡を取り、毛糸の帽子で目隠しをした。眠ろうとしているらしい。

「みんなで大きいやつを造っていますよ」

和夫はマイクに松吉が水車を造ると言い出したわけを聞きたかった。眠りにおちそうなマイクに遠慮して和夫が質問できないでいると、マイクは帽子で目を隠したまま語り始めた。

「松吉さんの運転する電気鉄道の一番電車が、高原のツツジの原を走っていると、月が火山の上に出ていて、その月が沈むまで見ていられたのだそうです。ゆっくり走る電車だったのですね。森の香につつまれて電車を運転する時間を松吉さんはとても大事にしていたのです。脱線しても誰もケガをしないスピードの電車を、体の一部のように愛していたのです。だから、松吉さんは廃止の噂の出た鉄道になんとかたくさんの客を呼ぼうとして、森のすべての駅に水車を造ろうと提案したのです。実現していたら、今でもたいした人気でしょうねえ。でも、県境の駅に造り始めた水車が完成する寸前に鉄道は終わったのだそうです。水車の回る駅から、松吉さんの運転する電車に乗って、ツツジの原の上に出る月をながめて、ながめてみたかった……」

マイクのゴビ[オ]が次第に消え入るとともに、浅い寝息に変わっていった。

和夫は窓のカーテンを引かずに、そっと病室をあとにした。その夜、彼は二時間おきにマイクの病室をのぞき、彼の寝息が[C]窓の外の強い吸引力を秘めた闇にからめとられていないかと耳をすませた。

マイクの病状は日ごとに悪化し、酸素吸入が始められた。回診に和夫が付いたとき、香坂は[1]流暢な英語でふたつの質問をした。

「いざというときに人工呼吸器を用いますか」

香坂は見おろす自分の目の位置が耐えられないのか、腰をかがめてマイクの枕もとに顔をもっていった。

「No.」マイクは肩をすくめてみせようとして激しく咳こんだ。

「十分に闘いましたか」香坂はマイクの咳がやむのを待って、洗練された微笑を浮かべた。

「Yes. Thank you.」握手を求めて差し出されたマイクの骨と皮だけの手首を、指の長い香坂の手がつかんだ。

しばらく握り合っていた手を放すと、香坂は窓の方を向いて、大きく口を開いて音を殺したため息をついてから、病室を出て行った。

「もうすぐ水車が回ります」和夫はマイクの耳もとでささやいた。

「それはいい。松吉さんはいいなあ」マイクが初めて涙を見せた。

「マイクさんも早くよくなって、見に来て下さいよ」和夫は折り曲げた腰を伸ばし、軽くマイクの胸もとに手を置いた。

「とてもいいなぐさめを、ありがとう」和夫が耳で聞き、掌に感じたマイクの最後の言葉だった。

問1 傍線部ア〜オのカタカナの部分を漢字に改めよ。

問2 傍線部1「流暢な」の意味を答えよ。

問3 傍線部A「香坂らしく、感情を表に出さない乾いた口調で応えた」とあるが、こうした香坂が死を目前にした患者に対して強く感情を揺すぶられていることを示す一文がある。その一文をそのまま抜き出せ。

問4 傍線部B「星を見ていたら、たまらなく誰かと話がしたくなったのです」とあるが、ここでのマイクの気持ちを百字以内で説明せよ。

問5 傍線部C「窓の外の強い吸引力を秘めた闇」とあるが、和夫は病室の外に広がる「闇」をどのようなものとして捉えているか。十字以上十五字以内で簡潔に記せ。

表現
パターン ①　具体的な事実を盛り込んだ説明をする

日帰りの旅

伊藤桂一

主人公要助は、僧侶であった父親の七十回忌を兼ねて、妻と本家筋の従妹の久江を伴って故郷を訪れた。

寺の正面の参道は、境内に近い石段の両側には、伊勢湾台風までは、こんもりと椎の木立が茂っていて、その木蔭に、季節には鬼百合が咲いていた。いまは、椎の木も少く、それだけに空が明るい。石段脇の道を下って、参道を川べりに出て、車をとめてもらったが、そのあたり、いちめんに*曼珠沙華（まんじゅしゃげ）が咲き、燃え立っている。車を下りてみて、さらに感心したが、参道の両側とも、花々が咲き満ち、Aせめぎ合っている。桜並木の堆土を埋めつくしているあたりは、花々が盛り上がっていて、ことに眼を射る。曼珠沙華というのは、一本だけでもアフゼイがあってよいが、集団で咲き満ちていると、一種異様な、花々の気勢に圧（お）される。「なんて、すてきな、眺めでしょう」と、久江をはじめ、だれもが、息を呑むようにして、参道を狭めて咲きあふれる、曼珠沙華の繚乱（りょうらん）に見惚れる。近畿から山陽にかけて、曼珠沙華はことに多いが、この参道にこれほども曼珠沙華が咲き満ちていようとは、要助は思わなかった。いままで、この花の咲く季節に、寺を訪ねたことがなかったからかもしれない。

山村家は、昔は、川沿いに家並がつづき、いちばん奥に、醸造工場をはじめ、いく棟かの白壁の土蔵があった。本宅、各分家それぞれの棟と棟は、渡り廊下でつながっていた。使用人も何十人もいたので、台所も、大きな食堂になっていた。「大袈裟にいえば、*大廈（たいか）崩れてヒガンバナのみ、といった感じだね。実に跡形もなくなるものだね。もっとも、川に臨んだ一棟だけが残っている。あの棟は、おじいさんが応接用に使っていて、イザシキの窓を開けると、すぐ眼の下が川になっている。オハグロトンボが飛び、魚が群をなして泳ぎめぐり、砂底をいつも亀が匍（は）っていたね。しかし、いまは水もほとんど涸（か）れ、魚もいない。何もない。ただ、眼を慰めるものは、ヒガンバナの氾濫だけだね」要助は、久江や女房に、そう語りかけながら、川沿いの道をたどる。川岸の一棟を除くと、あとは畑地ばかりである。かなり歩いて、小さな石橋を渡ると、そのあたり一帯が昔の醸造場なのだが、一望、瓦礫(がれき)と雑草に蔽(おお)われていて、昔の建物は一つもない。

　久江は、要助よりも、家の模様はよく知っているので、あそこに何、ここに何、と感慨深げにゆびさす。昔、家畜小屋のあったあたりには、小さな家が建ち、人が住んでいる。「仔豚が産まれると、要さんとよくみに行ったわね。十匹ぐらいも産まれていて」幼年のきれぎれの記憶の中で、仔豚をみに行ったことは、要助にとっても、もっとも忘れがたい思い出のひと齣(こま)である。

　父の死後、要助は母親と一緒に、日が暮れてから、よく本家を訪ねた。行くと、要助は、きまって祖父と一緒に風呂場へ行く。あるとき、風呂からもどってくると、本宅の上(あが)り框(かまち)に腰を下ろして、母親が袖で眼を拭っている。ウカタワらに祖母がいて、母親をいたわっている。本来なら祖母は、母親にとっては姑(しゅうとめ)にあたるのだが、この人だけが親切で、あとは小姑(こじゅうと)たちをはじめ、だれもが母親いじめをしたことを、要助は要助なりに、幼い頭でさとっている。母親は日常の些細なことを咎(とが)められ、本宅に呼びつけられ、いや味をいわれ、泣く母親を祖母がいたわる構図なのである。要助は、母親の袖を引いて帰りをせがみ、二人で並んで参道をもどると、空には三日月が出ていて、椎の木の梢(こずえ)では梟(ふくろう)が鳴いている。なんとも*新派悲劇的な情景なのだが、そのことがいま、要助のエノウリによみがえる。母親が泣いたのは、いじめられて泣いたのではなく、抵抗できないための悔し泣きだったのである。あんたら、夫の死んだ時も、そのあとも、いったい何をしてくれた、冷たい眼でみてきただけじゃないか、だれがこんな土地にいつまでもいるものか、折りをみて逃げ出そう、と、母親は考えていたのだ。母親は、後家暮らしのわびしさを紛らすために、*タブロイド判八ページほどの活字組みの文芸同人誌を出し、村の文学青年子女が、十何人も集まって、文章や詩歌を書いていた。本家では、寺の後家が世間体の悪いことをする、といって咎め、この雑誌をつぶさせている。この雑誌が、母親の文箱(ふばこ)に残されているのを要助はみたことがあるが、あれやこれやでいなか暮らしがいやになり、母親は、山口女の気力を駆って、無一物のまま寺を出たのである。遺族が寺を出る時は、財物一切を寺に遺(のこ)すのである。母親は本家に対する、拭いきれぬ恨みを持ち、B祖父の危篤の時も、はじめは、行ってあげることはないよ、といったが、思い直して要助を行かせたのだ。母親は、本家の人たちとは、まったく縁を切っている。久江が、要助の家へ、気楽に来るようになったのも、母親の死後である。本家に対する母親の怨嗟(えんさ)の想いは、当然要助にも引きつがれている。ただ、久江だけはそのオケンガイにあるのだが、それでも母親の存命中は、つとめて本家側とは縁を切る、という、かたくなな考え方が、母親にも要助にもあった。

　むろん、こうした事情は、幼い久江は知らなかったろうし、長じたあとも知らないであろう。久江はただ、崩壊しつくした本家の跡を、C彼女なりの痛恨の想いでみているのだろう。ともかくいま、あらゆるものが、人も物も、すべてが滅んで、ここにあるのは、瓦礫の山と、雑草と、その間を縫って咲く曼珠沙華だけである。「たいしたお屋敷だったのですね。それにしても、実に何もないですね。*只今惟(た)だ鷓鴣(しゃこ)の飛ぶ有り、といった景色を思い出します」と、事務局長の鳥井さんも、なにやら思いをこめていう。この人は郷土誌の編集をしているし、自身、文章や詩歌にも堪能だから、感ずることも多いのだろう。

「あそこにあるのは、うちの工場の、煙突じゃないのかしら」久江が、雑草と曼珠沙華の中から、二つに折れて転がされ、泥にまみれている大煙突をみつけて、ゆびさしている。それは、根もとのところは、直径一メートルもある、コンクリづくりの大きな煙突で、それが、不様に放置されている。煙突だけが残っているのは、おそらく大き過ぎ、重過ぎて、どうしようもなかったからだろう。「煙突だけが残っているのか。すると、この煙突は、倒れてから、もう六十年くらいここにいるのだろう。煙突君、ご苦労さん、と呼びかけたくなるね。*茂人さんが念願したよう、いま、この跡地を少々入手することは、さして難事でもないけれど、かりにそれをしてみても、昔にはもどらないしね。要するに、この煙突のほか、ここに山村家のあった証明はなにもないのだよ。ぼくらだって、あと十年前後で、この世から消えてゆく。そのころには、この煙突も、いくらなんでも片付けられて、ここも宅地化しているだろうね。すると、あとは、ヒガンバナだけが、昔を語ることになる」要助は、久江にそういい、それから、「そうか。ヒガンバナは、別に昔を語りもしないか。ただ咲いているだけだ。昔を語るのは、ぼくらでおしまい、ということだね」と、いった。

ふしぎなことだが、どちらかといえば、さわやかな感慨が、ある。年月があまりにたちすぎているのと、人も事物も、あらゆるものが滅び過ぎてしまっているための、風通しのよい、さわやかさであったろう。

「川べりで、桶屋さんが、毎日醤油樽をつくっていたわね。よく桶屋さんの仕事ぶりをみたわね。面白かった。あの桶屋さんのまるい顔、いまも覚えてるわ。ニコニコ笑って愛想がよくて」「多十さんていう名だった。いかにも桶屋さんらしい、いい名だね」要助は、久江と、そんな話をし、「あとで、あのヒガンバナのところで、みんなで記念写真を撮るかね」と、いった。

茫々(ぼうぼう)とした年月は、風の吹き過ぎるに似た音をたてて、いまも、吹き過ぎている。D（日帰りにしては、なんともいい旅をしたものだ）という感慨が、要助の胸にある。

*曼珠沙華……別名「彼岸花」（ヒガンバナ）。田のあぜや墓地など人家の近くに自生。秋の彼岸頃、30センチメートル内外の一茎を出し、頂端に赤色の花を多数開く。
*大廈……大きい建物。
*新派……新派劇。歌舞伎劇とは流派を異にし、恋愛悲劇などを演ずる大衆演劇。
*タブロイド判……普通の新聞一面の半分のサイズ。
*只今惟だ鷓鴣の飛ぶ有り……李白の七言絶句「越中懐古」にある表現。「今は（当時の気配はなく）ただ鷓鴣（キジ科の鳥）が飛び交うばかり」という意味。
*茂人さん……久江の兄。

問1 傍線部ア〜オのカタカナの部分を漢字に改めよ。

問2 傍線部A「せめぎ合っている」は、どのような情景を表しているか、三十字以内で説明せよ。

問3 傍線部B「祖父の危篤の時も、はじめは、行ってあげることはないよ、といった」とあるが、母親がこうしたことを言ったのはどのようなことがあったからか、百二十字以内で説明せよ。

問4 傍線部C「彼女なりの痛恨の想い」とあるが、それはどのようなものか。要助との違いを明らかにしたうえで、九十字以内で説明せよ。

問5 傍線部D「日帰りにしては、なんともいい旅をしたものだ」とあるが、要助がそのような感慨を持ったのはなぜか、七十字以内で説明せよ。

解説 P.173

表現

パターン ②

本文に書かれていないことを説明する

小説において、登場人物の心情をはじめとして、作品世界のすべてが直接的に明確な形で説明されることはほとんどない。本文に描かれた状況の一つ一つを正確に理解するだけでなく、それらを重ね合わせることによって、初めて作品世界の全体を理解することが可能になるのである。本文に書かれていないことについて説明を求める設問に対しては、勝手な憶測をせず、妥当な内容の解答を作るよう心がけよう。

留学　遠藤周作

家中がひっそりと寝静まる頃、工藤はあの鏡の前に立って色々な身ぶりをするようになった。鏡はずっと前からここに嵌(は)めこまれていたに違いないから、あの息子もこの部屋を使っていた時、自分の顔をそこにうつしたことだろう。縁に彫りこまれた「これによりて汝(なんじ)の真の姿を正せ」という言葉もそう言えばいかにもあの神学生好みの*箴言(しんげん)のような気がしてならない。

鏡の中にうつった自分はどう見てもきたない。それは彼の容貌が悪いためだけではなく「汝の真の姿」がどこにもないからだ。今、しおらしげな顔をして手を前に組みあわせている自分は本当の自分なのだろうか。それはベロオ夫妻やアンヌさんの眼にうつった日本の青年の姿だ。ルーアンに到着した日、階下の広間で教会の婦人たちにとり囲まれて司祭のスピーチを聞いている時、工藤はこんな恰好をしていた。あの日から自分は皆に見られている時、いつもこのポーズを取る癖がついている。昼さがりの街を歩く時、誰かに呼びとめられ、

「ベロオさんの家にいる日本人だね。ルーアンは気に入りましたか」

そう訊(たず)ねられる時、唇にすぐ微笑をうかべて、

「ええ、いつまでも住みたいような気がします」

そう答える時の工藤はこんな恰好をする。仏蘭西(ふらんす)の信者たちから集めた金の一部を封筒に入れて上衣のポケットに安全ピンでとめている自分。信者たちは工藤が日本の布教のために役立つと思っている。その期待は日、一日と彼には憂鬱になってくる。肩の上におかれた司祭の手があの時、重く感じられたように、彼に重苦しくてならないのだ。

(こんなつもりでこの国に来たんじゃなかった。……)工藤は鏡にむかって唇をゆがめて呟(つぶや)く。

(ぼくには有難迷惑なんだが……)

そんな彼を鏡の中でもう一人の工藤が頰にうす嗤(わら)いを浮べてじっと眺めている。低い声でもう一人の工藤は彼を小さな偽善者であり、ウソつきだと言う。

「しかしねえ」工藤はもう一人の工藤に懸命に抗弁する。

「俺はみんなの善意をこわしたくないよ、ベロオ夫人の死んだ息子にたいする夢をこわすのは可哀想じゃないか」

「彼等の善意の中にはそれなりのエゴイズムや無意識の計算があるさ。ベロオさんはベロオさんで息子の夢をお前に押しつけようとしているし、信者たちはそうした慈善によって自己満足を得ている。それぐらい、お前、知ってるだろ」

工藤は首をふって、素直にこの国の人たちの好意を信じられぬもう一人の自分に嫌悪を感じる。ベロオ夫妻の気持の裏側に、信者たちの顔の背後に善意とは別なものをすぐ嗅ぎつけようとする自分を嫌な男だと反省する。

そんな時、この部屋の鏡の中に工藤は、あのポールとよぶ死んだ息子が眼鏡の奥から神経質そうな眼でじっと自分を見ているような気がしてならない。

（あんた、またなぜ日本なんかに）と彼はその顔にむかって言うのだった。（布教する気になったんですか）

「ポール、ポール」

庭の隅にあるベンチで本を読んでいた工藤を家の中からアンヌさんが呼んだ。高いアンヌさんの声は、まるで線を描いて飛んでいるテニスのボールのように耳に届く。

「お客さまですよ。ポール」

工藤は例の微笑をつくり、片手に本を持って、午前の陽ざしが強くなってきた庭の芝生を横切った。

*箴言……いましめとなる短い句。格言。

問 傍線部「ポール、ポール」の「ポール」という呼び名は、もともと工藤が日本の教会で洗礼を受けたときつけてもらった洗礼名であるが、ベロオ家の人々がこの洗礼名で工藤を呼ぶのはどのような気持ちからだと考えられるか。八十字以内で説明せよ。

解説 P.174

表現

パターン②　本文に書かれていないことを説明する

川べりの道

鷺沢萠

幼い娘時子を残して妻に先立たれた父は再婚し、吾郎が生まれた。だが、父はやがて妻子を捨てて別の女性と暮らし始め、その直後に吾郎の生母も死ぬ。今、吾郎は高校生で、会社員をしている姉の時子と二人で暮らしている。

そんな雑然とした小さな町の[ア]カタスミ、緑色の三輛電車が轟々（ごうごう）と過ぎるちっぽけな踏切のすぐそばに、吾郎の父親が女のひとと暮らしている家がある。

吾郎は毎月同じ日にその家を訪ねるが、玄関の土間に女のひとの方が顔を出すことは滅多になかった。大抵は父親が扉を開き、軒下の薄暗い電灯に照らされて[1]所在なげに佇（たたず）んでいる吾郎を見ると、「あン」とか「おう」とか短い声を出した。父は吾郎に「上がれ」と顎で示すこともあるし、[A]近くの児童公園まで吾郎を連れ出すこともある。どうやら吾郎がその家に上がれるのは、女のひとの不在のときに限られるらしかった。

吾郎を家に招き入れることができる日は、父は吾郎を奥の茶の間に坐らせる。何もいらないと言っても、父は台所からジュースやら煎餅やらを運んで来て吾郎の前に並べる。そして顔中に深く皺（しわ）を刻ませ、吾郎の顔を見る。学校はどうだ、とか、吾郎の姉の時子は元気か、とか、成績はいいか、とか、父の訊（たず）ねることは毎月決まっている。吾郎は畳の上で足をむずむず動かしながら、いちいち「うん」と頷（うなず）く。

吾郎にしてみれば、女のひとが今帰って来るかと気が気ではない。早く帰りたくてうずうずしてくる。

不思議に思うのは、あの川べりの長い道を歩いている間は、早く父に会いたくて、というより早くこの家に着きたくて仕方がないというふうなのに、この家に着いた途端、早く帰りたいという気持ちでいっぱいになってしまうことである。早く役目を果たして、そして来月までは自由の身だ。――そんな気持ちにさえなるのである。茶の間の畳に坐った瞬間、時間が経つことだけを念じてしまう自分を、吾郎は奇妙に思う。

父の話に一段落つくと、吾郎は次に父が口を開く前に立ちあがる様子を見せて言う。

「じゃ、俺もうそろそろ……」

その一瞬に父の見せる表情を、吾郎は何と形容していいか判らない。口を少し開けたまま、父は[イ]クウドウのような目をする。それは残される者の不安とも、残る者の安心とも言える。鼻づらを突然はたかれたかのような顔をして、父は「そうだな」と不興そうな短い声を出す。

[B]吾郎は玄関の上がり框（かまち）に腰かけ、わざと時間をかけて靴のヒモを結ぶ。そうしている間に、父が後から封筒を持ってバタバタとやって来る。

「それじゃあ」

そう言って吾郎が土間に立つと、父は精一杯さり気ないような声で言う。

「忘れるとこだった、コレ」

その言葉は、父が唯一自分から示す父の感情である。「忘れるとこだった」さり気なく言うことで、父は吾郎がこの家を訪ねるのは、決してこの封筒のためだけではないのだ、ということを自分に納得させているようでもあった。封筒の中には、吾郎と姉の時子の、ひと月分の生活費があるのだ。

吾郎は[ウ]アイマイな返事をして封筒を受け取ると、扉を開けて表へ出る。[2]大仰に頭を下げて感謝することも、やれと言われれば吾郎にはできる。しかしそうすれば、父は情けないほどに悲しい顔をするであろう。吾郎はそれを知っていた。かと言って無言のままぶっきらぼうに受け取ったのでは何か格好がつかない。それで吾郎はもごもごと口の中で[エ]フメイリョウなありがとうを言う。

[C]「時子に、体に気をつけるようにってな」

吾郎の後ろ姿に向かって父は声をかける。吾郎の姉の時子は、中学校に上がるころまですぐに風邪をひき、熱を出しては学校を休んでいた。そのころの時子のイメージが、父にとっては強いのであろう。今の時子からは、そんなことは想像しにくい。

半ば振り返って父の言葉に頷き、軽く手を挙げると、あとは堪（た）まらなくなって吾郎は駆け出す。いまいましいほど[オ]グドンな緑色の三輪編成の電車が、すぐそばの踏切を轟音を立てて通り過ぎてゆく。

表現　2本文に書かれていないことを説明する

問1 傍線部ア～オのカタカナの部分を漢字に改めよ。

問2 傍線部1「所在なげに」、2「大仰に」の意味を、それぞれ簡潔に答えよ。

問3 傍線部A「近くの児童公園まで吾郎を連れ出すこともある」とあるが、父が訪ねてきた「吾郎を連れ出す」のは、どのようなときか。二十字以内で説明せよ。

問4 傍線部B「吾郎は玄関の上がり框に腰かけ、わざと時間をかけて靴のヒモを結ぶ」とあるが、何のために吾郎はそのようなことをしたと考えられるか。六十字以内で説明せよ。

問5 傍線部C「時子に、体に気をつけるようにってな」とあるが、父がこうしたことを言うのはなぜか。三十五字以内で説明せよ。

表現

パターン ②
本文に書かれていないことを説明する

妄想

森鷗外

兎角する内に留学三年の期間が過ぎた。自分はまだ均勢を得ない物体の[ア]ドウヨウを心の内に感じてゐながら、何の師匠を求めるにも便りの好(よ)い、文化の国を去らなくてはならないことになつた。生きた師匠ばかりではない。相談相手になる書物も、遠く足を運ばずに大学の図書館に行けば大抵間に合ふ。又買つて見るにも注文してから何箇月目に来るなどといふ面倒は無い。さういふ便利な国を去らなくてはならないことになつた。

故郷は恋しい。美しい、懐かしい夢の国として故郷は恋しい。併(しか)し自分の研究しなくてはならないことになつてゐる学術を真に研究するには、その学術の新しい田地を開墾して行くには、[A]まだ種々(いろいろ)の要約*の闕(か)けてゐる国に帰るのは残惜(のこりを)しい。敢て「まだ」と云(い)ふ。日本に長くゐて日本を底から知り抜いたと云はれてゐる独逸人(ドイツじん)某は、此(この)要約は今闕けてゐるばかりでなくて、永遠に東洋の天地には生じて来ないと宣告した。東洋には自然科学を育てて行く雰囲気は無いのだと宣告した。果してさうなら、帝国大学も、[イ]デンセンビョウ研究所も、永遠に欧羅巴(ヨオロッパ)の学術の結論丈(だけ)を取り続(つ)ぐ場所たるに過ぎない筈(はず)である。かう云ふ判断は、ロシアとの戦争の後に、欧羅巴の*当(あた)り狂言になつてゐた*Taifun(タイフン)なんぞに現れてゐる。併し自分は日本人を、さう絶望しなくてはならない程、無能な種族だとも思はないから、敢て「まだ」と云ふ。自分は日本で結んだ学術の果実を欧羅巴へ輸出する時もいつかは来るだらうと、其時(そのとき)から思つてゐたのである。

自分はこの自然科学を育てる雰囲気のある、便利な国を跡に見て、夢の故郷へ旅立つた。それは勿論(もちろん)立たなくてはならなかつたのではあるが、立たなくてはならないといふ義務の為めに立(た)つたのでは無い。自分の願望の秤(はかり)も、一方の皿に便利な国を載せて、一方の皿に夢の故郷を載せたとき、便利の皿を吊(つ)つた緒(を)をそつと引く、白い、優しい手があつたにも拘(かかは)らず、慥(たし)かに夢の方へ傾いたのである。

シベリア鉄道はまだ全通してゐなかつたので、印度洋を経て帰るのであつた。一日行程の道を往復しても、往きは長く、復りは短く思はれるものであるが、四五十日の旅行をしても、さういふ感じがある。未知の世界へ希望を懐いて旅立つた昔に比べて寂しく又早く思はれた航海中、藤の寝椅子に身を横へながら、自分は行李にどんなお土産を持つて帰るかといふことを考へた。

自然科学の分科の上では、自分は結論丈を持つて帰るのではない。将来発展すべき萌芽をも持つてゐる積りである。併し帰つて行く故郷には、その萌芽を育てる雰囲気が無い。B少くも「まだ」無い。その萌芽も徒らに枯れてしまひはすまいかと気遣はれる。

そして自分は*fatalistischな鈍い、陰気な感じに襲はれた。

そしてこの陰気な闇を照破する光明のある哲学は、我行李の中には無かつた。その中に有るのは、シヨオペンハウエル、ハルトマン系の厭世哲学である。現象世界を有るよりは無い方が好いとしてゐる哲学である。進化を認めないではない。併しそれは無に醒覚せんが為めの進化である。

自分は錫蘭で、赤い格子縞の布を、頭と腰とに巻き附けた男に、美しい、青いウツバサの鳥を買はせられた。籠を提げて舟に帰ると、フランス舟の乗組員が妙な手附きをして、「*Il ne vivra pas !」と云つた。美しい、青い鳥は、果して舟の横浜に着くまでに死んでしまつた。Cそれも果敢ない土産であつた。

D自分は失望を以て故郷の人に迎へられた。それは無理もない。自分のやうな洋行帰りはこれまで例の無い事であつたからである。これまでの洋行帰りは、希望輝く顔をして、行李の中から道具を出して、何か新しい手品を取り立てて御覧に入れることになつてゐた。自分は丁度その反対の事をしたのである。

東京では都会改造の議論が盛んになつてゐて、アメリカのAとかBとかの何号町かにある、独逸人の謂ふ*Wolkenkratzerのやうな家を建てたいと、*ハイカラア連が云つてゐた。その時自分は「都会といふものは、エセマい地面に多く人が住むだけ人死が多い、殊に子供が多く死ぬる、今まで横に並んでゐた家を、竪に積み畳ねるよりは、上水や下水でも改良するが好からう」と云つた。又建築に制裁を加へようとする委員が出来てゐて、東京の家の軒の高さを一定して、整然たる外観の美を成さうと云つてゐた。その時自分は「そんな兵隊の並んだやうな町は美しくは無い、強ひて西洋風にしたいなら、寧ろ反対に軒の高さどころか、あらゆる建築の様式を一軒づつ別にさせて、*ヱネチアの町のやうに*参差錯落たる美観を造るやうにでも心掛けたら好からう」と云つた。

食物改良の議論もあつた。米を食ふことを廃めて、沢山牛肉を食はせたいと云ふのであつた。その時自分は「米も魚もひどく消化の好いものだから、日本人の食物は昔の儘が好からう、尤もボクチクを盛んにして、牛肉も食べるやうにするのは勝手だ」と云つた。

仮名遣改良の議論もあって、*コイスチヨーワガナワといふやうな事を書かせようとしてゐると、「いやいや、*Orthographie(オルトグラフイイ)はどこの国にもある、矢張(やはり)コヒステフワガナハの方が宜(よろ)しからう」と云つた。

そんな風に、人の改良しようとしてゐる、あらゆる方面に向(むか)つて、自分は本(もと)の杢阿弥(もくあみ)説を唱へた。そして保守党の仲間に逐(お)ひ込まれた。洋行帰りの保守主義者は、後には別な動機で流行し出したが、元祖は自分であつたかも知れない。


*要約……条件。　*当り狂言……評判がよく客の入りの多い芝居。

*Taifun……日本の医学生を主人公にした劇。　*fatalistischな……宿命的な。

*「Il ne vivra pas!」……「そんなに生きませんよ」の意。　*Wolkenkratzer……高層建築。

*ハイカラア連……西洋風の流行を追う人たち。　*ヱネチア……ヴェネチア。

*参差錯落……高低長短の差があり、ふぞろいに入りまじっているさま。

*コイスチヨーワガナワ……小倉百人一首の「恋すてふわが名はまだき立ちにけり人しれずこそ思ひ初めしか」(壬生忠見)。

*Orthographie……正字法、正しい綴り方。

問1 傍線部ア〜オのカタカナの部分を漢字に改めよ。

問2 傍線部A「まだ種々の要約の闕けてゐる国」とあるが、これと反対の意味を表す箇所を十五字以上二十字以内で抜き出せ。

問3 傍線部B「少くも『まだ』無い」とあるが、こうした表現に込められた心情を百十字以内で説明せよ。

問4 傍線部C「それも果敢ない土産であつた」とあるが、「それも」と特にいう主人公の気持ちを百二十字以内で説明せよ。

問5 傍線部D「自分は失望を以て故郷の人に迎へられた」とあるが、それはなぜか、七十字以内で説明せよ。

解説 P.189

表現

パターン

③ 傍線部中の独特な表現を言い換える

比喩表現などは使われ方に一種の約束事がある。そうした慣用的な知識を含めた幅広い言葉の知識はぜひ身につけてもらいたい。しかし、その一方で、個々の表現はその文章における文脈の中で初めて意味が確定できる場合も少なくない。文章の全体的な理解と細部における理解は決して別々のものではなく、相互に関連しあっていることに留意しよう。

声の山

黒井千次

父に連れられた「五郎」は、これまで登ったことのない、頂上に権現さまがまつられた山を登っている。

「お前、なにか失くして困っているものはないか?」

「品物ではなくて、生き物でもいいんだよ。」

「生き物?」

「権現さまにお神酒をあげてお祈りしてから鍵取八郎右衛門という人に頼むと、家出して行方が知れなくなった者や、突然消えてしまった肉親をさがし出してくれたんだ。」

「どうやって?」

「鉦と太鼓を叩きながら神社のまわりをぐるっと廻る。廻りながらさがしたい人や物の名前を三度呼ぶ。」

「そうすれば出て来る?」

「いや、呼び声になにかの反応があった時には必ず消息がどこかから知らされて、いなくなった人に会えたというよ。」

「呼んでみようか?」

あー、と五郎は遠慮勝ちの声をあげた。竹藪のこもった空気の中に声はすぐ消えた。

「そんな叫び方じゃ駄目だ。」

おー、と五郎は声量をあげた。前より更に反応はなかった。おーいになろうが、ヤッホーに変ろうが、山の空気はただ五郎の声を呑んだままだった。馬鹿にされたような気がした。なにかいけないことをしたような気がした。

一番下の石垣を背にして枯草に腰をおろし、駅で買って来た弁当を開くと気持ちが和んではじめてピクニックの雰囲気になった。昼食がすみ、水筒の焙じ茶をたっぷり飲み、バッグから出したせんべいを齧りながら五郎は枯草に寝転んだ。

「いいとこだね、ここは。」

「人によってはな、こんなことを言ったらしいよ。自分から姿をくらまして出て行った者がしばらくしてどうしても帰りたくなったりするだろう。黙って帰って来るのは具合が悪いから、あの山で名を呼ばれたので止むを得ず帰ってきたんだということにしたんだろうって。」

五郎は目の上に指を組んだ手をのせたままで、へえ、と息を吐いた。昼寝でも出来そうなのんびりとした枯草の日溜りのことを言ったのに、父親の言葉が別の方にそれて行くのがおかしかった。

「もう一度見てくるからな。」

父が立上がって身体から枯草を払い落した。

「お宮を？　あの道？」

寝たままで五郎はたずねた。聞き取りにくい声を返して父は階段の方に歩きはじめている。

「ここに帰って来てよ。まさかいなくなったりしないだろうな。」

急になにかが立去って行くような気がして五郎は片肘をつくと身を起した。

「ばかだな、ここはいなくなった人を探す場所じゃないか、逆だろう。」

愉快そうな笑い声を残して父の姿は石垣の向うにすぐ消えた。ナイフを出して枝を削ろうか、それとも「ぼうけん手帳」を読んでみようか、と物憂く考えながら五郎はまた頭を草につけて目の上に指を組む。鳥の鳴き声が横の方からきこえて来る……。

どのくらい時間がたったのかはっきりしない。まだ父は戻って来ない。五郎は草の上に起き上った。太陽の位置が少し右に動いたように思われる。日の色が微かに薄くなっている。小さな不安が自分の奥に生れているのに五郎は気づく。それはまだはっきりした形をとってはいない。鳥だろうか。弱い獣のようにぴんと立てた五郎の耳に短い響きがきこえた。もしかしたらパパはなにかを失くしたのかもしれない、という考えが突然ひらめいて五郎を摑んだ。

問　傍線部「弱い獣のようにぴんと立てた五郎の耳に短い響きがきこえた」とあるが、「弱い獣のようにぴんと立てた」という表現にはどのような効果があるか、百字以内で説明せよ。

表現

パターン③ 傍線部中の独特な表現を言い換える

文字禍

中島敦

文字の霊などといふものが、一体、あるものか、どうか。

アッシリヤ人は無数の精霊を知つてゐる。夜、闇の中を[1]跳梁するリル、その雌のリリツ、[ア]エキビョウをふり撒くナムタル、死者の霊エティンム、誘拐者ラバス等、数知れぬ悪霊共がアッシリヤの空に充ち満ちてゐる。しかし、文字の精霊に就いては、まだ誰も聞いたことがない。

其の頃――といふのは、アシュル・バニ・アパル大王の治世第二十年目の頃だが――宮廷に妙な噂があつた。毎夜、図書館の闇の中で、ひそひそと怪しい話し声がするといふ。王兄シャマシュ・シュム・ウキンの謀叛（むほん）がバビロンの落城で漸く鎮まつたばかりのこととて、何か又、不逞（ふてい）の徒の陰謀ではないかと探つて見たが、それらしい様子もない。どうしても何かの精霊どもの話し声に違ひない。最近に王の前で処刑されたバビロンからの俘囚共の死霊の声だらうといふ者もあつたが、それが本当でないことは誰にも判る。千に余るバビロンの俘囚は[2]悉く舌を抜いて殺され、その舌を集めた所、小さな[イ]ツキヤマが出来たのは、誰知らぬ者のない事実である。舌の無い死霊に、しやべれる訳がない。星占や羊肝卜（やうかんぼく）で空しく探索した後、之はどうしても書物共或ひは文字共の話し声と考へるより外はなくなつた。ただ、文字の霊（といふものが在るとして）とは如何なる性質をもつものか、それが皆目判らない。アシュル・バニ・アパル大王は巨眼縮髪の老博士ナブ・アヘ・エリバを召して、此の未知の精霊に就いての研究を命じ給うた。

その日以来、ナブ・アヘ・エリバ博士は、日毎（ひごと）問題の図書館（それは、其の後二百年にして地下に埋没し、更に後二千三百年にして偶然発掘される運命をもつものであるが）に通つて万巻の書に目をさらしつつ研鑽に耽つた。両河地方（メソポタミヤ）では埃及（エジプト）と違つて紙草（パピルス）を産しない。人々は、粘土の板に硬筆を以て複雑な楔形（くさびがた）の符号を彫りつけてをつた。書物は瓦であり、図書館は瀬戸物屋の倉庫に似てゐた。老博士の卓子の上には、毎日、累々たる瓦の山がうづたかく積まれた。其等重量ある古知識の中から、彼は、文字の霊に就いての説を見出さうとしたが、ムダであつた。文字はボルシッパなるナブウの神の司り給ふ所とより外には何事も記されてゐないのである。文字に霊ありや無しやを、彼は自力で解決せねばならぬ。博士は書物を離れ、唯一つの文字を前に、終日それと睨めつこをして過した。その中に、をかしな事が起つた。一つの文字を長く見詰めてゐる中に、何時しか其の文字が解体して、意味の無い一つ一つの線の交錯としか見えなくなつて来る。単なる線の集りが、何故、さういふ音とさういふ意味とを有つことが出来るのか、どうしても解らなくなつて来る。老儒ナブ・アヘ・エリバは、生れて初めて此の不思議な事実を発見して、驚いた。今迄七十年の間当然と思つてカンカしてゐたことが、決して当然でも必然でもない。彼は眼から鱗の落ちた思がした。単なるバラバラの線に、一定の音と一定の意味とを有たせるものは、何か？　ここ迄思ひ到つた時、老博士は躊躇なく、文字の霊の存在を認めた。魂によつて統べられない手・脚・頭・爪・腹等が、人間ではないやうに、一つの霊が之を統べるのではなくて、どうして単なる線の集合が、音と意味とを有つことが出来ようか。

この発見を手初めに、今迄知られなかつた文字の霊の性質が次第に少しづつ判つて来た。文字の精霊の数は、地上の事物の数程多い、文字の精は野鼠のやうに仔を産んで殖える。

ナブ・アヘ・エリバは街中を歩き廻つて、最近に文字を覚えた人々をつかまへては、根気よく一々尋ねた。文字を知る以前に比べて、何か変つたやうな所はないかと。之によつて文字の霊の人間に対する作用を明らかにしようといふのである。さて、斯うして、をかしな統計が出来上つた。それに依れば、文字を覚えてから急に蝨を捕るのが下手になつた者、眼に埃が余計はひるやうになつた者、今迄良く見えた空の鷲の姿が見えなくなつた者、空の色が以前程碧くなくなつたといふ者などが、圧倒的に多い。「文字ノ精ガ人間ノ眼ヲ喰ヒアラスコト、猶、蛆虫ガ胡桃ノ固キ殻ヲ穿チテ、中ノ実ヲ巧ニ喰ヒツクスガ如シ」と、ナブ・アヘ・エリバは、新しい粘土のビボウロクに誌した。文字を覚えて以来、咳が出始めたといふ者、くしやみが出るやうになつて困るといふ者、しやつくりが度々出るやうになつた者、下痢するやうになつた者なども、かなりの数に上る。「文字ノ精ハ人間ノ鼻・咽喉・腹等ヲモ犯スモノノ如シ」と、老博士は又誌した。文字を覚えてから、俄かに頭髪の薄くなつた者もゐる。脚の弱くなつた者、手足の顫へるやうになつた者、顎がはづれ易くなつた者もゐる。しかし、ナブ・アヘ・エリバは最後に斯う書かねばならなかつた。「文字ノ害タル、人間ノ頭脳ヲ犯シ、精神ヲ麻痺セシムルニ至ツテ、スナハチ極マル。」文字を覚える以前に比べて、職人は腕が鈍り、戦士は臆病になり、猟師は獅子を射損ふことが多くなつた。之は統計の明らかに示す所である。ナブ・アヘ・エリバは斯う考へた。

表現　3傍線部中の独特な表現を言い換える

埃及人は、ある物の影を、其の物の魂の一部と見做してゐるやうだが、文字は、その影のやうなものではないのか。
獅子といふ字は、本物の獅子の影ではないのか。それで、獅子といふ字を覚えた猟師は、本物の獅子の代りに獅子の影を狙ふやうになるのではないか。文字の無かつた昔、ピル・ナピシュチムの洪水以前には、歓びも智慧もみんな直接に人間の中にはひつて来た。今は、文字の薄被（ヴェイル）をかぶつた歓びの影と智慧の影としか、我々は知らない。近頃人々は物憶えが悪くなつた。之も文字の精の悪戯（いたづら）である。人々は、最早、書きとめて置かなければ、何一つ憶えることが出来ない。着物を着るやうになつて、人間の皮膚が弱く醜くなつた。乗物が発明されて、人間の脚が弱く醜くなつた。[C]文字が普及して、人々の頭は、最早、働かなくなつたのである。

問1 傍線部ア～オのカタカナの部分を漢字に改めよ。

問2 傍線部1「跳梁する」、2「悉く」の語句を、それぞれ五字以内で言い換えよ。

問3 傍線部A「ここ迄思ひ到つた時、老博士は躊躇なく、文字の霊の存在を認めた」とあるが、王の命を受けた老博士はどのようにして文字の霊の存在を認めることになったのか、百二十字以内で説明せよ。

問4 傍線部B「文字の精は野鼠のやうに仔を産んで殖える」は文字がどのような性質を持つことを表しているか、九十字以内で説明せよ。

問5 傍線部C「文字が普及して、人々の頭は、最早、働かなくなつたのである」はどのようなことをいっているのか、百二十字以内で説明せよ。

表現

パターン ③ 傍線部中の独特な表現を言い換える

恋愛至上かも知れない

佐藤春夫

智恵と友情と恋と
この三つのものを
世間ぢや宝だと言ひふらす
僕もせいぜい捜しては見たさ
たうとうお目にはかからない。

と、まあ、大たいこんな意味の詩が、ハイネ*にあるさうだ。A人生に対しては相済まぬ言ひ草になるかも知れないが、この詩はひよつとすると本当かも知れない。全くさうかも知れない。惟(おも)ふに、恋愛などといふものは先づ幽霊の一種見たやうなもので、せいぜい捜すとあるのか無いのかわからないので、それを本当に見たやうなことを言ふのはつまりせいぜい見究めがなかつたといふ証拠になるだけかも知れない。ただちよつとした指示の上へ何か自分でアキズき上げるのだ。夢だ。夢に浮かされるのだ。或はうなされるのだ。いづれは正気の沙汰ではないのだ。その正気の沙汰でないところが謂はば身上であらう。さうしてありもしない幽霊が出るほどそこの枯野原が気味の悪いところであつたやうに、正体の疑はしい『恋愛』などといふもの乃至(ないし)言葉が何かしら慰めとして存在してゐるほど、それほど、われわれの人生といふものが慰めを要するものがある事、この事だけは実に確だ。問題の眼目は寧ろBここにあるのではないだらうか。

要するにまことの恋愛などといふものは人類の大きな伝説の一つだと、僕は思ふ。さうして、今ひよくり、ありふれた一つの寓話を思ひ出した。その寓話といふのは古い小学校の読本にあるので、おやぢが死に際に息子たちに言ひ置きをするのだ――この地所には黄金の壺を私が埋めて置いた。それ故に、努力をしてさがす者はその在りかをつきとめて巨万の富を得るであらう、と。そこで息子たちは精一ぱい捜す。或る者はあきらめて捜すことをやめる。最後まで何度でも何度でも捜したものは、その土地には一向、黄金の壺がなかつたことを知ると同時に、その原野がいつしか立派な開墾地になつてゐることに気がつく。——僕は思ふ。実際、『至上なる恋愛』の伝説はこの黄金の壺をうめた土地の話にそつくりである。

成るほど黄金の壺はない。けれどもどうしてもそれがないといふところまで突きとめた時には、彼の胸は開墾された土地になつてゐるであらう。さうして巨万の富は自づから別に得られる。

世人の言ひふらす人生の宝のやうな恋愛は無いのかも知れぬ——いや、無いのである。が、その無いところがやがて至上な所以かも知れない。といふとギャクセツテキに聞えるかも知れないが、僕にはそんなつもりは少しもない。疑はしきものを絶対に信ずる事、無きものに対する無限の憧憬、これらのローマン的精神。さうしてその疑はしいものを無条件に信じて無限に追求することたる恋愛にかけては、この客観的には最もばかげ切つた事のためにたとひどんな人間でもその人間なりには精一ぱいの努力をするところ——つまりそれぞれの人間がるつぼのなかへ投げ込まれるのだ。この意味で恋愛至上などといふ説も成り立つであらう。ともかくも恋愛といふ心理作用は人生（人間本性の活動）の重大なまた象徴的な事件ではある。

ここで注目すべき事には、たとひ恋愛の不可思議なるつぼでも鉄や鉛を金にしはしないことだ。寧ろ、鉛は恋愛的活動で大にその鉛たるところを発揮してくる。真剣になればなるほど地金が出て来る。或る人の説に依ると一種の人間は恋愛によつてセイフクヨクに燃え切るし、又、別種の人間は恋愛によつて一から十まで相手の人間に自分の持つてゐるすべてをササげつくす気持になる。恋愛の二大タイプだ。ハインリッヒ＊・フオン・クライストの描いてゐる恋愛は前者の適例だし、ダンテ＊のビアトリスに対する心持は後者の典型だといふ。なるほどこの二つのタイプのあることは十分疑ひない。が、僕が思ふに、たとひどの人間に於ても各この二つのタイプが先づ兼備されてゐて互に内面に於て相剋した末に、それが熱し切つた上ではその何れかに突き抜けて来ることを見落してはなるまい。自我拡大と自我抛棄と（いづれもつき抜けると自づから天空があり、一歩踏みそこねれば何れにも深淵がある）この内的カットウ。これが恋愛の人格的るつぼである所以である。

＊ハイネ……（1797〜1856）クリスティアン・ヨハン・ハインリヒ・ハイネ。ロマン派に数えられるドイツの詩人・評論家。

＊ハインリッヒ・フォン・クライスト……（1777～1811）ドイツの劇作家、ジャーナリスト。
＊ダンテ……（1265～1321）ダンテ・アリギエーリ。イタリアの都市国家フィレンツェ生まれの詩人、哲学者、政治家。「ビアトリス」は、ダンテの代表作『神曲』の登場人物。ダンテにとっての永遠の女性とされる。

問1 傍線部ア～オのカタカナの部分を漢字に改めよ。

問2 傍線部1「所以」、2「地金」のここでの意味を、それぞれ漢字二字の熟語で答えよ。

問3 傍線部A「人生に対しては相済まぬ言ひ草になるかも知れない」のようにいうのはなぜか、八十字以内で説明せよ。

問4 傍線部B「ここ」の指示する内容を五十字以内で記せ。

問5 傍線部C「『至上なる恋愛』の伝説はこの黄金の壺をうめた土地の話にそつくりである」とあるが、黄金の壺をうめた土地の話と「至上なる恋愛」の伝説とは、何がどうそっくりなのか、八十字以内で説明せよ。

問6 傍線部D「これが恋愛の人格的るつぼである所以である」とあるが、恋愛のどのような点を指して「人格的るつぼ」といっているのか、六十字以内で説明せよ。

問7 筆者は「恋愛」についてどのように考えているのか、文章の趣旨を踏まえて八十字以内で説明せよ。

〈文章Ⅰ〉

人権・平等・自由という三大価値は、ふつう近代の名に結びつけられています。つまりこれが近代のもたらした人間への最大の贈り物という訳で、それは近代以前には存在しなかった、あるいは確立していなかったということが含意されています。私はある意味では、このような了解に賛成です。たしかにそれは近代がもたらした人間への贈り物だと思います。しかしそれと同時に、それがかなり疑わしく、問題をはらんだ贈り物であるという思いを打ち消すことができません。さらに、人権・平等・自由についての配慮は人類の古代社会以来存在しており、ただA社会の組み立てが変るにつれて、形態が変化して来ただけではないのかと、私は疑わずにはおれないのです。

たとえば江戸時代をとってみても、百姓は百姓なりに、町人は町人なりに法の保護のもとにあったので、けっして無法状態、無権利状態にさらされていたわけではありません。徳川中期には江戸には二百軒の公事宿があった。これは評定所に出訴した諸国の百姓が滞在する施設で、宿の主人は書類の作成から、助言にいたるまで代言人的役割を果したのです。ちょっとしたことを裁判に訴えるのを濫訴というのですが、幕府の役人はこの濫訴に音を上げたのです。天保年間には、子供の間で裁判ごっこがはやっていたそうです。

もちろん、今日のような弁護人制度はなく、拷問も一定の制限つきではあれ行われていたし、刑事事件における逮捕・取調べも今日のように法によって規制されていなかったわけですが、自己の権利の主張においては、徳川期の日本人は今日の日本人に決して劣るものではありませんでした。

また生存権について見ても、徳川期の行政は幕府にせよ諸藩にせよ、領民の安全・アフクシについてけっして無関心ではなかったのです。行政当局は飢饉の際には炊き出しを行うなど、一定の対応を必ずとっているのです。

ですから、人権という点について近代になって初めて確立されたというのは間違いで、その時代時代に即した人権のとらえかたがあり、われわれがなじんでいる人権概念は近代特有のものだと考えるのが正しいのです。ただ私はこのことを、近代的人権の普遍的意義を否定するために言うのではありません。過去に対する一面的な思い上りをただしたいだけです。

次に自由について考えてみましょう。自由というのは人間の社会におけるありかたと深く結びついた概念です。ヨーロッパ中世の社会は村落共同体、都市共同体、教会といった中間団体によって構成されておりました。個人は直接国家と向きあっているのではなく、その中間に社団と称される様ざまな団体があり、個人はその一員たることによって特有の権利を保障されているのです。ですから中世人にとって自由とは、ある社団に属していてその特権を享有していることを意味しています。人がこうした社団から追放され一人ぼっちのはぐれ者になりますと、その状態をフォーゲルフライ（鳥の自由）と呼びます。フォーゲルフライは保護を失ったおそるべき状態、狩り立てられ殺されても文句は言えない状態のことです。ですから自由とは、自分がある社団に属しているゆえに、他の社団に属している者の持たないものを持つことができる、あるいはすることのできないことをしてよろしいということなのです。

このような自由の観念はヨーロッパでは近世まで健在でしたし、わが国の江戸時代における人びとの自由もほぼこのようなものであったと考えられます。フランス革命は中間団体を絶滅することによって、個人が国家と直接向きあう、あるいは国家が個人ひとりひとりを直接掌握する事態を作り出しました。そうなると自由とは、個人が国家に対して防衛的に保有すべき自由な状態、あるいは行動を意味するものとなります。つまり近代的自由とは個人が所属すべき団体を失ったところに出現したわけで、この喪失を逆に獲得とみなす、つまり個人が共同団体の束縛から解放されたというふうにプラスに考えるようになったとき、今日の私たちの理解する個人の属性としての自由が成立したわけです。

今日の私たちから見ると、前近代的自由、つまりある社団に属することによって得られる自由とは、一面では大変(イ)キュウクツな束縛を代償としているように思えます。しかし前近代社会はその点では巧妙なはけ口を用意しておりました。ヨーロッパ中世社会は厖大（ぼうだい）な人びとが遍歴し放浪する社会でありました。これは日本の徳川期も同様でありまして、当時の日本は寺社参詣や名所見物に出歩く人びととか、遍歴する旅商人・旅芸人であるとか、遊行（ゆぎょう）する宗教者とか、これまた厖大な人びとが絶えず街道を往来する社会だったのです。これらの人びとは西洋でも日本でも、一時的に共同団体から離脱することによって自由な境涯を味わっていたわけで、そういう人びとは共同団体の規範に違反して流れ者となったフォーゲルフライとは違って、社会から遊行する者として一定の容認を受け、保護を受けておりました。これはお伊勢詣りという現象、とくに抜け詣りといって、たとえば店の丁稚（でっち）が主人の許しを受けずに勝手に伊勢詣りに出かける現象を見れば、その意味がよく了解されます。そういう抜け詣りに出かけた者たちは旅先で保護されますし、参詣を了(お)えるともとの共同団体に復帰することができるのです。つまり前近代社会はこういった離脱の自由を制度的に保障する側面を持っておりました。前近代社会にはたしかに今日的な個人の自由はありませんが、B今日とはまた性格の異なる独特なそれなりの自由が備わっていたことをご了解いただけたかと思います。

さて次は平等という観念でありますが、これはまさに近代によって初めて実現された価値であるように考えられます。なぜなら近代以前の社会は洋の東西を問わず身分制社会であったからです。ただ身分制社会を極端に不平等な社会であるように考えると、近代をバランスを失って美化しすぎることにもなりかねません。身分間の平等を求める闘争は古代ギリシャ、古代ローマから存在しておりました。また現実社会の身分的不平等を補償するものとして、神の前の平等、仏の前の平等という観念も早くから出現しております。

江戸時代に即して身分制の内実を考えてみますと、いわゆる士農工商というのは社会における職業的な存在意義を言うもので、それぞれの身分が尊貴の別なく社会の存立に参与しているという観念を前提にしております。またこの通りの序列で尊貴が定められているわけでもありません。

武士は為政者という地位に就きうる唯一の身分であったわけですが、Cその身分は閉鎖されていたのではなく、他の身分から武士身分に転じて国事・藩事に関与する道が開かれておりました。こういった例は幕末になればなるほど多く見られます。つまり武士身分というのは箱のような容(い)れもので、その中味は他身分から流入することができたのです。

さらに、武士は為政者つまり治者でありますから、他身分から一応尊敬はされますけれども、それでも一般庶民は武士に対してへへっとおそれ入っていたわけではなく、特に江戸の庶民には武士何するものぞという気概がみなぎっておりました。斬り捨て御免などとんでもないことであったのです。

江戸時代に形式上の身分的差別が存在したことは言うまでもありません。近代になってそういう形式的身分的差別が撤廃されたのは大いに意義のあることです。しかし、実際その社会に住んでみて、江戸時代と現代のどちらがより不平等感の強い社会であるか、必ずしも容易にはきめられないのではありますまいか。今日、国会議員、県市会議員などの政治家、知事などの高級行政職、大学教授、医師、弁護士、会社経営者などは、江戸時代の侍とおなじ程度の尊敬を庶民から受けているのではないでしょうか。また会社にはいれば、それこそ上司との平等などありえないでしょう。近代が実現したのは結果の平等じゃなくD機会の平等だ、そしてそのことの意義が大きいのだとよく言われますが、近代社会がそれほど平等な社会であるかどうか、かなり疑問に思えないこともありません。それにもともと平等というのが、実際には現実化しえないかなり過激な理念であることも銘記すべきです。もっとも現実化の難しい過激な理念であるからこそ、それは人の心を魅してやまないのでしょう。

〈文章Ⅱ〉

江戸時代のダイバーシティ（多様性）というと、「そんなものがあったはずがない」と感じる方が多いと思う。しかし仕事の種類でいうと、サラリーマンが大半を占めるわけではなく、個人事業主とでもいうべき農業、漁業、林業、酒造業等々があり、商業は大店（おおだな）から小店（こみせ）、そして棒手（ぼて）振りまで、たいへんバラエティに富んだ規模で展開していた。

結婚制度を例にとってみると、今と違って夫婦別姓、夫婦別財産制であった。しかも婿入り婚が今よりずっと多かった。夫婦が同じ姓でなくてはならないとされたのは、明治以降の西欧化の結果なのである。しかし夫婦別姓にも事情がある。中国や韓国が現在でも夫婦別姓であるように、家系が縦に[ウ]ケイショウされていくのだ。夫婦同姓が、家系を断ち切って完全に夫婦の単位を社会の単位にしたのであれば問題はなかったが、実際は結婚後の男性の家系に女性が組み入れられるかたちで近代の結婚制度が成り立ち、婿入り婚が次第に少なくなり、今日のような、選択的夫婦別姓すら成立しない日本社会が出来上がったのである。近現代が江戸時代を超えて多様性容認の社会になったとは、簡単には言えない。

もうひとつ事例を挙げよう。「末は博士か大臣か」という言葉が近代になってできた。これは身分制社会ではなくなって、競争社会になったからである。誰でもが博士にも大臣にもなれる、わけではないが、目指すことはできるようになった。しかしこれを別の側面から見れば、日本人全体の目標が極めて狭くなったということである。樋口一葉（ひぐちいちよう）の作品や日記は、明治時代の立身出世のパターンを外（つまり女性のまなざし）から見ている。そこから分析すると「高等教育を受けて官僚や政治家になる」「そこそこの教育を受けて知識人になる」「教育は受けなくても金持ちや腕のいい職人になる」という三パターンに分類できる。このパターンが現在は十にも二十にもなったかというと、さほどでもない。「そこそこの教育を受けて知識人になる」の「知識人」が「サラリーマンや役人」に変わった程度だ。

江戸時代はそれに対して、職業と身分と家が一体化した身分制社会で、武家と農家と商家では目標がまったく異なっていた。したがって身分間での競争は意味がなかった。相互に雇ったり隷属化したりということも起こらず、上下関係もない。だからといって互いに閉じているわけではなく、職人や商人になる武士も出現した。多くの農民が[エ]ハタ織りや紙漉（かみす）きで職人化し、それらのものを商うようになった。さらに都市で働くこともある。金持ちの商人や農民は幕末になると株を買うことで武士身分になることができた。ただしこれはメリットがないので、あまりはやらなかった。それよりも、市場経済が活発になったので、商人や職人や農民の意欲は、それぞれの仕事の工夫と発展として現れ、技術革新が多くなされ、ものづくりが活性化し、流通の面での経済成長率が非常に高い国になったのである。これは流動性と多様化の結果である。

　江戸時代のダイバーシティとは、すべての社会的桎梏（しっこく）のなくなった全き自由のあるダイバーシティのことではない。そもそも現代日本を含め、高度に管理されている社会が何の工夫も手立てもなく自然にダイバーシティ社会になるわけがない。民主主義という制度が整っていても、一人ひとりの認識・行動・創造的努力なしに民主主義は実現できないのと同じく、ダイバーシティはまさに創造的意欲なしには立ち上がらないのである。江戸時代のダイバーシティは社会制度として多様性が容認されていた、というものではなく、身分制度下であるにもかかわらず、自分を多様化する文化が育っていたということなのだ。それは日本文化の一部であるから、私たちはそれを知り、使いこなすことができる。つまりここで言うダイバーシティとは制度としてのそれではなく、生き方としてのそれである。

（〈文章Ⅰ〉渡辺京二「近代の呪い」／〈文章Ⅱ〉田中優子「江戸のダイバーシティ」）

問1　傍線部ア～エのカタカナの部分を漢字に改めよ。

問2　傍線部Aで筆者は、「人権・平等・自由」について「社会の組み立てが変るにつれて、形態が変化して来た」と述べているが、「自由」は、社会がどう変わったことによって、どのようなものになったのか。〈文章Ⅰ〉に即して、百字以内で説明せよ。

問3　傍線部B「今日とはまた性格の異なる独特なそれなりの自由」とあるが、それはどのような自由のことか。〈文章Ⅰ〉に即して、九十字以内で説明せよ。

問4　傍線部C「その身分は閉鎖されていたのではなく」とあり、〈文章Ⅰ〉（前者）にも〈文章Ⅱ〉（後者）にもこれに関することが具体的に述べられている。両者に共通して述べられているのはどういうことか。「前者にも後者にも、……が述べられている。」というかたちにし、五十字以内で説明せよ。

問5　傍線部D「機会の平等」とあるが、こうした「平等」がもたらされたことでどのような影響が生じたかを、〈文章Ⅱ〉の内容に即して七十字以内で説明せよ。

問6 **〈文章Ⅰ〉**の筆者（前者）も**〈文章Ⅱ〉**の筆者（後者）も、江戸時代について述べることを通じて、現代人に何らかの提案をしていると考えられる。両者はどういうことを述べることで、どういう提案をしているか。「江戸時代」「人権・平等・自由」「ダイバーシティ」という語を用いて説明せよ。

〈文章Ⅰ〉

その日も横になることが日課であるかのように、横たわっていた。じっと横たわることが仕事なのだと自分に言い聞かせて、ごろごろしているのである。午後のことである。突如家屋の下の地面が[ア]カンボツしたと感じられるほどの揺れが来て、その後大きな横揺れが続いた。部屋の本棚が揺れながら倒れかかるのではないかと感じられるほどの横揺れである。私は機敏にからだを動かして移動することもできない状態だから、ともかく小康状態になるまで待つしかない。大揺れが収まると、ともかくもからだを移動させて、階下のテレビを付けてみた。高台の幹線道路を走るトラックが列となって停止しており、周囲の田畑を覆うように海水が遡っている。いずれ幹線の列をなしたトラックも海水に浮かび押し流されていくに違いない。このヘリコプター映像には、端っこの方で煙が上がっている。海岸沿いの原発施設はどのようになっているのかと疑念が浮かぶ。二〇一一年三月十一日の大震災の開始の一場面である。こうした何世代かに一度の事象に直面したとき、誰にとっても過去の経験は役には立たない。また[A]そこでの思いは、持って行き場がない。

それからずいぶんと時間は経過した。これほどの大規模な緊急事態に対して、哲学はいったい何ができるのか。これはそれ以降現在も抱えたままの問いであり、課題である。どのようにささやかにすぎることであっても確実にこれだという手続きや手順が見つかれば、思いは持って行き場を見つけたことになる。もちろん一般的になすべきことは無数にある。だがそれが惰性になれば、確実にたんなる自己満足に入り込んでしまう。こんな思いを抱えながら、なお試行錯誤を繰り返すよりない。たとえ持って行き場がなくても、なお前に進むことはできるに違いない。

かつて吟遊詩人と呼ばれた人たちがいる。一般には、宮廷音楽師ではなく、諸国を遍歴しながら歴史的な事件や史実についての物語を編み出し、歌い伝えるものたちである。ヨーロッパ中世の八世紀ころから十五世紀ころにかけて、歴史的な記録が残っており、ヨーロッパ各地でさまざまな呼び名で呼ばれていた。ギリシャでは、アオイドスと呼ばれ、近代語では、ジョングルールやミンストレルと呼ばれた人たちがそれに相当する。日本で言えば、平家物語を歌う琵琶（びわ）法師がそれにあたる。職業としては流しの歌手だが、ときとして各地の事件や諸相を歌い上げて、詩歌の作詞、作曲を行い、語り継ぐ者たちもいたようである。一般的には歌を紡ぎ、声をかたちにして伝えていくものたちである。少し特殊な職能をもつものもいて、宗祇（そうぎ）や心敬（しんけい）のような連歌師は、連歌の作り手として各地の大名に招かれ、連歌を教えていた。芭蕉（ばしょう）や惟然（いぜん）のような俳諧師も各地を転々としながら一宿一飯の恩義のように、作品を残した。

おそらくそうした仕事のなかにも、思い余ったまま言葉にならない事態に直面したり、身の丈をはるかに超え出た自然事象に立ち尽くすよりない場面でも、その場にいて、なにかしら言葉を紡ぎ出し、思いにかたちをあたえてくれる人たちもいたと思われる。それはたとえ言葉を失ってもなおそこにいるだけで、無言のまま何かを語る人たちである。あるいはその場の声にならない声を感じ取り、その場になにかのきっかけをあたえる者たちである。さらには予想外の言葉の断片が、新たな脈絡を見出すようにその場の雰囲気にイリンカクをあたえ、リセットしていく人たちである。周囲の人達はおのずと感謝の意をこめてもてなし、ひと時のねぎらいで恩に報いることになる。万葉集や古今集にも、そうした表現はある。

山上憶良（やまのうえのおくら）という万葉の歌人がいる。国家や天皇家の行く末がいままさに盛んであることを高らかに歌い上げる宮廷歌人とは異なり、B貧窮と寒さに耐えることを歌ったような長詩や短歌を残している。ささやかな日常に目を向け、言葉にしても誰に届くわけでもないような情感をかたちにしている。官僚であった本人自身が貧窮であったとは考えにくいので、立ち会ったその場の雰囲気や、聞かされた情景を詠んだものだと思われる。

貧窮を言葉にすることは、誰かに向かって改善を求めて自分の貧しさを訴えようとしているのではない。少なくとも憶良の歌にはそうした意向は出ていない。ましてや自分の困窮を嘆いているのでもない。だが持って行き場のない思いはある。その思いに区切りをあたえるような歌になっている。こうした万葉集では例外的な情感を歌っているために、山上憶良は「帰化人系」の人ではないかと言われたことがある。だが歌はあらかじめ届く先を決めておく必要もなく、またみずからの慰めに留まる必要もない。

吟遊詩人に匹敵するだけの言葉を、哲学はもつことができるのだろうか。それをさしあたり「吟遊哲学」と呼んでおく。自説が受け入れられず迫害をあまんじて呑（の）み込み、エトナ山に向かう老いたるエンペドクレスや、終生居場所がなく一宿一飯の恩義のように『痴愚神礼讃（ちぐしんらいさん）』を書き上げたエラスムスや、失意のなかでパリからスイスに帰ってくるルソーは、そうした事例なのかもしれない。各人の人生上の行きがかりは、それぞれに固有の形をとるが、いずれもどこかに「放浪する言葉」が含まれている。一貫して世界や人間についての説明をあたえようとするのではなく、また整合的な説明図式をあたえようとしているのでもない。だが日々の日記やエッセイや自伝のようなものではない。彼らには放浪する言葉だけではなく、「哲学を捨てていく言葉」が含まれている。吟遊する哲学とは、ある種の「捨てる覚悟」のことかとも思える。時間と労力をかけて獲得し、修得したものを、みずから捨てるのである。この捨てるところが、新たな経験の出現の場所でもある。ルソーの『孤独な散歩者の夢想』の「第三の散歩」の[ウ]ボウトウでは、次のように語っている。

「われ常に学びつつ老いぬ」

ソロンは晩年、この言葉を何度も繰り返している。年老いた私の身にも、この詩句の意味は思い当たるものがある。だが、私が二十年かけて[エ]ツチカってきた知識は実に悲しいものだ。こんなことなら無知のままでいたほうがましだった。逆境は、いい教師だが、その授業料は高い。多くの場合、学んだことの有益性よりも、支払う代価のほうが高くつく。

（永田千奈訳）

ルソーの場合には特殊な事情も絡む。主著である『エミール』や『社会契約論』が焚書（ふんしょ）となり、[オ]タイホ状が出たのである。追われるようにヌーシャテルに避難し、プロイセンに滞在許可をもとめて、フリードリヒ二世から許可をえる。ルソー五十歳の時である。ルソーの場合、ここからさらに十年近く騒動の[1]渦中に巻き込まれるが、ルソー自身も反撃を繰り返し、ジュネーヴ評議会もそれに応戦している。[2]波乱万丈の後半生である。

晩年の『告白』や『孤独な散歩者の夢想』は、弁明を籠めた自伝の体裁をとっているが、そのなかにも「知を捨てていくこと」の経験ののびやかさや、小さな心の起伏の弾力のようなものが出現している。ことにルソーの場合、たとえ老境にあっても、植物の観察に躍動しながら機微に触れる心の作動の快が回復されていく。

[C]捨てることのなかで初めて見えてくるものもある。かつてアーティストのマルセル・デュシャンが、自転車をひっくり返し、いくつかの部品を取り去って、捨てながらおのずと止まる場面を探しだし、それをそのまま作品としたことがあった。自転車は、技術的には完成品に近く、小さな改良はあるが、機能的には完成の回路に入った技術であり、道具である。そこにはもはや多くの選

択肢は残されてはいない。そこでその手前に戻ってみる。制作のプロセスは、ほとんどの場合、完成品に近づくように組み立てられる。そこでそれを逆回しにするようにして、手前に戻してみる。捨てていくのである。そうすると捨てることのなかでおのずと止まる局面がある。そこでは別様に進むことのできる道が浮かび上がることもあり、またそのままの状態を維持しても、それはそれとして成立しているような場面もある。多くの哲学の学説は、一貫した整合性を求めて、あるいは「純粋」という言葉に魅せられて、小さな完成品に行きついている。そんなとき捨てる勇気をもち、捨てる覚悟で物事に臨んでみるのである。

人はひとたび獲得したものを無条件で捨てていくことは容易ではない。そんなに簡単に人生はリセットできはしない。みずからの履歴を断ち切ることも容易ではない。一生の間に大きく変わることができるのは、個人差はあるが、二度もしくは三度が限度である。ころころ変わるようでは、いまだリセットでさえない。

次の進み方が見つかれば、すでに身に付いた知識や構想は、おのずと捨てられていく。だが観点や視点を切り替えるようにして、みずからをリセットすることはできない。観点の切り替えにさいして支点のように残っている、当の切り替え操作を行っている基盤そのものには、何も変化が及んでいないからである。たしかに「学んでも何もわからない、行為することが必要である」(ゲーテ)という言葉は、ここでも当てはまっている。

しかし次へと進む道筋がたとえ見えなくても、既存の知識や構想を捨てていくことはできる。それはある意味で言葉の出現する場所へと戻っていくことでもある。言葉の出現する場所とは、経験がそれとしてみずからを組織化する場所でもある。経験の新たな組織化こそ、吟遊哲学の課題の一つなのであろう。そのためには吟遊する哲学は、ある種の詩人でもなければならない。詩を書けば詩人であるというわけではなく、詩を書いていないので詩人ではないということにもならない。言葉の出現する場所に佇み、言葉とともに経験が動きを開始し、経験の動きが言葉とともにかたちをとる行為は、いずれにしろ詩的である。

〈**文章Ⅱ**〉

――インドへの準備はどういうものだったんですか。

二つある。捨てること。それに準備しないこと。僕の場合はね。学校。アパート。家具。本。捨てて支障のないものは全部捨てたり、売り払ったりしたんだけど、そうしてみると、案外ほとんど自分の身の回りのものに切実に必要なものは、歯ブラシぐらいのものってことがわかる。さっぱりしたよ。

準備しないってのはね。情報を一切入れなかったことだね。旅の目的地に関する。情報を入れれば入れるほど安心はふくらむけど、実像は遠ざかるよ。十人の人が同じ情報を頭にぶち込んで「自由の女神」を見た場合、皆同じようにしか見えないんだね。今の情報化社会の旅はこの病が恐ろしく深い。むしろ実像を見るのが怖いってことなのかな。実像が自分を侵さないように情報によって保護膜を作ってるのかも知れないね。

（〈文章Ⅰ〉河本英夫「経験をリセットする」／〈文章Ⅱ〉藤原新也「印度放浪」）

問1 傍線部ア～オのカタカナの部分を漢字に改めよ。

問2 傍線部1「渦中」、傍線部2「波乱万丈」の意味を、それぞれ十字以内で説明せよ。

問3 傍線部A「そこでの思いは、持って行き場がない」とはどういうことか。八十字以内で説明せよ。

問4 傍線部B「貧窮と寒さに耐えることを歌ったような長詩や短歌」とあるが、なぜそのような詩歌が作られたと筆者は考えているか。説明せよ。

問5 傍線部C「捨てることのなかで初めて見えてくるものもある」とあるが、どういうことか。傍線部までの文脈に即して五十字以内で説明せよ。

問6 波線を付してある、〈**文章Ⅰ**〉の「吟遊する哲学」（＝前者）と、〈**文章Ⅱ**〉の「旅」（＝後者）において、既存の知識や情報を拒絶する行為は、それぞれどのような自己のあり方をもたらすものだと考えられているか。「前者」「後者」という語を用いて百字以内で説明せよ。

入試情報

左のＱＲコードから、入試情報が確認できます。

コンテンツ内容

○筆者

主な国公立大学入試で出題された筆者の一覧を見ることができます。

○解答形式

主な国公立大入試で出題された記述問題の解答形式一覧を見ることができます。

桐原書店

上級現代文Ⅰ

改訂版

解説・解答編

河合塾講師
晴山 亨／立川芳雄／菊川智子／川野一幸 著

"ADVANCED GENDAIBUN
DESCRIPTIVE WRITING EXERCISES
FOR NATIONAL AND PUBLIC UNIVERSITIES"

桐原書店

目次

本書の使い方 …… 4

言い換え

1 傍線部中の指示語を言い換える …… 8
例題「何も言わない」 原研哉 9
実践問題1「幻想の標語」 日高敏隆 10
実践問題2「曠野から」 川田順造 16

2 傍線部を本文の言葉で説明する …… 24
例題「ここではない場所 イマージュの回廊へ」 今福龍太 25
実践問題1「精神の政治学」 今村仁司 26
実践問題2「『終わり』の終わり」 大澤真幸 35

3 傍線部中の複数の要素を言い換える …… 42
例題「公共性のパラドックス」 平子義雄 43
実践問題1「足音が遠ざかる」 松浦寿輝 44
実践問題2「感覚の近代」 坪井秀人 52

内容説明

1 物事のつながりを説明する …… 60
例題「呪術的儀式」 日野啓三 61
実践問題1「法と社会科学をつなぐ」 飯田高 62
実践問題2「子規の画」 夏目漱石 68

2 物事の違いを説明する …… 76
例題「歴史と出会い、社会を見いだす」 佐藤健二 77
実践問題1「彩色の精神と脱色の精神」 真木悠介 78
実践問題2「書籍について」 渡辺一夫 85

［要約 1 条件指定のある要約］ …… 92
例題「電脳遊戯の少年少女たち」 西村清和 93
実践問題1「異文化理解」 青木保 94
実践問題2「物語る声を求めて」 津島佑子 100

出典大学一覧 …… 221

理由説明

1 因果関係を説明する……108
例題「技術哲学の展望」村田純一 109
実践問題1「『文化が違う』とは何を意味するのか?」岡真理 110
実践問題2「自分ということ」木村敏 117
2 意味内容を説明する……124
例題「意識は実在しない」河野哲也 125
実践問題1「藤」幸田文 126
実践問題2「山羊小母たちの時間」馬場あき子 132
[要約 2 条件指定のない要約]……140
例題「学問論」田中美知太郎 141
実践問題1「化生する歴史学」鹿野政直 142
実践問題2「進化するコトバ」沼野充義 149
総合問題1「近代の呪い」渡辺京二
「江戸のダイバーシティ」田中優子 206

表現(小説中心)

1 具体的な事実を盛り込んだ説明をする……156
例題「童話」阿部昭 157
実践問題1「ダイヤモンドダスト」南木佳士 158
実践問題2「日帰りの旅」伊藤桂一 165
2 本文に書かれていないことを説明する……172
例題「留学」遠藤周作 173
実践問題1「川べりの道」鷺沢萠 174
実践問題2「妄想」森鷗外 181
3 傍線部中の独特な表現を言い換える……188
例題「声の山」黒井千次 189
実践問題1「文字禍」中島敦 190
実践問題2「恋愛至上かも知れない」佐藤春夫 197
総合問題2「経験をリセットする」河本英夫
「印度放浪」藤原新也 214

本書の使い方

―解説・解答編―

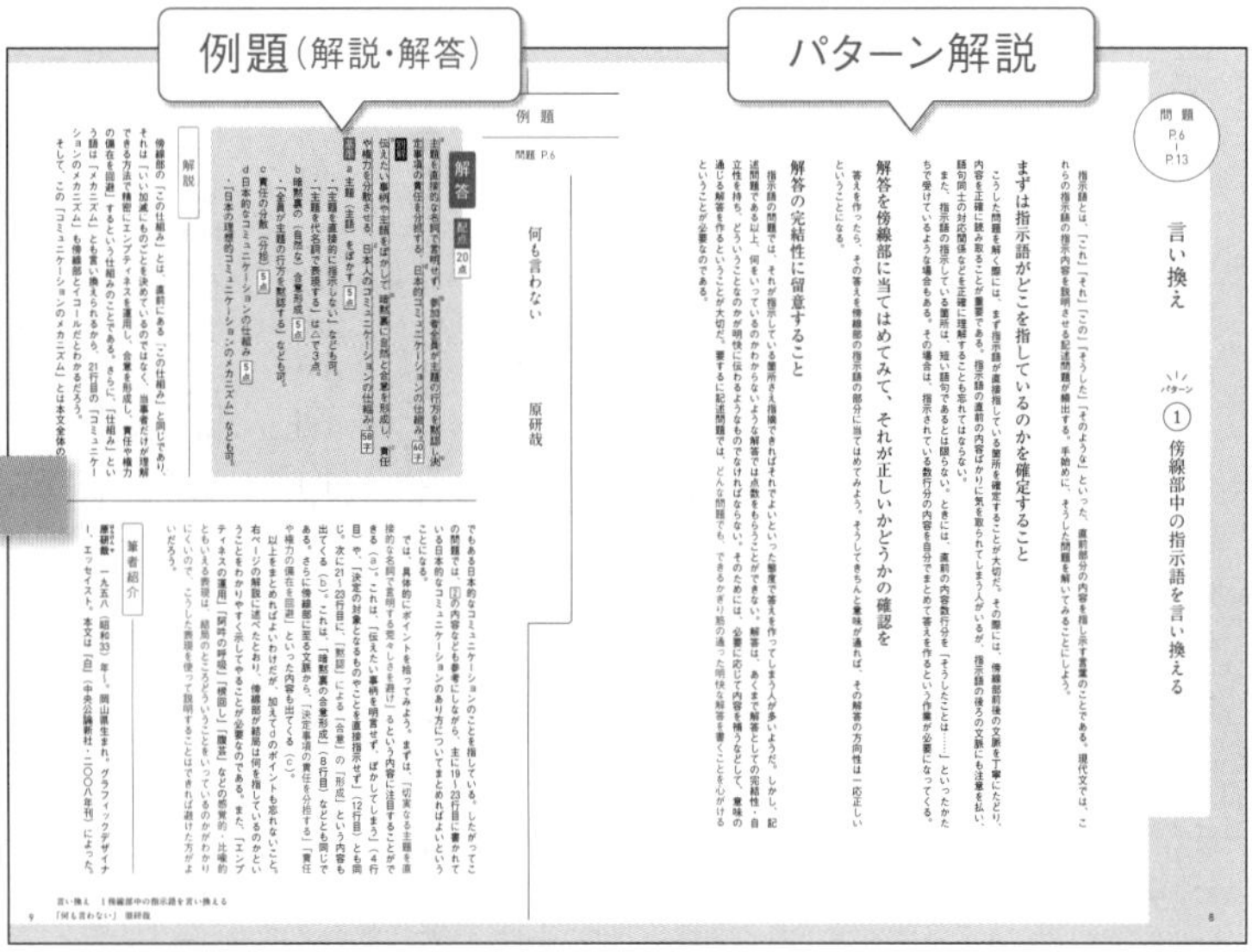

本書は、記述問題を以下の12のパターンに分類して学習することで、さまざまな記述問題に対応する力を身につけられるよう工夫しています。

言い換え

1 傍線部中の指示語を言い換える
2 傍線部を本文の言葉で説明する
3 傍線部中の複数の要素を言い換える

内容説明

1 物事のつながりを説明する
2 物事の違いを説明する
［要約　1 条件指定のある要約］

理由説明

1 因果関係を説明する
2 意味内容を説明する
［要約　2 条件指定のない要約］

表現

1 具体的な事実を盛り込んだ説明をする
2 本文に書かれていないことを説明する
3 傍線部中の独特な表現を言い換える

パターン解説では、各パターンの基本を解説しています。パターンの内容がわからなくなったら、まずこの解説に戻って、確認するようにしましょう。

次に、例題の解答・解説・筆者紹介を一ページでまとめています。パターンのポイントをつかむための例題ですので、しっかり内容を把握しましょう。

実践問題1・2と総合問題では、解説を大きく「本文について」と「設問について」に分けています。

「本文について」では、本文を正確に理解するために、「段落要旨／本文解説／構造図／百字要約」を、本文をより深く読み込むために、「発展／参考図書／筆者紹介／記述上達への一歩」を用意しています。

※実践問題1には、記述問題に臨む際の注意点をまとめた記述上達への一歩を掲載しています。

「設問について」では、各設問を詳しく解説しています。「解答」には、記述問題の解答と、採点基準を掲載しています。

※セルフチェックマークのある設問については、「解答」ではなく、解説中に設けた「セルフチェック」コーナーに採点基準をまとめています。

「解説・解答編」の記号

1 …本文の形式段落番号を示しています。

基準 …採点基準を示しています。

5点 …各設問の配点を示しています。

5点 …採点基準の各ポイントの部分点を示しています。

24字 …解答の字数を示しています。

パターン …パターンに該当する問題を示しています。

⬇セルフチェックへ …設問解説にセルフチェックがあることを示しています。

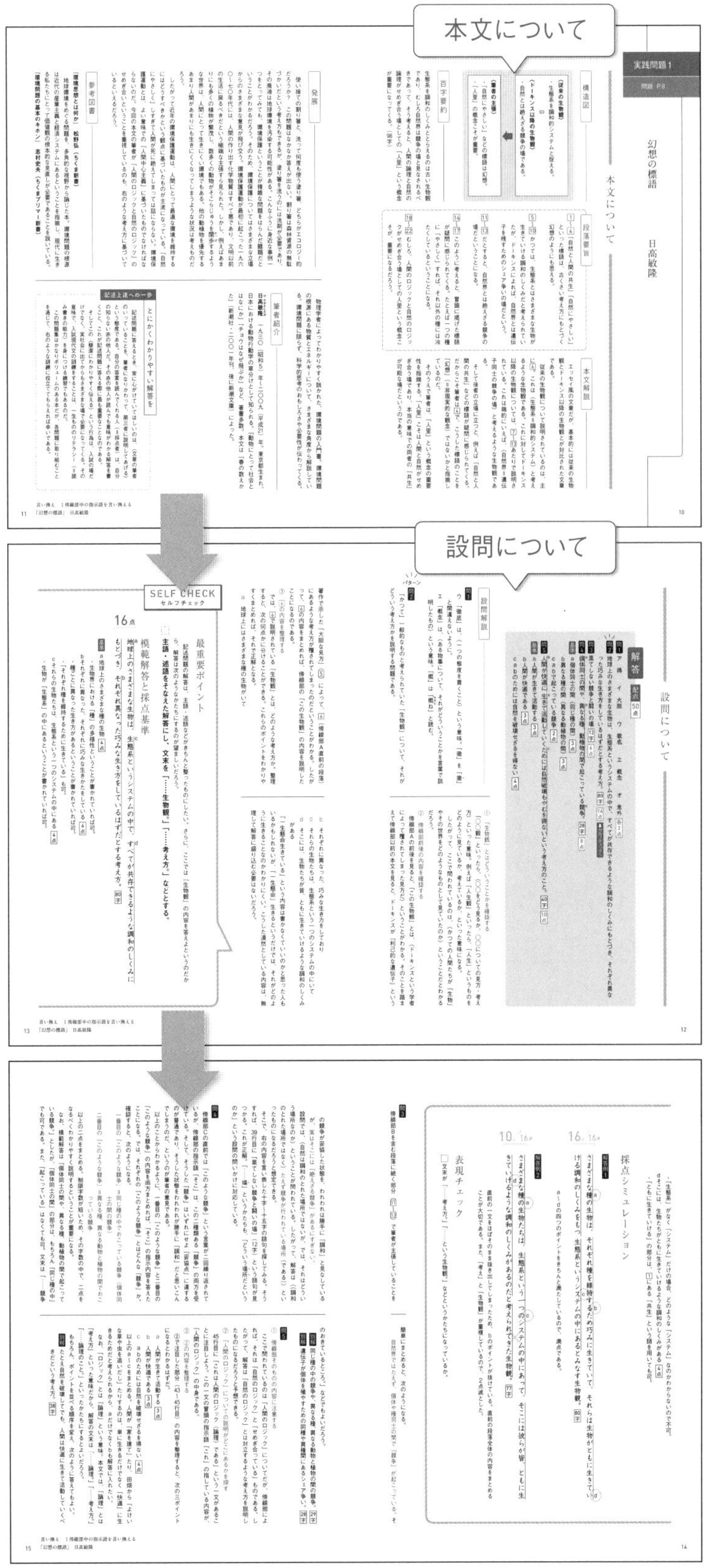

本書の使い方

―― セルフチェック ――

実戦問題 1

SELF CHECK
セルフチェック

最重要ポイント

問われているのは、「紋切型」がどのように「成立」したかということ。「成立」という言葉が使われているということは、裏を返せば「紋切型」は最初からあったわけではなく、何か原因があって作られたものだということになる。したがって、次のことが重要である。

□ **解答は「……が……になって、紋切型が成立したということ。」といったかたちになっているか。**

8点

模範解答と採点基準

独創的な観念や行為が[a]人々に受容され[b]反復されるようになると、[c]それがありふれた類型として一般に通用するものになるということ。[d] 60字

基準
a 独創的な観念や行為が 2点
・「独創的」の代わりに「凡庸でない」「異端的」なども可。
b 受け入れられ 2点
・「排除されることなく」なども可。
c 反復され 2点
d 型通りのものになる 2点
・「ありふれたものになる」など、同趣旨であれば可。
・ただし、単に「紋切型になる」は、傍線部と同じ表現を繰り返しているだけなので不可。

採点シミュレーション

4/8点

解答例1
異端として排除されるにちがいないものも、[a ×]人々に受け入れられ[b ○]反復されると、[c ○]その成立の歴史は忘却されてしまうということ。[×] 58字

・aの内容が出ていない。
・最後の部分がおかしい。この問題で問われているのは「成立」するまでの過程だが、傍線部直後にあるように、「忘却」というのは「成立」した後の話である。

表現チェック

□「紋切型」とはどういうことなのか、その内容が、簡単にでいいから説明されているか（d）。

「セルフチェック」とは、記述問題の解答をよりよくするための解説です。

「セルフチェック」は、以下の①～④の要素で構成しています。

① 最重要ポイント

解答の核となる要素です。自分の解答をチェックする際には、まずこのポイントの有無を確認しましょう。多くの場合このポイントがないと解答が0点になります。（最重要ポイントがなくても部分点を付ける採点方法もありますが、本書では最重要ポイントのないものは部分点を認めていません）

② 模範解答と採点基準

「解答」に挙げた模範解答に、細かく採点基準を付しています。

③ 採点シミュレーション

実際の記述問題の解答は、模範解答とは大きく異なるものが少なくありません。ここでは、模範解答以外の解答を複数掲載し、それぞれの得点を示しています。また、採点者の視点からそれぞれの解答にコメントを加えています。解答を客観的に見る訓練をしましょう。

④ 表現チェック

文末の表現チェックなど、解答の最終チェックをします。

実戦問題２・総合問題

も「人間的事実」の内容に該当するので押さえる。しかしこのまま書くと解答字数に収まらないので、「我々の生活や生理や年齢やその他色々なもの」を、「我々自身のありよう」とか「我々の経験」などと言い換える配慮が必要となる。

なお、13行目の「一つの書物を読むに当たっても」以降の文脈は、「書物の理解」のあり方を論じているので、総合的な「人間的事実」の内容に入れる必要はない。ポイントは、以下のようになる。

a　各自の持っている問題意識の量や質が認識（＝理解）の量や質を決定する。

b　その人のありよう（＝経験・生活や生理など）の変化とともに問題意識も変化する

パターン

問5

まず、傍線部Eの「有能な読者」とは、むろん直前のモンテーニュの言葉にあるとおり〈他人の書いたものの中に、d作者の意図とは別の醍醐味を見いだして、作者の意図を遥かに上回る豊かな意義を与えるもの〉である。これを筆者は傍線部の2行前で「c作者の面目を隈なく理解するのみならず、それ以外のことをわかる」と言い換えている。

それに対して、傍線部Dの「ブック・レヴュー」をした人は、前後から完全に翻訳文学を誤読している人を意味する。本文の表現でいうと、傍線部Eの行の「a一冊の本を全く見当違いをして読んでb作者の意図を故意だと思われるくらい誤解する」ことがそれに該当する（この表現を用いると、傍線部Eとの対比も鮮明になる）。

以上をまとめる。なお解答に際しては「Dは……だが、Eは……。」という形式をとること。

解答例2

前者は文章に込められた作者の意図を理解しようとしているのみであり、後者は文章を解釈して作者でさえ意図し得なかった命題まで読み取ることができる。 71字

0／10点

「前者」「後者」を用いた時点で0点。内容面でも、特にDの読み取りが間違っている。字数も一字オーバーである。

表現チェック

□「……だが、……」「……に対して、……」など、対立する両者を対比した解答形式になっているか。

□「Dは……Eは……」と主語を明記しているか。

SELF CHECK セルフチェック

最重要ポイント

この問題も、厳しい条件指定があるので、以下の解答形式が必須。

□**「Dは……だが、Eは……。」もしくは「Eは……に対し、Dは……。」とDとEを対比した解答になっていること。**

この基本構造になっていなければ、全体が0点。

模範解答と採点基準

10点

Dは、全く見当違いの読みで作者の意図を誤解するが、Eは、作者の意図をすべて理解するだけでなく、作者の意図を超えた豊かな解釈を見いだす。 67字

基準

a　D＝全く見当違いの読み 2点

b　作者の意図を誤解する 3点

c　E＝作者の意図をすべて理解する 2点

d　作者の意図を超えた豊かな解釈を見いだす 3点

・「作者の意図以上のことを読み取る」も可。

採点シミュレーション

解答例1

Eは、その読んだ書籍から作者の意図だけでなくそれ以上のことをも正確に読み取るが、Dは作者の意図を誤解して読み取っているだけである。 65字

8／10点

Dの読み取りが少し雑だが、よくできた解答である。

問7

「気味の悪い」という表現は本文に五回出てきているので、それぞれのポイントを押さえる。まず1行目の「気味の悪いもの」とは、問3で見たような〈d文章の表面的理解に終始し、筆者の精神の完全な理解が不可能に思え、e読み返すたびに新しいことを読み取る〉ということ。さらに、16行目の「気味が悪くもなり」は問4で見たとおり、〈a読書による理解は、生活や生理や年齢などの経験の変化とともに限定され変化する人間の問題意識に応じた理解にとどまる〉ということ。また23行目の「さらに深い気味悪さ」とは、〈b（それぞれの読者によって）作者の意図とは異なる多様な読まれ方が生じてしまう〉ということ（28行目の「気味悪さ」も同じ）である。そして45行目の「気味の悪い」は、39行目以降から〈c書籍を読むとその人の当面の問題だけでなく、心中に潜在する問題がすべて浮かび上がるのであり、d有能な読者になるのは困難で、e読むたびに新しい印象を持つ〉というもの。以上をまとめる。

「採点シミュレーション」の記号

10／15点　…各解答例の点数を示しています。

a　…採点基準のポイントを満たしているものを示しています。

b　…採点基準のポイントを完全には満たしていないものを示しています。

c　…採点基準のポイントとして特に誤っているものを示しています。

・実践問題1では、パターンに該当する設問にだけセルフチェックを付しています。

・実践問題2と総合問題では、特に解説が必要な設問にセルフチェックを付し、コンパクトに2段組で掲載しています。

記述問題では、一見正しく見える解答が、低い得点であったり、模範解答に似たような解答でも得点に開きがあったりします。「採点シミュレーション」の解答例を参考にしながら、自分の解答は何点くらい取れているのか、完成度はどの程度か、採点基準と照らし合わせながら、チェックしてみましょう。

問題 P.6 - P.13

言い換え

パターン ① 傍線部中の指示語を言い換える

指示語とは、「これ」「それ」「この」「そうした」「そのような」といった、直前部分の内容を指し示す言葉のことである。現代文では、これらの指示語の指示内容を説明させる記述問題が頻出する。手始めに、そうした問題を解いてみることにしよう。

まずは指示語がどこを指しているのかを確定すること

こうした問題を解く際には、まず指示語が直接指している箇所を確定することが大切だ。その際には、傍線部前後の文脈を丁寧にたどり、内容を正確に読み取ることが重要である。指示語の直前の内容ばかりに気を取られてしまう人がいるが、指示語の後ろの文脈にも注意を払い、語句同士の対応関係などを正確に理解することも忘れてはならない。

また、指示語の指示している箇所は、短い語句であるとは限らない。ときには、直前の内容数行分を「そうしたことは……」といったかたちで受けているような場合もある。その場合は、指示されている数行分の内容を自分でまとめて答えを作るという作業が必要になってくる。

解答を傍線部に当てはめてみて、それが正しいかどうかの確認を

答えを作ったら、その答えを傍線部の指示語の部分に当てはめてみよう。そうしてきちんと意味が通れば、その解答の方向性は一応正しいということになる。

解答の完結性に留意すること

指示語の問題では、それが指示している箇所さえ指摘できればそれでよいといった態度で答えを作ってしまう人が多いようだ。しかし、記述問題である以上、何をいっているのかわからないような解答では点数をもらうことができない。解答は、あくまで解答としての完結性・自立性を持ち、どういうことなのかが明快に伝わるようなものでなければならない。そのためには、必要に応じて内容を補うなどして、意味の通じる解答を作るということが大切だ。要するに記述問題では、どんな問題でも、できるかぎり筋の通った明快な解答を書くことを心がけるということが必要なのである。

例題

問題 P.6

何も言わない　原研哉

解答

配点 20点

[a]主題を直接的な名詞で言明せず、[b]参加者全員が主題の行方を黙認し[c]決定事項の責任を分担する、[d]日本的コミュニケーションの仕組み。60字

別解 [a]伝えたい事柄や主語をぼかして[b]暗黙裏に自然と合意を形成し、[c]責任や権力を分散させる、[d]日本人のコミュニケーションの仕組み。58字

基準

a 主題（主語）をぼかす　5点
・「主題を直接的に指示しない」なども可。
・「主題を代名詞で表現する」は△で3点。

b 暗黙裏の（自然な）合意形成　5点
・「全員が主題の行方を黙認する」なども可。

c 責任の分散（分担）　5点

d 日本的なコミュニケーションの仕組み　5点
・「日本の理想的コミュニケーションのメカニズム」なども可。

解説

傍線部の「この仕組み」とは、直前にある「この仕組み」と同じであり、それは「いい加減にものごとを決めているのではなく、当事者だけが理解できる方法で精密にエンプティネスを運用し、合意を形成し、責任や権力の偏在を回避」するという仕組みのことである。さらに、「仕組み」という語は「メカニズム」とも言い換えられるから、21行目の「コミュニケーションのメカニズム」も傍線部とイコールだとわかるだろう。

そして、この「コミュニケーションのメカニズム」とは本文全体の主題でもある日本的なコミュニケーションのことを指している。したがってこの問題では、2の内容なども参考にしながら、主に19〜23行目に書かれている日本的なコミュニケーションのあり方についてまとめればよいということになる。

では、具体的にポイントを拾ってみよう。まずは、「切実なる主題を直接的な名詞で言明する荒々しさを避け」るという内容に注目することができる（a）。これは、「伝えたい事柄を明言せず、ぼかしてしまう」（4行目）や、「決定の対象となるものやことを直接指示せず」（12行目）とも同じ。次に21〜23行目に、「黙認」による「合意」の「形成」という内容も出てくる（b）。これは、「暗黙裏の合意形成」（8行目）などとも同じである。さらに傍線部に至る文脈から、「決定事項の責任を分担する」「責任や権力の偏在を回避」といった内容も出てくる（c）。

以上をまとめればよいわけだが、加えてdのポイントも忘れないこと。右ページの解説に述べたとおり、傍線部が結局は何を指しているのかということをわかりやすく示してやることが必要なのである。また、「エンプティネスの運用」「阿吽の呼吸」「根回し」「腹芸」などの感覚的・比喩的ともいえる表現は、結局のところどういうことをいっているのかがわかりにくいので、こうした表現を使って説明することはできれば避けた方がよいだろう。

筆者紹介

原研哉（はらけんや）　一九五八（昭和33）年〜。岡山県生まれ。グラフィックデザイナー、エッセイスト。本文は『白』（中央公論新社・二〇〇八年刊）によった。

幻想の標語

日高敏隆

本文について

構造図

〈従来の生物観〉
・生態系を調和的システムと捉える。

⇔

〈ドーキンス以降の生物観〉
・自然とは絶えざる競争の場である。

⇦

〈筆者の主張〉
・「自然にやさしい」などの標語は幻想。
・「人里」の概念こそが重要。

百字要約

生態系を調和のしくみととらえるのは古い生物観であり、むしろ自然界は競争の場と見なされるべきであって、そう考えると、人間の論理と自然の論理がせめぎ合う場としての「人里」という概念が重要になってくる。（98字）

段落要旨

[1]〜[4]「自然と人間の共生」「自然にやさしい」といった標語は、古くさい考え方にもとづく幻想のようにも思える。

[5]〜[10]かつては、生態系とはさまざまな生物が生きていける調和のしくみだと考えられていたが、ドーキンスによれば、自然界とは遺伝子を残すためのシェア争いの場だという。

[11]〜[13]だとすると、自然界とは絶えざる競争の場だということになる。

[14]〜[17]このように考えると、冒頭に掲げた標語が疑問に感じられてくる。たとえば一つの種に「やさしく」すれば、それ以外の種には冷たくしているということになる。

[18]〜[22]むしろ、人間のロジックと自然のロジックがせめぎ合う場としての人里という概念こそが、重要になるだろう。

本文解説

エッセイ風の文章だが、基本的には従来の生物観とドーキンス以降の生物観とが対比された文章である。

従来の生物観について説明されているのは、主に[6]。これは〈生態系＝調和的システム〉と考えるような生物観である。これに対してドーキンス以降の生物観については、[7]〜[13]あたりで説明されている。これは端的にいえば、〈自然界＝遺伝子同士の競争の場〉と考えるような生物観である。

そして後者の立場に立つと、例えば「自然と人間の共生」などの標語が疑問に感じられてくる。だからこそ筆者は[4]で、こうした標語のことを「幻想」（＝非現実的な観念）ではないかと指摘しているのだ。

そのうえで筆者は、「人里」という概念の重要性を指摘する。「人里」こそは人間と自然がせめぎ合う場であり、本当の意味での両者の「共生」が可能な場だというのである。

発展

使い捨ての割り箸と、洗って何度も使う塗り箸、どちらがエコロジー的だろうか？　この問題はなかなか答えが出ない。割り箸は森林資源の無駄づかいだという考え方もできるが、塗り箸を洗うのには洗剤が必要であり、その廃液は地球環境を汚染する可能性がある。こんなふうに身近な事例一つをとってみても、環境保護ということが複雑な問題をはらんだ難題だということがわかるだろう。そのため、環境保護についてはさまざまな立場からのさまざまな意見が飛び交う。環境保護運動が最初に起こった一九六〇〜七〇年代には、人間の作り出す化学物質はすべて悪であり、文明以前の生活に戻るべきだという極端な主張すら見られた。しかし、例えばあまりにも多くの植物が繁茂し、数多くの動物がそこらじゅうを闊歩(かっぽ)するような世界は、人間にとって生きにくい環境でもある。他の動植物を優先するあまり人間があまりにも生きにくくなってしまうような状況は考えものだろう。

したがって近年の環境保護運動は、人間にとって最適な環境を維持するにはどうすべきかという観点に基づいたものが主流になっている。「自然にやさしく」しすぎて人間が死に絶えてしまっては話にならない。環境保護運動とは、よい意味での「人間中心主義」に基づいたものでなければならないのだ。今回の本文の筆者が「人間のロジックと自然のロジック」のせめぎ合いということを重視しているのも、右のような考え方に基づいているといえるだろう。

参考図書

『環境思想とは何か』　松野弘（ちくま新書）

地球環境をめぐる問題を、多角的な視野から論じた本。環境問題の根源は近代の産業主義と経済システムにあるということを指摘し、現代に生きる私たちにとって価値観の根本的な見直しが必要であることを説いている。

『環境問題の基本のキホン』　志村史夫（ちくまプリマー新書）

物理学者によってわかりやすく説かれた、環境問題の入門書。環境問題の根源にある物質とエネルギーについて、さまざまな角度から解説している。環境問題に限らず、科学的思考のおもしろさや必要性が伝わってくる。

筆者紹介

日高敏隆(ひだかとしたか)　一九三〇（昭和5）年〜二〇〇九（平成21）年。東京都生まれ。日本における動物行動学の草分けとして知られる。『動物にとって社会とはなにか』『チョウはなぜ飛ぶか』など、著書多数。本文は『春の数えかた』（新潮社・二〇〇一年刊、後に新潮文庫）によった。

記述上達への一歩

とにかくわかりやすい解答を

記述問題に答えるとき、常に心がけていてほしいのは、〈文章の筆者のいっていることを、筆者になりかわって、第三者に説明してあげる〉という態度である。自分の答案を読んでくれる人（＝採点者）は、自分の知らない赤の他人だ。その赤の他人が読んでも意味がわかる解答を書くこと、これが記述問題に答える際に最も重要なことなのである。

そしてこの〈簡潔にわかりやすく伝える〉という行為は、入試の場だけでなく、実社会に出てからもさまざまな場で必要になってくる。その意味で、入試現代文の訓練をすることは、一生もののリテラシー（＝読み書きの能力）を身につける練習でもあるのだ。

この問題集はかなりボリュームのある本だが、各問題に取り組むことを通じて、右のような訓練に役立ててもらえれば幸いである。

設問について

解答　配点 50点

問1 ア 掲　イ 大胆　ウ 徹底　エ 概念　オ 意外　各2点

問2 地球上のさまざまな生物は、生態系というシステムの中で、すべてが共存できるような調和のしくみにもとづき、それぞれ異なった巧みな生き方をしているはずだとする考え方。　80字　16点　⬇セルフチェックへ

問3 果てしない競争と闘いの場　12字　6点

問4 個体同士の間[a]や、異なる種、動植物の間[b]で起こっている競争[c]。　28字　8点

基準
a 個体同士の間（同じ種の間）　3点
b 異なる種の間（異なる動植物の間）　3点
c a b で起こっている競争　2点

問5 人間が快適に[b]生きて活動していく[a]ためには自然破壊もやむを得ない[c]という考え方のこと。　40字　10点

基準
a 人間が生きて活動する　3点
b 人間が快適である　3点
c a b のためには自然を破壊せざるを得ない　4点

設問解説

問1

ウ 「徹底」は、〈一つの態度を貫くこと〉という意味。「徹」を「撤」と間違えないように。

エ 「概念」は、〈ある物事について、それがどういうことかを言葉で説明したもの〉という意味。「概」は「概ね（おおむね）」と読む。

パターン

問2

「かつて」一般的なものと考えられていた「生物観」について、それがどういう考え方かを説明する問題である。

① 「生物観」とはどういうことかを確認する

「〇〇観」といったら、〈〇〇をどう見るか、〇〇についての見方・考え方〉といった意味。例えば「人生観」といったら、「人生」というものをどのように見ているか、考えているか、といった意味になる。

したがって、ここで問われているのは、〈かつての人間たちが「生物」やその世界をどのようなものとして見ていたのか〉ということだとわかるだろう。

② 傍線部前後の内容を確認する

傍線部Aの前後を見ると、「この生物観」とは、〈ドーキンスという学者によって覆されてしまった見方だ〉ということがわかる。そのことを踏まえて傍線部以前の本文を見ると、ドーキンスが『利己的な遺伝子』という

著作で示した「大胆な見方」（5）によって、6（傍線部A直前の段落）にあるような考え方が覆されてしまったのだということがわかる。したがって、6の内容をまとめれば、傍線部の「この生物観」の内容を説明したことになるのである。

③ 6の内容を整理する

では、6で説明されている「生物観」とは、どのような考え方か。整理すると、次の何点かに分けることができる。これらのポイントをわかりやすくまとめれば、それで正解となる。

a 地球上にはさまざまな種の生物がいて

b それぞれに異なった、巧みな生き方をしており

c それらの生物たちは、生態系という一つのシステムの中にいて

d そこには、生物たちが皆、ともに生きていけるような調和のしくみがある

「一生懸命生きている」という内容は書かなくていいのかと思った人もいるかもしれないが、「一生懸命」生きるというだけでは、それがどのように生きることなのかわかりにくい。こうした漠然としている内容は、無理して解答に盛り込む必要はないだろう。

SELF CHECK セルフチェック

16点

最重要ポイント

記述問題の解答は、主語・述語などがきちんと整ったものにしたい。さらに、ここでは「生物観」の内容を答えよというのだから、解答は次のようなかたちにするのが望ましいだろう。

□ **主語・述語をそなえた解答にし、文末を「……生物観。」「……考え方。」などとする。**

模範解答と採点基準

a地球上のさまざまな生物は、b生態系というシステムの中で、cそれぞれ異なった巧みな生き方をしているはずだとする考え方。dすべてが共存できるような調和のしくみにもとづき、

80字

基準

a 地球上のさまざまな種の生物 4点
・生物界における「種」の多様性ということが書かれていれば可。

b それぞれに異なった、それぞれに巧みな生きかたをしている 4点
・種ごとに異なった生き方があるということが書かれていれば可。
・「それぞれ種を維持するために生きている」も可。

c それらの生物たちは、生態系という一つのシステムの中にある 4点
・生物が「生態系」の中にあるということが書かれていれば可。

・「生態系」がなく「システム」だけの場合、どのような「システム」なのかわからないので不可。

d そこには、生物たちがともに生きていけるような調和のしくみがある 4点

・「ともに生きていける」の部分は、1にある「共生」という語を用いても可。

採点シミュレーション

16／16点

解答例1

さまざまな種の生物は、それぞれ種を維持するため巧みに生きていて、それらは生物がともに生きていける調和のしくみをもつ生態系というシステムの中にあるとみなす生物観。 80字

a～dの四つのポイントをきちんと満たしているので、満点である。

10／16点

解答例2

さまざまな種の生物たちは、生態系という一つのシステムの中にあって、そこには彼らが皆、ともに生きていけるような調和のしくみがあるのだと考えられてきた生物観。 77字

直前の一文をほぼそのまま抜き出してしまったため、bのポイントが抜けている。直前の段落全体の内容をまとめることが大切である。また、「考え」と「生物観」が重複しているので、2点減とした。

表現チェック

□ 文末が「……考え方。」「……という生物観。」などというかたちになっているか。

問3 傍線部Bを含む段落に続く部分（11～13）で筆者が主張していることを＿＿＿＿簡単にまとめると、次のようになる。

自然界ではたえず、個体や種同士の間で「競争」が起こっている。そ

の競争が妥協した状態を、われわれは勝手に「調和」と見なしている
　が、実はそこには「絶えざる競争」があるにすぎない。

設問では、〈自然は調和のとれた場所ではないが、では、それはどういう場所なのか〉ということが問われている。したがって、解答は〈調和のとれた場所ではなく）たえず競争が行われている場所（である）〉といったものになるだろうと想定できる。

そこで、右の内容を言い表した十字～十五字の語句を探してみる。そうすれば、39行目に「果てしない競争と闘いの場」（12字）という語句が見つかる。これが正解。「……場」というかたちも、「どういう場所だというのか」という設問の問いかけに対応している。

問4

傍線部Cの直前では「このような競争」という言葉が二回繰り返されているが、傍線部の指示語「そこ」は、この二種類ある「競争」の両方を受けている。そして、そうした「競争」はいずれにせよ「妥協点」に達するのが普通であり、そうした状態をわれわれが勝手に「調和」だと思いこんでしまうのだ、というのが筆者の意見である。

以上のことからわかるように、一番目の「このような競争」と二番目の「このような競争」の内容を両方まとめれば、「そこ」の指示内容を答えたことになる。では、それぞれの「このような競争」とはどんな「競争」か。確認すると、次のようになる。

一番目の「このような競争」＝同じ種の中でおこっている競争（個体同士の間の競争）

二番目の「このような競争」＝異なる種、異なる動物と植物の間でおこっている競争

以上の二点をまとめる。制限字数が短いため、その字数の中で、二点をなるべくわかりやすく説明するということが重要になる。

なお、模範解答は「個体同士の間や、異なる種、動植物の間で起こっている競争。」としたが、「個体同士の間」の部分は、もちろん「同じ種の中」でも可である。また、「起こっている」はなくても可。文末は「……競争のおきているところ。」などでもよいだろう。

別解 同じ種の中の競争や、異なる種、異なる動物と植物の間の競争。29字

別解 遺伝子が個体を殖やすための同種や異種間にあるシェア争い。28字

問5

① 傍線部そのものの内容に注意する

ここで問われているのは「人間のロジック」についてだが、傍線部によれば、それは「自然のロジック」と「せめぎ合っている」ものである。したがって、解答は「自然のロジック」とは対立するような考え方を説明したものになるだろうと予想できる。

② 「人間のロジック」についての説明がどこにあるかを探す

45行目に「これは人間のロジック（論理）である」という一文があることに注目しよう。この一文の冒頭の指示語「これ」の指している内容が、「人間のロジック」の中身である。

③ ②の内容を整理する

②で注目した部分（43～45行目）の内容を整理すると、次の三ポイントになるとわかるはずだ。

a　人間が生きて活動する　3点

b　人間が快適である　3点

c　abのためには自然を破壊せざるを得ない　4点

以上のa～cをまとめる。人間が「家を建て」たり、田畑から「よけいな草や虫を追いだし」たりするのは、単に生きるだけでなく「快適」に生きるためだと考えられるから、aだけでなくbも解答に入れたい。

なお、「ロジック」とは「論理」という意味。本文では、「論理」とは「考え方」といった意味だから、解答の文末は「……論理。」「……考え方。」「……論理のこと。」といったかたちにするとよいだろう。

もちろん、ポイントを並べる順序を変え、次のように答えてもよい。

別解 たとえ自然を破壊してでも、人間は快適に生きて活動していくべきだという考え方。38字

実践問題2

問題 P.11

曠野から　川田順造

本文について

構造図

サヴァンナに生きる人々
・自然に対し受動的に生きる生活。
・植民地支配によって、生活をふみにじられてきた。

⬅

筆者の主張
・こうした問題は安直に論じられない。
・しかし、サヴァンナの人々から何かを学ぶことは、近代の見直しにつながる。

百字要約

アフリカの人々は、自然の中で受動的にしか生きられず、植民地支配によって生活をふみにじられてきた。この問題の解決は困難だが、近代人が現地の人々の知識や経験の意味を学ぶことは、近代社会の見直しにつながる。（100字）

段落要旨

1 アフリカのサヴァンナに生きる人々の生活は、自然に対し人間が受動的にしか生きられないとき、いかにみじめで悲惨かということをみせつける。

2 人間にとっての理想の自然状態とは、叡知をつくしてつくりだすべきものである。

3 アフリカのある国の人々の生活は、フランスの植民地支配によって、さまざまなかたちでふみにじられてきた。

4 そうした状況をどうすれば打開できるかという難問に、安直には答えられない。ただ、よそ者の人類学者である自分が、近代社会の人々がアフリカの人々の知識や経験の深い意味を学ぶ際の触媒となることができれば、それは近代人が近代社会を見直すことの契機になるかもしれない。

5 そうは言っても、いまの私は、アフリカの人々にわずかな貢献ができるだけである。

本文解説

言葉づかいはやや難しいが、学術的な問題を論じたような文章ではない。むしろ、人類学者としてアフリカで長い間フィールド・ワークを行ってきた筆者が、そうした経験のなかで感じてきた自身の「思い」を、自問自答しながら記しているといった文章である。

前半（3まで）では、アフリカのある国に生きている人々が、自然に対し受動的にしかなれないという意味で悲惨な生活を送っており、植民地支配のせいで本来の生活を踏みにじられているということが述べられる。そして後半では、アフリカの人々の知識や経験の深い意味を学べば、近代社会の人々も自分たちの生きている社会を見直せるのではないかということが述べられている。以上のことからわかるとおり、本文は、〈近代文明を相対化する〉という現代評論の頻出テーマをめぐって書かれたものである。

発展

人類学、文化人類学という言葉から、どんなことを連想するだろうか。いわゆる未開社会に赴き、そこでフィールド・ワークを行って、現地の人々のありようや生活を知る――たしかにそのとおりだ。では、人類学者たちは、なぜそのようなことをするのだろうか。

　もちろん、一人ひとりの学者ごとに、研究の動機は異なるだろう。だが、現代の人類学者の多くに共通しているものがある。それは、近代的ではない社会やそこでの人々のありようを見つめることを通して、自分たちの生きている近代社会について見直そうとする姿勢だ。そして、彼らのそうした姿勢の前提には、広い意味での文化相対主義がある。

　文化相対主義とは、それぞれの文化には固有の価値があるという考え方にもとづくものだ。世界にはさまざまな文化があるが、それらはもちろん異なっている。しかし、それらは異なっているだけで、その間に優劣をつけることはできない。だからそれぞれの文化は尊重されなければならないと考えるのが、文化相対主義である。

　そして人類学者がいわゆる未開社会に注目するのは、近代社会に対する疑いがあるからであろう。本文の表現に即していえば、近代文明とは「人間のもつある種の欲求に自然を従わせようとする努力をしゃにむにつづけた」（2〜3行目）結果、生まれたものである。そしてその文明は、どこか〝不自然〟な生物を作り出し、地球環境を汚し、人間のありようをも変えてしまっている（3〜7行目）。それに対してサヴァンナの人々は、「祖先以来の生活様式や技術」（32行目）をもっている。そして筆者は、彼らの「知識や経験」には「深い意味」がある（40行目）と述べ、それを学ぶことが近代の見直しにもつながると主張しているのである。

参考図書

『悲しき熱帯Ⅰ・Ⅱ』クロード・レヴィ＝ストロース／川田順造・訳（中公クラシックス）

　一九五五年に発表された、文化人類学のバイブルとも称される名著。ブラジルの少数民族のもとを訪れた際の記録だが、「私は旅や探検家が嫌いだ」という一節で始まり、「世界は人間なしに始まったし、人間なしに終わるだろう」という一節で終わる、魅力的な紀行文学でもある。

『文化人類学の思考法』松村圭一郎／中川理／石井美保・編（世界思想社）

　自然・技術・宗教・芸術・貨幣・国家・戦争・政治といったさまざまな問題について、気鋭の学者たちが人類学的な視点から考察する。入試で頻出するテーマについての論考が詰まった一冊ともいえる。

筆者紹介

川田順造（かわだじゅんぞう）　一九三四（昭和9）年〜。東京都生まれ。文化人類学者。西アフリカのサヴァンナ地帯に居住するモシ族と生活をともにし、文字を中心とした西欧近代的な言語とは異なる、口頭言語の意義を考察した。『無文字社会の歴史』『サバンナの博物誌』『口頭伝承論』など、著書多数。本文は、『曠野から――アフリカで考える』（中公文庫・一九七六年刊）によった。

設問について

解答　配点50点

問1 ア 鼓動　イ 一隅　ウ 辛抱　エ 土壌　各2点

問2 [a]自然にいどみ、[b]自らのもつある種の欲求に自然を従わせようと努力すること。　35字　4点

基準
a 自然にいどむ／自然に対して能動的になる　2点
b （人間のもつ欲求に）自然を従わせようとする　2点

問3
1 [a]サヴァンナの人々が、[b]自然に対して受動的にしか生きられないとき、[c]悲惨でみじめな生活を送っていたこと。　49字　6点

基準
a サヴァンナの人々（の生活）／アフリカの一隅の人々（の生活）　2点
b 自然に対し受動的にしか生きられない／自然にうちひしがれたまま　2点
c 悲惨／みじめ／腹立たしさを感じさせる　2点

2 [a]自然を対象化しようとする意志にもとづき、[c]叡知をつくして[b]試行錯誤をかさねながら、[d]自然の理法にあらためて帰一していこうとする[e]人間の努力によってつくられるもの。　77字　8点

基準
a 自然を対象化する意志　2点
b 試行錯誤をかさねる　1点
c （個人としても社会全体としても）叡知をつくす　1点
d 自然の理法にあらためて帰一する　2点
e （a～dという）模索（努力／意志）によってつくられる　2点

問4 フランスの植民地支配を受けたこの国で、天然資源や人的資源が搾取され、そのかわりに安物の商品と貨幣経済が流入し、さらに人々の思考や感情を従順なものにする教育まで行われているという状況を、どうすれば改善できるのかという問題のこと。　113字　12点　⬇セルフチェックへ

問5 近代社会の人々は、アフリカの人々に技術を教えるのではなく、アフリカの人々の知識や経験の深い意味を学び、それを成熟させる手助けをすべきであり、そのことは、近代人が自身の生きる社会を反省的に見る姿勢を養うことにもつながるのではないかということ。　120字　12点　⬇セルフチェックへ

設問解説

問1

ア 「鼓」は訓読みでは「つづみ」と読む。

イ 「一隅」は、〈かたすみ、ひとすみ〉といった意味。

ウ 「辛抱」は、つらさをこらえ、耐えしのぶこと。

エ 「土壌」は、ここでは作物を育てる土地のこと。「芸術作品の生まれる土壌」といった用法からわかるように、〈物事を育成させる環境や条件〉といった意味でも用いられる。

問2

傍線部を含む部分が「こうした方向への、人間の思いつめた突進」となっていることを踏まえ、「こうした」の指示内容を答えよう。3行目に「そのゆきつく先は」とあることに注目できれば、「それとは逆に、自然に対して人間がいどみ、人間のもつある種の欲求に自然を従わせようとする努力をしゃにむにつづけ」る（2〜3行目）というのが「こうした方向」への人間の「突進」を指しており、「そのゆきつく先は」以降の部分には、この「突進」の結果として生じたことが述べられているとわかる。問われているのは「こうした方向」への「突進」そのものの内容なのだから、2〜3行目の内容をまとめればよい。ポイントは、次の二点である。

a 自然にいどむ

2行目に「それ（＝自然に対して人間が受動的であること）とは逆に」とあるので、「自然に対して能動的になる」などと書いてもよい。

b （人間のもつ欲求に）自然を従わせようとする

なお、設問には「人間がどうすることか」とあるので、「人間が」という主語を、解答に書く必要はない（もちろん書いてもよい）。

問3

1 傍線部で筆者は、「単純な自然・原始讃美の論」には「与（くみ）する（＝賛同する、味方する）ことができない」と述べ、それに続けて、「自然をまもれとか、自然にかえれというような（単純な自然・原始讃美の論）」は、「人間がある程度自然を制御するのに成功したあと」ではじめて言えることだと主張する。筆者がそのように言うのは、「自然にうちひしがれたままの人間」が「みじめ」であり、「腹立たし」ささえ感じさせるものだからだろう。

そして、この「自然にうちひしがれたままの人間」が「みじめ」だということとほぼ同じ内容が、1〜2行目でも述べられている。この部分には「サヴァンナに生きる人々の生活は……悲惨を私にみせつける」とあり、この言い方は、設問にある「（筆者が）どのようなことを目の当たりにしたからか」という問いかけと、ぴったり対応している。したがって、1〜2行目（一部10〜11行目）の内容をまとめれば、それで正解となる。ポイントを整理してみよう。

a サヴァンナの人々（の生活）／アフリカの一隅の人々（の生活）

b 自然に対し受動的にしか生きられない／自然にうちひしがれたまま

c 悲惨／みじめ／腹立たしさを感じさせる

なお、13〜14行目の表現を使って、次のような解答を書いた人もいるかもしれない。

例 アフリカの一隅の人々の、植民地支配に踏みにじられしぼりとられたあとの、「自然状態」から遠い生活。（48字）

残念ながらこの解答は、aの部分については加点されるものの、bcが不可である。まず、「植民地支配に踏みにじられしぼりとられたあと」というのは、設問で問われている「自然」の問題と直接には関係がない。また、カギ括弧つきの「自然状態」という言葉は、12行目にあるように、「理想の楽園」として空想されるものという意味をもっている。したがって、単に「『自然状態』から遠い」と書いても、それは〈理想から遠い〉という意味にしかならず、説明不足になってしまう。意味のわかりやすい完結した解答を書くということを、つねに心がけてほしい。

2 筆者の考えている「望ましい『自然』状態」とはどういうものかを答える。19〜20行目に「人間の理想としての『自然状態』は……意志によって人間がつくりだすものなのであろう」とあることに注目しよう。そして、この「理想としての『自然状態』」を「つくりだす」ために人間がどのようなことをしてきたかについては、17〜19行目に述べられている。これらの内容をまとめればよい。ポイントを整理してみよう。

a 自然を対象化する意志
b 試行錯誤をかさねる
c （個人としても社会全体としても）叡知をつくす
・単に「人工的」のみは、説明不足なので不可。
d 自然の理法にあたらめて帰一する
・「自然の摂理に戻っていこうとする」といった書き方も可。
e （a〜dという）模索（努力／意志）によって作られる

なお、19〜20行目の表現を使って、次のような解答を書いた人もいるかもしれない。

例 無気力に自然に従属した状態ではなく、すでにある手本をさがせばみつかるというものでもない、意志によって人間がつくりだすべき理想としての「自然状態」。（73字）

残念ながらこの解答は、eの部分しか加点されない。「無気力に自然に従属した状態ではな」いというのなら、どういう状態なのか、「すでにある手本をさがせばみつかるというものでもない」というのなら、ではどうすればみつかるのか。その内容（＝a〜d）を説明してほしいのである。

パターン
問4

傍線部の「この難問」とは、「この国の心ある人たちがたえず考えつづけてきた」、「どうすればいいのか」という「難問」のことである。このことをまず解答に明記しよう。

そして、「心ある人たち」を悩ませている「この国」の困難な状況については、直前の段落に述べられている。設問には「具体的に説明せよ」という指示があるので、直前の段落の内容を具体的に説明しよう。書くべき内容は、以下のbcdというポイントに整理できる。また、「この国」の困難な状況が「フランスの植民地支配」（22行目）によってもたらされたものだという点にも、言及しておきたい。

「具体的に」という条件にとらわれすぎると冗長な解答になってしまいがちだが、その一方で字数制限も守らなければならない。具体的に説明しつつ簡潔にまとめる、ということが要求されているという点ではレベルの高い問題だが、そうした条件に合った解答を書けるよう、各自、表現を工夫してみてほしい。

SELF CHECK セルフチェック

最重要ポイント

□ **「この」という指示語の指示内容が正しく書けているか。**

傍線部の「この難問」というのは、直前の「どうすればいいのか」という問題のことである。したがって解答は、直前の段落に述べられている「この国」の困難な状況について説明するだけでなく、〈そうした状況を「どうすればいいのか」という「難問」なのだということをはっきり示したものになっていなければならない。具体的な採点基準でいえば、次に示すeが書けていない場合、設問に対応していないという理由で、全体として0点になってしまう。指示語の内容をきちんと確認し、文脈にも設問にも合った解答を書くということを心がけよう。

模範解答と採点基準

12点

[a]フランスの植民地支配を受けたこの国で、[b]天然資源や人的資源が搾取され、そのかわりに[c]安物の商品と貨幣経済が流入し、さらに[d]人々の思考や感情を従順なものにする教育まで行われているという状況を、[e]どうすれば改善できるのかという問題のこと。（113字）

基準
a 植民地支配（によって以下のb〜dが生じた） 3点
b 天然資源・人的資源の搾取 3点

・「天然資源」「人的資源」のどちらか片方にしか触れていない場合は、1点減。
・「人的資源」については、「人々が狩り出されて行った」なども可。
・単に「資源の搾取」のみは、具体的ではないので不可。

c 安物の商品と貨幣経済の流入 3点
・「安物の商品」「貨幣経済」のどちらか片方にしか触れていない場合は、1点減。

d 人々を従順にする教育 3点
・「人を従順にする」と「教育」の二点が書かれていることが条件。どちらか片方のみのものは不可。

e (a～dを)どうすればいいのか
・このポイント自体には点数はない。このeの内容が書かれていないものは、全体として0点。

採点シミュレーション

6／12点

解答例1

半世紀あまりのフランス植民地支配によって、土地の人たちの生活がふみにじられたあげく、思考や感性の根底から人を従順のものへとつくりかえていくようなフランス語の義務教育まで行われていることを、どうすればいいのかという難問。 109字

・bcに該当する部分が「具体的に」書かれていない。
・dは点数が取れているものの、かなり冗長な書き方になっている。おそらくこの部分に字数を割きすぎて、bやcが書けなくなってしまったのだろう。書くべき内容をまず整理して、それらをバランスよくまとめることを心がけよう。

表現チェック

□ 文末が、「……という難問。」「……ということ。」「……という難問のこと。」などのかたちになっているか。

パターン

問5

傍線部そのものの内容は「どういうことか」が問われているので、傍線部を過不足なく説明する。したがって、①「そのような体験」とは「どういうことか」、そして②「外来者の方も、彼自身の社会を考え直す力をたくわえる」とは「どういうことか」、を説明すればよい。

①「そのような体験」とはどういうことか

指示語「そのような」の指示内容は、直前の一文にある。ここで「外来者」というのは、アフリカの外からアフリカにやって来た人たち（＝日頃は近代社会で生活している人たち）のことを指している。そうした近代社会の人々に対して、筆者は、土地の人に「耕運機の使用、土壌の改良、大貯水池の建設など」の技術を「教える」のではなく、「むしろ土地の人の知識や経験の深い意味を『学んで』、それを成熟させる触媒になる」べきだと言っているのである。「触媒」とは〈手助けをするもの、なかだち〉といった意味であり、筆者は、近代人がアフリカの人々の「知識や経験の深い意味」を学ぶことは、その「知識や経験」をより成熟させることの手助けにもなると考えているのであろう。「触媒」という言葉にはそうした意味がこめられていると考えられるが、もちろん解答の際には、「触媒」という言葉をそのまま使って差し支えない。

②「外来者」が「彼自身の社会を考え直す力をたくわえる」とはどういうことか

右に説明したように「外来者」とは、一般化していえば、近代社会に生きる人々のことである。したがって、ここで述べられているのは、近代社

会の人々が、アフリカの人々の知識や経験の深い意味を学ぶことによって、彼らの生きている近代社会についても考えなおすことができるようになるのではないか、ということである。

以上の内容を整理すると、次のようになる。

a 外来者＝近代社会の人々は
b アフリカの人々に（技術などを）教えるのではなく
c アフリカの人々の知識や経験の深い意味を学び、それを成熟させる触媒になることが大切である
d そのことによって、近代社会の人々の方も、自分たちの生きる社会を見直そうとする姿勢を養うことができるのではないか

SELF CHECK セルフチェック

最重要ポイント

□ **どの言葉が何を指しているのかを明確に**

傍線部の「そのような体験」をするのは「外来者」だが、この「外来者」というのは、普段はアフリカ以外の社会で生活しており、そこからアフリカにやって来た人々のことである。また、傍線部の「そのような体験」（＝bc）と、「彼自身の社会を考えなおす」こと（＝d）とは、同じことではない。こうしたことが読み手に明確に伝わるような解答にすること。その点が曖昧になっていると、全体を通して何を言っているのかがわからない解答になってしまう可能性がある。気をつけよう。

模範解答と採点基準

[a]近代社会の人々は、[b]アフリカの人々に技術を教えるのではなく、[c]アフリカの人々の知識や経験の深い意味を学び、それを成熟させる手助けをすべきであり、そのことは、[d]近代人が自身の生きる社会を反省的に見る姿勢を養うことにもつながるのではないかということ。（120字）

12点

基準

a 近代社会の人々 2点
・「近代人」「近代社会から来た人」なども可。
・「アフリカの外から来てアフリカについて学んでいる人」などの具体的な書き方にしても可。
・「外来者」は1点。

b アフリカの人々に教えるのではなく 2点
・「教える」ことや「技術援助」が大切なのではない、ということがわかるように書かれていれば可。
・「アフリカの人々」は「土地の人々」「サヴァンナの人々」などでも可。
・何を「教える」のかについては不問とする。

c アフリカの人々の知識や経験の深い意味を学び、それを成熟させる触媒となる 4点
・「アフリカの人々の知識や経験の深い意味を学ぶ」と「それを成熟させる触媒となる」のどちらか片方の場合は2点。
・「触媒」は、「媒介」「仲立ち」「手助け」などでも可。
・「アフリカの人々」は「土地の人々」「サヴァンナの人々」などでも可。

d 近代人も自分たちの社会を見直せるようになる 4点
・「近代人」は「近代社会の人々」「アフリカ以外の場所で生きて

いる人」などでも可。
・「近代人」を「外来者」としているものは2点減。
・傍線部の「考えなおす」に該当する部分は、「見直す」「見つめる」「捉えなおす」「冷静に考える」「客観視する」「対象化する」「相対化する」など、同趣旨であれば可。
・「力をたくわえる」に該当する内容については不問とする。

採点シミュレーション

解答例1　9／12点

外来者にとって大切なことは、土地の人々に技術援助をしたり教えたりすることではなく、土地の人の知識や経験の深い意味を学ぶという体験によって、自分たちの生きている近代社会について見直すための力を養っていくことではないかということ。113字

・aで〈外来者＝近代人〉ということが明示されていない。
・cの部分に「成熟させる触媒となる」がない。

解答例2　6／12点

近代社会からアフリカにやって来た人々が、アフリカの人々の知識や経験の深い意味を学んでそれを成熟させていくことを手助けしていくようになれば、それによって、近代人のアフリカ社会に対する考え方も変わっていくのではないかということ。112字

・bがない。
・cは、「手助け」が「触媒」に対応している。
・dは、外来者が自分たちの社会を見直す、という内容にすべきなのに、アフリカ社会を見直すとなっている。

表現チェック

□「aの人々が、bcのような体験をすることで、dという可能性が生じる」、「aの人々にとって、bcのような体験は、dにつながる」といったかたちの解答になっているか。

問題
P.14
｜
P.23

言い換え

パターン
②
傍線部を本文の言葉で説明する

難しい言い回しを「わかりやすく」言い換えよう

当たり前のことだが、傍線部の説明が求められる問題では、誰もが理解できるようなわかりやすい表現の部分に傍線が引かれるということはまずありえない。傍線が引かれるのはわかりにくい表現や思わせぶりな表現などの部分であり、それが「どういうことか」を説明することが要求されるのである。

したがって、受験生に求められているのは、難しい言い回しなどを「わかりやすく」説明するということなのである。傍線部が難解だからといって、それをややこしい表現で言い換えてしまっては話にならない。傍線部の内容を第三者に向かってわかりやすく説明してやるという気持ちで、明快な解答を作ることを心がけてほしい。

まずは傍線部を言い換えている箇所を本文中から探そう

評論文では、似たような内容がさまざまなかたちで言い換えられていくのが普通である。そして出題者は、そうした似たような内容の一か所に傍線を引き、それをわかりやすく言い換えることを求めてくる。したがって、そうした問題を解く際には、まず傍線部と同じような内容が述べられている箇所を本文中から探すということが必要になるのである。

本文全体を広く見渡してみること

傍線部を言い換えた箇所というのは、傍線部のすぐ近くにばかりあるとはかぎらない。ときには傍線部とはかなり離れた箇所に解答のヒントがあったりするのだ。例えば今回の例題でも、傍線部の「戦略」が「狡猾」なものであるということの説明は、傍線部を含む段落の表現を使っただけでは十分に説明できない。解答を作る際には、広く本文を見渡し、本文全体の流れや構成といったものを意識するようにしてみよう。

例題

問題 P.14

ここではない場所　イマージュの回廊へ

今福龍太

解答

配点 20点

[a]地球環境への危機意識が消費者の間で高まっている状況に[b]つけこみ、[c]エコロジカルなイメージを商品に付与することで、[d]その商品に対する購買欲をかき立てようとする戦略。 78字

基準

a 環境破壊への心理的危機意識 5点

・「人間の生存と地球の存続に対する危機意識」なども可。

b aを巧みに利用する（aにつけこむ） 5点

c エコロジーのイメージを商品に付与することで 5点

d 商品を売ろうとする 5点

・「消費を促進させる」なども可。

＊「エコロジーのイメージを徹底的に消費する」は、cd合わせて5点とする。

解説

傍線部および設問を見れば、この問題では次の二点を答えることが重要だとわかるだろう。

① この「戦略」は「ビジネス」上の戦略である。

② この「戦略」は「きわめて狡猾な」ものである。

①については、傍線部直前などを見れば、比較的容易に理解できると思う。「エコロジー」という流行のイメージを製品に付与することで（22行目）、消費者に対してその製品を売ろうとするあり方である。これが「エコロジー」を「ビジネス」に利用しようとする戦略なのだ。

難しいのは②。「狡猾」とは〈ずるい、ずるがしこい〉といった意味である。そう考えると、21行目にある「エコロジーをイメージ戦略として利用したビジネス」というのが、この「狡猾」さを言い表したものだということに気づくだろう。

では、エコロジーを「利用」するとは、具体的にはどういうことなのだろうか。ここで注目してほしいのが、[1]末尾の一文である。ここにも「巧みに利用して」という表現があるのだ。

さらに、本文全体の段落構成にも注目しよう。本文では、[2][3]で「政治」、[4]で「ビジネス」のことが述べられている。この二つの問題がまとまっているのが[1]。ここで筆者は、「政治」的な動きも「ビジネス」上の動きも、「エコロジカルな認識がうみだす心理的危機意識を社会の諸領域のなかで巧みに利用して、現実的で実質的な効果をあげようとするムーヴメント」（6行目）であるとしている。現代人は、「人間の生存と地球の存続」（1行目）に関して「心理的危機意識」（6行目）を持っている。そうした現代人の意識につけこむようなかたちで、エコロジーを商売に利用する。それが「狡猾」であると筆者は言っているのである。

aのポイントを書くためには、本文全体の流れに注目する必要がある。傍線部の近くばかりを見るのではなく、広く本文全体を見渡して論旨をとらえるということを心がけよう。

筆者紹介

今福龍太（いまふくりゅうた）　一九五五（昭和30）年〜。東京都生まれ。文化人類学者。本文は『ここではない場所　イマージュの回廊へ』（岩波書店・二〇〇一年刊）によった。

実践問題１

問題　P.16

精神の政治学　今村仁司

本文について

構造図

前半＝紋切型の成立の経緯
・独創的な観念や行為
↓
・人々に受容され反復される
↓
・紋切型として定着する

後半＝紋切型の儀礼的行為のはたらき
・人間同士の社会的交通に用いられる
・管理や支配の見えざる制度になる

百字要約

紋切型の観念や行為とは、もとは独創的だったものが人々に受容されて社会に定着したものだが、それは儀礼的行為となって、人間の社会的交通のための媒体や、社会を管理し支配するための見えざる制度として機能する。（100字）

段落要旨

1 紋切型の観念や行為も、最初は独創的であったはずだが、それが人々に受容され反復されるうち、紋切型が成立した。

2～4 紋切型のもとになった観念や行為は、当初は新しく目立つものであったはずだが、それがほどほどに非凡であれば、社会に受容されて紋切型になっていく。こうした紋切型の振舞いは、儀礼的行為といわれる。

5 合理主義的に考えれば、儀礼なしに理性だけで人間の社会的交通が行われるのが理想だが、実際には、儀礼的行為なしにはそうした交通は不可能である。

6 7 権力の形成と維持にとっては儀礼的行為が不可欠だが、それは、紋切型の儀礼的行為が管理や支配のための見えざる制度として機能するからである。

本文解説

◆前半（1～4）

ここで述べられているのは、紋切型の観念や行為が成立する経緯である。新しいものというのは、それがあまりにも非凡すぎて社会をかき乱すほどのものであると、人々から嫌われてしまう。そうではなく、ほどほどに独創的なものこそが人々に受け入れられ、それらは反復された後に「紋切型」として定着するのである。

◆後半（5～7）

ここで述べられているのは、紋切型の行為としての儀礼の意味についてである。私たちは、他者とコミュニケーションをする際に、挨拶などの儀礼的行為を行う。また、儀礼的行為は社会を管理し支配するための制度にもなりうる。紋切型の儀礼的行為は、こうした機能をもっているのである。

発展

結婚式という式典がある。そこでは、三三九度の杯だの指輪の交換だのウェディング・ケーキ入刀だのといった儀式が行われるが、これらはすべて、「紋切型」の「儀礼的行為」だ。これらの行為も、最初のうちは独創的な行為だったはずである。例えば、結婚式の場に巨大なケーキを持ち込んでそこにナイフを入れるといった行為は、考えてみればかなり奇妙な行為だろう。けれどもその行為は、なぜか人々に受け入れられるようになった。その結果として、ケーキ入刀の儀式はいまやあちこちの結婚式場で行われることになったわけである。

こうした儀礼的行為は、ある意味では中身のないばかばかしいものだが、一方では人間社会に不可欠なものだともいえる。もしも結婚式からケーキ入刀や指輪交換などの儀式がなくなってしまったら、そこに参加した人々は、新郎と新婦が結ばれたということを実感できないだろう。一人の人間と一人の人間とが結婚をしたということを周囲に「伝える」——これはコミュニケーションの一環である——ために、紋切型の儀礼的行為は効果的な手段となるのである。さらにこうした儀礼は、新郎新婦とその親や、それを取り巻く関係者といった人間関係＝社会的秩序を「管理・支配」するための「見えざる制度」としても機能するのである。

こうした儀礼的行為というのは、国家や民族といった大きな集団を支配するための手段にもなりうる。例えば政治的現場で、もったいぶった儀式のような行為がたびたび行われるのもそのせいだ。その意味で、紋切型の儀礼的行為というものの持つ意味はきわめて大きいのである。

参考図書

『12歳からの現代思想』　岡本裕一朗（ちくま新書）

題名だけを見ると子ども向けの啓蒙本のようだが、あくまで「12歳から」であって、むしろ大人向けの書籍。監視社会、自然と文化、自由と平等といった重要なテーマについて、わかりやすく解説してくれる。

『思考の用語辞典』　中山元（ちくま学芸文庫）

「遊び」「貨幣」「狂気」「契約」「時間」「身体」など、現代哲学における重要なキーワードを選び出し、それについてさまざまな角度から解説。知の世界ではいま何が問題となっているのかということがよくわかる。

筆者紹介

今村仁司（いまむらひとし）　一九四二（昭和17）年〜二〇〇七（平成19）年。岐阜県生まれ。現代思想研究家、社会学者。『排除の構造』『近代性の構造』『貨幣とは何だろうか』『群衆——モンスターの誕生』など、多数の著書がある。本文は、『精神の政治学——作る精神とは何か』（福武書店・一九八九年刊）によった。

記述上達への一歩

字数感覚を養おう

もしも入試のときに、無制限に時間をかけて問題を解くことが許されていれば、ゆっくりと解答を考え、さらに推敲を重ねて字数を微調整するといったことができる。だが、実際には制限時間というものがある。限られた時間の中で解答欄をきっちり埋めるには、字数感覚を養っておくということも必要であろう。

まずは五十字の解答といったらどのくらいのものになるか、そのあたりの感覚から身につけてみてほしい。さらに七十〜八十字、そして百字というのがどれくらいの長さなのか、感覚的に把握できるようになるとよいだろう。また、自分の志望校の問題がいつもどのくらいの長さの解答を要求してくるのか、それを知っておくことも大切である。

解答

配点 50点

問1 ア 射程　イ 陳述　ウ 冒　各2点

問2 1 作り事 3字 （「架空のこと」「現実に存在しないこと」なども可。）
2 専門家ではない者 8字 （「直接関係のない人」なども可。）各3点

問3 独創的な観念や行為が人々に受容され反復されるようになると、それがありふれた類型として一般に通用するものになるということ。 60字 8点 ⬇セルフチェックへ

問4 [a]日常的な社会秩序をかき乱さず、[b]人々に拒絶もされない程度の[c]独創性であるという意味。 40字 6点

基準 a 日常（従来のあり方、ルーティンワーク）を撹乱するまでには至らない 2点
b 人々に受容（歓迎）されやすい 2点
c ａｂのような独創性（ａｂである程度に凡庸ではない） 2点

問5 [a]儀礼になった型通りの行為は、[b]社会的人間にとって自然的本性にすらなっており、[c]その成立の経緯は忘却されてしまっているから。 59字 8点

基準 a 型通りの（紋切型の）儀礼的行為は 2点
b 人間の本性（第二の自然）になっている 3点
c 成立の歴史は忘却されている 3点

問6 儀礼的行為なしに、理性のみに頼って意思を通じ合わせることができるような、現実にはありえない状況。 48字 8点 ⬇セルフチェックへ

問7 [a]型通りの行為として社会に定着した儀礼は、[b]人々を管理し支配するための目に見えない制度であるため、[c]権力を作り上げそれを保持するにはそうした儀礼が必要だということ。 79字 8点

基準 a 紋切型になった儀礼 2点
b ａは管理・支配のための見えざる制度である 4点
c 権力を作り、それを保つにはａｂが必要 2点

設問解説

問1

ア　「射程」は、〈何かの届きうる距離や、力の及ぶ範囲〉のこと。「射程距離」の「射程」である。

イ　「陳述」は、〈意見を述べること〉。

ウ　「オカす」は入試で頻出の同訓異字。「侵す」「犯す」「冒す」の違いをしっかり確認しておこう。

問2

入試に出題される記述問題は、すべてが本文の読解を前提にしたものとは限らない。この問題のように、単に〈語句の辞書的な意味を答える〉という「知識問題」も、ときには出題されるのだ。一般には、次のような特徴が見られる場合、それは知識問題だと考えてよい。

・傍線が引いてあるのが、一単語あるいは短い語句であり、しかもその語句が難しい言葉や古めかしい言葉である。
・解答の制限字数が短い。
・設問が「説明せよ」といったものではなく、「意味を答えよ」といったかたちになっている。

今回の問2は右の条件をすべて満たしており、典型的な知識問題だといえる。したがって、解答にあるように、傍線部の語の辞書的な意味を答えればよいわけである。

ただし実際には、右の条件を満たしていなくても知識問題である場合があるし、知識問題と読解問題の中間といったタイプの微妙な問題も出題される。出題者の要求をそのつど正確に理解し、何を答えればよいのかを臨機応変に判断するということが大切であろう。

パターン

問3

「紋切型」がどのように成立したのかということを答える問題。傍線部Aに至る部分に「紋切型」が成立するまでのプロセスが述べられているから、ここを使って答えを作ればよい。この部分の内容をまとめると、次のようになる。

a　ある「観念や行為」があり、それらは「最初は紋切型ではなかった」のであり、むしろ「独創的であった」(3〜4行目)。
b　そうした観念や行為が「人々に受け入れられ」て(6行目)、
c　さらに「反復」されていくと(6行目)、
d　「紋切型」という「型通りの観念や行為」(7行目)が成立する。

以上の内容をまとめればよい。注意してほしいのはdのポイント。単に「紋切型」という言葉で済ませるのではなく、その「紋切型」とはどういうものなのか、その中身も説明した方がよいだろう。

SELF CHECK
セルフチェック

最重要ポイント

問われているのは、「紋切型」がどのように「成立」したかということ。「成立」という言葉が使われているということは、裏を返せば「紋切型」は最初からあったわけではなく、何か原因があって作られたものだということになる。したがって、次のことが重要である。

□ **解答は「……が……になって、紋切型が成立したということ。」といったかたちになっているか。**

模範解答と採点基準

8点

[a]独創的な観念や行為が[b]人々に受容され[c]反復されるようになると、[d]それがありふれた類型として一般に通用するものになるということ。 60字

基準
a 独創的な観念や行為が 2点
・「独創的」の代わりに「凡庸でない」「異端的」なども可。
b 受け入れられ 2点
・「排除されることなく」なども可。
c 反復され 2点
d 型通りのものになる 2点
・「ありふれたものになる」など、同趣旨であれば可。
・ただし、単に「紋切型になる」は、傍線部と同じ表現を繰り返しているだけなので不可。

採点シミュレーション

解答例1

異端として排除されるにちがいないものも、人々に受け入れられ反復されると、その成立の歴史は忘却されてしまうということ。58字

4／8点

・aの内容が出ていない。
・最後の部分がおかしい。この問題で問われているのは「成立」するまでの過程だが、傍線部直後にあるように、「忘却」というのは「成立」した後の話である。

表現チェック

□「紋切型」とはどういうことなのか、その内容が、簡単にでいいから説明されているか（d）。

問4 次の①②の二点に分けて考えてみよう。

①「非凡さ」とはどういうことか

「非凡」とは、〈平凡ではないこと〉。本文中の言葉で言えば、「凡庸でない独創的な」性質（19行目）のことである。したがって傍線部の「非凡さ」という表現は、とりあえず凡庸ではないあり方、独創性（c）などというふうに言い換えておけばいいだろう。

②「毒消し可能」とはどういうことか

①の独創性には「毒」があるが、その「毒」は消すことも可能だ、というふうに考えればよい。

独創性とは「凡庸でない」もののことだが、それの持つ「毒」とは、人々に「忌み嫌われ」て「排除」される（20行目）ような性質のことを指す。そして、なぜ嫌われるのかといえば、それは独創性＝凡庸でないものが「通常のルーティンワーク」を「攪乱」する（＝かき乱す）からであろう（21行目）。

したがって、「消し」てしまうことが可能な程度の「毒」というのは、ルーティンワークをかき乱すほどではなく（a）、人々にさほど嫌われるわけでもない（b）ほどの「毒」だということになる。

以上の内容をまとめればよい。ポイントは次のようになる。

a 日常（従来のあり方、ルーティンワーク）を攪乱するまでには至らない
b 人々に受容されやすい（さほど嫌われることはない）
c abのような独創性（abである程度に凡庸ではない）

もちろんポイントの順序を変え、次のように答えてもかまわない。

別解 凡庸ではないが、日常をかき乱すほどでも、人々に嫌われるほどでもないという意味。39字

問5

「儀礼的行為」とは、傍線部C直前にあるとおり「型にはまった振舞い」のことであり、具体的にいえば「日常的なアイサツから時折の儀式を経て壮大な国家儀礼や宗教儀礼にいたる」（28行目）ものである。その「原作者を見つけることはできない」というのは、直後にあるとおり、「起源」はわからないということである。

では、なぜ紋切型になった「儀礼」の「起源」がわからないのか。その理由は、本文中に二点挙げられている。

その一つは、儀礼的行為が「社会的人間の本性にすらなっており、人間の第二の自然とさえ言えるから」（34行目）である（b）。自然で当たり前のもののようになってしまった「儀礼」について、人はわざわざその「起源」を考えたりはしないということだろう。

もう一つは、紋切型の行為が成立してしまうと、その成立までの「歴史」が「忘却される」（7行目）からである（c）。例えば挨拶という儀礼がいったん儀礼として成立してしまえば、それがもともとどういうものとして始まったのかといったことは「知ろうにも知るすべがない」（8行目）のである。

以上の内容をまとめる。ポイントは次のとおり。

a　型通りの（紋切型の）儀礼的行為は
b　人間の本性（第二の自然）になっている
c　成立の歴史は忘却されている

aで、「儀礼的行為」というのがどういうものなのか、その説明を一言入れるのを忘れないようにしてほしい。

パターン

問6

前後の文脈を見ればわかるように、傍線部Dの「理想的対話状況」とは、現実にはありえないような状況のことを指している。そう考えれば、この傍線部が「この理性主義的交通論」＝「実現不可能な絵空事」（33〜34行目）とイコールだとわかるだろう。さらに「この理性主義的交通論」とは、「人間の社会的交通が儀礼なしに、理性というメディウムのみで十分可能だと考えている」論のことを指している。以上のことから、次のポイントが得られる。

a　人間の社会的交流を
b　儀礼的行為なしに
c　理性だけで可能だとみなすような考え方

また、設問に「『理想的』という言葉が用いられている理由がわかるように」とあるので、以下の内容も付け加えておこう。

d　現実にはありえない（絵空事のような）考え方

SELF CHECK
セルフチェック

最重要ポイント

記述問題に答える際には、設問の指示に従うということが非常に重要になる。ここでは『理想的』という言葉が用いられている理由がわかるように」という指示が出ているのだから、以下の基準の中のdが重要になる。

□ **「理想的」＝「現実にはありえない」という意味合いが、解答の中に入っているか。**

模範解答と採点基準

8点

儀礼的行為なしに、（b）理性のみに頼って（c）意思を通じ合わせることができるような、（a）現実にはありえない状況。（d） 48字

基準
a 人間の社会的交流が 2点
・「コミュニケーションが」「人間同士の意思の疎通が」なども可。
b 儀礼なしに 2点
c 理性のみによって可能になる 2点
d 現実にはありえない状況 2点
・「実現不可能な状況」「絵空事のような状況」など、同趣旨であれば可。

採点シミュレーション

2／8点

解答例1
実現不可能な絵空事にすぎないはずの理性主義的交通論が、現実にありうるかのように考えられている状況。（d） 49字

「理想的」という言葉が用いられている理由はしっかり書かれているが、それのみに終始してしまって、肝心の傍線部自体の内容が説明されていないのが残念。「理性主義的交通論」の内容（＝a〜c）をきちんと説明しなければ

ならない。
「設問の指示を守らなければ」という一つの思いにとらわれすぎてしまい、ほかのことが考えられなくなってしまったのが、こうした本末転倒な解答になってしまった原因ではないだろうか。解答を作る際には、さまざまな条件などを考慮に入れるというバランス感覚も重要なのである。

表現チェック

□「理性主義的交通論」といった語の中身が、わかりやすいかたちで説明されているか（a～c）。

問7 こうした問題を解く際には、次のことに注意してほしい。

> 傍線部をただ言い換えただけでは意味のわかりにくい解答になってしまう場合には、その理由を補うなどして、筋の通った完結性のある答えにすること。

この傍線部で述べられているのは、例えば国家的儀式や宗教的儀式といった「儀礼」が、「権力」にとって「不可欠」だということ。ではなぜ「不可欠」なのか。それを説明しなければ、筋の通った解答にはならないのである。

そして、「権力」にとって「儀礼」が欠かせないものである理由は本文末に述べられている。端的にいえば、それは「儀礼」という紋切型の行為が「管理・支配の見えざる制度」だからである。例えば、ある企業が朝礼で社員を集め、全員に社歌を歌わせているとする。こうした行為は紋切型の「儀礼」なのであり、この行為を通じて会社は社員に忠誠心を植えつけ、社員を「管理」したり「支配」したりしやすくするというわけである。

以上のことから、ポイントは次のようになるとわかる。

a　紋切型の儀礼
b　aは管理・支配のための見えざる制度である
c　権力を作り上げ保つためにはabが欠かせない

繰り返すが、ただ傍線部を言い換えただけではacのみになってしまい、それがどういうことかがよくわからない。bがあって初めて意味のある解答が完結するのであり、その意味でこの設問ではbが最重要ポイントなのである。

「終わり」の終わり

大澤真幸

本文について

構造図

〈本来の世界〉
・「終わり」が組み込まれていた。
・「終わり」によって、人々は結果を必然性として受け入れ、行為に区切りをつけていた。

⬇

〈現代の資本主義社会〉
・「終わり」がない。
・「終わり」を想像させる終末論や環境倫理が、逆に人々を魅了している。

百字要約

本来人々は、「終わり」を体験することで結果を必然性として受け入れ、行為に区切りをつけていたが、現代資本主義には「終わり」がないため、われわれはかえって「終わり」を想像させる終末論に魅了されている。（98字）

段落要旨

[1][2] 現代では終末論が大流行しているが、これは、現代資本主義社会に「終わり」が不在だからである。

[3][4] もともと世界には、無数の「終わり」が組み込まれていた。「終わり」とは、ある結果が必然的なものだということを人々に受け入れさせ、人々の行為や体験に絶対的に区切りをつける働きを持っている。

[5]〜[7] こうした意味での「終わり」が、現代では次第に機能障害に陥っている。例えば、パソコンで書くことによって原稿がいつまでも「終わり」に到達しなくなっているという事例は、現代社会の終わりなき状況を反映したものである。

[8] 現代では、世界の究極の終わりというものを想像させる環境倫理の思想が、人々を魅惑している。このことは、現代の資本主義社会における「終わり」の不在を裏側から証明している。

本文解説

この文章では、冒頭の[1][2]と最終段落の[8]で、同様の内容が繰り返されている。[1][2]では現代における「終末論」の流行という話題が取り上げられているが、[8]に出てくる「環境倫理」というのも、そうした「終末論」の一つなのである。

では、そうした「終末論」に人々が「呪縛」され「魅惑」されてしまうのはなぜなのか。筆者によれば、それは現代の資本主義社会に「終わり」がないからであるという。本来、世界にはいくつもの「終わり」が組み込まれていた。人々は、そうした「終わり」を体験することで、自身の行為に区切りをつけ、そのうえで次のステップへと生の歩みを進めることができていたわけである。けれども、現代の資本主義社会には「終わりなき反復」があるばかりだ。こうした状況が、逆に現代人を「終末」へと向かわせてしまうというのである。

発展

受験生の中には、評論文を読んでも筆者のいおうとしていることがなかなか実感できないという悩みを持っている人が少なくないようだ。特に今回の本文のような文章、つまり現代社会の問題点を論じた文章が苦手だと訴える受験生は多いように思われる。

では、なぜ今回のような文章の内容が実感できないのか。理由はいろいろあると思うが、その一つに、文章の筆者と受験生との年齢の違いといったことが挙げられると思う。単なるジェネレーション・ギャップの問題ではない。筆者は「むかし」のことも「いま」のことも知っているが、受験生は「いま」のことしか知らないという問題である。

例えば今回の文章の場合、筆者は、まだ世界に「終わり」が組み込まれていた時代のことを覚えている。そのうえで、そうした時代と「終わり」なき現代とを比べ、現代社会の問題点を指摘しているのだ。けれども多くの受験生は、まだ世界に「終わり」が組み込まれていた時代のことをよく知らない。二項対立の片方の項についてのイメージがわかないから、対立の図式全体もイメージできないというわけだ。

では、受験生がこうした問題を解消するにはどうしたらよいのか。月並みな答えだが、そのためには知識と想像力を身につけることしかないように思われる。かつての世の中がどんな世の中だったのかということを知り、その時代に生きていた人々の生活や心性のあり方を想像してみること。これが受験生には求められているのである。

歴史を学ぶことが重要だといわれるのは、おそらくこうしたことのためである。歴史を学ぶとは、出来事や人物名を暗記することだけではない。過去について学び、自分の生きていなかった時代について想像力を働かせることなのである。

参考図書

『不可能性の時代』　大澤真幸（岩波新書）

独自の視点から戦後の日本を振り返ったユニークな書。戦後を「理想の時代」、一九七〇年代以降を「虚構の時代」と位置づけたうえで、阪神・淡路大震災や地下鉄サリン事件のあった一九九五年以降のことを「不可能性の時代」と名づけ、その時代の特異性を分析していく。

『郊外の社会学』　若林幹夫（ちくま新書）

戦後日本人のライフスタイルを語るうえで欠かせないのが、ニュータウン、団地、郊外住宅地。自らも郊外生活者である社会学者が、虚構のような街に住む人々のメンタリティーを分析する。

筆者紹介

大澤真幸（おおさわまさち）　一九五八（昭和33）年〜。長野県生まれ。社会学者。湾岸戦争やオウム真理教事件など、「いま」の問題について、常に正面から社会学的考察を行ってきた。『資本主義のパラドックス』『戦後の思想空間』『「不気味なもの」の政治学』『〈自由の条件〉』『新世紀のコミュニズムへ　資本主義の内からの脱出』など、数多くの著書がある。本文は、毎日出版文化賞を受賞した大著『ナショナリズムの由来』（講談社・二〇〇七年刊）によった。

設問について

解答

配点 50点

問1 ア 切迫　イ 宣告　ウ 卑近　エ 抹消　各2点

問2 本来は投票行為を終えたときに選挙結果も確定しているはずなのに、結果が発表されるまではまだ選挙戦が続いているような気分になっているということ。　70字　8点　⬇セルフチェックへ

問3 ある行為の結果が必然的なものであるということを行為者に受け入れさせ、その行為やそれに伴う体験が終了したという絶対的な区切りを示すような機能。　70字　9点　⬇セルフチェックへ

問4 文豪にとって推敲とは、[a]作品を真に完成させるために[b]必要な煩悶の過程であるが、経済学者にとっての推敲は、[c]終わることなく反復される書き直しの過程に過ぎないものである。　80字　9点

基準 文豪の推敲　**a** 作品の完成をもたらすもの　3点

・「創作の終わりに至るもの」「創作の真の終わりを擬似的に示すもの」なども可。

b 煩悶の過程　3点

経済学者の推敲　**c** 終わることのない書き直しの過程　3点

問5 [a]自然生態系の破局という究極の終わり[b]を連想させる環境倫理思想に[c]多くの人々が呪縛されているという事実は、[f]現代資本主義が[e]人々の行為や体験に区切りをつける[f]絶対的な終焉を失っているからこそ[g]人々がそうした終焉を欲しているということの、[d]証拠だということ。　120字　16点

基準
a 自然生態系の破局（究極の終わり）　2点
b 環境倫理（のイデオロギー）はaを想像させる　2点
c そうした環境倫理に人々が呪縛されている（魅力を感じている）　3点
d a～cは、以下のe～gを証拠立てている　2点
e 終わり＝行為や体験に絶対の限界線を引くもの（終わり＝偶有性を必然性へと転換するもの）　3点
f 現代資本主義にはeがない（eの機能障害）（資本主義の終わりなき反復）　2点
g （fだからこそ）人々がeを欲している　2点

設問解説

問1

ア　「切迫」とは、〈差し迫っているさま〉という意味。

イ　「宣告」。「宣」を「宜」などと間違わないように。

ウ　「卑近」は、〈身近でありふれているさま〉という意味。

エ　「抹消」は、〈消して取り除くこと〉である。

問2　パターン

設問に「『選挙』の例に即して具体的に」とあることに注意しよう。選挙をめぐる「錯覚」については、9〜14行目に述べられている。実際には「投票用紙を投じた瞬間に、結果は既に確定してしまっている」にもかかわらず、「結果の正式発表までの間は、なぜか、まだ戦っているような気分」になってしまい、「テレビで刻々と変化している選挙速報を見ながら、まるで未だに選挙戦が続いているような気分」を味わう。これが「錯覚」である。以上の内容を簡潔にまとめればよい。

セルフチェック

最重要ポイント

□ **「錯覚」の説明になっているか。**

「錯覚」とは、〈勘違い〉という意味。ちょっと難しくいえば、〈客観的事実と自分の知覚や認識とが一致しないこと〉である。したがって、解答は、「実際には……なのに、……だと勘違いしてしまうこと。」といったかたちにしなければならない。

模範解答と採点基準

8点

本来は投票行為を終えたときに選挙結果も確定しているはずなのに(a)、結果が発表されるまではまだ選挙戦が続いているような気分になっているということ(b)。 70字

SELF CHECK

基準

a 実際には投票を終えたときに結果も確定しているが　4点

・「本当は……」「実際には……」など、または「……しているはずなのに」などのニュアンスがないものは2点。

b 結果が発表されるまでは選挙戦が続いているような気分になっている　4点

・「選挙戦が続いている」を「頑張り続けている」「緊張している」とだけ書いたものは、具体的ではないので2点。

採点シミュレーション

4／8点

解答例1

投票用紙を投じて結果が確定してしまった後で(a△)、テレビで刻々と変化している選挙速報を見ながら、選挙戦が続いているような気分を味わうということ(b△)。 69字

・aに「本当は……」「実際は……」などのニュアンスがない。

・bは「結果が発表されるまでは」が抜けているので2点減となる。

0／8点

解答例2

選挙結果の儀式的な発表こそが選挙の「真の終わり」として機能しているため、その発表があるまでは選挙はまだ終わらないといえるということ。 66字

・「錯覚」の説明になっていないので0点。

表現チェック

□ 「aであるにもかかわらずb」というふうに、aとbの内容が逆接の関係になっているか。

問3

この問題では、傍線部全体をパラフレーズする（＝言い換える）ことが求められているわけではない。だから、例えば「儀式的な発表」の「儀式的」というのがどういう意味かといったことについては、気にする必要はないわけだ（ちなみに「儀式的」というのは、結果発表が「公式」でものものしいものであるということを示した表現だろう）。ここで問われているのは、「真の終わり」としての結果発表にはどのような「機能」（＝働き）があるのかということである。

では、試験や選挙において「結果」を発表し、「真の終わり」を告げることには、どんな働きがあるのか。それは簡単にいうと、次の二点であると考えられる。

① 偶有性を必然性へと転換させる働き

例えば選挙の場合、結果が発表されるまでは、後に勝利することになる候補者以外の者が勝利するという「他なる可能性」（18行目）を否定しきれない。しかし結果が公式に発表されてしまえば、そうした「偶有性」は否定されてしまい、ある候補者の勝利は「必然的にそうであること」（21行目）へと変わるのである（a）。これによって、落選候補に一票を投じた人間も、「他なる可能性」を諦めざるをえなくなる。これは、「結果を、必然的な運命として受け入れさせ」た（22行目）ということなのである（b）。

② われわれの行為や体験に絶対的な境界線を引く働き

右のような結果発表によって「真の終わり」がもたらされる、と筆者はいう。それは、偶有性の必然性への転換によって、われわれの行為や体験に「絶対の境界線」が引かれるということである（c）。要するに、われわれは発表された結果を必然的なものとして受け入れることで、一つの区切りをつけるというわけである。

以上のa〜cをまとめれば、それで正解である。

SELF CHECK セルフチェック

最重要ポイント

□ **b・cの内容に触れているか。**

結果発表が「偶有性を必然性へと転換させ」るということは読み取れたと思うが、それを書いただけでは、傍線部の「終わり」という内容を説明したことにはならない。結果発表が「終わり」として機能するということを説明するには、bやcの内容が必要なのである。

模範解答と採点基準

9点

ある行為の結果が必然的なものであるということを行為者に受け入れさせ、その行為やそれに伴う体験が終了したという絶対的な区切りを示すような機能。 70字

基準

a 結果を必然的なものにする 3点
・「偶有性を必然性へと転換する」も可。

b aの必然性を（運命として）受け入れさせる 3点

c 行為や体験が終了したという絶対的な区切りをつける 3点
・「行為や体験に絶対の境界線を引く」も可。

採点シミュレーション

9／9点

解答例1

偶有性を必然性へと転換させることで、われわれに結果を必然的な運命として受け入れさせ、行為や体験に絶対的な境界線を引くという働き。 64字

a〜cの内容はすべて書かれている。本文の難解な表現をそのまま使っているため、ややわかりにくい解答ではあるが、入試では

満点が取れるだろう。

3／9点

解答例2

試験や選挙などの結果を公式に発表することによって、別の結果でもありえたかもしれないことを必然的にそうであることへと変質させるという機能。［68字］

設問では傍線部全体をすべて言い換えることが要求されているわけではないので、解答の最初の部分は不要。aの分しか加点されない。

表現チェック

□ aの内容をただ何度も繰り返すだけといった解答になっていないだろうか。一つのことを繰り返すのではなく、密度の高い解答を書くように心がけよう。

問4

この問題では、「文豪」にとっての「推敲」と、「経済学者」にとっての「推敲」がそれぞれどういうものか、両者を比べるようなかたちで説明すればよい（こうした問題の解き方のパターンについては、76ページ「内容説明　2物事の違いを説明する」の項を参照してほしい）。

注意してほしいのは、「推敲」という言葉の意味である。「推敲」とは、〈文章を書く際に苦心して字句をさまざまに練り直すこと〉という意味。したがってここでは、完成された文章がどういう意味を持つかといったことを答えてはならない。そうではなく、完成に至るまでの書き直しの作業が「文豪」と「経済学者」ではどう違うのかということを説明しなければならないのである。

① 「文豪」にとっての「推敲」とは

これについては、傍線部の直後にはっきりと述べられている。文豪にとって推敲とは、「そこ（＝「真の『終わり』」＝「作品の完成」）に至るまでの煩悶の過程」なのである（a・b）。「煩悶」とは〈もだえ苦しむ〉という意味。文豪にとって推敲とは、作品を完成させるための苦しみの過程なのである。

② 「経済学者」にとっての「推敲」とは

これについては38〜41行目に述べられている。経済学者にとって推敲とは、「終わりではないし、終わりの近似物でもない」もの、つまり「終わることのない書き直し過程」なのである（c）。

以上のa〜cのポイントをまとめればよい。なお、注意してほしいのは次の二点である。

・aは、単に「真の『終わり』」だけでは不可。ここでいう「終わり」というのが「作品の完成」であるということを明示しよう。
・cを「終わることのない書き直し過程を恣意的に切断した結果」まで書いてしまったものは不可。「恣意的に切断した結果」というのはとりあえずの完成＝原稿提出の時点のことであり、「推敲」の過程を指しているわけではない。

問5

かなりの難問だが、問われていることを①「環境倫理の成功」、②「現代資本主義における『終わり』の不在」、③〈①が②を「証明している」〉という三点に分け、それぞれについて考えてみよう。

① 「環境倫理の成功」

「環境倫理」とは、地球環境の問題について倫理的・道徳的な観点から考察しようとする思想であり、具体的には環境保護という運動になって現れることが多い。それが「成功」しているというのは、端的にいえば、環境倫理が人々を「魅惑」（43行目）するような「魅力」（45行目）的なものになっているということである。

ただし、筆者はこの「魅惑」とか「魅力」とかいった言葉を必ずしも肯定的な意味だけで使っているわけではないようだ。本文冒頭に近い5行目で、同様の内容が「絶対の終焉に多くの人々が呪縛される（＝呪いをかけられたように、精神的に縛りつけられてしまう）」という表現で言い換えられていることに注意しよう。環境倫理の思想には、「地球の自然生態系の破局」という「究極の終わり」を「想像」させる（46行目）ところがある（a・b）。つまり、環境倫理とは「絶対的な限界線を……暗示する」思想なのだ。そして、現代人はそうした思想に「魅惑」され、それに「呪縛」されている（c）のである。

② 「現代資本主義における『終わり』の不在」

問3で確認したとおり、「終わり」とは、「偶有性を必然性へと転換させ、われわれの行為や体験に絶対の境界線を引く」（26行目）ものであった（e）。ところが現代の資本主義社会には「終わりなき反復」しかなく（48行目）、そこでは「終わり」が「機能障害」（27行目）に陥ってしまっている（f）。これが、「現代資本主義における『終わり』の不在」ということなのである。

③ ①が②を「証明している」

以上のことが読み取れれば、〈①が②を「証明している」〉というのもどういうことか、理解できるだろう。あえて大雑把にいえば、〈現代の資本主義社会には「終わり」がないため、かえって人々は「終わり」を欲してしまう〉（g）ということである。そして、その「終わり」を想像させてくれる思想の代表が「環境倫理」であるということなのだ。だから、人々が「終わり」を求めるあまり環境倫理に魅惑されてしまうという現象は、現代資本主義社会における「『終わり』の不在」を裏返しのかたちで証明してしまっている（d）ということになるのである。

以上の内容を整理すると、解答のところに記しておいたa～gのポイントにまとめられる。満点の答案を作ることはかなり難しいので、七つあるポイントのうち四つか五つくらいが拾えれば、とりあえずは十分というところだろう。「何となく」答えを作るのではなく、右で行ってきたように、傍線部をいくつかのパートに分け、それぞれがどういうことなのかを丁寧に考えてみること。さらに、傍線部の近くの部分を読むだけでなく、本文全体の論の流れをきちんと把握するということが肝要であろう。

問題 P.24
|
P.33

言い換え

パターン ③

傍線部中の複数の要素を言い換える

傍線部を「過不足なく」言い換えること

ここまでの間にも何度か説明してきたが、傍線部そのものを言い換えて説明するタイプの問題では、その傍線部の内容を過不足なく言い換えるということが重要である。例えば、次のような問題があったとしよう。

> 私たちは、日本文化を他の文化（とくに近代の欧米文化）と比較して特殊なものだと規定する、いわゆる「日本文化論」を好む。かつては、日本文化は「罪の文化」ではなく「恥の文化」であるとするような論が人口に膾炙していた時代もあった。この論の正当性はともかく……
>
> **問** 傍線部「日本文化は『罪の文化』ではなく『恥の文化』である」とはどういうことか、説明せよ。

この場合、次の二点を答えればよいということがわかるだろう。

① 日本文化が「罪の文化」ではないとはどういうことか
② 日本文化が「恥の文化」であるとはどういうことか

おそらく本文の他の箇所を見れば、どこかに「罪の文化」と「恥の文化」がそれぞれどういうことか、説明されているはずだ。その部分を探して、右の①②をまとめる。これで傍線部が過不足なく言い換えられるわけである。

設問の条件や字数制限などに応じて臨機応変に

では、右の問題で、設問が次のようになっていたらどうだろうか。

> **問** 傍線部について、「日本文化」が「恥の文化」であるとはどういうことか、説明せよ。

この場合は、原則的には右の①は不要で、②だけを答えればよいということになる。ただし、①にまったく触れないと解答が意味不明なものになってしまうのだとしたら、多少は①の説明も必要ということになるだろう。このように、さまざまな条件を勘案しながらそのつど臨機応変に解答を作っていくという態度が肝要なのである。

問題 P.24

公共性のパラドックス

平子義雄

解答　配点20点

a自分が大事だからこそb自分を守ってくれる公共性も大事だと考え、cその公共性を自分の問題ととらえてd積極的に主張していこうとする意識が、e日本人には欠けているということ。【80字】

基準

a 自分が大事【4点】
・「自分が侵害されるのを好まない」なども可。

b 公共性（ルール、公共精神）は自分を守ってくれるものだと考える【4点】

c bの公共性を、自分の問題ととらえる【4点】
・「公共性の問題を他人事と捉えない」なども可。

d 公共性（ルールを守ること）を進んで主張する【4点】
・「自分で公共性を体現していく」なども可。

e 日本人にはa〜dがない【4点】
・「日本人」のことだという指摘がないものは2点。

解説

傍線部で示されているのが日本人の欠点についてだということはすぐわかるだろう。では、日本人の欠点について述べられた18〜25行目の内容をまとめればよいのかといえば、もちろんそうではない。ここはやはり、これまでの問題で練習してきたのと同じく、傍線部そのものの表現をいくつかのポイント（ここでは以下の①〜③）に分け、それらを言い換えていくようにしたい。

① 「自分の権利」とはどういうことか

31行目に「公共性という自分たちの権利」という表現があるので、とりあえず「権利」＝「公共性」だということがわかる。では、なぜ「公共性」は重要なのか。それについては6行目や11行目などに述べられている。整理すると、以下のようになるはずだ。

a 自分が大事だから、公共性（ルール）も大事
b 公共性（ルール）は、自分を守ってくれる

② ①に対する「欲」とはどういうことか

「欲」という表現は26行目に出てくるが、この26行目の内容はさらに本文末の一文で言い換えられている。ポイントは以下の2点。

c 公共性とは「自分の問題」である
d 自分から公共性を体現しようという意識（勇気）が必要

③ ①②が「ない」とはどういうことか

①や②を持っていないのは日本人である。したがってこの部分については、〈日本人には①②がない〉と書くべきだろう。「日本人」云々という表現は書かなければならないのかと疑問に感じた人もいるかもしれないが、書いたからといって減点されることはまずないだろう。それに対して書かなかった場合は、減点される可能性がある。日頃から設問に対して臨機応変に解答することを習慣にしておくべきだろう。

筆者紹介

平子義雄（ひらこよしお）　一九四〇（昭和15）年〜二〇一一（平成23）年。東京都生まれ。専攻は言語理論、環境思想。本文は、『公共性のパラドックス——私たちこそ公共精神の持ち主』（世界思想社・二〇〇八年刊）によった。

足音が遠ざかる

松浦寿輝

本文について

構造図

言葉の持つ地方性
・例えば「足音」という言葉は、普通名詞のようでいて、西欧的な地方性を帯びた言葉である。

⬅

未知の言葉が小説体験を豊かにする
・未知の言葉を、文脈や知識をもとに、理解したことにしてしまう。
・世界を知り初めるような体験。

百字要約

一見普通名詞のように見える言葉も地方性を帯びたものであることは多いが、小説の中でそうした言葉に遭遇したとき、知識や文脈を根拠にして理解したことにしてしまうことで、世界を知り初めるような体験が味わえる。(100字)

段落要旨

1 子供の頃の筆者は、西欧の探偵小説の翻訳にある「足音」という言葉に対し、自分の日常と離れた環境に属する言葉ではないかと感じた。

2 小説を読むときには、そこに馴染みのない言葉が出てきても、知識や文脈から類推し、その言葉を理解したことにしてしまうのでなければ、小説を楽しめない。

3 むしろ人はそうした未知の言葉に魅かれて小説を読むのであり、小説を読むという行為は、そこに書かれていることに見当をつけながら読み進め、変容と運動の体験を生きることでもある。既知の言葉ばかりで出来た読み物には、そうした悦びはない。

4 5 筆者が子供の頃に出会った「足音」という言葉も、一見すると普通名詞ではあるが、実は西欧の生活環境に根ざした地方性の強い言葉だったのである。

本文解説

本文には、大まかに言って二つの話題が述べられているということができる。

2 3の部分で述べられているのは、未知の言葉が小説体験に豊かさをもたらすといったことである。既知の言葉ばかりでできている物語は、読者に「退嬰的な(=積極性がなく、自らのうちに閉じこもるような)満足」しかもたらさない。むしろ物語に読み耽る子供は、未知の言葉と出会うことで「世界を知り初める体験の一種のミニチュアのごときもの」を味わう。それが小説体験の魅力だというのである。

もう一つ、1および4 5で述べられているのは、言葉の持っている地方性といった問題である。例えば「足音」という言葉は、一見すると普遍性を持った普通名詞のように思われる。しかし、実はその言葉は、西欧の風土や生活環境に深く根ざしていた。こうした言葉のローカリティといったことは、おそらくほとんどの言葉に存在するのであろう。

発展

本文の21行目に出てくる「ライス・プディング」というのは、イギリスでよく食べられているお菓子である。では、どんなお菓子なのか。簡易な辞書をひくと「プディング＝プリン」と書かれていたりするのだが、ライス・プディングとは、日本で一般的にプリンと呼ばれているお菓子とは、似てはいるがかなり非なるものである。

このように言葉というものは、本質的にローカリティ（＝地方性）と分かちがたく結びついている。だから、完璧な翻訳というのは、ある意味で不可能な行為だともいえるだろう。例えばイギリスの風土や文化の中から生まれた言葉と寸分違わず同じ意味を持つ言葉は、日本の風土や文化から生まれた日本語の言語体系の中には存在しないからである。

では、翻訳小説を読んだりするというのは、さして意味のない行為なのか。そんなことはない。むしろそこには、異なる文化＝言語体系の間に横たわる差異を味わうという楽しみがあるといっていいだろう。この世には自分の知らない未知の事物や観念があるということに気づくこと。そして文章を読みながら、その未知の事物や観念がどういうものかを類推してみること。その類推がそれなりに当たっていたのを知って喜んだり、まったく見当外れだったのを知って目を覚まされるような気分になったりすること。こうしたことが、小説を読むことの楽しみだともいえる。筆者が「或る変容と運動の体験」と呼んでいるのも、おそらくそうしたことなのだろう。

参考図書

『小説の終焉』　川西政明（岩波新書）

明治以降の近代小説で扱われてきた「私」「家」「青春」といった主題は、一二〇年の間にほぼ書き尽くされてしまった。そんな「小説の終焉」の時代に、日本の近代文学史を振り返る。

『川の光』　松浦寿輝（中央公論新社）

平和な川辺での暮らしを失い、「川の光を求めて」旅立ったクマネズミ親子の冒険の物語。子ども向けのファンタジー小説といった体裁をとりながら、あらゆる年齢層の小説読者に「物語を読む」ことの楽しみを与えてくれる。

筆者紹介

松浦寿輝（まつうらひさき）　一九五四（昭和29）年〜。東京都生まれ。詩、小説、批評などさまざまなジャンルで縦横な活動を行う。詩集『冬の本』（高見順賞）、小説『花腐（くた）し』（芥川賞）、評論『エッフェル塔試論』（吉田秀和賞）、『明治の表象空間』（毎日芸術賞）、『人外』（野間文芸賞）など、著書多数。本文は、『青天有月』（思潮社・一九九六年刊）によった。

記述上達への一歩

勝手に決まり事を作らない

受験生の中には、例えば「解答には絶対に比喩を使ってはいけない」とか「解答には絶対に主語を入れなければいけない」とかいった決まり事を自分で勝手に作り、それを金科玉条のように守ろうとする人がいる。しかし、入試に「絶対」なんていうことはありえない。比喩的な表現を使ったほうがわかりやすく説明できるのならそうした表現を使ってもよいし、主語が設問によって確定されていれば、解答に無理をして主語を入れることはないかもしれない。要は臨機応変に、そのつどベストと思える解答を作るしかないのである。

この問題集で挙げている「傍線部中の指示語を言い換える」「物事のつながりを説明する」なども、あくまで類型的な原則にすぎないともいえる。そうした類型に当てはまらない事例も入試には頻繁に登場するということを、まずは自覚すべきだろう。

設問について

解答

配点 50点

問1 ア　いぶか　イ　遭遇　ウ　余儀　エ　かいわい　各2点

問2 人々が石畳の上を革靴で音高く闊歩している生活環境　24字　6点

問3 小説に登場する馴染みのない言葉について、自身の記憶や知識と照らし合わせ、小説の中でどういう文脈や関係性の中で用いられているかを考えながら、それらの言葉の意味をわかったことにしてしまうということ。　97字　16点　↓セルフチェックへ

問4 大人が、子供とはこういうものだと自分勝手に想定し、その子供の機嫌をうかがうようにして、子供が理解できる範囲のことを物語るような文学のこと。　69字　12点　↓セルフチェックへ

問5 [a]一見すると地方的な文化習俗とは無縁な普通名詞に見える「足音」という言葉も、[b]実は西欧の風土や生活環境の中から生まれている地方性の刻印を帯びた言葉だったということ。　80字　8点

基準
a 「足音」という言葉は、一見したところ、単なる普通名詞に見えるが　4点
b （その言葉は）実は地方性を帯びた言葉である　4点
・「地方性を帯びた」の代わりに「西欧の風土の中から生じた」なども可。

設問解説

問1

ア　「訝しむ」は、〈不審に思う、疑わしく思う〉という意味。

イ　「遭遇」は、〈思いがけず出会うこと〉という意味。

ウ　「余儀」は〈他の方法〉という意味。普通は「余儀ない」（＝他に方法がない、やむをえない）というふうに、下に打ち消しを伴って使う。

エ　「界隈」は、〈近所、近辺〉といった意味である。

問2

設問に「具体的には」とあるのに注意しよう。筆者は子供の頃、西欧の探偵小説に出てくる「足音」という言葉が「自分の生きている日常とややかけ離れた環境」に属す言葉ではないかと感じた。では、それはどのような「環境」なのか。これを言い表した語句を見つければよい。

したがって、正解は「足音」という言葉をめぐって子供の頃の筆者が考えたことについて書かれている部分（4 5）にあると推測できる。このように考えれば、本文末の一文にある「わたしが西洋の翻訳探偵小説の中で出会っていた『足音』の一語は、やはり人々が石畳の上を革靴で音高く闊歩している生活環境に深く根ざした語彙……だったのではないだろうか」という部分に注目できる。ここにある「人々が石畳の上を革靴で音高く闊歩している生活環境」という語句が、字数制限も満たしているし、「環境」という語で終わっている点でも設問の問いかけに呼応している。これが正

解である。

パターン

問3 次の①②の二点を言い換えるようなかたちで説明しよう。

①「形式的」に「わかる」とはどういうことか

傍線部Bの「形式的」という語は、直前にある「実体的」の対義語のようなかたちで使われている。「実体的」に理解するというのは、小説中に書かれていることの「実体をリアリスティックに摑む」（23行目）こと。つまり、〈なまなましい現実として実感する〉といった理解の仕方だろう。「形式的」な理解とは、それとは対照的な理解のあり方なのだから、「おおむねこんなことだろうと『見当をつけ』」て（27行目）、「理解したことに、して、しまう」（13行目）といったことだろう（d）。

②「構造的」に「わかる」とはどういうことか

「構造」とは、〈さまざまな要素が組み合わさって作られた全体的な仕組み〉という意味である。そうした語義を根拠に考えていくと、11行目にある「小説の内部で、その未知の言葉がどういう文脈において出現し、どういう用いられかたをしているのかを観察することで、何とはなしに理解してしまう」（c）という表現に注目できるだろう。知らない単語の意味を前後の「文脈」をもとにして類推するというのは、まさに「構造」によって理解しているということである。さらに筆者は、そうした理解のためには「自身の実体験に基づく記憶や、他の書物から得た知識や、いろいろな聞き齧りや雑学などに照らし合わせて類推する」（10行目）ことも必要だ（b）と述べている。この内容も解答に加えたい。

SELF CHECK セルフチェック

最重要ポイント

こうした問題では、まず傍線部の内容を言い換えた箇所が本文中にないかどうか探すことが第一。今回は、11〜12行目で傍線部の内容が集約的に言い換えられているので、この部分の表現を使って解答を作れば、必ず何点かは得点できるはずである。

□ **本文11〜12行目の内容に即した解答になっているか。**

模範解答と採点基準

16点

[a]小説に登場する馴染みのない言葉について、[b]自身の記憶や知識と照らし合わせ、[c]小説の中でどういう文脈や関係性の中で用いられているかを考えながら、[d]それらの言葉の意味をわかったことにしてしまうということ。（97字）

基準

a 小説に登場する馴染みのない言葉について 4点

・「小説中に未知の事物や習俗や観念が登場したとき」なども可。

b 自身の記憶や知識・雑学などと照らし合わせる 4点

c その言葉が小説の中で、どういう文脈で、どういう用いられかたをしているかを見る 4点

d 理解したことにしてしまう 4点

・「おおよそわかる」「当たりをつける」「大まかなところを理解する」「見当をつける」など、同趣旨であれば可。

採点シミュレーション

4／16点

解答例1

小説に出てくる言葉の実体をリアリスティックにつかむことはできなくても、そうした言葉がその小説世界の中で意味している内容の大まかなところを理解しさえすれば、それで小説を楽しむことはできるということ。98字

・aが×。単に小説中の言葉なのではなく、そこに出てくる「馴染みのない」言葉である。

・解答の最後の部分は不要。この問題で問われているのは、小説を楽しめるかどうかではなく、そこに書かれている言葉が「わかる」かどうかということである。

表現チェック

□ aの内容がきちんと書かれているか。これがないと、何について「『形式的』ないし『構造的』にわかる」のかということが、そもそも曖昧になってしまう。

パターン

問4 これも、a「自分（＝大人）の頭の中にある『子供』」、b「その身の丈に合わせる」、c「猫撫で声で物語る」の三点に分けて考えたい。

a 大人の頭の中にある「子供」

「頭の中にある」というのは、〈頭の中にイメージされた〉ということであろう。しかも〈イメージ＝想像〉というのは、現実とは異なるものである。したがって「（大人の）頭の中にある『子供』」とは、大人が自分勝手

に想像した子供のイメージというふうに言い換えられる。

b　aの身の丈に合わせる

「身の丈」とは、〈背の高さ、身体の大きさ、サイズ〉といった意味。したがって、ここで「『子供』の身の丈に合わせ」て「物語る」というのは、aでイメージされた子供に合わせてやり、その子供がわかるように物語ってやるといった意味だろうと理解できる。

c　猫撫で声で物語る

「猫撫で声」とは、〈猫を撫でるときのように、相手のご機嫌をうかがうような声〉という意味。したがって、子供に「猫撫で声で物語る」とは、子供のご機嫌をうかがい、子供に迎合するようにして物語るといった意味だということがわかる。

以上のa～cをまとめればよいのだが、この問題が前問の問3とはやや違ったタイプの問題だということに気づいただろうか。

問3では、傍線部の内容を本文中の言葉を使って言い換えた。ところがこの問4では、傍線部を言い換えた表現が本文中にはないのである。したがって、「身の丈に合わせた」とか「猫撫で声で」とかいった傍線部中の内容がどういうことかを、自分で考えて説明しなければならないのである。

一口に傍線部を言い換える問題といっても、こうした異なるタイプの問題があるのだ。そして解答を作るときには、まず本文中に傍線部を言い換えた表現がないかを探し、それがないときには自分の言葉で説明する、という手順を守るようにしてほしい。

SELF CHECK
セルフチェック

最重要ポイント

この問題の場合、本文中の表現だけで傍線部を言い換えることは不可能である。そのことを自分で判断し、自分で表現を工夫して傍線部を言い換えていかないと、正解は得られないのである。

□ **本文中の表現にばかり頼らず、自分で表現を工夫して答えを作ることができたか。**

模範解答と採点基準

12点

大人が、子供とはこういうものだと自分勝手に想定し、その子供の機嫌をうかがうようにして、子供が理解できる範囲のことを物語るような文学のこと。69字

基準 a 子供のイメージを想像する 4点

・「頭の中で子供像を作る」など、ここでいう「子供」が現実のものではなく、あくまで想像上のものだということがわかるように書かれていれば可。

b 子供がわかるように話を物語ってやる 4点
・「子供の理解できそうなレベルに合わせてやる」という趣旨が出ていれば可。
c 子供の機嫌をうかがう 4点
・「おもねる」「こびる」「へつらう」「迎合する」「追従する」なども可。
＊bとcの違いが微妙だが、bは、話の内容を子供の理解できそうな平易なものにしてやるということ、cはより積極的に子供の歓心を買おうとする態度のことである。

採点シミュレーション

解答例1

大人が、頭の中で子供とはこういうものだろうと想像し、その子供のことを考えて、やさしい声で子供向けの物語として語ってやるような文学のこと。68字

6／12点

・bはただ「考えて」というだけでは、どう考えたのかわからない。
・cは「子供向け」だけでは説明不足。2点減。

解答例2

子供が既に知っている言葉ばかりでできた物語であり、当の子供にとっては退屈で読むことができず、真の悦びももたらしてくれない文学のこと。66字

0／12点

・本文中に述べられている内容ではあるが、傍線部の言い換えになっていない。

表現チェック

□「大人が子供に対して……してやるような文学。」というかたちの書き方になっているのが望ましい。

問5 設問の指示に従って、傍線部冒頭の「しかし」の役割を考えてみよう。
この「しかし」の前後の論理を単純化すると、次のようになる

X 「足音」という語は一見すると普通名詞で地方的でない語に見える ↓ Y しかし、子供時代の筆者は、その言葉に違和感を感じていた

そしてYの理由は、本文末の一文に述べられている。「足音」という語は、「或る地方性の刻印を」帯びたものであり、具体的にいえば「西欧人が西欧の風土の中から発想し使用している語彙」だったからである。

以上のような理由で、解答のポイントは次の二点になる。

a 「足音」という語は一見したところ単なる普通名詞に見えるが

b （その言葉は）実は地方性を帯びた言葉である

この二点をもとに解答を作れば、設問にある「筆者はどういうことをいおうとしているのか」とか「本文の最後の二つの段落の内容に即して」とかいった条件にも適合する答えになるはずである。

なお、特に加点ポイントにはしないが、a・bに加えて「『足音』という語に対して子供時代の筆者が抱いた違和感」といった内容を盛り込んでもよいだろう。例えば、次のような解答である。

別解 「足音」という語は地方性とは無縁な普通名詞に見えて実は西欧的な地方性を帯びた言葉だったため、子供時代の筆者にとってその言葉は妙に印象に残るものだったということ。 80字

感覚の近代

坪井秀人

本文について

構造図

〈かつて〉
・街中に生活音があふれていた
・人々はその生活音に寛容だった
・生活音が情報になり得ていた

⇔

〈現代の日本人〉
・生活音を遮断する
・自分の音の世界に引きこもる
・メディアだけから情報を得る

⬅ かつてを想起することは意味がある。

百字要約

人々が街中の生活音に寛容でその音が情報となり得ていたかつての日本とは異なり、現代人は生活音を遮断し自分の音の世界に引きこもっているが、だからこそ、かつての状況を思い出すことは私たちにとって意味がある。(100字)

段落要旨

1 ラフカディオ・ハーンが記した明治期の日本の街の物売りの声や、ヨーロッパの街の教会の鐘の音のように、かつての街には固有の生活音があったが、それらは土地の人々にはとくに意識されていなかった。

2 そうした豊かな生活音は今日の日本では失われており、現代人は、屋外から聞こえてくる音を遮断し、自分だけの音の世界に引きこもっている。

3 実際に物売りの声は、一九七〇年頃を境にして街中からほとんど消えている。

4 現代人は、メディアから得た情報だけを公的情報と見なし、その情報を現実と混同してしまっている。街中の生活音が公的情報になり得た時代がかつてあったということを思い出すことは、現代人にとって意味のあることだろう。

本文解説

一九七〇年頃までの日本では、街中に生活音があふれており、人々はそれらに寛容で、それらの音に情報としての価値を見いだしていた。これに対して現代では、人々は街中の音を遮断し、自分の音の世界に引きこもろうとする。——筆者がこのようにして昔と今とを対比しているということは、すぐに読み取れただろう。しかしこの本文で難しいのは4の内容である。

筆者は、街中の音を遮断しメディアだけから情報を得ようとする現代人の心性が、「現実と表象の転倒」現象を生んでいると述べる。しかし、その問題を生じさせた「メディアの役割」については、本文ではあえて論じようとしていない。要するにこの文章はメディア論ではなく、生活音や情報に対する人々の感覚の変容といったことを問題にしているのである。問5などに正解するためには、そうした筆者のスタンスを理解することが大切であろう。

発展

私たち人間は、五感を通じて世界を認識している。しかしその感覚は決して普遍的なものではない。時代が変わり文化が変われば、人間の感覚も変わってしまうのだ。

そしてここでも、私たちが「近代」という時代の囚われ人だということが問題になってくる。一言でいえば、私たちの感覚はかつてのような共同的なものではなく、きわめて「個」的なものになっているのだ。

今から数十年前の日本では、狭い木造家屋に四、五人の子どもを含む大家族が暮らしている、なんていうことは珍しくなかった。家の中には街中の生活音が入りこんでくるし、子どもたちは夜寝るときに身体を寄せ合って、兄弟の寝息などを聞かなければならなかった。つまり家族は「音」を共有していたわけである。聴覚だけではない。家族は同じテレビ番組を見て、一つの食卓を囲んで食事をする。そこでは視覚や味覚、嗅覚なども共同化されていたということである。

ところが現代人は、個室の中でパソコンを使って自分の好きな画像を見て、携帯音楽プレイヤーで自分の好きな音だけを聞く。食事さえも一人でとるという人は多いだろう。こうした私たち現代人の感覚は「個」的なものになってきているのである。

これがはたしてよいことなのか悪いことなのかは、一概にはいえない。また、感覚が個人的なものになる一方で、個人がメディアを通じて得る情報がどんどん均一化しているといった問題も、指摘することができるだろう。ただ間違いなくいえることは、私たちの「感覚」というものが、時代や社会の影響を強く受けているということである。

参考図書

『コトバ・言葉・ことば』　川田順造（青土社）

私たち日本人は、「先進国」的な教育を受けているため、話し言葉と書き言葉とを区別するということがほとんどない。しかし実際には、聴覚に訴える話し言葉と視覚に訴える書き言葉とでは、大きな違いがある。人間にとっての言語の役割や、言語と感覚との関係といった問題を、文化人類学者が考察する。

『逝きし世の面影』　渡辺京二（平凡社ライブラリー）

モース、ベルツ、ゴロウニン、チェンバレン、オールコック、フロイスら、幕末から明治初期にかけて来日した外国人たちによる膨大な見聞録などを渉猟し、当時の日本の姿を浮かび上がらせた労作。急速な近代化によって日本から失われてしまったものが、かつての外国の人々の眼を通して描かれている。

筆者紹介

坪井秀人（つぼいひでと）　一九五九（昭和34）年〜。愛知県生まれ。近代日本文学研究者。文学と時代状況との関係について考察した著書が多い。主なものに『戦争の記憶をさかのぼる』、『声の祝祭 日本近代詩と戦争』、『二十世紀日本語詩を思い出す』（読売文学賞）など。本文は、『感覚の近代』（名古屋大学出版会・二〇〇六年刊）によった。

設問について

解答　配点50点

問1　ア　太鼓　イ　鎮座　ウ　侵入　エ　忌　各2点

問2　[a]ある地域で自明となっている、[b]そこに固有な数々の[c]生活音の総体[d]。　30字　8点

基準　a　土地の人々が無意識に聞いている音　2点
・「土地の者が慣れ親しんだ音」など、同趣旨であれば可。
b　その土地に固有の（独特な）音　2点
c　生活の音　2点
d　a～cの音の集合・総体　2点
・「a～cが聞こえてくる様子・光景」なども可。

問3　屋外から聞こえる豊かな生活音に、珍しさや魅力を感じる気分。　29字　8点　セルフチェックへ

問4　メディアを介して情報を得ることを疑わなくなった現代人が、そうした情報に示されたことこそ現実だと思い込んでしまうこと。　58字　12点　セルフチェックへ

問5　[a]街の生活音が公的情報であり得た時代を想起することは、[c]街中の音を遮断し[d]メディアからの情報ばかりを受容する[b]現代人のあり方を見直す契機となるから。　70字　14点

基準　a　街中の生活音が公的情報になり得ていた時代を想起する　4点
・「街中の……時代」の代わりに、「人々が街中の生活音に寛容であった時代」なども可。
・「想起する」の代わりに「現代と比べる」なども可。
b　aは、以下のcdのような私たちのあり方について考え直すきっかけとなり得る　4点
・「aによって、以下のcdのような私たちの態度を反省できる」なども可。
c　街中の音を遮断している（自分だけの音の世界に引きこもる）　3点
d　メディアを介した情報だけを得ようとする（メディアからの情報だけを公的情報と見なす）　3点

設問解説

問1

ア「鼓」は、一字では「つづみ」と読む。

イ「鎮座」は、〈どっかりと座を占めること〉という意味。

ウ「進入」ではなく、〈人が無理に入り込む〉という意味の「侵入」。

エ「忌まわしい」は、〈不吉である、厭(いと)わしい〉という意味。

問2

設問を読むと、「サウンドスケイプ」とは〈音の風景〉といった意味の造語なのだということがわかる。つまり「サウンドスケイプ」とは、ある一つの音のことを指す言葉ではなく、さまざまな音が聞こえてくるその全体的な様子のこと（d）を指しているのである。

では、そこで聞こえてくる音とはどんな音なのか。傍線部直後を見ると、地元の人にとって「ほとんど意識されることはなかった」音（a）だということがわかる。例えばヨーロッパの街における鐘の音は、土地の人にとってはほとんど意識されないのである（11〜12行目）。

また、物売りの声や鐘の音といったものは、「その街の身体から鳴り響く」ような「固有の」ものだとある（10〜11行目）。つまり、ここで聞かれる音とは、ある場所や街に特有なもの（b）なのだ。

さらに13行目では、こうした音のことが「生活の豊かな音の数々」という表現でまとめられている。物売りの声や鐘の音などは、自然音ではなくて生活音（c）なのである。

以上のa〜dをまとめる。短い字数の中に四つのポイントをすべて入れることはかなり難しいが、表現を工夫してみてほしい。

パターン

問3

ほとんど英語の問題といった設問だが、現代文入試ではこうした問題もしばしば出題される。評論文には外来語が使われることが多く、その外来語の意味などについて問われることもよくあるのだ。頻出の外来語については、用語集などを使って覚えておくようにしたい。

「エキゾチシズム（exoticism）」とは、一般に〈異国情緒、異国趣味〉などと訳される。異文化の珍しい風物などに触れ、それに関心や魅力を覚えることである。したがって、傍線部は、現代人がかつての〈日本の音〉を聞き、それに対してまるで外国のものであるかのような珍しさや魅力を感じている気分のこと（c）だとわかるだろう。

さらにここでは、傍線部直前にある〈日本の音〉とはどういう音なのかも説明しておきたい。ハーンが聞いた〈日本の音〉とは、13行目にあるとおり「生活の豊かな音」（b）であり、19行目によれば「家の外から聞こえてくる音」（a）だったのである。

以上のa〜cをまとめればよい。

SELF CHECK セルフチェック

最重要ポイント

□ **直後の「ノスタルジー」と混同していないか。**

傍線部の「エキゾチシズム」と、直後の「ノスタルジー」とは、別のものである。「エキゾチシズム」とは右に述べたとおり珍しいものに魅力を感じる気持ちだが、「ノスタルジー（＝郷愁）」とは失われた過去を懐かしむ気持ちだ。この二つを混同しないように注意しよう。

ちなみに、もし私たちが明治期の物売りの声を覚えているとしたら、それに「ノスタルジー」を感じ、懐かしく思うだろう。けれどもそうした声は一九七〇年代頃にほとんど失われてしまったのだから（30行目）、私たちはその声を覚えていない。だから私たちにとって、ハーンの聞いた〈日本の音〉は、〈懐かしさ〉ではなくて〈異国情緒的な物珍しさ〉の対象となる。これが筆者の見解なのだろう。

模範解答と採点基準

8点

29字 屋外から聞こえる豊かな生活音に、珍しさや魅力を感じる気分。

基準
a 屋外から聞こえる音（家の外の音） 2点
b 生活音 2点
c a bを珍しく感じ、それに惹かれる 4点
・「a bに異国情緒を感じる」「a bを外国のもののように感じる」なども可。

採点シミュレーション

4／8点

解答例1
29字 かつての〈日本の音〉を聞いて、それに異国情緒を感じる気分。
・〈日本の音〉の中身（＝a b）が書かれていない。

2／8点

解答例2
29字 昔の日本にあった生活音を聞き、それに懐かしさを覚える気分。
・解答後半が、「エキゾチシズム」ではなく「ノスタルジー」の説明になってしまっている。

表現チェック

□「彼（＝ハーン）が聞き取った〈日本の音〉たち」の内容（＝a b）が、わかりやすく簡潔に書かれているか。

パターン

問4
傍線部Cには、a「情報技術の内面化」、b「現実と表象の転倒」という二つの大きな要素がある。この二点の内容について、それぞれ確認してみよう。

a 「情報技術の内面化」とはどういうことか

「内面化」とは、〈与えられたものを心の中に取りこみ、自らのものにしてしまうこと〉といった意味。現代人は、「情報技術」やそのあり方を、自らの中に当たり前のこととして取り込んでしまっているということなのだろう。

では、「情報技術」とはどういうものか。傍線部直前にある「このような」の指示内容をたどっていけば、それは「（公的な）情報」を「新聞紙面やテレビやパソコンのモニター、ラジオの受信機あるいは携帯電話のディスプレイなどを通して得」る技術といったものだろう。そして、こうした「新聞」「テレビ」「パソコン」「ラジオ」「携帯電話」などのことは、「メディア」と言い換えることができるはずだ。

以上のことから、「情報技術の内面化」については、現代人がメディアから情報を得ることを当たり前のように受け入れていること（a）といったかたちでまとめることができる。

b 「現実と表象の転倒」とはどういうことか

「転倒」とは、ひっくり返ってしまうこと。例えば上のものが下になり、下のものが上になるといった具合に、本来あるべき状態が逆転することである。つまりここでは、「現実」と「表象」との関係が本来あるべきではないおかしなものになっているということである。

では「表象」とは何か。「表象」とは、〈イメージ、象徴〉といった意味である。したがって傍線部でいう「表象」とは、前後の文脈から考えると、メディアによって伝えられる「情報」のことだと考えてよいだろう。例えばパソコンのディスプレイに映し出される「情報」は、映像という「イメージ」である。

以上のことから、「現実と表象の転倒」とは、情報の方を現実だと勘違

いしてしまうこと、というふうに言い換えることができるだろう。

右のa・bをまとめるようにして答えを作ればよい。傍線部は「aを通して生起してしまうb」となっているから、解答も「aによって生じたb」とか「aである現代人がbになる」とかいったかたちにするとよいだろう。

SELF CHECK セルフチェック

最重要ポイント

□ **「情報技術」および「表象」の内容が言い換えられているか。**

「情報技術」とは「テレビ」「パソコン」「携帯電話」などの「メディア」を介して（公的な）情報を得るという技術のことを指し、「表象」は「情報」とほぼ同じ意味で使われている。この点をしっかり押さえないと、正解は得られない。

模範解答と採点基準

12点

a メディアを介して情報を得ることを疑わなくなった現代人が、そ b うした情報に示されたことこそ現実だと思い込んでしまうこと。 58字

基準

a メディアを通して情報を得ることが自明になっている 6点
・「メディアによって（公的）情報を得ることが心の中に定着している」といったことが書かれていれば可。
・単に「メディアによって情報を得る」は3点。

b 情報を現実だと思いこんでしまう 6点
・「現実と情報を混同する」「現実と情報の区別がつかなくなる」なども可。
・「現実と情報の逆転」は3点。
＊「aによってbが生じる」という因果関係に明らかに反しているものは、全体から2点減。

採点シミュレーション

6／12点

解答例1

現代では、公的な情報がメディアを通して得られるようになったため、現実と情報との逆転現象が生じているということ。 55字

・aは「内面化」の説明がないので△。3点。
・bも単に「現実と情報との逆転」だけなので△。3点。

4／12点

解答例2

現代人は、現実と情報の関係を正しく理解できなくなっており、情報も人ではなくメディアから得るものと考えているということ。 59字

・解答後半はaとして認められるが、前半はbとして不可。
・「a→b」ではなく「b→a」という因果関係になっているので、全体から2点減。

表現チェック

□「aによってbが生起する」という因果関係が正しく書けているか。

問5　こうした問題では、次のことに注意しよう。

> 傍線部に主語などが省略されている場合には、その省略された言葉を補うようなかたちで解答を作るようにする。

今回の問題では、傍線部Dを見ただけでは、何が「意味のあること」なのかがわからない。そこで省略された内容を補ってみると、この設問では次の三点について考えればよいということがわかる。

・「このこと」を「想起」することは
・「今日のような時代」に
・なぜ「意味のあること」なのか

以下、これらのことについて考えてみよう。

① 「このこと」を「想起」するとはどういうことか

「このこと」とはもちろん、直前の「物売りの声が飛び交う時代には路上に聞こえるそれらの肉声が公的な情報であり得たということ」を指している。したがって、「このこと」を「想起」するとは、かつて「路上」に「飛び交う」「物売りの声」が「公的な情報であり得た」ような時代があったということを思い出す（a）ということであろう。

② 「今日のような時代」とはどういう時代か

「今日のような時代」とは、文脈から考えれば、aで確認した〈かつての時代〉とは対照的な時代ということになる。つまり、「物売りの声」などが否定されるような時代ということだ。したがって「今日のような時代」とは、次のようにまとめることができる。

・人々が街中の音を遮断しているような時代（c）
・人々がメディアからばかり情報を得ようとする時代（d）

③ 「今日のような時代」にかつてのことを「想起」するのは、なぜ「意味のあること」なのか

筆者が現代人のあり方に問題点を見いだしていることは、本文の筆致から理解できるだろう。しかも右に見たように、今日のあり方とかつてのあり方とは、きわめて対照的である。したがって、今日、かつての時代のことを想起することは、私たち現代人のあり方を見直し、反省できるという点で「意味のあること」なのだ（b）と考えられる。

以上のa〜dをまとめれば、それで正解になる。解答例とは違った順序で、次のように書いてもよいだろう。

別解　誰もが生活音を遮断しメディアからの情報に頼っている現代と、街中の生活音に寛容だった時代とを比べ、現代のあり方を反省することは有意義だから。［69字］

言い換え　３傍線部中の複数の要素を言い換える

　「感覚の近代」　坪井秀人

問題 P.34 - P.43

内容説明

パターン

①物事のつながりを説明する

「『AはBといえる』とあるが、どういうことか説明せよ」など、Aという物事とBという物事のつながりについて説明させる問題は、入試では非常によく出題される。「『AはBである』とはどういうことか」という設問も同じである。こうした設問では、AがBに結びつく筋道を説明する。つまり、Aの性質や内容を説明しながら、それがBになることがわかるように説明する。以下の解答形式が基本。

AとBのつながりを説明する方法

●「Aは……であるから、……であるBに該当するということ。」
●「……（＝Aの説明）は、……（Bの説明）といえるということ。」
（傍線部の順番どおり、まずAの説明を行いそこからBへと筋道を通した説明をするのが普通である）。

こうした設問の場合、AとBの性質を明らかにし、その結びつきを説明することが望ましい。例えば「テクノロジーは人間的である」といった傍線部の場合、「テクノロジー」の性質を明らかにし、さらに「人間的」といっても意味が曖昧なので、その意味を明確にし、両者を結びつけた解答を作成することになる。その際、「テクノロジー」と「人間的」の両方の性質や意味を明らかにするといっても、漠然と両者の性質や意味を説明すればよいのではなく、「テクノロジー」の方は、その多様な性質のうち「人間的」という表現に結びつく性質に的を絞って説明する必要があり、また「人間的」の方も、その多様な意味のうち「テクノロジー」と結びつく性質に限定して説明したうえで、両者がすっきりと結びつく解答にするように配慮すべきである。

なお、二つの物事のつながりを説明する問題には、ほかにも、「AはBに似ている」「AとBは同じである」などの傍線部を説明する設問や、「AとBの共通点を説明せよ」といった設問などがある。いずれも右に述べた方針で解答を構築するのが基本である。ただし、「AとBの共通点を説明せよ」という問題では、解答欄が小さい場合や解答の指定字数が短い場合（二十字とか三十字の場合）に、丁寧にAとBそれぞれの性質を説明する余裕がないので、「（AもBも）……であるという点。」などと両者の共通項を指摘するだけでよい場合もある。

問題 P.34

呪術的儀式

日野啓三

解答　配点20点

至高の審判者の見守る下で想像力を駆使して動物たちと知恵比べをする狩猟は、自分たちが関連する世界全体を感じつつ、至高の審判者からの贈りものとしての獲物を祈念し、それを受け取る精神的な営みだということ。（99字）

基準
- a 至高の審判者（＝大いなる誰か）の見守る下で　4点
- b 動物たちと知恵比べをする狩猟は　4点
- c 自分たちが関連する世界全体を感じつつ　4点
- d 至高の審判者からの贈りものとしての獲物を祈念　4点
- e 想像力を駆使する行為・精神的営み　4点

解説

「狩猟」が「呪術的行為」であることを説明する問題。つまり、一見無関係に見える「狩猟」と「呪術」がどのようにつながるのか、その筋道を説明する。「本文の表現を用いて」とあるので、本文中の表現を自分で言い換える必要はない。

まず筆者が「狩猟」をどのようなものと考えているかを押さえる。これについては（傍線部までの）本文の前半部分に説明されている。筆者は、中学生のころのウサギ狩りの体験を通じて、狩猟民たちは、動物たちを「大いなる誰か」（9行目）からの「不思議な贈りもの」（8行目）のように感じたのではないか、と語る。そして17行目で「見えない至高の審判者の見守る下で、狩猟民たちは動物たちと知恵比べのゲームを生命がけでする」と述べる。以上が傍線部までに示された「狩猟」についての主要な論点だが、これだけでは、それがどうして「呪術的行為」になるのかがわからない。

次に、筆者が「呪術」をどう捉えているか、傍線部のあとに注目して考えよう。そうすると、傍線部直後に「呪術という形が、すぐれて精神的な、想像力にかかわる行為だ」と書かれていることに気づく。さらに、28行目以降で「旧石器時代後期の動物壁画」に関して「『狩りの成功』を祈念する呪術的絵画あるいは呪術的儀式の一部」という説明を紹介している。「成功」というと、より多くの獲物を得ることを想定しがちだが、乱獲して「世界のバランスは狂」い（35行目）、獲物が絶滅しては意味がない。36行目に「自分および自分たち人間をふくんだ全体、目に見えるものと見えないものの関連し合う総体を感じ取ることができた」とある点にも注目。以上から、「呪術的行為」とは〈自分をふくんだ世界全体を感じて、世界のバランスを保持しつつ、持続的に獲物が得られることを祈念する、想像力にかかわる行為〉ということになる。

右の論点を、先に見た「狩猟」が〈大いなる誰か＝至高の審判者〉のもとで生命がけで行う「動物たちとの知恵比べのゲーム」だった点と結びつけると〈至高の審判者の下で、世界全体を感受しつつ、知恵と想像力を駆使して獲物と知恵比べする狩猟〉は確かに〈自分をふくんだ世界全体を感じつつ、獲物が得られることを祈念する、想像力にかかわる行為〉に該当し、両者は結びつく。以上を整理してまとめること。

筆者紹介

日野啓三（ひのけいぞう）　一九二九（昭和4）～二〇〇二（平成14）年。東京都生まれ。評論家、作家。読売新聞社外報部に勤務しつつ、評論家・作家としても活躍。一九七五年『あの夕陽』で芥川賞受賞。本文は、『書くことの秘儀』（集英社・二〇〇三年刊）によった。

法と社会科学をつなぐ

飯田高

本文について

構造図

インセンティブ＝個人が特定の行動を選ぶように仕向ける外からの刺激

↓

イソップ寓話の解釈に役立つだけでなく、人々の行動の把握に関わるさまざまな学問で、検討の対象となっている

↓

法は外発的なインセンティブにも、内発的な動機づけにも関わるが、法が提供するインセンティブについて今のところ十分に解明されているとは言えない

百字要約

個人が特定の行動を選ぶように仕向ける外からの刺激としてのインセンティブは、人々の行動を把握する上で重要な検討課題だが、法などが提供するインセンティブについて今のところ十分に解明されているとは言えない。（100字）

段落要旨

1〜5 イソップ寓話の「北風と太陽」の勝負は、いずれも、個人が特定の行動を選ぶように仕向ける外からの刺激としてのインセンティブをうまく扱えなかった方が負けている。

6〜9 多くの学問がインセンティブを検討の対象とするが、人間行動の動機づけの外発性と内発性の境界は明らかでないことも多い。

10〜14 法はインセンティブを提供する道具として、内発外発両方の動機づけに関わり、インセンティブの概念を用いることで、人間行動のまちがった把握を防ぐことができる。

15〜17 法の効果の内発性と外発性については、明確に区別できない場合があるのに、その区別への研究者のこだわりによって、法のもたらすインセンティブについて十分に解明されているとは言えない。

18〜20 インセンティブがそれとは逆方向の行動を導く場合や、内発的動機づけを阻害する事例があるため、インセンティブの正確な把握には時間がかかりそうだ。

本文解説

インセンティブという概念の重要性を論じた文章である。

まず1〜3で、筆者はイソップ寓話をあげて「インセンティブ」すなわち〈個人が特定の行動を選ぶように仕向ける外からの刺激としてのインセンティブ〉を扱えなかった方が敗北する話だと論じる。こうした「インセンティブ」は、4〜7に示されるとおり、人間の行動を導く要因となるので、人間の行動を扱う学問では欠かせない課題である。

8〜10で筆者は、人々の行動の外発的要因であるインセンティブが、同時に人々の内発的意思を導くものであり、内発的動機づけと区別できない場合もあることを指摘する。そうした問題もあって、「法」が人々を導くインセンティブの探究には困難が伴う。

さらに、18以降で筆者は、インセンティブが導きたい方向とは逆の方向に、人間の行動を駆り立てることもあることを指摘する。したがってインセンティブの働きかけの解明には、まだ時間がかかると考えられる。

発展

「法」というと、[12]にあるとおり「強制のための手段」、すなわち人々の行動を外部から拘束して、社会秩序を守らせるものというイメージが強い。しかし、この文章では[11]で「法は人々の自律的な意思決定を通じて行動をコントロールすることを目指している」と述べ、「自発」性を促すものだと考えている。そこでキーワードとなるのが「インセンティブ」という語である。「インセンティブ」は企業の報奨金という意味で用いられることも多いが、仮に未知の語だったとしても、うろたえないこと。本文の[5]に「インセンティブ」の定義がきちんと示されている。この語のように、読者が知らない可能性のある言葉に関しては、本文中に解説があるか、あるいは本文末に語注がついて意味が示される場合も多いので、動揺することなく読み進めるべきだろう。この文章では、「インセンティブ」の概念を[5]できちんと理解できれば、本文後半の「外発」と「内発」をめぐる問題なども読み解くことができるはずだ。

参考図書

『しんがりの思想　反リーダーシップ論』鷲田清一（角川新書）

少子高齢化が進む社会において、強いリーダーや専門家の言いなりになり、公共のサービスにただ依存するような態度は好ましくない。求められるリーダーは、登山グループの「しんがり」のように、最後尾から弱者を含めて気を配る存在であるべきだ。そして、市民一人一人が主体性をもって互いに支えあう関係を築く社会に向かう必要がある、ということを訴えた書。

『「正義」を考える　生きづらさと向き合う社会学』大澤真幸（NHK出版新書）

多様化する現代社会では、自分の生や社会を一つの物語で解釈することが困難になり、人々が社会の中での自分の役割を見出すことも難しくなっている。そうした中で、筆者は「正義」をめぐる旧来の議論を振り返りつつ、「正義」の考察へと導く社会の状況について幅広く論じていく。

筆者紹介

飯田高（いいだたかし）　一九七六（昭和51）年兵庫県生まれ。法社会学を専攻する学者。『〈法と経済学〉の社会規範論』（勁草書房）、『危機対応の社会科学』（東京大学出版会・共著）などの著作がある。本文は、『法と社会科学をつなぐ』（有斐閣・二〇一六年刊）によった。

記述上達への一歩

とにかく書こう！

よく、記述問題なのに解答を書かずに、本文と設問を見て「だいたいこんな解答を書けばいいだろう」と頭の中で解答イメージを作り、正解例を見て「解答イメージと合致していたので大丈夫」と考える生徒がいるが、そうした安易な勉強では記述問題の力は養われない。「だいたいこんな解答を書けばいい」とわかっていても、いざ解答欄に書こうとすると、うまくまとまらないのが記述解答の難しさである。記述解答は、解答を実際に書く訓練を通じて初めて力が向上するものなのである。また、あまりに慎重になりすぎて、記述解答の冒頭の書き出しでつまずいてしまうのも困りもの。ある程度解答のポイントが出そろったら、すぐに書き出す勇気をもってもらいたい。

設問について

解答　配点 50点

問1　ア 奏　イ 方略　ウ 優遇　エ 片隅　オ 示唆　各2点

問2　1 教訓を語る物語 7字（諷刺を込めた物語 8字）
2 きらきらと輝き 7字　各2点

問3　旅人に暑さを感じさせた太陽と、強引に服を吹き飛ばそうとした北風の勝負では、服を脱ぐ気をおこさせる外からの刺激を与えることに失敗した北風が負けているということ。 79字　10点　⬇セルフチェックへ

問4　[a]法は、刑罰や義務などによる[b]外発的な誘導により、[c]自律的な意思決定を導く[d]内発的な動機づけも与えることで、[e]人々の行動をコントロールする効果をもたらすと考えている。 78字　12点

基準
a 法は、罰（＝義務・利益誘導・外的刺激など）により 3点
b （aは）外発的 2点
・「外発的インセンティブを与え」も可。
・「インセンティブを与え」のみは不可。
c 人々の意思決定を導き 2点
d （cは）内発的 2点
e 人々の行動をコントロール（＝制御）する 3点
＊bdを「内発的にも外発的にも動機づけを与え」としても可。
＊「内発」「外発」の二語を用いていない解答は問4全体で0点。

問5　[a]イスラエルの託児所で、親が子を引き取る時間を守るように導くため[b]遅刻者に罰金を科すという、外発的動機づけの効果を試す実験をしたところ、[c]託児所の時間外対応が好意によるものではなく金銭によるサービスとして認知され、[d]逆に遅刻が増加したということ。 119字　14点

基準
a 託児所で親が子を引き取りに来る時間を守るよう 4点
・「託児所で子を引き取る親の遅刻を減少させるため」も可。
・「託児所」と「子を引き取る」の両方の内容がないものは不可。
b 遅刻者に罰金を科すようにした 3点
c 託児所が所定の時間外に預かるのは金銭的な取引と認知され 4点
d 遅刻する人数が増加した 3点

設問解説

問1

イ 「方略」。「法略」などとしないよう注意。
エ 「片隅」。「片隈」などとしないよう注意。
オ 「示唆」。「示差」などにしないよう注意。

問2

1の「寓話（ぐうわ）」は〈教訓または諷刺などを、動物や他の事柄でたとえて語る物語〉。十字以内での説明となると「教訓を語る物語」・「諷刺を込めた物語」などとまとめるのが妥当だろう。2の「燦々（さんさん）と（燦々たり）」は〈きらきらと輝くさま〉を表す。「きらきら」「輝き」のいずれかに言及していれば可。

パターン
問3

「旅人の服を脱がせる勝負」で「インセンティブをうまく扱えなかったほうが負けている」とはどういうことかを答える問題。例題で見たとおり「AはBといえる・Aの場合はBだ」を説明する場合には、Aの性質や内容を説明しながら、それがBになることがわかるように説明するのが望ましい。つまり「旅人の服を脱がせる勝負」の内容を説明し、それが「インセンティブ」をうまく扱えなかった方の負けになることがわかるように説明する。

まず「旅人の服を脱がせる勝負」とは、1に書かれているとおり「北風は力いっぱい吹きつけて旅人の服を飛ばそう」として失敗し、「太陽」は日射しを強めて暑さで旅人の服を脱がせることに成功した、というもの。「勝負」の内容は、設問の指定どおり「具体的」に説明する必要がある。

次にこれが「インセンティブ」をうまく扱えなかった方の負けになるとはどういうことかだが、まず「インセンティブ」とは、直後に「ある個人に特定の行動を選ぶように仕向ける要因」、あるいはその後に「その気を起こさせる外からの刺激」を意味する語だと説明されている。「旅人の服を脱がせる勝負」においては「服を脱ぐ気持ちを起こさせる外からの刺激」が「インセンティブ」であり、それを与えられなかった北風が負けているということなのである。

以上から、〈a太陽は旅人に暑さを感じさせ、b北風は強引に服を吹き飛ばそうとしたが、c服を脱ぐ気を起こさせる外からの刺激をd与えることに失敗した北風が負けている〉という点を示すことが正解の条件になる。

なお、この設問では「旅人の服を脱がせる勝負」だけが問われているので、3の「旅人の帽子をとる勝負」に言及する必要はまったくない。

SELF CHECK セルフチェック

最重要ポイント

〈北風と太陽の、旅人の服を脱がせる勝負〉と「インセンティブをうまく扱えなかったほうが負けている」という判断の結びつきを説明する問題なので、両者の内容をきちんと説明することが重要。

□ **〈(勝負における) abの違いは、(インセンティブの扱いに関して) cdの事態をもたらしている〉という筋道の解答になっているか。**

北風と太陽のうち片方にしか触れていないもの（ａｂの片方のみの解答）や、ｃの説明をせずに「ｂはインセンティブを与えることに失敗している」のみの解答では、説明が不十分である。

10点

模範解答と採点基準

旅人に暑さを感じさせた太陽と、強引に服を吹き飛ばそうとした北風の勝負では、服を脱ぐ気を起こさせる外からの刺激を与えることに失敗した北風が負けているということ。［79字］

基準

ａ 太陽は旅人に暑さを感じさせ ［2点］

ｂ 北風は服を吹き飛ばそうとした・風を吹きつけた ［2点］

・単に「旅人の服を脱がす」のみは不可。

ｃ 服を脱ぐ気を起こさせる外からの刺激を与える ［3点］

・「脱がすことを仕向ける」も可。

ｄ ｃに失敗した北風が負けている ［3点］

・「ｃに失敗」「北風が負けている」の片方のみは不可。

採点シミュレーション

6／10点

解答例1

北風は太陽と違って旅人の服を脱がす勝負でも、帽子を脱がす勝負でも、旅人に対して脱がすことを仕向ける刺激を与えることに失敗したため、服を脱がす勝負では負けている。［80字］

ａｂに触れていない。ｃｄは一応可。問われていない「帽子を脱がす勝負」に言及してはいけない。

3／10点

解答例2

インセンティブを使わなかった北風は、相手に旅人に服を脱がせるという行動を選ばせることができないが、太陽は旅人に服を脱がせるにはどうすれば良いかを考えたこと。［78字］

ａｂが出ていない。ｃのインセンティブの説明はあるが、ｄはｃの失敗と敗北を結びつけていないので不可。

表現チェック

□北風と太陽の用いた方法を、具体的に説明しているか

□「インセンティブ」の意味をきちんと説明して、勝敗に結びつけているか。

問4

まず筆者は「法」が目指している「人間行動」への「効果」について、[11]で「法は人々の自律的な意思決定を通じて行動をコントロールすることを目指している」と述べている。その一方で、[12]では、「法はインセンティブを提供するための道具」だと述べている。つまり「法」は問3で見たインセンティブ（＝ある個人に特定の行動を選ぶように仕向ける外からの刺激）を提供するものなのである。具体的にはa法の定める刑罰や義務など（[11]）のb外発的な刺激＝インセンティブにより、特定の行動を選ぶようなc人々の自律的な意思決定を導く、d内発的動機づけを与え、e人々の行動をコントロール（＝制御）する効果を人々に与えるのである。

解答に際しては、『内発』と『外発』という語を用いて」という指定があるので、二つの語を用いる必要がある。その際、できれば[5]で定義されていた「インセンティブ」の性質に即して、〈「外発」的なインセンティブにより「内発」が導かれる〉という関係がわかるような解答を心がけること。

解答ポイントがいずれも傍線部とは少し離れた箇所に書かれているので、やや難しかったかもしれない。また、前後の文脈に固執すると「法が人々の行動に影響を与えるインセンティブは充分に解明されているとは言えないが、それは外発・内発の二分法にこだわりすぎているからだ」といった内容にしがちだが、ここでは現実の法の「目指している」効果が問題なので、直前の表現で言うと「法の意図するインセンティブ」に的を絞って説明する必要がある（法が結果的にもたらした効果などは問題ではない）。また文末も「……と考えている。」とする必要はなく、「〜効果。」や「〜ということ。」などでも可とする。

問5

まず、傍線部の「インセンティブ」とは、今まで見たとおり、「ある個人に特定の行動を選ぶように仕向ける要因」（[5]）あるいは16行目の「その気を起こさせる外からの刺激」を意味し、これが「逆効果」になるというのは、求められる行動とは逆の行動を引き起こすことが想定される。

問は、「傍線部以下の実験結果に即して……具体的に説明せよ」というものなので、「傍線部以下」の具体例に即していうと〈aイスラエルの民間の託児所で親が子を引き取りに来る時間を守るように導くため、b遅刻者には罰金を徴収するという外発的な刺激を与える〉ことが、ここでの「インセンティブ」になる。そして「逆効果を生む」とは、その「結果」が〈遅刻者が減るだろうという〉予期に反して、d遅刻する人数が増加する事態をもたらしたことを指している。なぜ、予想とは逆の事態が生じたかという点についても、[19]に〈c託児所が所定の時間外に子供を預かるのは好意によるものではなく金銭的な取引と認知されたからだ〉という解釈が示されている。以上をまとめること。

百二十字とはいえ、ていねいに書くと字数を超えてしまうので、右の主要な論点を凝縮してまとめるよう気をつけること。

子規の画　夏目漱石

本文について

構造図

〈出来事〉
・子規が生前送ってくれた東菊の画と二通の手紙を掛け軸に仕立てた。

〈心情〉
・掛け軸を眺めると淋（さび）しい気持ちになった。
・画には拙さが表れていたが、そうした部分を開花させることのないまま早世した子規をしのんだ。

百字要約

亡き子規がのこした東菊の画を手紙と共に掛け軸に仕立てたが、眺めてみると淋しい感じがした。子規は、俳句や歌に限らず全てに巧みだったが、画は拙かった。子規には生きて、そうした「拙」を開花させて欲しかった。（100字）

段落要旨

[1][2] 東菊の画は、生前子規が「余」（＝漱石）の帰京を心待ちにする気持ちを詠んだ歌を添えて送ってくれたものだが、「余」は散逸を恐れ、それを二通の手紙と共に掛け軸に仕立てた。

[3] 掛け軸は、白地に一輪ざしの東菊が三色だけで描かれたもの悲しい画を、寒々しい藍（あい）色の表装で仕立てたものであり、眺めてみると淋しい感じがした。

[4]〜[6] 子規は、簡単な東菊の画を描くために非常な努力を惜しまなかった。俳句や歌に限らず全てに巧みだった子規が、画だけは拙かった。子規が、画に表れた「拙」という新たな可能性を大きく開花させてくれたならば、いま感じている淋しさが償（つぐな）われ、慰められるように思えるのだが、早世した子規には、そのための時間が残されていなかった。

本文解説

本文は、「亡友の記念（かたみ）」である東菊の画を掛け軸に仕立てた経緯の説明から始まる。[1]にあるように、「余」は大切な画が散逸することを恐れたのである。

そうしてできた掛け軸を眺めた「余」は、[3]にあるように、「いかにも淋しい感じ」を覚える。もちろんそれは掛け軸自体から受ける印象であるのだが、その画に添えられた歌の内容を考えたとき、画を送ってくれた当時の子規の孤独に思いを向けていると考えることができるだろう。

[4]以降は子規の画に表れた「拙」を中心に話が進んでいく。俳句や歌に限らず全てに巧みだった子規が、画だけは「拙」だった。掛け軸を眺める「余」は、子規がもっと生きてその「拙」を開花させてくれたならどれほどよかっただろうと思わずにはいられなかったのだ。

本文全体に貫かれているのは、早世した子規を哀惜する「余」の深い思いである。そうしたことを丹念に読み取ってほしい。

発展

今日においては、電子書籍という形で文字情報を読むということが一般化しつつあるが、かつての読書とは、手触りを持つ物質としての本を読むという行為に限定されていた。作家が、自らの文学を「本」という形あるものにするとき、その本を美しい装丁で飾ったうえで読者に手渡したいという願望を持つのは、ある意味自然なことではないだろうか。そして漱石は紛れもなくそうした作家の一人であり、事実、漱石のデビュー作『吾輩は猫である』は、橋口五葉の手によってまさに美術品のような趣のある一冊となり、本をめぐるデザインの世界に革命をもたらすことになったのだ。

美しい装丁にこだわった漱石は、美術自体に深い造詣があったことで知られているが、そうした漱石に決定的な影響を与えたのは、二年におよぶロンドン留学だった。たとえば、『坊っちゃん』の中に、登場人物が風景画の巨匠として知られるターナーに言及する場面がある。ロンドン留学中の漱石は、ターナーを初めとして、数多くの優れた西洋絵画に触れ、西洋美術を身をもって学んでいく。それは当時の多くの日本人にとって、どれほど願ってもかなうことのない得がたい体験だったといえるだろう。漱石は、そうした体験で得たものを、しばしば自らの文学作品の中で披露していくのである。

そうした漱石は、鑑賞にとどまらず、自ら絵筆をとった。漱石は、親交の深かった画家であり、漱石作品の装丁も手がけた津田青楓(せいふう)に宛てた手紙で「私は生涯に一枚でいゝから人が見て難有(ありがた)い心持(こころもち)のする絵を描いて見たい」という心情を吐露している。誰しもが認める一流の文学者であり、子規の画を愛情をこめて「拙」と評する漱石は、絵の描き手としては、自らの文学における達成に全く届くことがなかった。おそらく漱石における美術に関する最も高い到達は、『こゝろ』を自らの手で装丁したことだといえるだろう。漱石にとって美術とは、文学に欠かせないものという意味をこえて、思うにまかせぬからこそ、憧れてやまぬ理想の世界だったとみるべきかもしれない。

参考図書

『漱石・子規　往復書簡集』和田茂樹編（岩波文庫）

漱石と子規は共に一八六七年生まれ。二人は、東京大学予備門予科（後に第一高等中学校に改称）の同級生であり、寄席が共通の趣味であったことがきっかけで親しくなったとされている。そうした二人の親交は、子規が一九〇二年に亡くなるまで続き、互いの文学や生き方にも大きな影響を与え合った。本書は、漱石が批評を求めて子規に送った俳句と子規の添削を含め、その間に交わされた手紙を年代順に収録したものである。

『硝子(ガラス)戸の中(うち)』夏目漱石（岩波文庫・新潮文庫など）

文豪漱石は小説だけでなく、随筆においても極めて優れた書き手だった。本作は、書斎のガラス戸の中に籠もる単調な日常に、かすかな変化を与える出来事や思い出が綴られたものである。ささやかな出来事や回想の中にこそ、わずかな苦みを伴った人生の滋味があり、広がりもある。小説とは異なる漱石文学の魅力を伝えてくれる珠玉の随筆集である。

筆者紹介

夏目漱石(なつめそうせき)　一八六七（慶応3）年〜一九一六（大正5）年。現在の東京都新宿区に生まれる。東京帝国大学英文科卒業後、松山中学、第五高等学校で英語を教え、英国に留学した。帰国後、一高、東大で教鞭をとる。一九〇五年には『吾輩は猫である』を、その翌年には『坊っちゃん』『草枕』などを次々と発表し、大きな話題となった。一九〇七年、東大を辞し、新聞社に入社し、創作に専念。『三四郎』『それから』『行人』『こゝろ』など、日本文学史に輝く数々の傑作を著した。なお、本文は『夏目漱石全集10』（ちくま文庫・一九八八年刊）によった。

設問について

解答　配点 50点

問1 ア 散逸（散佚）　イ 襲　ウ 企　エ 愚直　オ 免　各2点

問2 自分の画の拙さを自覚し、それを病身の不自由さゆえだと釈明しつつ、友のために懸命に描いたことをわかってもらおうとする心情。 60字 10点 ⬇セルフチェックへ

問3 眼前の一幅は、白地に一輪ざしの東菊が三色だけで描かれたもの悲しい画を寒々しい藍色の表装で仕立てたものであり、それを見るとその画を送ってくれた当時の子規の孤独がしのばれるということ。 90字 12点 ⬇セルフチェックへ

問4 X　いかにも無雑作に俳句や歌を作り上げる 18字 4点

Y　拙くてかつ真面目である 11字 4点

問5 病床で描いた画に表れた「拙」という新たな可能性を開花させることのないまま早世した友を愛惜する心情。 49字 10点 ⬇セルフチェックへ

設問解説

問1

ア　「散逸」。〈まとまっていた書物・収集物などが、ばらばらになって行方がわからなくなること〉という意味。「散佚」とも書く。

エ　「愚直」。〈正直すぎて気がきかないさま〉という意味。

問2

傍線部Aの言葉は、子規が「余」に送った東菊の画の傍らに加えた「註釈（＝解釈）」の一部であり、〈東菊の画の下手なのは、病気のせいだと思ってください〉という意味であるが、傍線部に続く部分から次のようなことがわかる。

・子規は東菊の画を「肱をついて描い」た。

・「余」は、東菊の画を「自分（＝子規）でもそう旨いとは考えていなかったのだろう」と考えた。

こうしたことを踏まえた上で、傍線部を言い換えると、a自分の画の拙さは自覚しているが、それはb病気ゆえに無理な体勢で描かなければならなかったのだから、そのことを理解してほしい、というようなことになるだろう。つまり、本文中では「註釈（＝補足的説明）」とあるが、ここで示されているのは、むしろ子規のc釈明や言い訳とでもいうべき内容なのである。

それではなぜ子規は言い訳めいたことを書かなければならなかったのだろうか。それを理解するためには、東菊の画がどのような画であったかを確認する必要がある。東菊の画は淋しい印象を与える簡素な画だが、14行目にあるように、子規はそうした画を描くために「非常な努力を惜しまなかった」。なぜ子規は「非常な努力を惜しまなかった」のか。子規が病身

であり、画を描くために非常な努力を必要としたという事情や文章を書くようには自在に画を描くことができなかったという理由もあるだろうが、何より「余」のために描いたものだからであるとはいえないだろうか。東菊の画が「余」を思って描かれたものであるということは、その画に添えられた「余」の帰京を待ちわびる気持ちを詠んだ歌からも明らかである。つまり、子規は「余」に対して〈拙い画ではあるが、d君（＝余・友・漱石）のために病身を押して懸命に描いたのだから、そこをくみ取ってほしい〉という思いを持っていたのである。

SELF CHECK セルフチェック

最重要ポイント

ここで問われているのは、子規の「心情」である。したがって、次の点をチェックしてみよう。

□ **子規は、自分が「余」に送った画が、「余」のために懸命になって描いたものであることをわかってもらいたいと思っていた。**

こうした内容がないとただ傍線部をなぞっただけの解答になってしまい、「心情」の説明にはならない。この問いに限らず、何が問われているのかということを十分に意識して解答を作成するということを忘れないようにしてほしい。

模範解答と採点基準

10点

[a]自分の画の拙さを自覚し、[b]それを病身の不自由さゆえだと[c]釈明しつつ、[d]友のために懸命に描いたことをわかってもらおうとする心情。 60字

基準

a 自分の画の拙さを自覚していた 2点

・画が「拙い」という内容とそのことを子規が「自覚していた」という内容が必要。その両方がない場合は不可。

・「拙さ」は「技量不足」などでも可。今回は、「自覚していた」とのつながりを必須にしているので、傍線部中の表現でもある「下手い」も許容する。

・「自覚していた」は、「気づいていた」などは可。「恥ずかしく思った」「申し訳なく思った」「もどかしく思った」なども可。

b それを病身の不自由さゆえだと 2点

・aと「病気の不自由さ」「病床で身体が自由に動かせない」「病気で無理な姿勢を強いられる」などということを結びつけていればよい。

・単に「病気」「病床にある」「病身」とあるだけで、それゆえに「描くことに支障がある」「画を描きにくい」「不自由だ」という内容がない場合は不可。

c 釈明し 2点

・「釈明」は、「言い訳」「弁明」「弁解」などでも可。

・「註（注）釈を加える」などは1点。

d 友のために懸命に描いたことをわかってもらおうとする心情 4点

・「友（＝余・漱石）のため」という内容で1点、「懸命に描いた」という内容で2点。「わかってもらおうとする」で1点。「わかってもらおう」は、「わかってほしい」「察してほしい」なども可。

採点シミュレーション

3／10点

解答例1

画を上手く描くことができなかった恥ずかしさを、病気のせいにすることでごまかしながらも、そのことを察してほしい心情。 57字

ポイントはおさえることができているが、やや不正確。より精度の高い解答を目指そう。

解答例2

自分の絵が下手なのは病気で身体が動かしにくいせいだと言い訳することで、一生懸命に描いたことをわかってほしいと思う気持ち。60字

7　10点

本文内容をよくおさえた解答。より正確な表現を心がけよう。

表現チェック

□本文末尾が「……から。」「……ので。」などのような理由説明になっていないか。

パターン **問3**

「壁にかけて眺めて見る」といかにも「淋しい感じがする」とはどういうことかを答える問題。したがって、ここでは「壁にかけて眺めて見る」ということ（＝A）の内容を明らかにすることで、それが「淋しい感じがする」（＝B）とはどういうことかがわかるようにする必要がある。まず、Aについてだが、「余」がこのとき見ているのは、20行目で「この幅」とされている、a東菊の画を二通の手紙と共に掛け軸（＝一幅・幅・懸物）に仕立てたものである。「余」はこの掛け軸から「淋しい感じ」を受けたのだから、「余」が見ている掛け軸の何が「淋しい感じ」を与えるのかを押さえる必要がある。そう考えて本文内容を確認すると、傍線部Bの直後から13行目の「どう眺めても冷たい心持ちが襲って来てならない」までの間で、掛け軸の具体的な描写がなされていることに気がつくはずである。それは、b白地に一輪ざしの東菊が三色だけで描かれたもの悲しい画をc寒々しい藍色の表装で仕立てたものであった。このa～cが、Aの内容となる。なお、aについてはbと重なる内容も多いことから、眼前の一幅などと簡潔に表現すればよい。

以上がAであるが、これだけで解答を終わらせてはいけない。1行目にあるように、そもそも東菊の画は子規がのこしてくれた「記念」であった（「記念」に「かたみ（＝死んだ人や別れた人を思い出すよりどころとなるもの。残した品や遺品、遺児）」とふり仮名がふってあることに注意しよう）。しかも東菊の画には病気の身で「余」の帰京を待ちわびる子規の思いが詠まれた歌が添えられていた。当然、「余」の目にはそうした歌も映っていたはずである。したがって、dその画を送ってくれた当時の子規の孤独がしのばれるといった内容を加える必要がある。dは、掛け軸を「壁にかけて眺めて見」ているときの「余」の心情であり、Bの詳しい説明とも言える内容であるが、こうした内容がなければ、〈掛け軸をかけて眺めて見ると淋しい感じがする〉ということ自体を十分に説明したことにはならないので書き忘れることのないようにしたい。

SELF CHECK セルフチェック

最重要ポイント

この設問に正しく答えるには「余」が「壁にかけて眺めて見」ていたのが、どのような掛け軸だったのかを過不足なく説明する必要がある。次の点をチェックしてみよう。

□**東菊の画が白地に三色という少ない色数で描かれたもの悲しい画であること、そしてそれが寒々しさを感じさせる藍色で表装されているということをきちんと書くことができているか。**

こうした内容を押さえた上で、さらに解答として書くべきことはないかを考えていこう。

模範解答と採点基準

12点

[a]眼前の一幅は、[b]白地に一輪ざしの東菊が三色だけで描かれたもの悲しい画を[c]寒々しい藍色の表装で仕立てたものであり、それを見ると[d]その画を送ってくれた当時の子規の孤独がしのばれるということ。90字

基準

a 眼前の一幅は［2点］

・「壁にかけている」「眺めて」いるものが、「一幅（＝幅・掛け軸・懸物）」であることが書かれいることが必要。単に「一幅」とある場合は1点。

b 画＝白地に東菊が三色だけで描かれたもの悲しい画［4点］

・「画」が「東菊（が描かれている）」、「白地（に描かれている）」「三色（で描かれている）」、「もの悲しい」というそれぞれの内容で1点ずつ加点する。なお、「三色」は「少ない色数」などでも可。

・「東菊」については、「東菊」という言葉がなくとも、「開いた花が一輪だけ」「蕾が二つだけ」「葉が九枚しかない」など、東菊の具体的な説明がされていればすべて許容。

・「もの悲しい」は、「簡単な」「簡素な」などでも可。「淋しい」「寂しい」は、傍線部中の表現なので不可。

c 表装＝寒々しい藍（色）を用いた［2点］

・「表装」または「絹地」の色が「藍（色）」であるという内容で1点、「藍（色）」が「寒々しい（感じを与える）」「寒色」であるという内容で1点。

・「藍（色）」という内容が示されていなくても「表装」が「寒々しい（色）」「寒色」であるということが示されていれば1点与える。

d 当時の子規の孤独がしのばれる［4点］

・「亡き友を思う」「子規を思う」という内容があれば可。

・「子規はすでに亡くなっている」「病床にあって画をかいた」などのように「余」の心情に言及されておらず、事実だけが書かれている場合も許容する。

採点シミュレーション

5／12点

解答例1

ただでさえ色数も少なく、主題である花も葉も少ないため淋しい印象を受ける画であったが、寒い藍色の表装で懸物にしたことによりいっそう淋しさが際立って感じられるということ。［83字］

「懸物」と子規との関わりについても説明しよう。

9／12点

解答例2

眺めている掛け軸は、東菊を三色だけで描き、藍色で表装をした淋しい感じがするものであるが、それを見るとその画を描いてくれた亡くなった友のことが悲しく思い出されるということ。［85字］

上々の出来ばえ。細かな部分まで正確に表現することを心がけよう。

表現チェック

□本文末尾が「……こと。」になっているか。（「……から。」「……ので。」などのような理由説明になっていないか）

問4

傍線部C中の「余は微笑を禁じ得ない」という表現が、空欄X・Yを含む一文の「ほほえましく感じている」に対応するものであること、そして「余」が、「ほほえましく感じている」対象が「子規の描く画」であることは、空欄X・Yを含む一文からも、傍線部Cに至る本文の表現からも明らかである。それではなぜ「余」は「子規の描く画」を「ほほえましく感じている」のか。それは、傍線部Cの1行前にあるように「東菊によって代表された子規の画」が「拙くてかつ真面目である」（11字）からである。

一般に、そうした表現は「画」に対する褒め言葉としてみなされることはない。しかし、「余」は、自らがそう評した子規の画を「ほほえましく感じている」。だからこそ、空欄X・Yを含む一文は「むしろほほえましく」という形になっているのだろう。空欄Yには「拙くてかつ真面目である」（11字）を入れればよい。

それでは、空欄Xには何を入れればよいのか。傍線部Cに至る文脈を確認すると、「余は微笑を禁じ得ない」のは、「才を呵して直ちに章をなす」、つまり〈才能のおもむくままに作品ができあがる〉子規の「文筆（＝文学）」の冴えが、「画」に関しては全く発揮されることがないからであることがわかる。つまり、空欄Xには、「才を呵して直ちに章をなす」（12字）と同じような意味の言葉で、指定された字数にかなうものを傍線部Cまでの本文から探せばいいということになる。そうした条件にかなう本文中の表現は「いかにも無雑作に俳句や歌を作り上げる」（18字）であり、したがって、これを空欄Xに入れればよい。ちなみに空欄Yに14行目の「非常な努力を惜しまなかった」（13字）を入れた人がいたかもしれないが、子規が画において「非常な努力を惜しまなかった」のであれば問題ないが、「子規の描く画が、」「非常に努力を惜しまなかった」では日本語の表現として不自然であるので、正解にはならない。こうした問題の場合、意味内容だけでなく、日本語の表現として不自然ではないかということにも留意してほしい。

問5

傍線部Dを含む一文を、そこに至る内容を補って言い換えれば〈子規が、自らの画に表れた拙さをもう少し雄大に発揮させることができれば、余が子規の画から受ける淋しさが償われ、慰めになったかもしれないが、それはできないことだった〉ということになる。傍線部Dを含む一文の内容を細かくみていこう。

「でき得るならば……したかった」とは、結局〈望んだが、できなかった〉ということである。また、「淋しさ」とは、問3で確認したように子規の画から受けた印象であると同時にそこには〈亡き友をしのぶ気持ち〉があった。また「拙な所」とは、問4で確認したように、a子規が唯一画に関しては拙かったということを指す。さらに、あらゆる面において巧みであった子規が「拙」を雄大に発揮するということは、それまでになかったb新たな可能性をc開花させることを意味することになるだろう。なお、「拙」というと否定的な評価しか思いうかばないかもしれないが、漱石は、子規に足りなかった可能性として、〈拙＝「愚直」な素朴さ〉を肯定的に捉えていることに注意しよう。

しかし、cそうしたことはかなわなかった。それはなぜか。子規はこの時点ですでに十年ほど前に死去している。三十代半ばで早世した子規には、「拙」という新たな可能性を開花させるだけの時間が与えられていなかったのである。「余」は、d亡友子規をしのび、その早すぎた死を深く悼んでいるのである。

SELF CHECK セルフチェック

最重要ポイント

「余」の子規に対する心情を正確に理解し、表現することができていたか、次の点をチェックしてみよう。

□ **「余」の子規に対する哀惜の念、その早すぎた死を悼む気持ちをきちんと書くことができているか。**

「余」の子規に対する哀惜の念は、本文を広く覆っているが、そうした思いは、最後の一文において極まっている。ただし、漱石はそうした思いを〈ひどく悲しい〉などと書くようなことはしない。行間を読み取る力が試されているとも言えるだろう。

模範解答と採点基準

10点

[a]病床で描いた[d]画に表れた[e]「拙」という[b]新たな可能性を[c]開花させることのないまま早世した友を愛惜する心情。 49字

基準

a 画に表れた「拙」 2点

・子規の画が拙いということが示されていればよい。

・ただ「拙」とあるだけで、何について「拙」なのかが示されていない場合は不可。

b「拙」＝新たな可能性 1点

・「新たな領域」なども可。「拙が（むしろ）魅力的である」という書き方でも許容。

c（aとdを）開花させることがなかった 2点

・「開花させることがなかった」は、「発揮できなかった」「伸ばせなかった」などでも可。

・「開花してほしかった」「発揮してほしかった」「伸ばしてほしかった」などのような書き方でも可。

d 友は早世した 2点

・友（子規）が早く死んだ、若く死んだということがわかる書き方であればすべて可。「子規には時間が与えられていなかった」というような書き方でも許用。

e 友を哀惜する 3点

・「哀惜」とは〈人の死など、帰らないものを悲しみ惜しむ〉という意味。したがって「友（子規）を悼む」「友（子規）を哀悼する」「亡き友（子規）を思う」「子規の死を残念に思う」などはすべて可。

・「死」にふれることなく単に「友（子規）を思う」などとした場合は2点。ただし、dの要素につなげて「早世した友を思う」などとした場合は、減点せずに、d2点＋e3点とする。

採点シミュレーション

5／10点

解答例1 生前の拙いところが全くなかった子規が唯一筆者に見せた拙さに子規の人間性を感じ子規の死を哀悼している。 50字

10／10点

解答例2 子規は絵だけは下手だったが、そうした魅力を伸ばすことがないまま早く死んだ子規を悲しむ気持ち。 46字

上々の出来ばえ。読解力や表現力にさらに磨きをかけていこう。

表現チェック

□ 本文末尾が「……から。」「……ので。」などのような理由説明になっていないか。

問題
P.44
|
P.51

内容説明

パターン
②

物事の違いを説明する

本文

Xは……a……であり、……b……でもある。一方Yは……d であり、……e……である。
また、Yは……f……だが、Xは……c……である。

ポイント整理

X ⇒ abc
Y ⇒ def

XとYの違いを説明した解答

○ Xはabcであるが、Yはdefである（という違い）。
× Xはabcだが、Yはそうでない。
× abcであるかdefであるかの違い。

評論文には、二つの事柄を対比させながら物事を論じたものも多く、そのため二つの物事の違いを説明させる記述問題も、入試で頻出する。その場合、二つの物事それぞれのポイントを見いだして整理し、両者を対比して説明するのが基本（上図参照）。

つまり「XとYの違いを説明せよ」という問題では、Xという物事と、Yという物事の対照的な性質を整理して「Xは……だが（に対し）、Yは……。」という解答形式をとることが望ましい。

よく「Xと異なりYは……」など、XYの片方だけしか説明していない解答や、「……であるか否かの違い」などXYのどちらが「……である」のかがわからない解答を見かけるが、いずれも問いかけに対してきちんと説明したことにならないので、注意しよう。

例えば「日本人と西欧人の違い」を答える問題で、「日本人と異なり西欧人は個人主義的である。」や「個人主義的であるか否かの違い。」と書くだけでは不適切。「日本人は協調性を尊ぶが、西欧人は個人主義的な自己主張を尊ぶ（という違い）。」などと、両者を明確に対比した解答が求められる。

さらに、二つの物事の違いを説明するのだから、両者の対照的なポイントを中心に対比して答えるのが重要。右の問いでいえば、「西欧人は格差社会を生きているが、日本人も格差社会を自覚しつつある。」など、両者の共通項を答えたりするのは不可。さらに「日本人は自己主張しないが、西欧人は公共性を尊ぶ。」といった、対照的とはいえないポイントを対比しただけの解答も不適切である。

問題 P.44

歴史と出会い、社会を見いだす

佐藤健二

解答

内向きのことば[a]は、すでに確立した親密な間柄を前提に[c]、感情の動き[b]を素直に表現するが、外向きのことば[d]は、公的な場で、周到な配慮の[e]もと、相手との社会的な関係を調整し[f]、適切な役割を果たすために用[g]いられる。（98字）

配点 20点

基準

a 内向きのことばは、親密な間柄で用いられ 3点
・「内向きのことばは確立し安定した人間関係が前提」も可。
b 感情の動きを素直に表現するもの 4点
・「形式張ることのない表現」なども可。
c 安定した関係がすでに確立・既定の関係が成立 3点
・「（ことば以前に）コミュニケーションが成立」や「ことば以前の世界とつながる」も可。
d 外向きのことばは、公的な場で 3点
・「外向きのことばは社会・世間に向かう」なども可。
e 周到な配慮のもと 3点
f 相手との社会的な関係を調整し 2点
g 適切な役割を果たすために用いられる。 2点

解説

問われているのは「ことば」の「内向き」の使用と、「外向き」の使用の違いである。まず明らかに、[2]に「内向き」のことばの説明、[3]に「外向き」のことばの説明があるので、その要点を整理しよう。

[2]の「内向き」のことばは、「家族や旧知の間柄」など「親密」な「間柄」で用いられるものであり、「形式ばることのない、喜怒哀楽の感情の動きに素直な表現」であること、さらに「すでに確立し安定した人間関係が前提」となるため、ことば以前にコミュニケーションが成立していることが指摘されている。それに対して、[3]の「外向きのことば」は、「初めて出会う他者を含め、世間に向けて」使われ、「述べるべきことを述べ、時には交渉や説得の役割」を果たすものである。その際には「失礼にならないか」など「周到さと気配りとレトリック」により「相手との社会的な距離や位置をうまく調整」することが不可欠となる。なお、[4][5]になると、「外向きのことば」の向かう世界が、広く複雑なものとなり、村社会を超えた「公」の領域に向かうものになった、という方向に論が進む。ここで、「外向きのことば」が用いられるのは、さまざまな「公」的な場であるという内容も押さえておこう。最終段落は「大人になること」の意義について述べていて、設問には関わりがない。余計な内容を解答に入れないように注意すること。

以上から、基準に掲げた「内向きのことば」のa〜cポイントと「外向きのことば」のd〜gポイントが導き出される。

aとd、bとeが対照的なポイントであることは明らかだが、cとfgの関係が少しわかりにくい。これは「内向きのことば」においては、〈新たなコミュニケーションを構築することなく、既定の関係におけることば以前のコミュニケーションが成立している（＝c）〉のに対して、「外向きのことば」では〈既定のコミュニケーションが成立していないため、相手との関係を調整しつつ（＝f）、何らかの役割を実現して（＝g）コミュニケーションを成立させることを求める〉点で、両者の相違を示すものなのである。

筆者紹介

佐藤健二（さとうけんじ） 一九五七（昭和32）年〜。群馬県生まれ。社会学者。本文は、『いまこの国で大人になるということ』（紀伊國屋書店・二〇〇六年刊）によった。

彩色の精神と脱色の精神

真木悠介

本文について

構造図

〈彩色の精神〉
現実を夢で彩るなど、なんにでも興味を示して面白がり世界を豊かなものにする。

⇕

〈脱色の精神〉
冷静で理性的な分析・還元を通じて、世界を退屈で無意味にする。
↓
近代を支配し、世界をつまらないものにした。

⇓

〈現代の課題〉
自分を成り立たせる幻想を自分で解体する逆説的事態からの脱却が課題。

百字要約

旧来の〈彩色の精神〉は世界を豊かなものにしたが、近代を支配する理知的な〈脱色の精神〉は、世界を退屈で無意味なものにした。自己の基盤となる幻想を自分で解体する逆説的事態からの脱却が、現代人の課題である。（100字）

段落要旨

[1]〜[3]『更級日記』の作者は、姉の見た夢を信じて、飼い猫を姫君ととらえ、夢によって現実に彩りを与えた。

[4][5] フロイトは現実によって夢を解釈する〈脱色の精神〉を持ち、『更級日記』は夢によって現実を解釈する〈彩色の精神〉を持つ。

[6] 冷静で理性的な脱色の精神は、分析・還元を通じて、世界を退屈で無意味にする。

[7] 彩色の精神は、なんにでも旺盛な興味を示して面白がり世界を豊かなものにする。

[8][9] 脱色の精神は近代を支配し、豊かな世界をつまらないものにした。

[10][11] 個別的な意味を剝奪された世界において、虚無を脱するには〈人生の目的〉が必要となる。

[12]〜[14] 自分を成り立たせる幻想を自分で解体する逆説的事態からの脱却が課題である。

本文解説

本文は[9]までに〈彩色の精神〉と〈脱色の精神〉の違いが示されている。

まず[1]〜[3]の『更級日記』の「夢によって現実を解釈する」あり方が[5]の〈彩色の精神〉、[4]の「現実によって夢を解釈」するあり方が[5]の〈脱色の精神〉に該当する。それぞれの精神の本質的な違いは[6]〜[8]に書かれている（詳しくは問4の解説参照）。注意すべきなのは、〈脱色の精神〉が「近代の科学と産業を生みだし」それが全世界に波及した結果、現代人は世界のすべてを「退屈で無意味な」ものととらえ「面白いこと」が見出せない虚無的状況に陥っていることである。

[10]以下で、筆者はそうした現代人の課題を考察する。虚無を脱するには〈人生の目的〉が必要である。しかし〈人生の目的〉を形成するどのような価値体系も、その根拠を見出すことはできない。近代の合理主義がいっさいの幻想を排してしまうからだ。自分を成り立たせる幻想を自分で解体する逆説的事態からどのように脱却していくのか、それが課題なのである。

発展

人間は自らを取り巻く制度的な秩序に順応して生きる存在だが、古来、制度的な秩序はすべて人々の共同の幻想で維持されてきた面がある。国家は、例えば「日本という国がある」という思い込み（＝幻想）を皆が共有して成立するものである。オリンピックやワールドカップで自国の選手を必死に応援するのは、「同じ国の仲間だ」という共同幻想に基づいている。同様に、高校野球で、同じ学校や自分の所属する都道府県の学校のチームを応援するのも、そうした幻想に基づいている。さらに「一万円札」に一万円の価値があると思い込むのも幻想（＝虚構）にすぎない。合理的に考えれば、一万円札はいかにおごそかな印刷が施されていても、ただの紙切れにすぎないからである。

したがって国家に忠誠を誓って戦う兵士たちも、蓄財に励んで大金持ちになることを目指す人も、国家や金銭に価値があるという「幻想」に取りつかれているだけだという批判的な見方が成立する。しかし、我々が人生に意味を見いだすためには、そうした幻想が不可欠だという考え方も成り立つ。そもそも、我々が何事かを夢見たり、情熱を傾けたりできるのは、その夢や情熱の向かう対象にかけがえのない価値を見いだしているからだが、その価値が「単なる幻想にすぎない」と否定されてしまえば、人生における「夢」や「情熱」さらには「生きがい」が消えてしまうことになる。しかし、合理的思考を尊ぶ「近代」は、確実に人々のかけがえのない夢や情熱や生きがいを「無根拠な幻想にすぎない」と否定的に捉える風潮をもたらした。それを筆者は問題視しているのである。

参考図書

『現代社会の理論』　見田宗介（岩波新書）

豊かになった現代社会の問題点をさまざまな角度から論じた本。情報化社会や消費化社会の問題に始まり、人口問題や貧困問題、環境や資源の問題を具体的に検証し、今後の社会のあり方を考察している。

『ものぐさ精神分析』　岸田秀（中公文庫）

本文に出てくるフロイトの精神分析の手法を用い、人間は現実を見失い幻想（私的幻想や共同幻想）の世界に生きているという「唯幻論」の立場から、人間、社会、歴史を縦横に論じた本である。

筆者紹介

真木悠介（まきゆうすけ）　一九三七（昭和12）年～二〇二二（令和４）年。東京都生まれ。本名見田宗介（みたむねすけ）。社会学者。真木悠介の名では、『旅のノートから』『自我の起原―愛とエゴイズムの動物社会学』などの著作、見田宗介の名では、『現代日本の感覚と思想』『社会学入門―人間と社会の未来』『現代社会はどこに向かうか―高原の見晴らしを切り開くこと』などの著作がある。本文は、『気流の鳴る音―交響するコミューン』（筑摩書房・一九七七年刊）によった。

記述上達への一歩

自己検証と相対化が重要

記述解答を誰かに添削・採点してもらうこと、助言してもらうことは自分の解答の客観的評価を知るために重要なことである。しかし自分の解答をまったくチェックせずに、ただ他人に見てもらうだけでは、力の向上は望めない。自分の解答を採点基準や模範解答と照らし合わせて、自分の解答に間違いや足りない部分はないのか、どうすればよい解答になったのかを自分で検証し、自分の解答を自分で対象化し客観視する訓練が必要である。そうすることを通じて、解答を作成し表現する自分とは別に、その表現を覚めた目でチェックする自己が形成され、その二者の対話を通じてよりよい解答や表現を独力で作り上げることができるようになるからだ。

設問について

解答　配点 50点

問1 ア 因縁　イ 噴水　ウ 対照　エ 固有　オ 喪失　各2点

問2 板ばさみ（「進退両難」「八方塞がり」なども可）　4点

問3 われわれの「心」の深奥に近代科学のメスを入れようと試みた　28字　8点

問4 前者は何事にも旺盛な興味を示し、面白がり、世界に独創的な意味や豊かな夢を生みだすが、後者は物事を冷静に理知的に捉え、物事の固有の意味を解体し還元し、世界を退屈で無意味なものにしてしまう、という違い。　99字　10点　⬇セルフチェックへ

問5 1　[a]近代人の生の意味への感覚を外部から支えようとする[b]すべての[c]価値体系の根拠への問い。　40字　10点

基準 a 近代人の生の意味への感覚を外部から支えようとする　4点

b すべての　2点

c 価値体系の根拠への問い　4点

2　いっさいの幻想を排する　11字　8点

設問解説

問1

ア「因縁」。「因念」などとしないよう注意。

イ「噴水」。「憤水」などとしないよう注意。

ウ「対照」。「対称」や「対象」と間違わないように。

エ「固有」。「個有」は不可。

オ「喪失」。「喪」の字に注意。

問2

「ジレンマ」は「ディレンマ」とも表記し、〈相反する二つの事の板ばさみになって、どちらとも決めかねる状態〉を意味する。五字以内という指定から「板ばさみ」が正解。「進退両難」「八方塞がり」なども一応可とする。

問3

「フロイトのいき方」についてはまず傍線部Aの直後に説明されているが、「比喩的」に述べた表現がない。例えば、「人間世界の心的機制や身体の部分を示すもの」（9行目）はフロイトが夢を分析した結果を比喩を交えずに説明した表現でしかない。また「現実の日常性の延長として分析し、解明」（10行目）も、フロイトの夢の分析のあり方を比喩なしで説明した表現なので解答にならない。この段落以外でフロイトの話が出てくるのは、20行目。ここに「『心』の深奥に近代科学のメスを入れようと試みた」という表現がある。「心の深奥に近代科学のメスを入れる」という比喩的表現（「心の深奥」を切り開いて分析するさまを、身体に「メスを入れる」ことになぞらえて表現したもの）であり、かつ「フロイトのいき方（＝フロイトの精神分析のあり方）」の答えとしてうまく適合する。

なお「こんなものショセン××ニスギナイノダ」（14行目）は〈脱色の

精神〉の一般的なあり方を示したもので、「フロイトのいき方」つまりフロイトの精神分析に限定した説明になっていないし、「比喩」にもなっていないので不可。「つまるところは退屈で無意味な灰色の荒野にすぎない」（15行目）は比喩的ではあるが、これも〈脱色の精神〉を通じて見た世界のあり方の一般的説明にすぎず、「フロイトの試み」についての説明とはいえない。

パターン

問4

傍線部Bの二つの精神は、直前に「この二つの対照的な精神態度を、ここではかりに、……というふうに名づけたい」と書いてあるので、直前のフロイトと『更級日記』のあり方を受けていることは確かである。ここから、「現実によって夢を解釈する精神と、夢によって現実を解釈する精神」といった解答を導き出しがちだが、筆者は、傍線部の二つの精神態度を、次の段落以下でより一般化して説明している。すなわち、傍線部の二つの精神態度は、「夢」だけを対象とした限定的な精神態度ではなく、世界のさまざまな物事を捉えるうえでの総合的な精神態度を意味する。したがって、傍線部直前から「夢」に対する態度の違いだけを答えるのではなく、傍線部以下の内容を視野に入れて、二つの精神態度の総合的な違いを説明すべきだろう。

〈脱色の精神〉の説明は直後の[6]に「いつもc冷静で、理性的で、たえず分析し、還元し、……世界を脱色してしまう」もの、「世界と人生」を「d退屈で無意味な灰色の荒野」にしてしまうものだと書かれている。さらに、[8]にも、「c冷静で理知的な〈脱色の精神〉」とある（「近代の科学と産業を生みだしてきた」という部分は、〈脱色の精神〉がもたらしたものであり、〈脱色の精神〉そのものの「性質」ではないので、解答しなくてもよい）。一方〈彩色の精神〉は[7]に説明されていて、「aなんにでも旺盛な興味を示し、すぐに面白がり、……物事の一つ一つに独創的な意味を見出し、……b豊饒な夢をくりひろげていく」とある。

なお、[7]にある「世界と人生は目もあやな彩りにみちた幻想のうずまく饗宴」という内容は〈「独創的な意味」や「豊饒な夢」をくりひろげる〉ことに組み込まれるので、解答に書く必要はない。また、傍線部の前に書かれていた「現実によって夢を解釈」することはcdの具体例、「夢によって現実を解釈する」ことはabの具体例としてポイントに吸収されるので、これだけを書いた場合は、部分点扱いになる。

解答に際しては、〈彩色の精神〉を「前者」、〈脱色の精神〉を「後者」として両者を対比して解答することも忘れないこと。

SELF CHECK
セルフチェック

最重要ポイント

〈彩色の精神〉と〈脱色の精神〉の違いを説明する問題なので、まずは、この両者に言及した解答形式になっていることが最低限の条件。

□ **前者は……、後者は……。（「後者は……、前者は……。」でも可）という解答形式になっていること。**

この構造をとらない解答は0点。（「前者」「後者」とせず「彩色の精神」「脱色の精神」で書いた解答も、設問の指定に反しているので0点になる。）

10点

模範解答と採点基準

前者は何事にも旺盛な興味を示し、面白がり、世界に独創的な意味や豊かな夢を生みだすが、後者は物事を冷静に理知的に捉え、物事の固有の意味を解体し還元し、世界を退屈で無意味なものにしてしまう、という違い。 99字

基準

前者

a 何事にも旺盛な興味を示し、面白がり 2点
・「旺盛な興味」か「面白がる」という内容があれば可。

b 世界に独創的な意味や豊かな夢を生みだす 3点
・「世界」を「独創的な意味」か「豊かな夢」に満ちたものにする内容があれば可。
・「夢によって現実を解釈」は1点のみ。
・「世界を彩りに満ちたものにする」のみは不可。

後者

c 物事を冷静に理知的に捉え 2点
・「冷静」か「理知的」という内容があれば可。

d 世界を退屈で無意味なものにする 3点
・「世界」を「退屈」か「無意味」なものにするという内容があれば可。
・「物事の固有の意味を解体し還元し」のみは2点。
・「現実によって夢を解釈」のみは1点。
・「世界を脱色してしまう」のみは不可。

＊abとcdを逆接・対比でつながず「前者はabであり、後者はcd。」としたものは全体から5点減点。

2／10点

採点シミュレーション

解答例1

前者はなんにでも旺盛な興味を示し、なんでもないような物事一つ一つにも独創的な意味を見出す、世界を彩る精神態度であり、後者はいつも冷静で理性的で、たえず分析、還元し、世界を脱色してしまう精神態度である。 100字

最重要ポイントは満たしているものの、「前者は……であり、後者は……。」と、前者と後者をただ並べただけの解答形式で、「前者は……だが、後者は……。」と対比した解答形式になっていないので減点される。「違い」が問われているのだから、両者が対立するような解答形式を重視しよう。ポイントは最後のdを、ただ「世界を脱色してしまう」としているが、「脱色の精神」の説明なのに「世界を脱色してしまう」と書くだけでは説明にならない。「脱色」する

とはどういうことなのかをきちんと説明しよう。

2／10点

解答例2

彩色の精神と脱色の精神とは、前者は何にでも旺盛な興味を示し、目にもあやな彩りにみちた人生と世界をとらえる性質を持ち、後者は冷静・理性的であり、世界と人生を退屈で無意味にする性質を持っている。95字

「彩色の精神」「脱色の精神」という語句を用いてはいるものの、「前者」「後者」という語も解答に用いているので、最重要ポイントは○。ただし、これも「前者は……を持ち、後者は……。」と、前者と後者をただ並べただけの解答形式なので減点される。

2／10点

解答例3

前者は日常の現実を夢の延長として捉え、すなわち夢によって現実を解釈するが、後者は夢を何の変哲もない現実の日常性の延長として分析し、解明する、つまり現実によって夢を解釈するという違い。91字

傍線部Bが、直前の「この二つの対照的な精神態度」を受けていると限定し、傍線部直前の内容だけで答えてしまった解答である。確かに傍線部は、直前の内容を受けているが、同時に「〈彩色の精神〉と〈脱色の精神〉というふうに名づけたい」と宣言したあとで、その内容を「われわれのまわりには……」と次の段落以下で詳しく説明している。したがって、傍線部以下の内容の方がむしろ重要であることに気づいてほしかった。

表現チェック

□「(前者は)……だが、(後者は)……」など、対比逆接の接続関係で解答が作られているか(「前者は……であり、後者は……」など、並列の解答形式になっていないか)。

問5

1　「この問い」とは、むろん直前の「それ自体の根拠への問い」を指す。しかしこれだけでは「それ自体」が何を指すのかがわからない。さらに「それ自体」の指示内容をたどると、前の行の「近代人の生の意味への感覚を外部から支えようとするこれらいっさいの価値体系」を指していることは明らか。したがって「この問い」の指示内容は、「近代人の生の意味への感覚を外部から支えようとするこれらいっさいの価値体系自体の根拠への問い」となる。しかし、これでは、四十字以内に収まらない。これを制限字数内に収めるためには「これらいっさいの」という表現を「すべての」などと言い換えるとよいだろう。（「これら」は直前の「神」「天皇」などを指すが、いずれも「近代人の生の意味への感覚を外部から支えようとする」価値体系の具体例にすぎないので、いちいち列挙する必要もないし、「これら」という複数形の表現を示さなくても「すべての」といえば、複数の具体例があることを説明したことになる。）

　ポイントは、〈a近代人の生の意味への感覚を外部から支えようとする、bすべての、c価値体系の根拠への問い〉ということになる。

2　右の「問い」に対する答えが「合理主義」では導き出せない理由となる「合理主義」自体の性質が問われている。「傍線部以降」という指定が付いているので、傍線部C以降から「合理主義」の性質を探ると、34行目に「いっさいの幻想を排するがゆえに、逆に幻想なくしては存立しえず、しかもこのみずからを存立せしめる幻想を、みずから解体してゆかざるをえない、近代合理主義」とある。このうち十二字以内という字数に収まる表現としては「いっさいの幻想を排する」がその性質になる。「神」や「天皇」などの「価値体系」は理性によって根拠づけられた価値を持つものではなく「そこに価値がある」と思い込む「幻想」によって価値づけられている。ところが、その「幻想」を奪い去るのが「合理主義」の性質なので、「神」や「天皇」など「近代人の生の意味への感覚を外部から支えようとする」価値体系の根拠は「合理主義」によっては答えを見いだせないのである。

実践問題2

問題　P.49

書籍について

渡辺一夫

本文について

構造図

●読書の現実＝完全にその内容を把握し尽くすことができない。

〈理由〉➡

・人間はその時々の問題意識による理解や認識しかできない。
・書物は、作者の独占物ではなく、読者が自らの精神を反映して読みとるもの。

●読書の理想＝作者の意図をすべて汲み尽くし、そのうえに作者が想定していなかった内容も読みとる「有能な読者」。

●主張→理想に近づくために、読書を通じて幅広い問題意識を持つことが必要。

百字要約

人間は、経験とともに変化する自らの問題意識による理解や認識しかできないため、書籍の理解もそのつど異なる。作者の意図を超えた豊かな解釈を見いだす有能な読者に及ばない我々は、書物を愛し読み続けるしかない。（100字）

段落要旨

1 書籍は、便利で有難いものだが、常に読み残しが生じて、完全に読み終えたという感慨が生じない。

2 人間の問題意識が、その人の理解を決定する。その問題意識は、経験とともに変化するため、書物を読む場合も、その時々の自分の問題に応じた理解しかできない。したがって、書物もその時々で違った印象を与える気味悪いものとなる。完成した書物は、作者のものではなく万人の共有物として、各読者の精神を映し出す役割を果たすものとなる。

3 有能な読者は、作者の意図をすべて理解するだけでなく、作者の意図を超えた豊かな解釈を見出すだろうが、我々は書物を愛し読み続けながら、多くの問題を常に生き生きと用意しておけるようになることが必要だ。

本文解説

読書の奥深さを論じた文章。筆者は書物を読む際に、完全にその内容を把握し尽くしたという確固たる感慨を味わったことがなく、読み返すたびに新しいことが見えてくるという。その理由は、2に明らかなとおり、人間は自分の問題意識による理解や認識しかできないため、経験とともにそれが変化するからだ。

書物は、作者の独占物ではなく、読者が自らの精神の反映として独自な読み方で享受するものである。その際、理想的な読者なら、作者の意図をすべて汲み尽くし、そのうえに作者が想定していなかった内容も読みとることができるだろうが、そういう境地に達するためには、読書を通じて幅広い問題意識を持つ必要があるということになる。

発展

正しい読書とは何か？　かつて、正しい読書とは、書物に込められた作者の意図を正確に汲み尽くすものとされていた。しかし、書物から作者の意図を正確に汲み尽くすことなど可能なのだろうか？　そもそも、書物は作者の精神の作用で形づくられたものとはいえ、実際に目の前にある書物は、文字の印刷してある紙の集積にすぎない。そこから価値ある意味を見いだすのは、あくまで読者の精神の働きによる。つまり読書の主体はあくまで〈読者〉であり、〈作者〉ではない。ここから、「作者の意図」などという到達できるかどうかわからないものを目指すより、書物を介して読者が自由に自分なりの意味を生産することにこそ、読書の意味があるという考え方が生じる。すなわち書物とは、作者が込めた〈究極の一つの意味〉を見いだすべきものではなく、読者がそこから自由に意味を見いだす、いわば〈豊かな意味生産の場〉だという考え方である。

しかし、この考え方だと、どのような恣意的な読みでもすべて正当化されてしまうという危険性がある。本文の字面のレベルで、明らかな誤読をしていても、それを〈豊かな意味生産〉だといっていいのか？　そう考えると、やはり、書物は作者が形づくったものであるという点も考慮する必要があると思われる。

右に述べた、明らかな誤読を正当化する身勝手な読みは論外として、人がそれなりに誠実に書物の内容を受け入れる場合、どのような現象が生じているのだろうか？　先ほど触れたとおり、書物は作者の精神の作用で形づくられている。つまり、その書物自体は作者（＝読者にとっては他者）の思考で成立しているのである。ところが、書物を読む際の読書主体はあくまで読者になる。つまり、書物は他者の思考で成立しているにもかかわらず、読書している間、読者がその書物の思考の主体となるのである。したがって、読書という行為を通じて、我々は、主体と客体、自己と他者という区分を消滅させ、他者の思考を自分の思考とする得がたい経験をしていることになる。

我々は普段、授業を受けたり、他人と議論したりしながら自らの知見を拡大していくが、いずれの場合も、他者の思考を受動的に受け入れそれを自分で検証するという行為を行うだけで、読書のときのように、他者の思考そのものを自分の思考とするような経験にはなりにくい。読書の意義とは、書物に込められた作者の精神と読者の精神が、相互に働きかけ合い、一体となって、読者が自己の思考を変革し、拡張していくことにあるといえるのではないだろうか。

参考図書

『狂気について――他二十二篇　渡辺一夫評論選』（岩波文庫）

著者渡辺一夫の代表的な評論・エッセイを集めたもの。戦中から戦後の日本社会を、批判的に見据えつつ、ユマニスム（ヒューマニズム）を軸とする人間愛にあふれる深い洞察を展開した文章が収められている。

『遠い朝の本たち』須賀敦子（ちくま文庫）

本文に示された、個人の経験と読書との結びつきをよく表しているエッセイ集である。作者の少女時代から大人になるまでに親しんだ本を、それをめぐるエピソードとともにみずみずしく描いている。

筆者紹介

渡辺一夫（わたなべかずお）　一九〇一（明治34）年～一九七五（昭和50）年。東京都生まれ。フランス文学者。独自の批評眼で日本社会のゆがみを批判した評論家としても知られる。『ラブレー研究序説』『フランス・ユマニスムの成立』『フランス・ルネサンスの人々』など多数の著書がある。本文は『エッセイの贈り物1』（岩波書店・一九九九年刊）によった。

設問について

解答　配点 50点

問1 ア 年齢　イ 徴候（兆候）　ウ 獲得　エ 模範　オ 具眼　各1点

問2 1 結局のところ
2 人を馬鹿にしてからかうこと・侮りからかうこと　各1点

問3 Aは文章の表面的な意味だけでなく、筆者の精神の完全な理解を意味するが、Bは文章の表面的理解を工夫してさまようだけで、筆者の精神などわからないさまを意味する。　78字　10点　⬇セルフチェックへ

問4 各自が持っている問題意識の量や質がその人の認識の量や質を決定し、その問題もその人のありようとともに変化するということ。　59字　10点

基準
a 人間の持っている問題意識の量や質が認識（＝理解）の量や質を決定　5点
b （生活や生理や年齢などの）経験とともに（問題意識も）変化する　5点

問5 Dは、全く見当違いの読みで作者の意図を誤解するが、Eは、作者の意図をすべて理解するだけでなく、作者の意図を超えた豊かな解釈を見いだす。　67字　10点　⬇セルフチェックへ

問6 不可思議な現像液のようなもの　14字　3点

問7 書籍とは、各読者の経験の変化によって読み方が変動するなど、多様に読み取られるものである。著者の意図を客観的固定的に汲み尽くすことができず、読書行為とともに、読者の無意識の領域まで反映してたえず新たな意味を産出していく生きた存在である。　117字　10点

基準
a 読者の経験の変化によってその読み方が変動する　2点
b 読者ごとに異なった読み方がなされる　2点
・「作者とは異なる多様な読み方が成立」も可。
c 読者の無意識の領域にまで触れてくる　2点
・「読者の当面の問題だけでなく潜在する問題も浮かび上がる」も可。
d 一定の意味を客観的に汲み尽くせるものではない　2点
・「作品の固定的な理解は成立しない」「作品の全面的な理解は困難」「総合的な理解を可能にする『有能な読者』になるのは困難」「多くの問題を生き生きと用意しないと具眼の読者になれない」なども可。
e 読むたびに新しい印象を与える　2点
・「読書によってたえず新たな意味を産出する」「読み返すたびに新しいことを読み取る」なども可。

設問解説

問1

イ 「徴候」。「兆候」も可。

ウ 「獲得」。「獲」を「穫」としないよう注意すること。

エ 「模範」。〈見ならうべき手本・規範〉の意。

オ 「具眼」。〈物事を見分けて正しく判断する見識を持っていること〉を意味する。

問2

1 「畢竟するに」は「畢竟」と同じ。「つまるところ・ついには・結局」という意味になる。

2 「愚弄」は「愚か」な存在と見なして「弄ぶ」ことだから、〈人を馬鹿にしてからかうこと・侮りからかうこと〉という意味になる。

パターン

問3

まず筆者の立場であるBの「眼光紙面に彷徨する」方がわかりやすい。筆者の立場だから、[1]の内容から読み取る。そうすると、4行目から傍線部直前に書かれているとおり、「アンダーラインをしたりノートを取って丹念に読んでみても、あるいは、そんなことをするから著者の精神がわからぬ……読み返してみると、必ず新しいことを読み取るのを普通とする以上、事実僕は常に何かを読み残していることになる」という立場になる。つまり、「眼光紙面に彷徨する」というのは〈いろいろ読み方を工夫しても、d筆者の精神などわからない〉というあり方を意味する（dは、15行目などの表現を用いて「完全に読んだ」という内容でもよい）。

しかしこれだけでは「眼光紙面に彷徨する」という表現に即した説明にならない。ここで「眼光紙面に彷徨する」というのは、「〈紙面＝文章の表面〉を〈彷徨する＝さまよう〉」という意味だから、「アンダーラインをしたりノートを取って丹念に読んで」みたり、「ノートなど取らずに絶えず呑んだ気になって」読んだり、ともかくc「文章の表面」をいろいろ工夫してうろうろすることである。

そうすると、筆者と対比される「眼光紙背に徹する」は、次のような意味だと考えられる。この言葉は、辞書的には〈書物を読んでただ字句の解釈にとどまらず、その深意を読み取る〉という意味だが、Bの「眼光紙面に彷徨する」との対比、さらに36行目の「眼光紙背に徹して作者の面目を限なく理解する」という表現を考えると、本文では〈a表面的読解（だけ）でなく、b筆者の精神を完全に理解する〉という意味だと考えられる。bだけでなく、cと対比されるaの特質を示す必要がある。

SELF CHECK セルフチェック

最重要ポイント

この問題には、厳しい条件指定がある。設問は「筆者は自らを傍線部B『眼光紙面に彷徨する』といっているが、その意味を傍線部A『眼光紙背に徹する』と対比しながら八十字以内で説明せよ。解答に際しては、『眼光紙面に彷徨する』をB、『眼光紙背に徹する』をAとすること。」だった。そうすると、AとBを対比して、特にBの意味を明らかにすることが求められているので、解答の形式も「Aは……だが（に対し）、Bは……。」となる。あくまでBを説明するのが中心なので、解答の後半にBの説明を持ってくること。

□ **「Aは……だが（に対し）、Bは……。」の形式になっていること。**

この基本条件に反するものは全体が0点。ただし「Bは……だが、Aは……」と順番を逆にした場合は、2点減にとどめる。

模範解答と採点基準

10点

[a]Aは文章の表面的な意味だけでなく、[b]筆者の精神の完全な理解を意味するが、[c]Bは文章の表面的理解を工夫してさまようだけで、[d]筆者の精神などわからないさまを意味する。 78字

基準

a　Aは表面的な意味の読み取り（だけ）でなく　2点

・「書物に叙述された内容（だけ）でなく」など、表面的理解を超える意味が出ていれば可。

b　筆者の精神の完全な理解　3点

・「作者の意図を深く完全に理解すること」「作者の面目をくまなく理解すること」「作者の精神をくまなく理解すること」なども可。

・「完全に」「くまなく」が欠けているものは1点減。

c　Bはあれこれと文章の表面的理解を工夫するだけ　2点

・「文章の表面的理解に終始」「文章の表面をさまようだけ」など、あくまで表面的理解に踏みとどまるという内容が出ていれば可。

d　筆者の精神もわからない　3点

・「完全な理解にならない」なども可。

採点シミュレーション

10／10点

解答例1

Aは書物に叙述された内容だけでなく、筆者の意図の完全な理解を意味するが、Bは文章の表面的理解に終始して、書物の完全な理解にならないさまを意味する。　73字

各ポイントが押さえられたよい解答である。

8／10点

解答例2

Bは文章の表面的理解を工夫してさまようだけで、筆者の精神などわからないさまを意味するが、Aは文章の表面的な意味だけでなく、筆者の精神の完全な理解を意味する。　78字

BとAの順番が逆になっているので最重要ポイントは△となり2点減点。設問はBを中心に聞いているので、Aを後半に持ってこないこと。

6／10点

解答例3

Aは、作者の面目を限なく理解することを意味するが、Bは、書物の完全な理解にならず、いつも読み残しが生じてしまうことを意味する。　63字

本文の文脈を理解して、bとdのポイントを押さえているが、Bの「眼光紙面に彷徨する」の表現の意味の説明に当たるcがなく、それとの対比でaもない。傍線部の表現にも気を配るようにしよう。

5／10点

解答例4

Aは文章の表面的な意味だけでなく、筆者の精神の完全な理解を意味するが、Bはそうではないさまを意味する。　51字

「Bはそうではない」だけだと、Bがどういう意味かがわからない。cdがないと判断される。

表現チェック

□「……だが、……」「……に対して、……」など、対立する両者を対比した解答形式になっているか。

□「Aは……Bは……」と主語を明記しているか。

問4

傍線部Cの「人間的事実」は直後で「わかりきった常識的事実」と言い換えられ、10〜13行目に説明されている。まず、10行目から、「我々の持っている問題の量や質が我々の認識の量や質とを決定する」という点を押さえる。「我々」といっているが、これは一人一人の人間で異なるので、「人間」や「個人」や「各自」と言い換えた方がいいだろう。さらに、そうした〈各自の持っている問題〉が、「我々の生活や生理や年齢やその他色々なものの変化につれて変身化態して行く」（12〜13行目）という内容

も「人間的事実」の内容に該当するので押さえる。しかしこのまま書くと解答字数に収まらないので、「我々の生活や生理や年齢やその他色々なもの」を、「我々自身のありよう」とか「我々の経験」などと言い換える配慮が必要となる。

なお、13行目の「一つの書物を読むに当たっても」以降の文脈は、「書物の理解」のあり方を論じているので、総合的な「人間的事実」の内容に入れる必要はない。ポイントは、以下のようになる。

a　各自の持っている問題意識の量や質が認識（＝理解）の量や質を決定する。

b　その人のありよう（＝経験・生活や生理など）の変化とともに問題意識も変化する

パターン

問5

まず、傍線部Eの「有能な読者」とは、むろん直前のモンテーニュの言葉にあるとおり〈他人の書いたものの中に、d作者の意図とは別の醍醐味を見いだして、作者の意図を遥かに上回る豊かな意義を与えるもの〉である。これを筆者は傍線部の2行前で「c作者の面目を隈なく理解するのみならず、それ以外のことをわかる」と言い換えている。

それに対して、傍線部Dの「ブック・レヴュー」をした人は、前後から完全に翻訳文学を誤読している人を意味する。本文の表現でいうと、傍線部Eの行の「a一冊の本を全く見当違いをして読んでb作者の意図を故意だと思われるくらい誤解する」ことがそれに該当する（この表現を用いると、傍線部Eとの対比も鮮明になる）。

以上をまとめる。なお解答に際しては「Dは……だが、Eは……。」という形式をとること。

SELF CHECK セルフチェック

最重要ポイント

この問題も、厳しい条件指定があるので、以下の解答形式が必須。

□ **「Dは……だが、Eは……。」もしくは「Eは……に対し、Dは……。」とDとEを対比した解答になっていること。**

この基本構造になっていなければ、全体が0点。

模範解答と採点基準

10点

[a]Dは、全く見当違いの読みで[b]作者の意図を誤解するが、[c]Eは、作者の意図をすべて理解するだけでなく、[d]作者の意図を超えた豊かな解釈を見いだす。67字

基準

a　D＝全く見当違いの読み　2点

b　作者の意図を誤解する　3点

c　E＝作者の意図をすべて理解する　2点

d　作者の意図を超えた豊かな解釈を見いだす　3点

・「作者の意図以上のことを読み取る」も可。

採点シミュレーション

8／10点

解答例1

Eは、その読んだ書籍から作者の意図だけでなく(c)それ以上のことをも正確に読み取る(d)が、Dは作者の意図を誤解して(b)読み取っているだけである。65字

Dの読み取りが少し雑だが、よくできた解答である。

解答例2

前者は文章に込められた作者の意図を理解しようとしているのみであり、後者は文章を解釈して作者でさえ意図し得なかった命題まで読み取ることができる。71字

0／10点

「前者」「後者」を用いた時点で0点。内容面でも、特にDの読み取りが間違っている。字数も一字オーバーである。

表現チェック

- □「……だが、……」「……に対して、……」など、対立する両者を対比した解答形式になっているか。
- □「Dは……Eは……」と主語を明記しているか。

問6

「読者の『心中に潜』むものを『浮かび上が』らせる働きを持つ書籍」をたとえた表現が問題。これについては、30行目に、「譬えて言ってみれば、書籍と申すものは、不可思議な現像液のようなものであって、読者各自の精神の種板にあらかじめ写しおかれた影像を現像してくれるものなのだろう」という表現が注目される。ここの「読者各自の精神の種板にあらかじめ写しおかれた影像を現像してくれるものなのだろう」という部分は「読者の『心中に潜』むものを『浮かび上が』らせる働き」に該当する。

しかしこの部分では字数に収まらない。そこで、右の箇所の前半部の「書籍と申すものは、不可思議な現像液のようなものであって」に注目する。そうすると、「書籍」を「譬え」た表現として、「不可思議な現像液のようなもの」が浮かび上がり、字数の条件も満たす。これが正解。「現像液」とは、「読者の『心中に潜』むものを『浮かび上が』らせる働きを持つ」ものの比喩である。

問7

「気味の悪い」という表現は本文に五回出てきているので、それぞれのポイントを押さえる。まず1行目の「気味の悪いもの」とは、問3で見たような〈d文章の表面的理解に終始し、筆者の精神の完全な理解が不可能に思え、e読み返すたびに新しいことを読み取る〉ということ。さらに、16行目の「気味が悪くもなり」は問4で見たとおり、〈a読書による理解は、生活や生理や年齢などの経験の変化とともに限定され変化する人間の問題意識に応じた理解にとどまる〉ということ。また23行目の「さらに深い気味悪さ」とは、〈b（それぞれの読者によって）作者の意図とは異なる多様な読まれ方が生じてしまう〉ということ（28行目の「気味悪さ」も同じ）である。そして45行目の「気味の悪い」は、39行目以降から〈c書籍を読むとその人の当面の問題だけでなく、心中に潜在する問題がすべて浮かび上がるのであり、d有能な読者になるのは困難で、e読むたびに新しい印象を持つ〉というもの。以上をまとめる。

問題 P.52 ー P.61

要約

パターン ①

条件指定のある要約

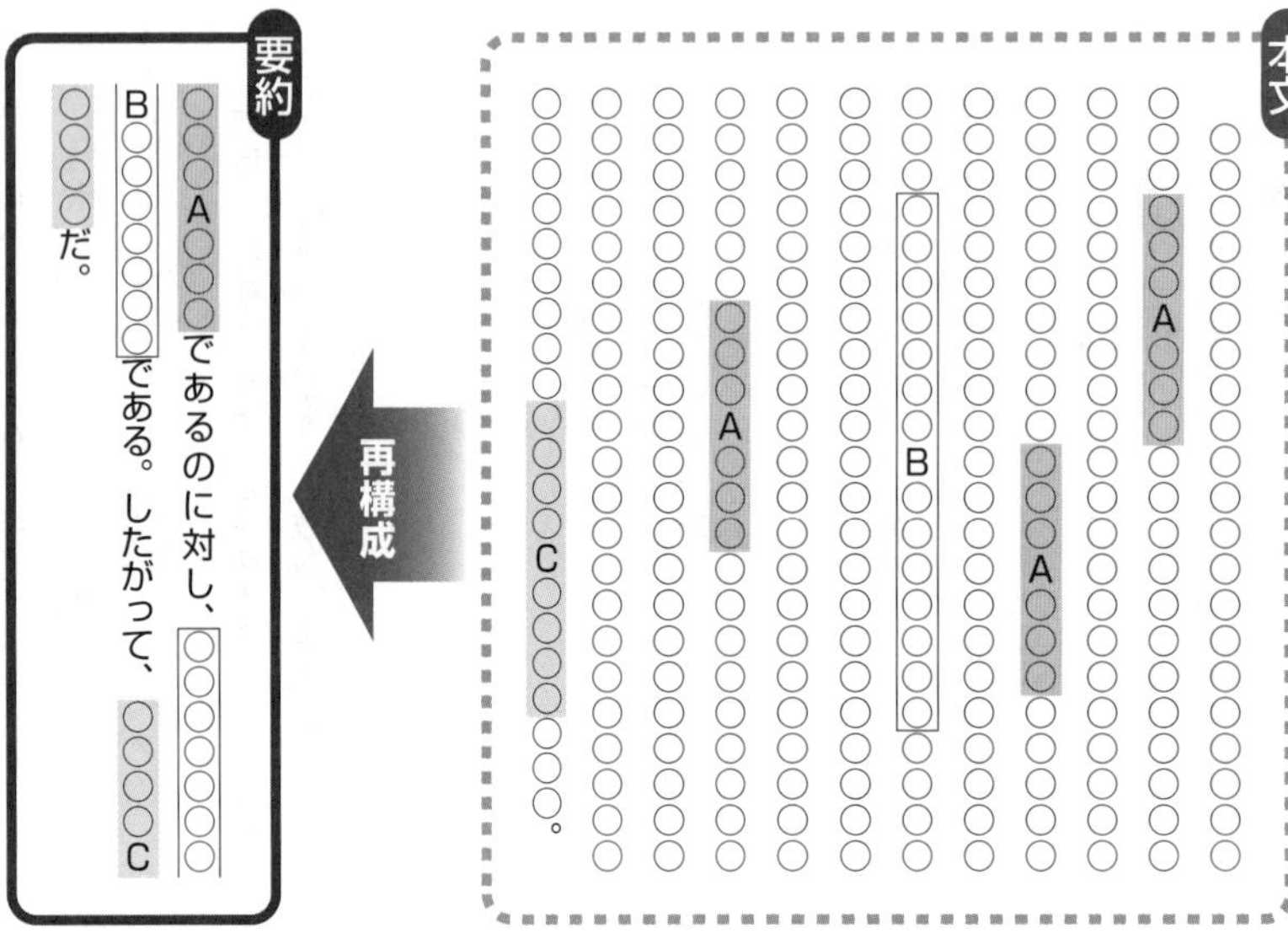

「要約」とは文章の要点をまとめること

〈要点を約(つづ)める〉のが「要約」である。したがって、まず必要なのは、本文において最も重要な部分、つまり〈主張や結論〉を押さえること（上の図のC）。この内容は、優先的に答案に盛り込むようにしよう。

論の筋道を示す

ただし、大学入試の要約問題で求められているのは、どのようにしてそうした主張や結論が述べられているのか、つまり本文全体の〈論の筋道〉を明らかにすることである。例えば、本文を整理すると〈Aに対してB〉といった対比構造があり、それを通してCが述べられているならば、この筋道をきちんと示すことが重要なのである。上の図を見てほしい。要約は、書いてある順にそのまま圧縮するだけではなく、必要に応じて本文内容を整理し、〈再構成〉することが非常に大切なのである。

「条件」に従って〈再構成〉する

要約問題に「AとBの違いを明らかにしつつ」といった〈条件〉が付いている場合がある。その場合は、〈条件〉に従って本文内容を〈再構成〉してまとめることが必要である（→140ページ「要約　2条件指定のない要約」）。

例題

問題 P.52

電脳遊戯の少年少女たち

西村清和

解答

配点 20点

[a]「企て」は、拮抗する企てを持つ他者と対立しつつ、[b]自己の目的の実現を目指す行動だが、[c]「遊び」は、他者と同調する行動である。つまり、[d]これらは人間の日常生活に不可欠な二つの基本的なあり方であり、[e]他者との関わりが「企て」と「遊び」のいずれの関係なのかをそのつど見きわめるコミュニケーションの能力が大切である。 150字

基準 ＊基本構造　acdのいずれかを欠くものは全体として0点。

a　「企て」＝他者と対立する 4点

b　「企て」＝目的の実現を目指す 4点

⇔〈対比〉

c　「遊び」＝他者と同調する 4点

d　「企て」と「遊び」＝人間の日常生活に不可欠な二つの基本的なあり方 4点

・「企て」と「遊び」が両方必要という趣旨があれば可。

↑

e　他者との関わりが（「企て」か「遊び」の）いずれの関係なのかを、そのつど見きわめるコミュニケーションの能力が大切 4点

解説

まず、本文の内容を、書いてある順にまとめておこう。

1 従来「遊び」は日常の労働を補完する副次的なものと見なされてきた。だが、実は「遊び」は日常における行動の一つである。

↓

2 b〈「企て」とは、ある目的や計画を実現することを目指す行動〉であり、a〈拮抗する「企て」を持つ他者と対立する〉。

3・4 c〈「遊び」とは、他者と同調する〉行動である。

↓

5 d〈「企て」と「遊び」は人間の日常生活において不可欠〉であり、e〈他者との関係がそれらのいずれであるかを見きわめる、他者とのコミュニケーションの能力が大切〉である。

ここから要約に必要な要素をピックアップして、それらを〈再構成〉してまとめる。最初に、従来の遊び論（1）を否定し、d〈「遊び」が「企て」とともに人間の日常生活において不可欠〉だ、とする筆者の〈主張〉を押さえよう。これが最も大切な要素である。

次に、その〈主張〉に至る〈論の筋道〉を説明する必要があるが、この問題には「『遊び』と『企て』がそれぞれどういうものかが明らかになるように」という〈条件〉が付いているので、それに従ってa〈「企て」が他者と対立〉し、c〈「遊び」が他者と同調する〉ということを対比的に示そう。以上のacdが必須要素である。

さらに、要約は筋道立てて説明することが大切なので、「企て」の詳しい説明（b）や、他者とのコミュニケーションの能力の重要性（e）を加えて結びつけるとわかりやすい答案になる。

筆者紹介

西村清和（にしむらきよかず）　一九四八（昭和23）年〜。京都府生まれ。美学者。本文は、『電脳遊戯の少年少女たち』（講談社現代新書・一九九九年刊）によった。

異文化理解　青木保

本文について

構造図

〈文化固有の時間（異文化）〉
・繰り返し、終わりのある時間
・「境界の時間」による充実感

⇔

〈近代的な時間（現代日本社会）〉
・限りなく前進する時間
・仕事の時間に覆われた緊張感

⬅

異文化を体験し、近代的な時間とは異なる、その文化固有の時間を知ることは、豊かな生につながる。

百字要約

異文化を体験する中でその文化固有の時間を知ることは、近代的な時間に縛られて生きる自らのありようを見直すきっかけになる。それを通して事物の見方は柔軟になり心が豊かになる。また、生きる意味も見出される。（99字）

段落要旨

1〜5 近代社会では時間は限りなく前に進んでいくものだが、古代社会では時間は繰り返すものであり、終わりがある。

6〜9 現代でも、近代的な時間だけでなく、文化が生み出す固有の時間がある。

10・11 異なる文化では時間の流れ方が違うということに気づくことは、生きるうえで重要である。

12〜16 たとえば、日常の仕事の時間に覆われたゆとりのない現代日本社会では、充実した気持ちをもたらす「境界の時間」が失われている。

17 異文化を理解し、近代的な時間とは異なる時間に接することで自らのありようを見直す中で、事物の見方は柔軟になり心豊かになる。生きる意味を見出すこともできるのではないか。

本文解説

異文化体験の本質は、異質な時空間を体験することにある（1・2）。近代社会の時間は限りなく前に進むが（3）、古代社会の時間は繰り返すものであり、終わりがある（4・5）。だが、現代でも、近代的時間とは別に、仏陀や王を基準にした象徴的な時間のように文化固有の時間も流れている（6〜8）。そして、そうした地域や社会固有の文化が生み出した時間を知ることは、異文化理解においてだけでなく、生きるうえでも重要なことである（9〜11）。

例えば、アジアの国で夕べの儀式に参加し「境界の時間」に接して充実した気持ちになると、「境界の時間」が失われ、仕事の時間に覆われた現代日本社会の中で常に緊張して生きていることに気づく（12〜16）。このように、異文化を理解し、近代的な時間とは異なる時間に接して自らのありようを見直すなら、事物の見方が柔軟になり心が豊かになる。生きる意味も見出されるであろう（17）。

発展

本文にはさまざまな具体例が挙げられている。特にタイの王様が病床にあったときに株価が下がったというエピソードや、スリランカの夕べの儀式「ギランパサ」など、印象深い事例が効果的に取り上げられている。しかし、それだけに、要約するときには注意が必要だ。具体例を羅列するようなまとめ方をすることは避けたいところである。

では、具体例についてはどのように対処すればよいのか。一般に、要約では具体例を省く、という方針をとることが多い。なぜなら、字数が限られているため、具体例を盛り込むと、どうしても重要な内容を書くことができなくなってしまうからだ。①設問に条件が付いていれば、それを満たすこと。そして、②本文の要旨（筆者の主張・中心的内容）を盛り込むこと。さらに、③論の展開や筋道を示すこと。こうした点をまずはしっかり押さえるようにしよう。そのうえで、もし字数に余裕があり、しかも時間に余裕があるならば、具体例を答案に盛り込むとよいだろう。

ただし、文章によっては、要約するときに具体例やエピソードを盛り込む必要がある場合もある。例えば、筆者の苛烈な戦争体験について述べた文章。具体的な体験の内実こそが論じられているとすれば、この場合、具体的な要素をすべて切り捨ててしまったら、何も残らなくなる可能性がある。「具体例は省く」というような機械的処理をせず、具体例の重要度をそのつどよく考えてみてほしい。重要と判断するなら、当然要約に盛り込むべきなのだ。

参考図書

『儀礼の象徴性』　青木保（岩波現代文庫）

筆者は一九七〇年代初頭にタイのバンコクを訪れ、実際に仏教寺院で半年の僧侶修行を体験した。本書は、そうした筆者自身の異文化体験をもとに書かれている。タイの仏教儀礼などを例にしながら、儀礼というものが、いかに人間の存在にとって本質的な問題であるかが論じられている。

『身体の零度』　三浦雅士（講談社選書メチエ）

互い違いに手と足を出して前に進む、というのは、現代日本を生きる私たちにとってあまりにも当たり前のことである。だが、驚くべきことに、こうした行進の仕方は明治以降に導入されたものだという。本書は、表情や動作の変容や異文化間の相違に着目し、豊富な事例に基づいて身体における「近代」の起点を検証している。

筆者紹介

青木保（あおきたもつ）　一九三八（昭和13）年〜。東京都生まれ。文化人類学者。二〇〇〇年に紫綬褒章を受章し、〇七年から〇九年までは文化庁長官を務めた。『逆光のオリエンタリズム』『作家は移動する』『エドワード・ホッパー　静寂と距離』など著書多数。本文は、『異文化理解』（岩波新書・二〇〇一年刊）によった。

記述上達への一歩

「要約」は一文で書く？

もし君に数十行にもおよぶ長文メールが届いて、それが一文で書かれていたとしたら……と想像してほしい。もちろん、実際にそんなメールを受け取ったことはないだろうし、自分でも書こうとはしないだろう。しかし、「要約」を一文で書こうとする人は意外に多い。百字を超える場合は、無理に一文でまとめる必要はない。二つか三つの文に分けた方が、主語と述語の食い違いが起きにくいし、間違えたときにも書き直しがしやすい。そして、何といっても、読む側にとってその方が断然読みやすいのだ。

設問について

解答　配点 50点

問1　ア 円環　イ 典型　ウ 約束　エ 読経　オ 装置　各1点

問2　1 様子　2字　2 絶え間なく　5字　各2点

問3　時間に区切りを設け[a]、一方から他方への移行を意識させることで[b]、暮らしにめりはりや充実感をもたらす働き。[c]　50字　11点

基準　a 時間に区切りを設ける　4点

b 一方から他方への移行を意識させる　3点

・「スムーズに移行させる」なども可。

c 暮らしにめりはりや充実感をもたらす　4点

・何らかの〈良い心理的影響〉が指摘されていれば可。

問4　限りなく前へ進む近代的な時間が支配する現代日本社会に生きる私たちは、つねに緊張に満ちた生を強いられている。だが、異文化を体験し、その地域や社会固有の文化が生み出した時間に触れると、自らのありようを見直すようになり、事物の見方が柔軟になり心が穏やかになる。また、それを通して生きる意味も見出されてくる。　150字　30点

⬇セルフチェックへ

設問解説

問1

ア「円環」は、〈まるい輪〉という意味。

エ「読経」は、〈仏教の経典を声に出して読むこと〉という意味。

問2

1〈様子。なりゆき。事の次第〉という意味。「如何」を「いかん」と読むことも覚えておこう。「ありよう」や「状況」といった解答も可。

2「のべつまくなし」は、「のべつ幕無し」という漢字からわかるように、芝居で幕を引かずに演技を続けるという意から、〈ひっきりなしに続くさま〉という意味になる。「切れ目なく」といった解答も可。

問3

「境界の時間」にはどのような「働き」があるのか。「境界の時間」の例である「夕刻」は、「昼はおわったがまだ夜にはならない」という「狭間」であり、まずはa〈時間に区切りを設ける〉働きを押さえよう⑫。また夕刻の「ハッピー・アワーズ」では、お酒を飲んだりすることで「上手く間をもたせて夕食につなげる工夫」がなされている。これはb〈一方から他方への移行を意識させる〉という働きである。確かに「成人式」⑮は、子どもから大人へとスムーズに移行するための儀式であろう。さらに「ギランパサ」などの「夕べの儀式」⑬では「まことに充実した夕刻のひととき」と感じられ」たり、「夕刻の紅茶の時間」では「ほっと充実した気持ちになる」⑮。こうしたc〈暮らしにめりはりや充実感をもたらす〉働きも押さえておこう。以上を字数内にまとめるとよい。

パターン 問4

本文の要旨を百五十字以内でまとめる。ただし「異文化理解の意義が明らかになるように」という条件が付いている。したがって、本文にはさまざまなことが書かれているが、「異文化理解の意義」を説明した箇所に着目していくことにしよう。

筆者によれば、異文化を体験することの本質は、異質な時間と空間を体験することである（1）。特に、その地域や社会固有の文化が生み出した「時間の認識とか感覚」に触れることなのである（2・9）。したがって、まずはc〈異文化には、地域や社会固有の文化が生み出した時間がある〉という点を押さえよう。つまり、本文においてd〈異文化理解とは、cを知ること〉なのである。

そして、こうした異文化の時間認識の〈具体例〉として、古代ギリシアや古代インドの繰り返す時間（4・5）や仏陀や王を基準にした「象徴的な時間」（6〜9）、タイやスリランカの「境界の時間」（12〜16）が挙げられている。これらは、字数に余裕があれば答案に盛り込むとよいが、百五十字以内にまとめなければならないので無理に書く必要はない。むしろ、私たちが属している自文化の時間のありよう、つまりa〈現代社会では、限りなく前に進む近代的な時間が支配的〉（3）であり、b〈ゆとりのない生を強いられる〉ことを説明する方がよい（15）。

そうすると、私たちがそうした近代的な時間に縛られ、緊張を強いられているからこそ、それとはまったく異質な異文化の時間のありように触れると、e〈自文化を見直し〉、緊張が解かれてf〈心が穏やかになり、人生を豊かに生きることもできる〉（17）という筆者の主張を筋道立てて示すことができる。このeとfこそが「異文化理解の意義」の根幹であり、本文の要旨でもある。ちなみに、もしも六十字以内で要旨をまとめよ、という設問であれば、efを中心にまとめることになる。

要約は何をどのように書けばよいのかわからない、という声をよく聞くが、このように「条件」が付いている場合は、まずはその条件を満たすことを心がけてみよう。

SELF CHECK セルフチェック

最重要ポイント

□ **異文化を理解することや体験することの意義について書いているか。**

設問の条件は〈異文化理解の意義を明らかにすること〉。したがって、次の点をチェックしてみよう。

厳しいが、異文化理解の意義にまったく触れていない答案は、今回は全体を0点とする。

模範解答と採点基準

30点

[a]限りなく前へ進む近代的な時間が支配する現代日本社会に生きる私たちは、[b]つねに緊張に満ちた生を強いられている。[cd]だが、異文化を体験し、その地域や社会固有の文化が生み出した時間に触れると、[e]自ら

のありようを見直すようになり、事物の見方が柔軟になり心が穏やかになる。また、それを通して生きる意味も見出されてくる。150字

基準
a 前進する近代的な時間（に支配された現代社会）において 3点
・「直線的」「引き返せない」など、時間が一方向に進むことが書かれていれば可。
b ゆとりのない生き方を強いられる 3点
・「緊張に満ちた生」なども可。
c 地域や社会固有の文化が生み出した（異文化の）時間 5点
・「異文化固有の時間」などは△で4点。
・古代ギリシア・古代インドや「象徴的な時間」「境界の時間」などの具体例のみの場合は△で2点。
d 異文化理解はcを知ること 5点
・異文化理解とcを結びつけていれば可。
e （dによって）自文化を見直し 7点
・「自文化を絶対化しない」「自文化を相対化する」なども可。
f 心が穏やかになり、豊かに生きることができる 7点
・①「心が穏やか」で4点、②「豊かな生」で4点。
・「心が穏やかになる」は「ほっと充実した気持ちになる」も可。
・「緊張が解ける」は、bは加点せず、fの①として加点する。
・「豊かに生きる」は「生きる意味を見出す」も可。

採点シミュレーション

解答例1

異文化には、その地域や社会固有の文化が生み出した時間が流れている。限りなく前へ進む近代的な時間が支配する現代日本において、ゆとりのない生き方を強いられる私たちは、異文化を理解し、近代的な時間とは異なる時間に触れることで、自文化を絶対化しなくなり、心が穏やかになり、人生を豊かに生きることも可能になる。150字

30／30点

完璧な答案。試験ではここまで厳密にまとめることができなくてもよいが、練習では模範解答やこうした答案を目指して何度も書き直ししてみてほしい。

解答例2

20／30点

異文化を理解することは、自文化を見直す機会としてもある。また、私たちの時間は、近代的な時間に支配されてしまっているが、異文化に接することで、事物を視る眼が硬直せず、緊張しきった心が穏やかになり豊かになる。あるいは自分たちが生きる意味も、異文化と出会い自文化を捉え直す作業の中で見出されるのではないか。150字

最終段落を抜き書きしてまとめた答案。異文化には固有の時間があるという点（＝c）を盛り込めば、もっとわかりやすい説明になるはずだ。

解答例3

0／30点

現代日本社会は直線的に前に進む近代的な時間だが、古代ギリシアや古代インドでは、明らかに時間は違った流れ方をし、始まりと終わりがあり繰り返す時間である。現代でも、タイや日本では、王や仏陀を基準にした時間があり、夕べにお寺に行ってお花や水を捧げる。これは「境界の時間」であり、日本では失われた時間である。150字

異文化の時間の具体例を抜粋し列挙している。「異文化理解の意義」を明らかにするという最重要ポイントを満たしていないので、aはあるが全体として0点になる。

表現チェック

- □ 句読点や記号にひとマス使っているか。
- □ 主語と述語のねじれはないか。

物語る声を求めて

津島佑子

本文について

構造図

●口承の物語…魅了されつつも戻れない
・耳で聞いて体で受け止める物語の声。
・血縁や地縁と結びついた個人の言葉。
⇔
●近代の文学…現在は力を失いつつある
・近代の論理を備えた書き言葉。
・幅広く理解される共通語による個性の表現。

⬅

口承の物語の魅力を活かした小説は近代の学問の成果→複雑な思い

百字要約

論理性を備えた共通語による近代の文学が力を失うなか、近代が見失った風土に根ざした個人の言葉による口承の物語の魅力を活かした小説が現れた。だが、それが近代の学問の成果でもあると考えると複雑な思いになる。（100字）

段落要旨

1～5 「私」は子どものころに親しんだ口承の物語の世界に魅了されている。

6～10 母親の口から聞く話にはどきどきするような現実感があり、音やにおいや手触りが頭や体に反響し、日常の一部となっていた。

11 12 近代の論理で言葉が整理された子ども向けの本は嫌いだったから、物語の声を求めて、民話の本や経験談を集めた本を読みあさった。

13～16 口承の物語は血縁や地縁と結びついた個人の言葉だったが、印刷術と共に発達した近代の文学は、幅広い人たちに理解されるような、近代国家における共通語による個性の表現である。

17 18 近代の文学が力を失うなかで、土地の言葉や風土の想像力を活かした魅力ある小説が現れた。

19 これは近代が見失ったものを取り戻す試みだが、口承文学を見事に読み解いた近代の学問の成果とも言えるのだ。

本文解説

筆者は子どものころ口承の物語に親しんだ。母親の語るヤマンバの話の現実感あふれる音とにおいと手触りを、頭と体に反響させて物語の世界を体に直接受け入れた。こうした経験が子どもの人生を形づくるのだ。筆者は今も、口承の物語の世界に魅了されていると言う（1～10）。筆者は物語の声を求めて民話などの本を読みあさった。近代の論理で整理された言葉で、論理に従って生きる人物が描かれた子ども向けの本はつまらなかったからだ（11・12）。

口承の物語は、血縁や地縁と結びついた個人の言葉である。それに対し、活版印刷により発達した近代の文学は、近代国家の枠組みにおいて、血縁や地縁を超えて幅広い人たちに理解される共通語による個性の表現である（13～16）。

近代の文学に魅力が乏しくなるなかで、筆者は口承の物語の世界に戻ることもできず、困惑している。世界中で近代が見失ってきたものを取り戻そうとする気運が生まれ、土地の言葉や風土の想像力を活かした小説が次々に現れた。だが、それらが近代の学問が口承文学を読み解いたことの成果でもあると考えると複雑な思いにならずにはいられないのだ（17～19）。

発展

本文は、小説家である筆者の個人的な体験や実感に基づいて綴られた文学的な随筆（エッセイ）である。随筆は話題が具体的で比較的読みやすいが、答案を作るとなると予想以上に難しいという声をよく聞く。ではなぜ、随筆の問題は難しいのだろうか。

まず、①具体的な記述部分をそのまま抜き出しても説明にならないので、問3の場合のように、適切な表現を本文中から注意深く選んでまとめる必要がある。その際、筆者独自の文学的な表現を用いることは避けなければならない。また、適切な表現を見つけられなければ、具体的な内容を一般化するなどして、自分の言葉で表現しなければならなくなる。対策としては、語彙力を身につけるだけでなく、模範解答例の表現をまねすることなども有効である。

さらに、②文学的な文章は余白の部分が多く、行間のニュアンスを読み取り、それを自分の言葉を補って表現しなければならない。例えば、問4では、「私」が「複雑な思い」を抱く理由は明確に書かれているわけではないので、本文に書かれている内容に基づいて、自分でよく考えて答案を組み立てる必要がある。対策としては、なるべく数多くの随筆や小説に取り組んでいくとよい。

最後に、③随筆は論理的に書かれているとは限らないので、答案を作る際には、いつも以上に手間暇をかけて本文の内容を整理しなければならない。特に問5のような要約は難しい。こうした問題の場合は、書いてある順にまとめていくのではなく、まずは全体を自分で組み立て直して（＝再構成）、「構造図」のような設計図を作り、それに沿って答案をまとめること。この設計図のよしあしが、答案の仕上がりに如実に反映する。対策としては、評論でも随筆でも、平素から本文の「構造図」を綿密に作る練習をしておくとよいだろう。

実際、随筆の論述問題では、試験の平均点が大幅に下がってしまうということは珍しくない。だが、大学入試で随筆の論述問題を出題する国公立大学は非常に多い。随筆の難しさについて理解を深めたならば、ぜひ①～③のそれぞれの対策に取り組んでみてほしい。

参考図書

『お伽草子』　太宰治（新潮文庫）

太宰治（一九〇九～一九四八年）は昭和を代表する小説家。代表作に「走れメロス」「斜陽」「人間失格」などがある。本文の筆者、津島佑子は太宰治の次女。本書は、「かちかち山」や「浦島太郎」など日本の昔話などを題材にした短編小説集。ユーモアとウイットに富んだ軽妙な語り口で、人間の本質を鋭く浮かび上がらせている。

『昔話の深層』　河合隼雄（講談社プラスアルファ文庫）

河合隼雄は心理学者、心理療法家。第16代文化庁長官を務めた。ユング心理学を日本に紹介し、臨床心理士の資格整備に貢献した。本書は、「ヘンゼルとグレーテル」や「いばら姫」などのグリム童話をユング心理学に基づいて読み解き、そこに潜む人間の心の深層をえぐり出す。巻末にはグリム童話も収録されている。

筆者紹介

津島佑子（つしまゆうこ）　一九四七（昭和22）年～二〇一六（平成28）年。東京都生まれ。小説家。『寵児』『黙市』『夜の光に追われて』『火の山—山猿記』『ナラ・レポート』『黄金の夢の歌』など数多くの文学賞受賞作がある。国際的にも高く評価されており、作品が英語、ドイツ語、フランス語、アラビア語、中国語などに翻訳されている。本文は『東洋文庫ガイドブック』（平凡社・二〇〇二年刊）所収の「物語る声を求めて」によった。

解答　配点50点

問1　ア　ロ上　イ　次第　ウ　象徴　エ　奮闘　オ　即興　各1点

問2　因果応報　3点

問3　物語の光景や人物の姿や声が[a] 実際に見聞きするように思い浮かぶ[b]　29字　7点

基準　a　物語の光景や人物の姿や声が　2点

・「物語の世界が」など〈物語のありよう〉という内容があれば可。

・単に「物語が」のみは、aは0点。

・「ヤマンバの話」の具体例に沿った説明も可。ただしbが0点の場合は、aは部分点を与えず加点しない。

b　実際に見聞きするように思い浮かぶ　5点

・〈体感する（頭と体で受け止める）〉や〈ありありと思い浮かぶ〉なども可。

・「頭と体に反響する」「日常の一部になる」は表現未熟のため2点。

・「興奮する」のみは不可。

・単に「思い浮かぶ」など〈実際に体験するかのように〉という内容がないものは、bは0点。

問4　近代の文学の閉塞を打開するために、口承文学の力を活用しようとするが、実はその試み自体が近代の学問の成果だとも言えるから。　60字　10点　⬇セルフチェックへ

問5　近代国家において印刷術により普及した書き言葉としての近代の文学は、幅広く理解される論理を備えた共通語による個性の表現だが、体で受け止める口承の物語は、血縁や地縁と結びついた個人の言葉による風土に根ざした語りである。近代の文学が力を失うなかで、口承文学に魅了されつつもその世界には戻れない「私」は、近代が見失った口承文学の力を活かした魅力的な小説が、近代の学問の成果でもあると考えると複雑な思いになる。　200字　25点　⬇セルフチェックへ

設問解説

問1

ア　「口上」。〈口頭で申し述べること〉という意味。

ウ　「象徴」。〈抽象的な観念（例えば「平和」）を、具体的な事物（「ハト」）によってわかりやすく表すこと〉という意味。シンボル。

オ　「即興」。〈その場の感興を、即座に詩歌や音楽などに作ること〉という意味。

問2

「因果」とは〈原因と結果〉のこと。仏教では〈前に行った善悪の行為が、それに対応する結果となって表れるとする考え〉のこと。これを「因果応報」ともいう。形容動詞としては〈宿命的に不幸なさま〉を表し、例えば「頼まれるといやとは言えない因果な性分」といった用い方をする。

ちなみに、「因果の小車」は〈原因と結果が永久に繰り返されるさま〉を表す慣用表現。また、「因果を含める」は〈道理を言い聞かせて納得させること〉を意味する。

問3

傍線部の「現実感」は、筆者が子どものころに母親の口から物語を聞くときに感じたものである。傍線部直後で、その感覚の内実が「ヤマンバの話」に沿って具体的に説明されている。「母親の声から誘い出されて」「山の風景」や「馬子と馬の姿」、「ヤマンバの姿」が現れる。そして「ヤマンバの声が私の頭と体に反響」する。こうした物語の光景や人物の姿や声が「私の日常の一部になっていた」⑨。筆者によれば、これは「物語の世界を直接、体に受け入れて生きてしまう」ということである⑩。つまり、傍線部の「現実感」は、物語の世界を実際に体験するかのように受け止めている状態を指していったものである。したがって、空欄には、a〈物語の光景や人物の姿や声が〉、b〈実際に見聞きするように思い浮かぶ〉といった内容が入る。

bポイントについては、〈実際に体験するかのように〉という趣旨であれば、「体感する」「ありありと思い浮かぶ」など多様に言い換えて表現することができる。単に「思い浮かぶ」や「興奮する」では〈実際に体験するかのように〉の説明にはならないので不可。言い換えるのが苦手な人は、本文中の表現である「頭と体に」と「受け入れて」を結びつけて「頭と体で受け止める」と表現してもよいだろう。ただし、本文中の「頭と体に反響する」や「日常の一部になる」といった表現は説明としてわかりにくいので、そのまま用いないように。

なお、「ヤマンバの話」に沿って具体的に説明してもよいが、ここには「桃太郎の話」なども含まれると考えれば、「ヤマンバの話」に限定した書き方は避けた方がよいだろう。このように、答案を書く際には、表現が適切かどうかを入念に検討してほしい。

問4

ここでは、「私」（筆者）が「複雑な思い」を抱くのはどうしてか、が問われている。直前の「その成果を考えると」に着目すると、「マジック・リアリズム」や「クレオール文学」などが、「近代の学問がとんでもない古代の口承文学の世界を見事に読み解いてくれた」という「成果」の賜物であることを考えたからだとわかる。だが、そう考えるとなぜ「複雑な思い」にかられるのか。さらに文脈をたどってみよう。

筆者は、前述のような昨今の小説を「それぞれの風土の時間を近代の時計からはずして、神話的な時間に読み替えていこうとする試み」と位置づける⑱。つまり、近代の文学が力強さや魅力にあふれているとはいえなくなった現在⑰、近代の小説に「その風土に昔から生きつづけた神話的想像力」や「土地の言葉と植民宗主国のフランス語がごたまぜになった、今まではいかにも教養のない、出来損ないの言葉だとされてきた言葉」（これを「クレオール」と呼ぶ）を活かそうとする試みなのである。「こうした流れ」は、近代が見失ってきた口承文学の魅力を取り戻そうとするものだ⑲。

ところが、筆者は「近代の学問」が「とんでもない古代の口承文学の世界」を「見事に読み解いてくれた」からこそ、口承文学の魅力を活用する試みが可能になったともいえると考える。そうした近代の学問の「成果」を考えると「複雑な思い」になるというのだ⑲。こうした文脈を踏まえれば、筆者は、〈近代の文学の閉塞を打開するために、近代が見失ってきた口承文学の魅力を活用しようとするが、その試み自体がやはり近代の学問の成果だ〉という事実に「複雑な思い」を抱いていると考えられるだろう。

近代の文学が力を失っていると考える筆者は、子どものころから慣れ親しんだ口承文学の世界に深く魅了されつつも、だからといって近代の発想に育まれた自分は過去の地縁、血縁の世界に戻ることはできないと自覚してもいる。事態は簡単ではない。そこで「さて、どうしたらいいものか」と考え込んでいたのだ⑰。近代の文学の担い手として、筆者は近代の文学の未来を模索している。近代の文学の昨今のさまざまな魅力ある試みを視野に収めながら、そこには依然として「複雑な」難しい問題が含まれていると感じているのであろう。

したがって、筆者が「複雑な思い」を抱く理由として、筆者が〈近代の文学の閉塞を、近代の学問によって打開しようとする〉という矛盾に気づいたことを指摘すればよい。

近代の文学の閉塞を打開するために、口承文学の力を活用しようとするが、実はその試み自体が近代の学問の成果だとも言えるから。

あるいは、〈近代が見失ったものを、近代の学問によって求めようとする〉といったかたちで説明してもよい。

別解

近代が見失った風土に根ざした口承文学の魅力を活かそうとする試みは、近代の学問の成果によって可能になったと考えられるから。60字

SELF CHECK セルフチェック

最重要ポイント

ここで大切なのは、答案が「複雑な思い」を抱く理由の説明になっているか、ということ。したがって、大まかに見て、次の内容が書かれているかどうかを確認してほしい。

□ **「近代」を離れようとするのに「近代」から離れられない。**

こうした趣旨がないものは、厳しいが全体として0点とする。

模範解答と採点基準

10点

近代の文学の閉塞を打開するために、口承文学の力を活用しようとするが、実はその試み自体が近代の学問の成果だとも言えるから。60字

基準

a 近代の文学を打開しようとする 5点

・「近代が見失ったものを取り戻そうとする」でも可。

b （aは）近代の（学問の）成果である 5点

＊aとbの両方があれば10点。

＊aとbのいずれかを欠くものは0点。

採点シミュレーション

10／10点 **解答例1**

神話的な時間を描く現代の小説は、近代が見失ったものを取り戻そうとするものだが、近代の学問による発見の成果でもあるから。59字

模範解答例とは異なる書き方をしているが、現代の小説の新たな試みについて、aとbの両方が述べられているので、〈矛盾〉を説明することができていると判断できる。よい答案。

解答例2　10／10点

地縁や血縁に結びついた口承の文学の魅力を活かそうとすると、そうした世界と決別した近代の学問の成果に頼るしかなくなるから。［60字］

これも模範解答例とは異なる書き方だが、正解。近代から離れようとしても離れられないという複雑な事情をうまくまとめている。

解答例3　0／10点

近代の学問が口承文学の世界を見事に読み解いた成果として、風土の言葉や想像力を活かした小説が生まれてきたと考えられるから。［60字］

傍線部の直前の内容をまとめた答案。これだと〈複雑な事情〉や〈矛盾〉を説明したことにはならず、「私」が「複雑な思い」になる理由にならない。残念ながら0点。

表現チェック

- □ 文末が「から」「ので」「ため」など「理由説明」になっているか。
- □ 「私」が「複雑な思い」を抱く「理由」の説明になっているか。

パターン　問5

「近代の文学と口承の物語の違い」を明らかにしつつ、本文の要旨を「二百字以内」でまとめる。例題でも取り上げたように、対比構造を軸にした要約問題は大学入試頻出のパターンの一つである。条件指定に従い、近代の文学と口承の物語の違いに沿って本文内容を〈再構成〉してまとめることにしよう。まず、二つのものの「違い」を説明するには、それぞれについてバランスよく説明することが必要である（→76ページ「内容説明　2　物事の違いを説明する」）。

では、「近代の文学」とはどのようなものか。筆者によれば、「日本の近代文学」の一つである「赤い鳥」系の話は「近代性」によって支配され、「言葉が近代の論理できれいに整理され」ている⑪。さらに「印刷術」と共に発達し普及した「近代の文学」は、「近代国家」の枠組みの中で「幅広い人たちに理解できる言葉」として作られた「共通語」によって書かれたものであり、血縁や地縁を超えて「自分の意見を発表できる」⑯。以上をまとめると、近代の文学はa〈印刷術〉により普及し、c〈近代国家における論理を備えた共通語〉によってd〈書かれた〉b〈個性を表現するもの〉である。

次に「口承の物語」とはどういうものか。筆者が子どもの頃より親しんできた「口承の物語」は、問3で確認したように、耳で聞いてe〈体で受け止める〉ものである⑧〜⑩。そしてf〈血縁や地縁と結びついた〉g〈個人の言葉〉による地方の風土に根ざしたh〈語り〉なのである⑮。

これらを「近代の文学は〈abcd〉であるのに対し、口承の物語は〈efgh〉」といった形で、バランスよく対比的にまとめればよいだろう。必ずしもすべてを答案に盛り込むことができなくてもよいが、近代の文学と口承の物語の内実の核となるc・f・gは、外せない必須要素である。

また、「要約」である以上はi〈主張や結論〉を押さえることが重要である。i〈筆者は口承の物語に魅了されている〉という内容（口承の物語の重要性）を必ず盛り込むようにしたい①〜⑩。

さらに、問4で確認した「複雑な思い」も押さえたいところである。すなわち、j〈近代の文学が力を失いつつある〉がk〈口承の物語の世界に戻ることもできない〉と自覚していること⑰、そしてl〈近代が見失ってきた口承の物語の魅力を活かした小説がある〉が⑱、m〈そうした試みが近代の学問の成果でもあると考えると、複雑な思いになる〉⑲という点である。

なお、a〜hの要素を「近代の文学は〈abcd〉であるのに対し、口承の物語は〈efgh〉」といった独立した形でまとめていなくてもよいが、「違いを明らかにしつつ」という条件があるので、なるべく「違い」を明確に示す工夫がほしい。模範解答例を参考にしてもらいたい。

SELF CHECK セルフチェック

最重要ポイント

設問の条件は〈近代の文学と口承の物語の違いを明らかにすること〉。したがって、次の点をチェックしてみよう。

□ **近代の文学と口承の物語の内容について書いているか。**

「近代の文学」と「口承の物語」のどちらかの内容がまったく書かれていない答案は、今回は全体を0点とする。

模範解答と採点基準

25点

近代国家において印刷術により普及した書き言葉としての近代の文学は、幅広く理解される論理を備えた共通語による個性の表現だが、体で受け止める口承の物語は、血縁や地縁と結びついた個人の言葉による風土に根ざした語りである。近代の文学が力を失うなかで、口承文学に魅了されつつもその世界には戻れない「私」は、近代が見失った口承文学の力を活かした魅力的な小説が、近代の学問の成果でもあると考えると複雑な思いになる。［200字］

基準

〈近代の文学の説明として〉

a 印刷術／活版印刷との関わりの指摘 ［1点］

b 個性の表現／自分の意見を発表する ［1点］

c 近代国家における論理を備えた共通語 ［5点］

・「近代国家」が答案のどこにもない場合は1点減。

・「論理を備えた」で2点。

・「共通語／幅広く理解される言葉／ジャーナリズムの言葉」で3点。

d 書かれた／書き言葉／読む ［1点］ ⇔

〈口承の物語の説明として〉

e 体で受け止める／体感する／現実感がある ［2点］

f 血縁や地縁と結びついた／風土に根ざした ［2点］

g 個人の言葉／ひとりひとりの顔が見える言葉 ［3点］

h 語り／話し言葉／（耳で）聞く ［1点］ ←

〈筆者の思い〉

i 口承の物語の世界に魅了される／口承の物語を忘れてはならない／口承の物語は現代人にとって異質なものではない ［3点］

j 近代の文学が力を失いつつある／近代の文学を活性化する ［2点］

k 口承の物語の世界（血縁や地縁の世界）には戻れない ［1点］

l （近代が見失った）口承の物語（の魅力）を活かした小説 ［1点］

・「近代が見失った」の部分は、なくても可。

m lは近代の学問の成果だと考えると複雑な思いになる ［2点］

・「（口承の物語の）魅力」の部分は、iとして加点する。

・「複雑な思い」がない場合は1点減。

採点シミュレーション

解答例1

20／25点

近代の文学が力強さを失い、近代的文学観を守って書くことができなくなった今、小説はどのように書けばよいのか。口承の物語は、近代の論理で整理されたジャーナリズムの言葉によって書かれた近代の文学とは異なり、地方の風土、習慣、伝統を支える個人の言葉による語りであり、耳で聞いて体感するものだ。だが、こうした口承の物語の世界の魅力を用いて小説を書こうとすると、近代の学問の成果を利用せざるをえなくなるのである。［200字］

筋の通った明快な答案である。問題提起から始めて、「近代の文学と口承の物語の違い」を示し、口承の物語の魅力を押さえたうえで、最後に筆者が直面する難問を明記した。最後の一文の冒頭の「だが」が効いている。満点ではないが、これだけ書ければ十分。

15／25点

解答例2

近代国家によって作られた共通語による近代の文学は、今や魅力を失いつつある。それに対して、家族や血縁に支えられたひとりひとりの顔が見える個人の言葉による口承の物語は、筆者にとって子どもの頃から親しんできた魅力ある世界である。その魅力を近代の小説に活かそうとする試みが世界中で現れはじめていて、それは近代が見失ったものを取り戻そうとするものだが、口承文学の世界を読み解いた近代の学問の成果でもある。197字

前半で、重要な要素であるc・f・gを押さえて「近代の文学と口承の物語の違い」を明らかにしているところがよい。後半が惜しい。筆者の立場をより明確に示すとよい。合格ラインまであと一歩。

0／25点

解答例3

子どもの頃から口承の物語の世界に魅了されてきた。母親の口から聞いたヤマンバの話にはどきどきするような現実感があったが、優等生が読んでいた「赤い鳥」系の子ども向けの本はつまらなくて嫌いだった。だが、口承の物語は現代の私たちとは切り離された異質な世界ではなく、そのことを忘れてはならないと思う。近代の学問が口承の文学の世界を見事に読み解いてくれたという大発見の成果を考えると、いやでも複雑な気持ちになる。200字

本文を抜き書きしてそのまま並べたタイプの答案。近代の文学の内容にまったく触れていないため、厳しいが0点。抜き書きしてはいけないというわけではないが、〈構成〉をよく考えてまとめるようにしよう。

表現チェック

□ 無理に一文にせず、文を分けてまとめているか。
□ 「近代の文学」と「口承の文学」をバランスよく説明しているか。
□ 筆者の〈主張や結論〉を盛り込んでいるか。
□ 「条件」に応じて本文を〈再構成〉しているか。

問題
P.62
｜
P.71

理由説明

パターン ①

因果関係を説明する

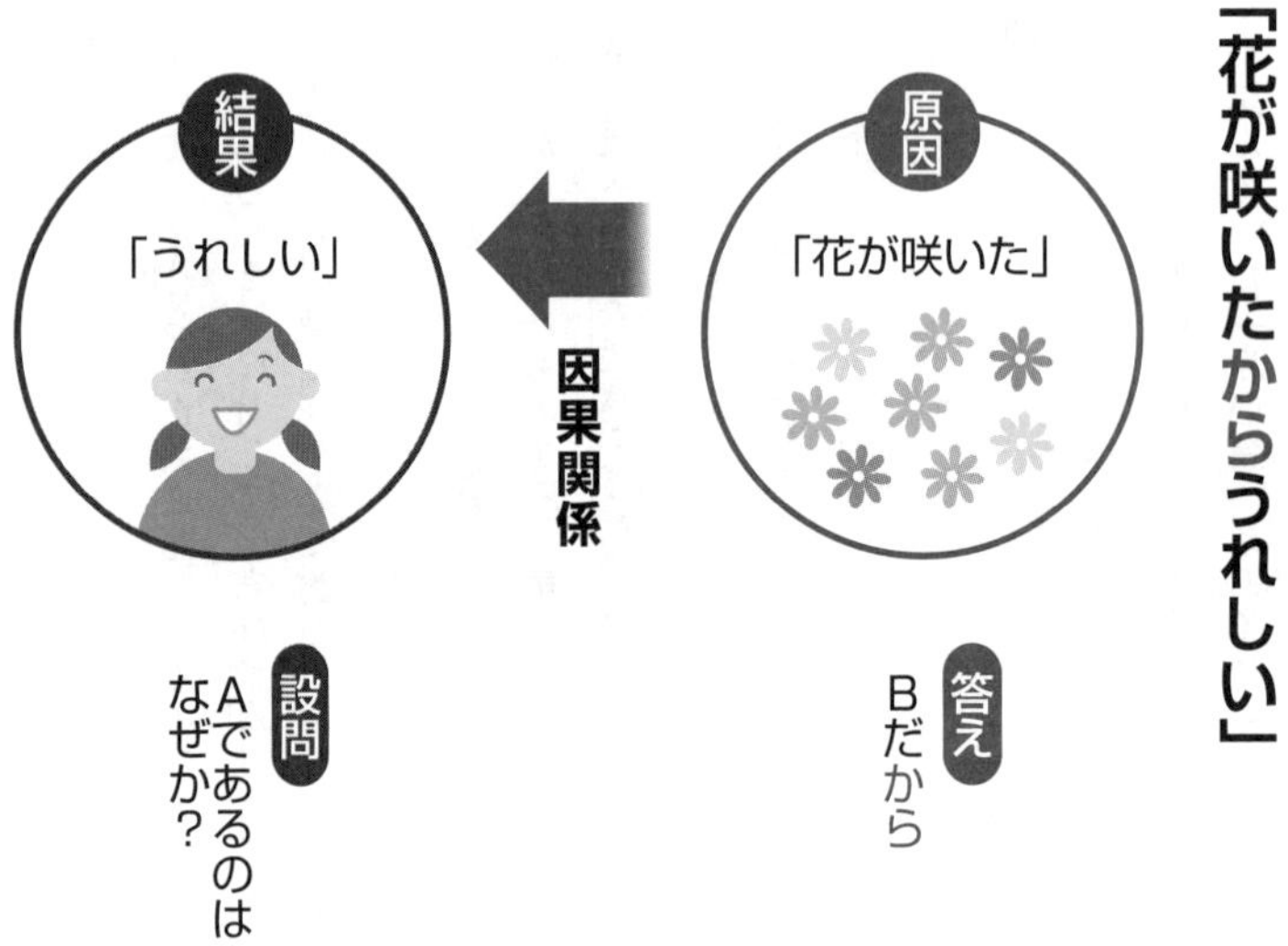

理由を説明するとはどういうことか

「〈Aである〉のはなぜか？」という設問に対して、「〈Bだから〉」と答える。これが〈理由説明〉である。たとえば、「どうしてうれしいの？」と問われて、「花が咲いたから」と答える。これは〈花が咲いた（原因）からうれしい（結果）〉という〈原因と結果の関係〉、つまり〈因果関係〉を説明しているのである。

理由説明の文末は「から」「ので」「ため」

したがって、文末は「から」など理由を説明する形でまとめることが必要である。もちろん、「どうしてうれしいの？」に対して、「花が咲いたからうれしい」と答えてもよいのだが、「花が咲いたから」と簡潔に答えるのが大学入試では一般的だ。

答えが理由になっているかを確認する

さて、最後に自分の答え「〈Bだから〉」を設問の「〈Aである〉」と結びつけて読んでみてほしい。きちんと筋が通るだろうか。もしうまく結びつかないなら、「まったく見当違いで間違っている」か、「説明が足りない」かのいずれかである。答えが設問にスムーズに結びつくように丁寧に説明することを心がけると、良い解答になる。

問題 P.62

技術哲学の展望　村田純一

解答　配点 20点

[a]自動車が農村部での日常的使用にも耐えるデザインに改良されて普及[b]し、一般に[c]自動車による移動が自明視されるようになったから。（60字）

基準
a 自動車が農村部での日常的使用にも耐えるデザインに改良された（6点）
b 自動車が普及した／大量生産されるようになった（6点）
・いずれかがあれば可。
c 自動車による移動が自明視されるようになった（8点）

解説

本文の内容をまとめると、次のようになる。

1 人工物は、多様な現実の状況に応じて、制作者の意図に反して、さまざまに用いられる。

↓

2 かつてヨーロッパから中国に輸入された時計の例が示すように、異文化において人工物は柔軟に解釈し直される。

3 インターネットや自動車などの現代の技術においても、技術が制作された最初の目的や機能とは異なった仕方で「解釈」される。

4 これらは、既存の〈目的―手段〉が技術の展開のなかで変換され、新たな〈目的―手段〉を形成する「技術の創造性」の例である。

↓

5 さらに、コピーが紙の氾濫を招いたように、意図に反した悪い結果も生じる。

6 いずれにせよ、これらは、人工物が新たな意味を獲得する過程、「創造性」である。

ここで問われているのは、〈馬車より速い乗り物（自動車）が、社会全体から強く必要だと考えられているという事態〉が「アメリカ」で生まれたのはどうしてか、である。その事情は、傍線部直後で詳しく説明されている。これを〈因果関係〉に沿って整理してみよう。

原因

「a〈自動車が農村部での日常的使用にも耐えるようなデザインに改良され〉、b〈広く普及されるようになって〉」
「c〈自動車によって移動することが自明化し、日常的な価値基準の一つとなって〉」

⇩ 因果関係

結果

「はじめて、一般に自動車が存在しないことが『問題』と見なされるようになった」
＝傍線部「馬車より速い乗り物に対する強い社会的な需要」が生まれた。

つまり、答案としては右の原因をまとめればよい。ただし、この場合、自動車に対する強い社会的需要が生まれるまでの経緯を説明するのだから、〈a→b→c〉の順に〈因果関係に沿って〉まとめる必要があることに十分注意してほしい。

筆者紹介

村田純一（むらたじゅんいち）　一九四八（昭和23）年〜。兵庫県生まれ。哲学者。本文は、『思想（二〇〇一年七月五日号）』（岩波書店）によった。

「文化が違う」とは何を意味するのか？

岡真理

本文について

構造図

○ **〈反・自文化中心的な文化相対主義〉**
①他文化を理解可能な他者と見なす
②批判的に自己を認識し、他者と対話する
③世界を新しい普遍性へと開く

⇔

× **〈自文化中心的な文化相対主義〉**
④他文化を理解不可能な他者と見なす
⑤無条件に自己肯定し、他者と対話しない
⑥覇権主義やグローバリゼーションに加担する

百字要約

「文化の違い」は、他文化が理解可能であることを示す。このことを踏まえ、批判的に自己認識するような反・自文化中心的な文化相対主義によってこそ、他文化との対話が生まれ、世界に新しい普遍性が開かれるだろう。（100字）

段落要旨

1～5 ムスリム女性のスカーフは宗教的意味を持つが、まずは地域に根ざした生活習慣として存在する。

6 7 スカーフは目に見える「文化の違い」だが、それが生活習慣である点に注目すると、私たちの社会にも同じような態度があることに気づく。つまり「文化の違い」はじゅうぶん理解可能なのだ。

8 「文化が違う」ことは理解しあい対話する可能性を表す。他文化を理解せず丸ごと肯定すると、その文化内部の差異や葛藤も見えない。

9 10 他文化を特殊なものと決めつける文化相対主義は、批判的な自己認識を欠き、自文化を普遍とみなし他文化を野蛮と貶めるような自文化中心主義につながる。そこには閉鎖的な自己愛がある。

11 だから、反・自文化中心的な文化相対主義に基づいて「文化」や「文化の違い」を考えることでこそ、新しい普遍性が開かれる。

本文解説

日本社会にもムスリム女性のスカーフと同じような態度が見られる。「私たちと彼らは、実はそんなに違わない」のであり、「文化の違い」は、それぞれの社会に根づいた生活習慣といったような共通性があるから、同じ人間として理解可能なのだ（1～7）。

　他文化を理解不可能な他者と決めつけてはならない。それは〈他人は他人、自分は自分〉として他文化を「丸ごと肯定する」ことであり、他者と理解しあい対話する可能性を封じ込める〈自文化中心的な文化相対主義〉だ。それは批判的な自己認識を欠き、〈お前たちの目から見てどんなに間違っていようと、自分はこれでいいのだ〉という自己の無条件な肯定へとつながる危険がある。これは、アメリカの覇権主義や、世界を一元化するグローバリゼーションに加担することだ（8～10）。

　筆者がめざすのは、〈反・自文化中心的な文化相対主義〉であり、「文化の違い」を見つめ、「新しい普遍性」、つまり他者との関わりかたを探ることなのである（11）。

発展

本文には筆者の価値観が明確に示されている。筆者の価値観を手がかりにして本文を読み解くこと、特に〈○肯定的評価〉と〈×否定的評価〉をつかむことは読解の基本だ。今回は、筆者が肯定する〈○良き文化相対主義〉と否定する〈×悪しき文化相対主義〉とを区別しないと混乱してしまう。「構造図」では、こうした区分をもとに本文を整理し、対比的に再構成してある。①〜⑥を確認しておこう。

本文の最後から、「○③世界を新しい普遍性へと開く」と「×⑥覇権主義やグローバリゼーションに加担する」を読み取ることができる（10・11）。筆者は、アメリカ合衆国が主導するような世界秩序や、それに基づいたグローバリゼーションによる文化の一元化に反対する立場にあり、多様な文化が「新しい普遍性」で結ばれるような世界を目指しているのだ。これは筆者の立場の基層にある価値観である。

「○①他文化を理解可能な他者と見なす」と「×④他文化を理解不可能な他者と見なす」は、ムスリムの女性のスカーフの具体例の考察を通して対比的に示され（1〜8）、問3で④、問4で①が問われている。さらに、問5で問われるのが「○②批判的に自己を認識し、他者と対話する」と「×⑤無条件に自己肯定し、他者と対話しない」（8〜10）である。筆者はなぜ「文化の違い」を「丸ごと肯定すること」を批判（否定的評価）するのか。問5を考える上で、価値観（この場合、肯定的評価）に注目することは有効だ。言うまでもなく、〈○肯定的評価〉と〈×否定的評価〉は表裏一体なのである。このように文章を読む際には、常に筆者の価値観に注意を払うようにしてほしい。

参考図書

『アラブ、祈りとしての文学』　岡真理（みすず書房）

小説は常に遅れてやってくる。苛烈な生を生きる人々は、小説を書いたり読んだりしていられないからだ。文学は祈ることしかできない。それでも、小説を読むことは、他者の生を自らの経験として生きること、世界との関係性を変えることだ。アラブ文学を糸口にして、記憶されない小さき人々の尊厳を想い、文学の可能性を真摯に探る名著。

『多文化世界』　青木保（岩波新書）

グローバリゼーションに伴う画一化・一元化に直面する現在、宗教や民族の対立や紛争が激化しつつある。そうした中で、異文化どうしが交流することにより、相互理解を深めていくべきではないか。文化人類学者である筆者が、多様な文化が共存する道を前向きに模索し、その現状と課題を解説する。

筆者紹介

岡真理（おかまり）　一九六〇（昭和35）年〜。東京都生まれ。専攻は、現代アラブ文学、第三世界フェミニズム思想。著書に『記憶／物語』『棗椰子の木陰で』などがある。本文は「『文化が違う』とは何を意味するのか？」（『大航海』No.38（新書館）所収）の一節。

記述上達への一歩

書き直しをする！

①自力で答案を作成し、②解答・解説を読んで、自分の答案を自己点検・自己採点しながら本書に取り組んでいるだろうか。これができている人にはさらに、③「答案の書き直し」をおすすめしたい。「わかる」と「できる」の間には大きくて深い溝があって、わかっていてもなかなかうまくできないものだ。模範解答例を参考にして、自分の答案を満点答案に書き直してみよう。続けていけば、「書き直し」がきわめて効果的なことを必ず実感するはずだ。

解答　配点50点

問1　ア　奉納　イ　過言　ウ　根拠　エ　抹消　オ　覇権　各1点

問2　普遍　3点

問3　日本では、宗教的行為が日常的習慣となっているため、その宗教性が意識されないから。　40字　10点　⬇セルフチェックへ

問4　[a]他文化には自文化とは異なって見えるところがあるが、[b]それが社会に根づいた生活習慣であり、[c]自文化にも同じようなところがあると気づけば、[d]他文化を理解できるということ。　80字　16点

基準

a　他文化の自文化とは異な（って見え）るところ　3点
・〈文化の違い〉という趣旨であれば可。
・「自文化と他文化の（目に見える）差異」も可。

b　aは社会に根づいた生活習慣である　5点
・〈日常的な習慣〉という趣旨であれば可。

c　自文化にも（aと）同じようなところがある　5点

d　aを理解できる　3点
・「互いに了解可能」「理解しあえる」なども可。
・「自文化と他文化はそんなに違わない／似ている」は、dとして加点する。

問5　[a]批判を含めた他文化との対話が生じず、[b]他文化内部の多様な差異や葛藤も見えないから。　40字
[c]自文化への批判的な自己認識を欠き、[d]無条件に自らの社会や歴史までをも肯定するから。　40字　各8点

基準

a　（批判を含めて）他文化と対話しない　4点
・「他文化」は「他者」でも可。
・「他文化との関係を築けない」も可。
・「自閉的」のみは、表現未熟のため2点。
・「他文化を理解しない」のみは、表現未熟のため2点。
・「他文化を自分とは異質だ（特殊だ）と決めつける」のみは、表現未熟のため2点。
・「新しい普遍性へと開かれない」のみは、表現未熟のため2点。

b　他文化内部の多様な差異や葛藤を見ない　4点
・〈他文化内部の多様性を見ない〉という趣旨であれば可。↘

c　（自文化への）批判的な自己認識を欠く　4点
・「自文化を相対化しない」も可。
・「文化相対主義」は不可。
・「自文化中心主義」はdとして加点する。

d　無条件に自らの社会や歴史までをも肯定する　4点
・〈無条件に自己肯定する〉という趣旨があれば可。
・「自文化をナルシシスティックに肯定」も可。
・「自文化中心主義」のみは、表現未熟のため2点。
・「覇権主義の共犯者」や「グローバリゼーションの対抗言説になり得ない」のみは、表現未熟のため2点。
・「自己愛」のみは、表現未熟のため2点。

＊a～dの組み合わせは自由。〈abc〉と〈d〉や、〈a↖

d〉と〈c〉といった組み合わせでも可。
＊a～dが重複する場合、片方のみを加点する（ただし、片方がａ４点でもう片方がａ△２点など、点差がある場合は高い方を加点する）。

設問解説

問1

ア「奉納」は、〈神仏に喜んで納めてもらうために、物品を供えたり芸能を行ったりすること〉という意味。

イ「過言」は、〈言いすぎ〉という意味。一般に「～ではない」という形で用いられる。

オ「覇権」は、〈力による支配〉という意味。外来語で「ヘゲモニー」。

問2

「特殊」は〈限られたものにしか当てはまらないこと〉を意味する。ここでは、他文化を自文化とは異なる理解できない「変わったもの」と見なすことを意味する〈こうした他文化との違いは「彼我のあいだの通約不能な異質性（[8]）」とも言われている〉。「特殊」の対義語は「普遍」（[9]・[11]）。「普遍」は〈すべてに広く当てはまること〉を意味する。こうした基本的な対概念はしっかり覚えておこう。

ちなみに、[9]の「普遍性」は、他文化に自文化を当てはめて貶めるような自文化中心主義の性格を表しているが、最終段落の「いまだ明かされない新しい普遍性」は、自文化と他文化との対話が成り立つような世界の性格を表している。つまり、前者は否定的な意味合いで、後者は肯定的な意味合いで用いられている。このように、同じ言葉が異なる文脈で異なる意味合いで用いられている点にも、ぜひ着目してほしい。

例えば〈ａｂ〉と〈ａ△、ｄ〉の場合は、８点と４点で計12点。
＊文末表現は不問。「点」「こと」「理由」なども可。

パターン

問3

日本人が「日本人は宗教心が希薄だ」と感じる〈理由〉を、「傍線部Ａを含む段落の内容を踏まえて」考える。筆者によれば、日本では「何十万という人々が神社に初詣に出かけ、……お盆に坊さんを呼んで法事」をしたりしている。これらは「宗教的な意味に浸潤されている行為」だが、日本人はそれを「当たり前の日常として生きている」がゆえに「ことさらに宗教的な行為とは感じなくなってしまっている」のである。こうしたことが〈原因〉となり、「日本人は宗教心が希薄だ」といった自己認識が〈結果〉として生まれる。整理すると、次のようになる。

〈原因〉　ａ〈日本では、宗教的行為が日常的習慣になる〉
↓　それゆえ
ｂ〈宗教性が意識されない〉
↓　だから
〈結果〉　日本人は「日本人は宗教心が希薄だ」と感じる

これは〈因果関係を説明する〉パターンなので、以上の〈ａ→ｂ〉の流れをまとめればよい。ａによってｂが生じるので、〈ａのためｂ〉〈ａゆえにｂ〉といった形で〈因果関係〉を明示することが望ましい。答案の文末は「～から。」など〈理由説明〉の形でしめくくること。

〈ｂ→ａ〉の順でまとめると筋が通らなくなるので注意しよう。自分の答案と設問を次のようにつないでみる。〈「（答案）だから」、「日本人は「日本人は宗教心が希薄だ」と感じる」。〉〈理由説明〉の場合は、このように答えが理由になっているかを必ず確認するようにしよう。

SELF CHECK
セルフチェック

最重要ポイント

宗教心が希薄だと感じる理由の核心は、「宗教的行為が生活習慣になっている」こと。次の点をチェックしてみよう。

□ **〈宗教的行為が習慣になる〉という点を押さえているか。**

この内容がないとaの要素がないことになり、結果的に大幅な減点となる。

模範解答と採点基準

10点

日本では、宗教的行為が日常的習慣となっているため、その宗教性が意識されないから。(a: 宗教的行為が日常的習慣となっている／b: その宗教性が意識されない) 40字

基準

a 宗教的行為が日常的習慣となる 7点

・〈宗教的行為が日常（生活）になる／習慣になる〉という趣旨があれば可。
・「宗教的行為」を「初詣」や「法事」などの具体例のみで示した場合は2点減。
・「（宗教的行為を）当たり前の日常として生きている」も可。
・「（宗教的行為は）文化である／社会に根ざしている」も可。
・「親がやってきたから自分も何となく繰り返している」のみは3点。
・「（宗教的行為が）自明のものになる」のみは2点。
・「宗教的な行為とは感じない」はbとして加点する。

b その宗教性が意識されない 3点

・〈宗教的なものと感じない〉という趣旨であれば可。
・「宗教的な行為とは感じない」も可。
・「宗教性が自然化される」のみは、表現未熟のため2点。

＊「自文化を相対化できないから」「批判的な自己認識を欠くから」など、全体として抽象的に説明したものは、b3点のみ加点する。

採点シミュレーション

7／10点

解答例1

日本人は、永年の生活習慣、あるいは年中[○a]行事として宗教的な行事を行っているから。39字

明快な説明。よく出来ている。bはないが、最も大事な点を押さえており、これだけ書ければ合格答案である。

3／10点

解答例2

神社への初詣や仏壇への供えものは宗教的行為だが、それが当たり前[△a]になっているから。40字

説明の方向性は正確である。本文の内容に沿って、もう少し詳しく説明するとよい。前半の具体例を省くなど、簡潔に表現するための工夫も必要。ぜひ書き直しを。

0／10点

解答例3

日本人は宗教心が希薄だが、イスラームの人々は宗教熱心だと思い込んでいるから。38字

本文に書かれている内容だが、これでは「日本人は宗教心が希薄だ」と日本人が感じる理由にはならない。自分の答案を設問に結びつけて、理由説明になっているかを確認しよう。

表現チェック

- □ 文末が「から」「ので」「ため」など「理由説明」になっているか。
- □ 「日本」または「日本人」の説明になっているか。

問4

傍線部の内容説明。まず、傍線部前半の「『私たち』と『彼ら』のあいだの可視化された差異」とは何か。これはａ〈「目に見える違い、つまり『文化の違い』」〉のことである⑥。

例えば「『イスラーム』という『文化』の違いは、女性たちが被るスカーフという実に目に見えやすい形で現象している」。その「スカーフの有無という可視化される差異」は、それがｂ〈「永年の生活習慣」として行われている〉ことに注目すれば、ｃ〈日本社会においても「同じような態度が見られることに気がつく」〉。つまり、日本社会にも宗教として意識されない宗教的行為があることに気づくと②・⑤、「現代においてなお人々が厳格に宗教的に生きているイスラーム社会、特殊な社会というイメージ」は崩れて、「私たちと彼らは、実はそんなに違わない」とわかる⑦。これは、まさに「実は彼らと同じようなことをしている、同じように生きている⑨」と感じることであり、筆者はそれによってｄ〈他文化を理解できる〉というのだ。この〈ｂ・ｃ・ｄ〉が、傍線部後半の「同じ人間としてじゅうぶん理解可能」の意味内容。

傍線部を言い換えたａとｄの要素だけでなく、「同じ人間として」の意味内容を示すために、「同じ」ということの内実を説明するｂとｃの要素も答案に盛り込んでおくべきである。

問5

文化の違いを「丸ごと肯定すること」を筆者が批判する理由を、「傍線部C以降」から「二点」押さえよう。他文化を「理解する」べきだと考える筆者は、「理解する」ことで可能になるａ〈他者との「批判も含めた対話」が成り立たない〉から、そして「理解する」ことで立ち現れるｂ〈他者の「文化内部の多様な差異やせめぎあい、ゆらぎや葛藤」が見えてこない〉から、「丸ごと肯定すること」を批判する⑧。

まずは、このａとｂの要素が一つ目の理由である。まとめると次のようになる。

[a]批判を含めた他文化との対話が生じず、[b]他文化内部の多様な差異や葛藤も見えないから。

さらに、筆者は、他文化を「理解する」ことで「いまだ明かされない新しい普遍性」が開かれることを望んでいる⑪。しかし、「理解すること」なく『これが彼らの文化だ、彼らの価値観だ』と丸ごと肯定⑧」することは、他文化を「自分たちとは異質だ、特殊だと決めつけ⑨」、「通約不能」と見なすことにほかならない。これは他文化の人々と「同じように生きている」というｃ〈批判的な自己認識の欠如〉を意味し、「お前たちの目から見て、どんなに間違っていようと、われわれはこれでいいのだ」というように、ｄ〈「自らが帰属する社会を、その歴史を、無条件に肯定」する〉ような自文化中心主義につながる危険がある。すなわち、「アメリカの覇権主義」や、「文化の違い」を消し去り世界を一元化する「グローバリゼーション」に加担することになる⑩。「丸ごと肯定する」ことへの批判には、こうした理由もある。

このｃとｄの要素が二つ目の理由である。まとめると次のようになる。

[c]自文化への批判的な自己認識を欠き、[d]無条件に自らの社会や歴史までをも肯定するから。

以上のａ～ｄの要素は、基本的に、自由に組み合わせて理由を「二点」挙げればよい。ただし、「二点」挙げるという条件に沿って、なるべく内容の重複がないように二つに分けること、筋の通った説明になるように組み合わせることなど、配慮が必要である。

自分ということ

木村敏

本文について

構造図

〈日本語の「自然」〉
・〈じねん〉人為の及ばない「おのずから」の情態性
→〈しぜん〉不安が強調された「万一」
・個々の自然物を個人が心の内で捉える

⇔

〈西洋語の「自然」〉
・個々の自然物を包摂する普遍的概念
・人間の外部に実在し客観的に把握される

百字要約

西洋語の「自然」は、個々の自然物を包摂する客観的な対象一般であるのに対し、日本語の「自然」は、人為の及ばない「おのずから」に直面した心の動きをまき込むあり方であり、その不安から「万一」の意味も生じた。(100字)

段落要旨

1〜5 「自然」という語は、西洋語の訳語として「自然環境」という意味で使われる以前は、名詞ではなく、「おのずから」や「万一」といった物事のあり方を示した。

6〜8 西洋語の「自然」は、日本語とは異なり、個々の自然物を包摂する「自然一般」であり、人間の外部に実在する対象世界である。

9 10 日本語の「自然」は、人為の及ばない「おのずから」の事態に直面した心の動きを捲き込む述語的あり方であり、そうした不安の情態性が強調されて「万一」の意味が生じた。

11 12 例えば、イギリス式庭園は、自然を写実的に再現し、不特定多数に安らぎを与えるが、日本の庭園は、象徴的に天地山水を配して自然の真意を表し、鋭敏な感性を持つ人のための芸術作品である。

本文解説

「自然」という語が「自然環境」を意味する西洋語の訳語として使われるようになったのは最近のことだ(1)。中国における「自然」は、老子のいうように「おのずからそうであること」であり(2)、日本の「万葉集」でも「おのずから」(3)、さらに親鸞は「じねん」と読み、「人為の加わらないままに、おのずからそうなっていること」という意味であった(4)。ただし「しぜん」と読むと「万一、もしも、不慮のこと」という意味になる。筆者はこれを「おのずから」の変形だと考えている(5)。

つまり、西洋語の「自然」が客観的な対象一般であるのとは異なり(6〜8)、日本語の「自然」は、人為の及ばない「おのずから」の事態に直面した不安に似た心の動きを捲き込んだあり方のことであり、その不安の情態性が強調されて「万一」という意味が生じたのだ(9・10)。

西洋の自然が安らぎを与え、日本の自然は緊張感において成立するという対比は、庭園の違いに鋭く現れる。自然を再現するイギリス式庭園は人々に安らぎを与えるが、自然を象徴化する日本の庭園は鋭敏な感性を持つ人のための芸術作品のようなものである。(11・12)

発展

本文の最後に、「西洋の庭園」の代表的様式として「フランス式庭園」と「イギリス式庭園」、そして「日本の庭園」が具体例として挙げられているのだが、これらについて具体的にイメージすることができただろうか。現代の私たちにとって、「自然」とはもっぱら「自然環境」というような西洋の概念を表す言葉であるように、「西洋の庭園」よりも「日本の庭園」の方がイメージしづらいということもあるかもしれない。

「フランス式庭園」は、左右対称の幾何学的な池の配置や植栽を基軸にしたものであり、その代表例がヴェルサイユ宮殿の庭園である。それに対して「イギリス式庭園」は、自然の景観美を追求したものである。「イングリッシュ・ガーデン」として知られているのはこの流れをくむ庭である。筆者は、「西洋の自然」が持つ人間の心に「安らぎ」を与える性格を、人工的な装飾の趣の強い「フランス式庭園」ではなく、自然を写実的に再現した「イギリス式庭園」に見出しているわけだ。

「日本の庭園」は、池を中心にして「築山（人工的に作った山）」を築いて庭石や草木を配し、「借景（自然の風景を背景として庭園の風景に取り込む手法）」を用いて、四季折々に自然を楽しむことができるように趣向を凝らしたものが一般的である。ただし、本文に示されていた「自然の真意」を象徴的に表すという「日本の庭園」の性格については、京都の「龍安寺の石庭」をイメージするとさらにわかりやすいだろう。これは、池などの水を用いず、石や砂だけで自然を表す「枯山水」という様式を採用したものだ。筆者は、こうした象徴的な「日本の庭園」を、鑑賞能力を持つ少数の人だけのための「芸術作品」のようなものと位置づけ、そこに一人一人が心の中で「緊張感」において感じとる「日本の自然」のありようが現れているのと述べているのである。

日本庭園などの日本文化を論じた評論文は大学入試に頻出である。「日本の庭園」と言われてもまったくイメージが思い浮かばないという人、そして「龍安寺の石庭」に興味を抱いたという人は、関連する本を読んだり、写真を見たり、実際に訪ねるなどして知見を深めてほしい。文章に登場する事物や言葉が、君にとって新たな世界への入り口になるかもしれないのだ。

参考図書

『異常の構造』　木村敏（講談社現代新書）

「異常」とされてきたことを根本的に検討し直すことで、現代人が信奉する合理性や常識などの「正常」さが、いかに危うい仮構の上に成り立っているかを解明する書。「異常」に向けられる真摯なまなざしの先にあるのは、人間が生きることの意味への問いである。大学入試にも数多く出題されている名著。

『「おのずから」と「みずから」』　竹内整一（春秋社）

著者の竹内整一は、一九四六年生まれの倫理学者。本書は、「おのずから」と「みずから」の「あわい」という微妙な視点を基軸にして、日本人の思想や文化の基層を照らし出そうとする。現在のわれわれのありようにもつながる、日本人の精神的な歴史を解明する画期的な日本思想論。平明な文章で綴られており、一読をおすすめする。

筆者紹介

木村敏（きむらびん）　一九三一（昭和6）年〜二〇二一（令和3）年。朝鮮慶尚南道生まれ。医学者、精神科医。精神病理の人間学的研究に取り組み、「あいだ」としての人間の存在を探求。精神医学と現代思想に多大な影響を与えてきた。『時間と自己』『あいだ』『精神医学から臨床医学へ』など数多くの著作がある。本文は、『自分ということ』（ちくま学芸文庫・二〇〇八年刊）によった。

設問について

解答　配点50点

問1　ア　故郷　イ　実践　ウ　旨　エ　帯　オ　契機　各1点

問2　1　気ままな考え
2　思いがけない重大な出来事　各2点

問3　日本語の「自然」は、古来「おのずから」という情態性を示すが、そうした人為的なはからいの及ばない事態に直面して不安な心情が生じ、その不安の情態性が強調された形で言語化され「万一」などの意味が生じたため。100字　16点　⬇セルフチェックへ

問4　個々の自然物を一様に包摂する合法則的な枠組として人間の外部に実在し、普遍的な対象として客観的に捉えることのできる世界。

問5　[a]自然の風景を写実的に再現し、[b]自然の代用として[c]不特定多数の人に[d]安らぎを与えるもの。40字　8点
59字　9点　⬇セルフチェックへ

基準
a　自然の風景をそのままを再現する　2点
・「自然のコピー」や「自然に対して写実的」も可。
・「人工を排して」のみは不可。
b　代用的自然　2点
c　不特定多数に対するもの　2点
・〈誰でも〉や〈大勢が〉という趣旨なら可。
・「公園」のみは不可。
d　安らぎを与える　2点
・「緊張を解除する」も可。

問6　[a]象徴的に天地山水を配して[b]自然の真意を表し、[d]その真意を緊張感をもって[c]鋭敏に感受できる少数の人のための芸術作品のようなもの。60字　8点

基準
a　象徴的に天地山水を配す　2点
・「象徴的」があれば可。
・「人為的」「人為の極致」のみは1点。
b　自然の真意を表す　2点
・「表意的」のみは1点。
c　自然の真意を（鋭敏に）感受できる人のためのもの　2点
・「鑑賞能力をもった人」「感受性を期待して」も可。
・「少数の人のため」「私的」「閉鎖的」のみは1点。
・「芸術作品」のみは不可。
d　緊張感をもってとらえる　2点
・cの「感受性」について「鋭敏な」があればdを加点する。

設問解説

問1

ア 「故郷」は、〈生まれ育った土地〉という意味。

イ 「実践」は、〈実際に行うこと〉という意味。〈実際の戦い〉という意味の「実戦」と間違わないように。

ウ 「旨」は、〈考えの内容。意向〉という意味。音読みでは「シ」と読み、「趣旨」「要旨」といった熟語がある。

エ 「帯(びる)」は、〈ある性質や傾向などを含み持つ〉という意味。「重大な使命を帯びる」というように、〈引き受ける〉という意味もある。

オ 「契機」は、〈きっかけ。動機〉という意味。

問2

1 「恣」は、音読みでは「し」、訓読みでは「ほしいまま」と読み、〈勝手気まま〉を意味する。「恣意」は「しい」と読み、〈自分の思うままにふるまう心。気ままな考え〉という意味。特に「恣意的」は評論文に頻出である。

2 「椿」の訓読みは「つばき」で、〈植物の椿〉のほか、〈思いがけないこと〉という意味がある。「椿事」は、〈思いがけない重大な出来事〉という意味。ちなみに「珍事」は〈珍しい出来事〉という意味。

パターン

問3

「自然」が「万一、もしも、不慮のこと」という意味で用いられるようになった〈理由〉が問われている。したがって、「万一」という意味が生じた〈経緯〉を因果関係に沿って整理すればよい。ただし、「筆者の見解に即して」説明する必要があるので、傍線部A直後に書かれている「唐木順三氏」の〈武士にとっては死が当然で生が偶然〉という解釈を答案に盛り込まないように。筆者は唐木の解釈を否定し、5の最後で、〈「万一」は「人力で左右できない事態を表わして」生じた〉とする説を採り、「『おのずから』としての自然のヴァリエイション」だとしている。すなわち、この「おのずから」から「万一」が生じた〈経緯〉を押さえればよいのである。

その〈経緯〉が詳しく述べられているのが、9・10である。a〈日本語の「自然」はもともと「おのずから」を意味する〉。筆者によれば、これは西洋語の「自然」のように「名詞的実体」ではなく、「自己の内面的な心の動きを捲き込んだあり方」を「述語的」に示す「情態性」である。つまり、b〈「人為」の及ばない、「おのずからそうであり」、「ひとりでにそうなる」事態に出会った場合〉に、c〈「一種不安にも似た情感」を抱く〉が、こうした心の動きが「おのずから」の「情態性」には含まれているのである。そして、このd〈「不安」が「きわめて強調された形で言語化」される〉ことによって、「自然」が「万一、もしも、不慮のこと」という意味で用いられるようになったのである。

以上の要素を、筆者の説明に沿って〈a→b→c→d〉という順序で筋道立ててまとめればよい。〈因果関係を説明する〉必要があるから、要素の順序は大切である。要素と要素が逆になっていると説明にならない。〈答案 a→b→c→d〉だから、〈設問「自然」という語が「万一、もしも、不慮のこと」の意味に用いられるようになった。〉と結びつけて読んでみよう。自分の答案が〈理由〉説明になっているかどうか入念に確認してほしい。(文末を「から」でまとめず、〈「a→b→c→dだから、『万一』という意味で用いられるようになった。」〉といった形で書いてもよい。また、複数の文に分けて書いてもよい。)

セルフチェック

最重要ポイント

〈因果関係を説明する〉パターンの理由説明では、要素の関係が逆さまになっていたり、要素が一つでも欠けたりすると説明にならなくなるので、十分注意が必要だ。ここでは答案の大きな方向性を押さえておこう。

□ **〈「おのずから」から「万一」が生じた〉という内容になっているか。**

SELF CHECK

模範解答と採点基準

16点

a日本語の「自然」は、古来「おのずから」という情態性を示すが、b そうした人為的なはからいの及ばない事態に直面して c 不安な心情が生じ、d その不安の情態性が強調された形で言語化され「万一」などの意味が生じたため。100字

基準

a 日本語の「自然」のもともとの意味は「おのずから」4点

・「おのずから」は「ひとりでに」なども可。
・「日本語の『自然』の意味」という内容がない場合は2点減。
・「日本語の自然は情態性である」のみは不可。

b 人為の及ばない事態に直面する 4点

・「人力で左右できない事態に直面する」も可。

c bから不安が生じる 4点

・「bの不安がaに含まれる」も可。

d cが強調された 4点

＊a〜dの要素があっても、順序（因果関係）に明らかな誤りがある場合は、全体として0点。

採点シミュレーション

16／16点

解答例1

日本語の「自然」はもともと a「おのずから」という情態性、すなわち b 人為の及ばない「おのずから」の事態に直面した時の不安に c 似た心の動きをまき込んだ述語的なありかたを示すが、この不安の d 情態性が強調されたから。100字

cについては、「人為の及ばない事態に直面した時の不安が『おのずから』の情態性に含まれる」という形で書いても可。筋の通った答案。非常によく出来ている。

14／16点

解答例2

人為の及ばない c「ひとりでにそうなる」a△ b 事態に出会ったとき、一種不安にも似た情感を抱くが、その不安の情態性が d きわめて強調された形で言語化されたものが「万一のこと」を意味する「自然」の用法だから。95字

「ひとりでに」が日本語の「自然」の意味である点が踏まえられていないのが惜しい。それを盛り込めば万全である。なお、分かりやすい表現ならば、本文の表現をそのまま答案に用いてよい。

0／16点

解答例3

「万一のこと」といっても、いつも不慮の戦死を意味したわけではなさそうであり、b 人力で左右できない事態を表して「万一のこと」という意味が生じ、「おのずから」a△ としての自然のヴァリエイションであるから。97字

これは5の最後を抜き書きした答案。a△とbはあるが、それらの関係がバラバラでまったく筋が通らないので0点。何を説明すべきなのかをよく考えよう。模範解答例を参考にして、ぜひ書き直しをしてほしい。

表現チェック

□□ 筋の通った説明になっているか。
□□ 句読点や記号にそれぞれ一マス使っているか。

問4

傍線部Bは古代の日本人が持っていなかった「自然」の概念、すなわち「西洋語の『自然（ネイチュア）』」を言い表したものである。まず、傍線部に①「一般」と②「対象」という概念が含まれている点に着目してほしい。これは「言い換え　３傍線部中の複数の要素を言い換える」のパターンを踏まえるとよい説明になるケースだ。この二つの点を念頭に置いて、西洋語の「自然」の定義を説明する7・8の内容をまとめよう。

一つ目の①「一般」とは何か。これは「山や川や草木のそれぞれ」つまり「具体的個物」を「下位概念として包摂する上位概念」としての「自然」ということだ。その意味で「普遍的対象概念」として形成された「自然」である。つまりa〈個々の自然物を包摂する〉b〈普遍的〉概念なのである。ちなみに、「普遍的」は、最終段落の「誰にとっても一様に」と言い換えてもよい。

二つ目の②「対象」とは何か。これは、「客観的・対象的に認識される合法則性・規則性」としての「自然」ということだ。つまり、「自然」はd〈客観に捉えられる〉ものなのである。さらに、7の「内なる主体的自己に対して外部から対峙するもの」や、最終段落の「西洋の自然が誰にとっても一様に自然であり、人間一般に対しての外的実在である」に着目すれば、c〈人間の外部にある〉という点も押さえることができる。

以上のa～dの要素を六十字以内でまとめればよい。傍線部の「対象世界」という表現に沿って、文末を「a～dの世界。」とまとめると書きやすいだろう。

セルフチェック

最重要ポイント

傍線部の「内容説明」なので、まずは傍線部の表現に着目すること。次の点をチェックしてほしい。

□ **「一般」と「対象」をそれぞれ別の言葉で言い換えているか。**

SELF CHECK

模範解答と採点基準

9点

個々の自然物を一様に包摂する合法則的な枠組として人間の外部に実在し、普遍的な対象として客観的に捉えることのできる世界。（59字）

（傍線・記号：a「個々の自然物を一様に包摂する」、b「合法則的な」・「普遍的な」、c「人間の外部に実在し」、d「客観的に捉える」）

基準

a 個々の自然物を包摂する　3点

・「個々の自然物」は「花鳥山水」「山川草木」「自然物」「個物」なども可。

・「包摂」は「一括する」「下位概念として含む」「組み込む」「配列する」「一般化する」なども可。

b 普遍的　2点

・「合法則的」「規則性」も可。

・「誰にとっても一様」も可。

・「上位概念」はbとして加点しない。

・「一般的」のみは、傍線部の表現と同じなのでbとしては不可。

c 人間（自己）の外部にある　2点

・「超越的」のみは1点。

d 客観的に把握される　2点

・「客体的なもの」も可。

・「対象化された」のみは、傍線部の表現と同じなので不可。

＊文末表現は不問。「～こと。」「～もの。」「～という自然。」なども可。

採点シミュレーション

解答例1

客体的総称名詞として立てられた、花鳥山水を一括し、配列するような普遍的対象概念としての「自然」の世界。（51字）

（d・b・aの印あり）

7／9点

冒頭の「客体的総称名詞として」がわかりにくいので、「客体的なものとして」など表現を工夫した方がよいが、全体としてよくまとまっており、合格ラインの答案である。

3／9点

解答例2　どこまでも客体的・対照的なもの、内なる主体的自己に対して外部から対峙するものである。42字

7冒頭を抜き書きした答案。これだと「自然一般」の「一般」の説明にならない。安易な抜き書きは避けたい。「対照」の誤字で1点減。

表現チェック

□「一般」と「対象」を別の言葉で言い換えているか。

□文末は「から」など「理由」の形になっていないか。

問5

ここで問われているのは、傍線部C「西洋の庭園」の中の「イギリス式庭園」についてである。（「フランス式庭園」の説明を盛り込まないように。）傍線部直後に説明されているように、まず「できるかぎり人工を排して自然の風景そのままの再現を旨としている」。このa〈自然の風景そのままの再現〉は、「自然に対して写実的」あるいは「本来の自然のコピー」ということだ。さらに、「不特定多数の人びとのために手軽な代用的自然を提供する『公園』」である。つまり、b〈自然の代用〉であり、c〈不特定多数の人びとに対するもの〉なのである。「公園」の公共的な性格をふまえて、「不特定多数」は〈大勢〉や〈誰でも〉などに言い換えてもよい。

さらに、傍線部Cの直前の文脈から、「西洋の庭園と日本の庭園との差異」は、そもそも「主として人間の心に安らぎを与え、緊張を解除するように働く」「西洋の自然」と「自己の一種の緊張感において成立している」「日本の自然」との「対比」を示す「例」であったことに着目し、d〈安らぎを与える〉という点を盛り込むとさらによい答案になる。以上のa～dを四十字以内で簡潔にまとめるとよい。

問6

ここで問われているのは「日本の庭園」についてである。まず、傍線部D直後の「狭い空間にいわば象徴的に天地山水を配する技法が重んじられ」に着目してほしい。このa〈象徴的に天地山水を配する〉というのは、「イギリス式庭園」のように自然の風景を写実的に模倣するのではなく、「自然の真意をそのままに表した庭」を目指すものである（例えば、白砂で〈水の流れ〉を表すなど）。「人為を人為として、技術を技術として感じさせず」といった内容も書かれているが、六十字でまとめることを考えれば、b〈自然の真意を表す〉という点を押さえておけばよいだろう。

さらに、自然を写実的に再現する「イギリス式庭園」は不特定多数に対して作られるのに対し、自然を象徴的に表現する「日本の庭園」は「そこに表意されている自然の真意を鋭敏に感じとる主体の側の感受性を期待して作られる」。これはc〈自然の真意を感受できる人のためのもの〉ということである。すなわち「鑑賞能力」を備えた特定の人だけが享受できる「閉鎖的な芸術作品」なのである。

最後に、問5と同様に、傍線部D直前の文脈から、「日本の庭園」が「自己の一種の緊張感において成立している」「日本の自然」の「例」である点を押さえておこう。なお、このd〈緊張感をもってとらえる〉という点は、鑑賞者が自然の真意を鋭敏に感受することを指すとも考えられるので、cについて感受性の「鋭敏さ」を指摘すれば、dとして認める。以上のa～dの要素を六十字以内にまとめればよい。

ここで思い出してほしいのが、「内容説明　3物事の違いを説明する」のパターンだ。筆者は11で、「日本の庭園」を「イギリス式庭園」と比較し、両者の「差異」を説明している。問5で押さえた「イギリス式庭園」のa～dの要素と、問6の「日本の庭園」のa～dの要素がそれぞれ対応していることを確認しておきたい。

問題
P.72
｜
P.81

理由説明

パターン
② 意味内容を説明する

「記憶力が抜群にいいから天才だ」

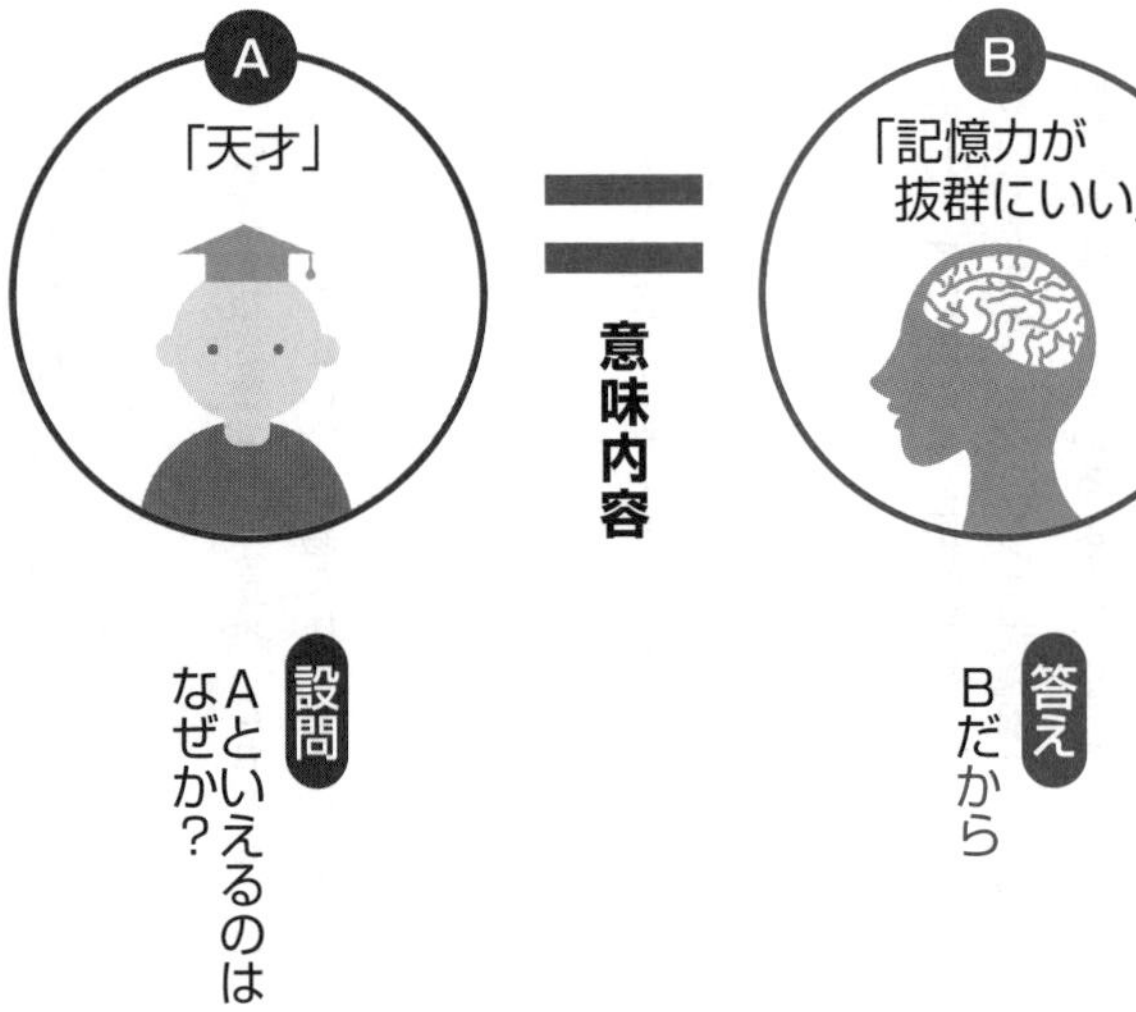

〈理由説明〉で〈意味内容を説明する〉ことがある

「なぜ天才といえるのか」と問われて、「記憶力が抜群にいいから」と答える場合がある。「なぜ」と〈理由説明〉を求める形なので、答えも「〜から」とまとめる。でもこの場合、実は「天才」という言葉の〈意味内容〉を詳しく説明しているのである。「夜更かししたせいで寝坊した」といった〈因果関係〉を説明しているわけではない。

入試によく出題されている

大学入試では、この〈意味内容を説明する〉パターンは頻出である。「理由説明だから因果関係だ。だから、傍線部の内容は答案に入れない」というような機械的な処理をしないようにしてほしい。〈意味内容を説明する〉場合は、むしろ傍線部の内容を丁寧に言い換えて説明することが求められるのである。

柔軟に考えよう

また、「どうして大学に行きたいのか」と問われて、「医者になるためです」と〈目的〉を答えることもある。さらにこれらの複数のパターンを組み合わせて答える場合もある。日常生活では「なぜ」という問いかけに対して、状況に応じて判断し、こうした区別をしている。設問においても、何を答えるべきかをそのつど柔軟に考えることが必要だ。

問題 P.72

意識は実在しない　河野哲也

解答

[a]近代科学が自然を無個性なものと見なして[b]徹底的に分解し、[c]資源を取り出すことは、[d]食物を食べることを栄養摂取としてのみ捉えることに似ているから。 69字

配点 20点

基準
a（近代科学が）自然を無個性なものと見なす 4点
・〈個性／特殊性／場所と歴史を無視する〉という内容があれば可。
b（自然を）徹底的に分解する 6点
・〈分解／要素への還元〉という内容があれば可。
c（自然から）資源を取り出す 6点
・「（材料として）利用する」「人間の役立つものにする」なども可。
d（a〜cは）食物を食べることを栄養摂取としてのみ捉えることに似ている 4点
・原子力エネルギーなど具体例の説明のみのものは1点。
・〈近代科学と食物の栄養摂取との類似性〉があれば幅広く可。

解説

ここで問われているのは、「近代科学の自然に対する知的・実践的態度」が「自然をかみ砕いて栄養として摂取することに比較できる」といえるのはなぜか？　である。設問形式は〈理由説明〉だが、この場合は基本的に〈近代科学の態度が栄養摂取と似ている〉ことを説明すればよい。つまり、傍線部の〈意味内容〉を説明するパターンだ。

まず、傍線部の〈意味内容〉を考えよう。「近代科学の自然に対する知的・実践的態度」は、直前の「自然を分解して（知的に言えば、分析をして）、材料として他の場所で利用する」ことを指す。つまり、このことが「自然をかみ砕いて栄養として摂取すること」に似ている、というのが傍線部の〈意味内容〉である。これを整理すると、次のようになる。

A ＝ B
意味内容
A 傍線部〈近代科学の自然に対する態度は、栄養摂取に比較できる〉
B c〈近代科学が自然を資源として利用することは〉、d〈食物から栄養を摂取することに似ている〉

したがって、cとdをまとめて〈近代科学が自然を資源として利用することは、食物から栄養を摂取することに似ているから〉と書けばよい。これが基本構造である。その上で、傍線部の「かみ砕いて」をふまえて、近代科学の「知的」態度、すなわちb〈自然を分解する〉という要素を必ず盛り込もう。さらに〈かみ砕く〉の語義から、「極微にまで」徹底的に分解すると表現するとなおよいだろう ⑩。

また、このように自然を分解して「徹底的に利用する」⑪ ことができるのは、近代科学がa〈自然の個性を無視する〉からである ⑩。たとえばリンゴを食べるとき、私たちは果実の甘みや酸味を味わい、その食感を楽しむ。つまり近代科学の自然に対する態度は、食物の個性を無視してd〈食物を食べることを栄養摂取としてのみ捉えることに似ている〉と考えられるのである。こうした内容を加えるとよりよい説明になる。

筆者紹介

河野哲也（こうのてつや）　一九六三（昭和38）年〜。哲学者。本文は、『意識は実在しない　心・知覚・自由』（講談社・二〇一一年刊）によった。

実践問題１

問題　P.74

藤

幸田文

本文について

構造図

・才知を父に愛され、父と親密な関係をもつ聡明な姉がねたましく、疎外感を抱いていた。

↓

・藤の花が散る美しい情景を前に父と並んで陶然としていた。

↓

・それは父がその前に随筆で書いていた気持ちと同じだった。

百字要約

才知を父に愛され、父と親密な関係をもつ聡明な姉がねたましく、疎外感を抱いていた。ある時、藤の花が水面に落ちる情景を前に父と並んで陶然としていたが、それは父がその前に随筆で書いていた気持ちと同じだった。（100字）

段落要旨

1～4　草木に親しむきっかけは、環境と親の配慮、そして嫉妬心だった。

5・6　生来聡明で、才知を父に愛されて共に喜び楽しむ関係をもつ姉がねたましく、淋しかった。

7～9　姉が亡くなった後も、父の指示をきっかけに植物に触れ、普段の遊びとは異なる感動や興奮を味わった。

10・11　ある時、藤の花が水面に落ちる美しい情景に魅入られ、父と並んで佇んでいた。それは飽和というべき状態だった。

12・13　後に、その時の気持ちは父がその前に随筆に書いていた境地と同じだと知ったが、父から聞いた覚えはなく、自分の感覚による気持ちだと思うが確かではない。

本文解説

本文には、草木をめぐる子供時代の思い出が綴られている。そこに浮かび上がる、父に対する「私」のいわく言い難い思いを読み取ってほしい。

父は木の葉を難なく当てる聡明な姉に喜んでもっと教えようとし、姉もそれを楽しんで学ぶ。「私」は父と親密な関係をもつ姉がねたましく、さりとて姉にかなうはずもなく、疎外感を抱くばかりだった。だが、姉は早く亡くなった。その後も父の指示をきっかけにして草木に触れ、心と身体に響く感動や興奮を味わった。それは、普段の遊びにはないおもしろさだった。（1～9）

藤が散る光景を前に父と並んで陶然としていたことがある。それは満ち足りた状態だったが、後に父がその前に随筆に同じ気持ちを書いていたことを知った。父から話を聞いた記憶はなく、自分の感覚によるものだと思うが、だとすれば心が伝わったのか、それとも父と子は同じような感覚を抱くものなのか。父をめぐる過去に思いをはせるにつけ、もの悲しく感傷的な気持ちになる。（10～13）

発展

幸田文は明治の文豪・幸田露伴の次女である。子供の頃は聡明な姉と一人息子である弟に挟まれ、自分は「みそっかす」（＝味噌をこした滓のことで価値がないものの喩え。遊びの仲間に入れてもらえない子供。）だと感じていたという。本文では、「私」は父に目をかけられ愛される姉に嫉妬し、疎外感を抱くが、父と並んで藤の散る光景に魅入られていたとき、自分はこの上なく満たされていたと振り返る。そして、後に父と同じ境地にあったことを知り「父子は似た感情感覚をもつ」のだろうかと思いをめぐらす。露伴を看取ったのちに父を追憶する文章を発表し、作家として世に出た筆者は、老境に入り、北海道から屋久島まで木々を訪ね歩いて執筆をした。本文はそうした随筆の一つである。

私たちは、草花や樹木に目を向けずただ通り過ぎていくだけで、その名も知らぬままに生きていくこともできる。けれども、誰かに教えられて花の名前を知り、一つひとつの草木にじかに触れて豊かに体験していくこともできる。文章も同じではないだろうか。ただ漫然と読むのではなく、言葉や内容についての教えや質問をきっかけにして、自分で文章を確かめることで、新たな発見をし、そこに広がる世界を深く体験していくことができる。そして、そのようにして自分で読み取ったことをもとにして文章を書くことは、その体験をさらに豊かなものにするだろう。本書の取り組みがそうしたきっかけの一つになることを願っている。

参考図書

『台所のおと　みそっかす』幸田文　青木奈緒編（岩波少年文庫）

幸田文の孫にあたる作家・青木奈緒が編んだ作品集。小説「台所のおと」「祝辞」、少女時代を綴った「みそっかす」、父・幸田露伴の臨終を描いた「終焉」などが収められており、幸田文の人生と作品世界のエッセンスがこの一冊に凝縮されている。

『五重塔』幸田露伴（岩波文庫）

明治から昭和にかけて活躍した文豪・幸田露伴の代表作。一八九二（明治25）年に発表された。五重塔の建立に専心する大工十兵衛の姿が格調高い雄渾な文体で描かれている。とくに暴風雨の場面は名高い。漢文脈の古風な文体は決して読みやすいとは言えないが、その類いまれな美しさをぜひ味わってみてほしい。十代の頃に手に取っておきたい一冊である。

筆者紹介

幸田文　一九〇四（明治37）年～一九九〇（平成2）年。東京都生まれ。随筆家・小説家。幸田露伴の次女。暮らしへの細やかで鋭い眼差しと研ぎ澄まされた感性、鮮やかな文体が高く評価されている。主な随筆に『こんなこと』『みそっかす』、小説に『流れる』『おとうと』などの作品がある。本文は、『木』（新潮文庫・一九九五年）（初出は『學鐙』（丸善出版・一九七一年七月）、後に『幸田文全集 第十九巻』（岩波書店・一九九六年））によった。

記述上達への一歩

答案は必ず見直しを。文字は丁寧に書こう。

自分の思いを伝える大切なメッセージなら、送る前に必ず読み返すのではないか。誤字・脱字がないか、文はねじれていないか。誤解を招くような言い回しはないか、筋は通っているか、言いたいことはきちんと伝わるか。

試験の場合も同じである。答案は相手へのメッセージなのだ。だから、読み手の立場から答案の内容をチェックしてみることが重要になる。また、答案は手書きなので、文字は濃くはっきりと丁寧に書こう。文字が判読できなければメッセージが伝わるはずもない。

つまり、文章も文字も相手が読みやすいように配慮して書くべきなのである。そうした気遣いは、読み手である採点者に伝わるものだ。こうした観点から、必ず答案の見直しをするようにしてほしい。

解答　配点 50点

問1 ア 余韻　イ 配慮　ウ 追憶　エ 格別　オ 雰囲気　各1点

問2 文字や言葉を使わずに心が通じ合うこと。　19字　6点

基準 〈言葉によらず／無言のうちに心が通じる〉または〈心と心で通じ合う／心から心へと通じる〉という内容があれば可。

問3 生来聡明な姉とその才知に期待する父の楽しげな世界から疎外され、そうした姉がねたましく、満たされない思いを抱くということ。　60字　13点

基準
a 聡明な姉　2点　・「出来のいい姉」「聡い姉」なども可。「姉」のみはaとして加点しない。
b 姉と父の楽しげな世界　3点　・〈姉と父との親密な関係〉という内容があれば可。・「父が姉に期待し」「姉は父と連立ち」なども可。
c （aやbから）疎外され　2点　・「aにはかなわない」「bに置去りにされ」なども可。
d 姉がねたましい　3点　・「姉が憎らしい」「姉が疎ましい」など同趣旨ならば可。・傍線部表現の「姉に嫉妬し」のみは不可。
e 満たされない思い　3点　・「孤独を感じる」「もの悲しさを感じる」など同趣旨ならば可。・傍線部表現の「淋しさ」（寂しさ）のみは不可。

問4 植物に関する父からの教えや質問をきっかけに、実際に植物に触れることで、普段の遊びでは得られない、心身が震えるような感動や興奮を味わったから。　70字　13点　⬇セルフチェックへ

問5 盛りの藤の花が散る光景を前に父とともに佇み、その美しさに陶然としていたが、それは心満たされる至福の状態だった、と思った。　60字　13点

基準
a 盛りの藤の花が散る光景を前に　3点　・「陽と藤と虻と水の美しい景色」など〈藤をめぐる場面〉について書かれていれば可。・「藤の花の美しさ」など、〈場面〉ではなく「藤」そのものにしか言及していないものは1点。
b 父とともに佇み　2点　・〈父と一緒に〉という趣旨であれば可。
c その美しさに陶然としていた　4点　・「あの状態」の↘説明。「魅入られ」「うっとりし」「現実を忘れ」「夢心地」など〈abに陶酔していた〉という趣旨であれば可。
d cは心が満たされた状態だった、と思った　4点　・「飽和というのが…と後に思った」の説明。「心が満たされた」は「至福の」や「充実した」なども可。〈後で「あの状態」（c）を振り返って「飽和」状態だったと思った〉という趣旨であれば可。・「abに陶↖

酔し（c）満ち足りていた」や「abは満ち足りた美しさ（c）だった」など、cと区別しておらず、〈後でcを振り返って思った〉という趣旨が読み取れない場合は2点。

設問解説

問1

ア　「余韻」。〈鐘をついた時などのあとに残る響き〉という意味。転じて〈あとに残る味わい〉・〈言外の余情〉という意味。

ウ　「追憶」。〈過ぎた時間に思いをはせること〉という意味。

エ　「格別」。〈格段の違いがあるさま〉という意味。

問2

「以心伝心」は〈文字や言葉を使わなくても、お互いの心と心で通じ合うこと〉という意味。「心を以て心に伝う」と訓読し、もともとは仏教の言葉である。

問3

「嫉妬の淋しさ」とはどういうことか。「嫉妬」と「淋しさ」の二点に着目して考えよう。まず言葉の意味を確認すると、「嫉妬」とは〈人の愛情が他に向けられるのを憎むこと〉や〈優れた者をねたむこと〉である。傍線部の直前に、木の葉のあてっこが得意な出来のいい姉に父が期待をかけ、いつも姉は父と連立ち、自分は置去りにされた、と書かれている。つまり、〈a聡明な姉〉が〈b父と親密な関係にある〉ことへの〈dねたましさ〉が「嫉妬」と表現されているのである。このことは、傍線部直後の二文からも読みとることができる。

また、「淋しい」とは〈心が満たされず、物足りない気持ち〉や〈ひっそりとして、もの悲しい〉といった意味。どうやっても姉にはかなわないから、「私」は仕方がなくうしろから一人でついていった、という記述[5]・[6]に注目すれば、〈淋しさ〉とは、出来のいい姉（a）にはかなわず、姉と父との楽しげな世界（b）に入ることができないこと、すなわち〈c（aやbから）疎外されている〉と感じて〈e満たされない思い〉を抱くことだと考えられる。したがって、「嫉妬の淋しさ」の説明として、以上のa～eのポイントをおさえるとよいだろう。

パターン

問4

傍線部の「こういう指示」は、直前の[8]に具体的に書かれている〈植物に関する父からの教えや質問〉のこと。なぜこれが「おもしろかった」のかが問われている。ここでは、父からの指示をきっかけにして「私」がどのように感じたのか、すなわち基本的には「私」が感じた〈おもしろさ〉の内実を詳しく説明することが求められている。この設問は〈理由説明〉だが、実際には傍線部の〈意味内容〉を説明するパターンなのである。こうしたパターンがあることに着目してほしい。

傍線部の直後に〈おもしろさ〉の内実が書かれている。つまり、〈a植物に関する父からの教えや質問をきっかけにして〉〈b実際に植物に触れる〉ことで「ぴたっと身に貼りつく感動」や「興奮」を味わったというのである。「ぴたっと身に貼りつく」をどのように答案にまとめるのか悩ましいところだが、〈身体も一緒に震えるほどの〉といった趣旨だと解釈して、たとえば〈d心身が震えるような感動や興奮を味わった〉といった形でまとめるとよいだろう。さらに、「鬼ごっこや縄とび」などの〈c普段の遊びでは得られない〉という点を加えれば、ここでの〈おもしろさ〉が当時の「私」にとって特別であったことを示すことができ、さらに良い説明になる。以上をまとめればよいが、〈理由説明〉なので、答案の文末は「～から。」としめくくることを忘れないようにしよう。

SELF CHECK
セルフチェック

最重要ポイント

ここでは「私」がどのように感じたのかを説明することが必要である。したがって、次の点からチェックしてみよう。

「私」が感じた〈おもしろさ〉の内実を説明しているか。

13点

模範解答と採点基準

[a]植物に関する父からの教えや質問をきっかけに、[b]実際に植物に触れることで、[c]普段の遊びでは得られない、[d]心身が震えるような感動や興奮を味わったから。 70字

基準

a 植物に関する父からの教えや質問をきっかけに 3点
・〈父が植物に関する話をした〉という内容が答案のどこかに書かれていれば可。

b 植物に実際に触れることで 3点
・〈aを直接・じかにに確かめる〉という趣旨であれば可。
・「植物について知る」のみで、〈直接・じかに〉という趣旨が不明確な場合は1点。

c 普段の遊びでは得られない 3点
・〈子供の遊びとは異なる〉という内容があれば可。
・「新鮮な」「普通でない」のみで、一般の遊びとの比較がないものは1点。

d 心身が震えるような感動や興奮を味わった 4点
・「感動」「興奮」「喜び」「心楽しい」などがあれば可。
・「心が引かれた」「興味をそそられた」なども可。
・「おもしろさ」のみは傍線部表現のままなので不可。

採点シミュレーション

11/13点

解答例1

父が草木について話をし(a)、その指示で草木に親しむことには、目の前の植物から感じ(b)取ることのできる新鮮な(△c)楽しさがあり(d)、興味をそそられたから。 67字

非常に良い答案である。これだけ書ければ十分合格ライン。〈一般の遊びとは異なる〉という点(c)を盛り込むと

よいが、そのためには簡潔にまとめる工夫が必要になる。模範解答を参考にして書き直してみよう。

解答例2

花や木についてなぜそのような名前なのかや植物の謎を知ることには他の遊びでは感じることのできないおもしろさがあり身に貼りつく感動があったから。 70字

〈おもしろさ〉の内実を本文の表現を用いてまとめた良い答案。傍線部の「こういう指示」が指す内容を盛り込むとさらにわかりやすい説明になる。なお、読点（「、」）を適宜用いるほうが自然である。

8／13点

表現チェック

- □ 傍線部の「こういう指示」が指す内容を説明しているか。
- □ 文末が「から」「ので」「ため」など「理由説明」になっているか。

問5

傍線部の後半の「……、と後に思った」という部分に注目してほしい。傍線部は〈「あの状態」を後で振り返ると「飽和」状態だった、と思った〉という意味である。この点に留意しつつ、「あの状態」と「飽和」がそれぞれどういうことかを文脈から考えよう。「あの状態」とは、傍線部直前に書かれている〈父と一緒に藤を見たときの状態〉のことである⑪。盛りの藤が次々に音をたてて池の水面に落ち、揺らめく水紋に反射した陽光が藤の花を照らし、その情景を前にして父と並んで黙って佇んでいたが、そのとき、その妖しいほどの美しさに心を奪われ、飛び交う虻の羽音やむせ返るような濃厚な花の匂いのなかで現実を忘れて陶然としたのである。ただし、60字以内で答案をまとめるので、以上の内容を〈a盛りの藤の花が散る光景を前に〉〈b父とともに佇み〉〈cその美しさに陶然としていた〉といった形で簡潔に表現する必要がある。その上で、こうした当時の状況を後で振り返って「飽和」だと思った、という内容を盛り込もう。

「飽和」とは、〈量が増加し、最大限に達した状態〉のことである。つまり、傍線部は、父と二人で佇(たたず)み、藤が散る光景の美しさにうっとりとしていた状態（c）を後から振り返ると〈d心が満たされた状態だった、と思った〉という意味だと考えられる。問3で確認したように、「私」は姉と父との親密な関係から疎外され〈満たされない思い〉を抱いていた。けれども、このとき「私」は父と一緒に藤が散る美しい光景に心奪われていた。だからこそ、これはまさに「飽和」すなわち〈この上なく心が満たされた状態〉だった、と振り返るのであろう。以上を、傍線部に沿って〈a〜cについて後から振り返るとd〉という形でまとめるとよい。

山羊小母たちの時間

馬場あき子

本文について

構造図

〈山羊小母の時間（昔・農村）〉
・命や物語を受け継ぐ長い時間
・安らかに暮らす

⇔

〈「私」の時間（今・都会）〉
・個人の一生という小さな時間
・時間に追いまわされて焦る

➡ 安らかな生の時間が失われていく

百字要約

祖霊と暮らす山羊小母は命や物語を受け継ぐ長い時間を安らかに生きる。だが、都会では、時間に追われて個人の一生という小さな時間を生きるしかなく、農村が変わる中で、安らかな生の時間は昔のものになりつつある。（100字）

段落要旨

[1]〜[4] 百一歳になる山羊小母の家の段差のある構造には、農業が盛んだった昔の風景が残っている。

[5][6] その家に今も一人で住む山羊小母は、家の中にご先祖さまがいっぱいいるので安らかでさびしくないと言う。

[7][8] 都会育ちの私は時間に追いまわされているが、山羊小母は人間の命や物語が受け継がれた長い時間を生きている。

[9]〜[11] 山羊小母のようなお年寄りが長い女の時間を紡いできた。命を継ぐ、語り伝えられる長い時間に存在するからこそ人間は安らかなのだ。それを忘れていた。

[12] 都会では一人一人がもつ一生という小さな時間を生きるしかない。山羊小母の安らかな生の時間は、もう昔語りの伝説的時間になってしまったのか。

本文解説

百一歳の山羊小母が暮らす家は築百八十年で、かつて農業が盛んだった頃の農村の人々の様子が、家の構造からしのばれる（[1]〜[4]）。しかも、山羊小母は家の中にご先祖さまがいるから一人暮らしでも安らかでさびしくないと言う（[5]・[6]）。

人間の生は、命や物語が長く受け継がれる時間の中にあって安らかになる（[9]〜[11]）。だが、都会に住んでいると、そうした生の時間をつい忘れて、えたいのしれない時間に追いまわされて生きることになりがちだ（[7]）。農村を出た「私」の父は、村の時間からこぼれ落ちて、都会で一人一人の一生という小さな時間を抱いて終わったが、「私」も安らかな生の時間を持っていない。

戦後六十年以上たって農村は大きく変わり、農村にもそうした時間が消えつつある。また、都会で暮らす人々にとって馴染みのない時間になりつつある。つまり、山羊小母の時間は、もはや昔語りになりつつあるのである（[12]）。

発展

本文には、伝統社会と現代都市との対照性が、「私」の個人的なエピソードを通して鮮やかに浮かび上がっている。百一歳の「山羊小母」は、築百八十年の家で一人暮らしだが、親族の霊と交感しながら心安らかに生きている。冬には雪下駄を履いてすいすいと歩き、夏には蛍を意のままに捕まえる「山姥」のような叔母。「私」は、何代も受け継がれる安らかな生の時間の中で生きる叔母の姿を、驚きと憧憬とともに描き出している。

たしかに、現代に生きる私たちは、家でも学校でも時計の時間に縛られ、いつも時間に追い立てられ、忙しなく暮らしている。時計の均質な時間は人間の生とは無関係に直進し、しかもその流れは不可逆である。私たちは、共同体が解体する中で、一人一人が一回きりの引き返せない人生を生きるのである。こうした「小さな時間」を孤独に生きることに慣れきってしまうと、人生の意味も他者と関わる喜びもじっくり味わうことができなくなるかもしれない。いや、それを味わえないことすら気づかないまま、人生を終えてしまうかもしれない。

評論や随筆では、この本文のように、〈過去〉や〈異文化〉に目を向けることを強くうながされることがよくある。このとき私たちに求められているのは、①自分とは異なる「他者」を発見すること、②それによって自分を振り返ってみること、そして、③まったく今とは異なる生き方の可能性を多様に想像してみることであろう。そもそも読書の醍醐味は、そこにある〈過去〉や〈異文化〉に出会うことではなかったか。

普段あまり本を読まないという人も、「現代文」の問題文を読むことを通して、こうした「他者」との出会いを経験したことはないだろうか。本書はさまざまな問題文を収録しているが、それに関連する「参考図書」も数多く紹介している。ぜひ図書館や書店で手に取ってみてほしい。

参考図書

『「里」という思想』　内山節（新潮選書）

内山節は哲学者。四十年にわたり東京と群馬県上野村との往復生活を続ける中で、存在、労働、時間などについて論考を発表。上野村では畑を耕す筆者は、地域に根ざすローカルな「里」を「自分の存在の確かさが見つけられる場所」として見直そうと呼びかける。地域の伝統や風土を無視しグローバル化を進める社会に警鐘を鳴らす書。

『庶民の発見』　宮本常一（講談社学術文庫）

宮本常一は日本を代表する民俗学者の一人。本書は、これまで顧みられてこなかった、日本の農山漁村に生きた「庶民」の生活に多角的に光を当てる名著。嫁の座、私有財産、出稼ぎ、村の民主化、村里の教育、民話の伝承など、二十三の論説から構成されている。人々が貧しさを克服するべくさまざまに工夫する姿が浮かび上がる。

筆者紹介

馬場（ばば）あき子（こ）　一九二八（昭和３）年〜。東京生まれ。歌人、文芸評論家。古典や能、民俗学などの伝承文化にも造詣が深い。一九九四年に紫綬褒章を受賞。長年にわたる著述活動が高く評価されている。歌集に『月華の節』『阿古父』など。本文は、『不機嫌の椅子』（光村図書出版・二〇〇八年刊）によった。

設問について

解答

配点 50点

問1 ア 結構　イ 暖　ウ 命運　エ 気配　オ 不詳　各1点

問2 権力（同趣旨であれば可。「座」「地位」「権利」なども可）　2点

問3 人間の階層秩序に対応した家屋の段差構造　19字　6点

基準
・〈人間の秩序や関係〉と〈段差で仕切られた〉家屋のあり方〉とが対応していることを説明していれば可。
・「人間関係を象徴する家の構造」なども可。
・〈人間関係〉か〈家屋構造〉のいずれかしかないものは不可。

問4 親族の霊とともに生きている叔母にとっては、寂しく見える一人暮らしも、むしろ安心できるものだから。　48字　9点　⬇セルフチェックへ

問5 人間関係の希薄な都市で、父は先祖とのつながりを失った個としての人生を生きたから。　40字　9点　⬇セルフチェックへ

問6 [a]幾世代も命を継承し、物語を伝承する共同体の長い時間の中で、[b]心穏やかに生きること。　40字　7点

基準
a 「命や物語の継承」や「先祖とのつながり」など、〈何世代もの連続〉があれば可。　5点
b 「安らか」の言い換えとして「安心」「心穏やか」などがあれば可。　2点

問7 戦後の農村の変化により村に継承される穏やかな生の時間は失われつつあり、都市で慌ただしく暮らす「私」にとって身近なものではなくなっているから。　70点　12点　⬇セルフチェックへ

設問解説

問1
イ 「暖を取る」は、〈体を暖める〉という意味の慣用表現。
ウ 「命運」は、〈運命。めぐりあわせ〉という意味。
オ 「不詳」は、〈はっきりしない〉という意味。「不承」は〈承知しない〉という意味。

問2
「年齢不詳の綺麗なおばば」は「長い女の時間を紡いでいた」お年寄りの一人（10）。ここで「しゃもじ」は、家事など家の中を取り仕切る女性の権力を象徴するものと考えられる。「おばば」は降る雪を眺めたりしているが、決して惚けてはおらず、主婦の座を嫁には譲らずに今も家の中を取り仕切っている、という文脈である。

問3
傍線部Aは、「農業が盛んだった頃の一風景」が「段差のある家の構造」

から思い浮かべられる、という意味。ただし、説明文の空欄に「段差のある家の構造」を入れるだけでは、傍線部を表現のレベルで言い換えたにすぎない。もう少し工夫が必要だ。

傍線部直前に着目すると、〈土間には手伝い人が、土間から上がった板敷には小作人や若い者が、板の間よりさらに一段高い座敷には当主や隠居老人がいた〉と具体的に説明されている。家の段差は農村の人間関係の秩序を反映しており、だからこそ賑わっていた昔の農村の風景が古い家屋からしのばれるのである。

そこで、空欄に〈人間の階層秩序に対応した家屋の段差構造〉という内容を入れると、傍線部の内容の説明としてわかりやすくなる。傍線部は直前の具体的な記述をまとめた部分なので、このように具体例を自分の言葉で一般化して説明するとよい。こうした作業が必要になる問題は入試で頻出である。覚えておこう。

パターン

問4

山羊小母（筆者の叔母）にとって「かえって安らか」なのはどうしてか、という「理由説明」を求める設問だが、これは叔母が感じている「安らか」さの内実、つまり傍線部の〈意味内容〉を考えると良い説明になるパターンだ。まず直前の「温とい思い出の影がその辺いっぱいに漂っているようなもので」がヒントになる。一人ぼっちのように見えても、叔母は家の中に「ご先祖さま」がいっぱいいると語る。長く生きてきた叔母は「大家族」の中で暮らしているのだ⑥。

これは単に過去の思い出や記憶に浸っているということではない。叔母はa〈親族の霊との結びつき〉を強く意識しており、それゆえにc〈安心する〉、ということなのだ。これを筆者は家の中に漂う「温とい思い出の影」と呼んだのである。叔母の「安らか」さの内実は、以上の二点から説明することができる。なお、傍線部には「かえって（＝予想とは反対に）」とあるので、b〈一人ぼっちで寂しく見える暮らしであっても〉といった内容を加えるとさらに良い答案になる。

このように、〈意味内容〉を説明するタイプの理由説明では、「言い換え3 傍線部中の複数の要素を言い換える」や「内容説明1 物事のつながりを説明する」を踏まえて、よりよい説明を心がけてもらいたい。

最後に、模範解答と傍線部を次のようにつないで読んでみてほしい。〈「abcだから（模範解答）」、「かえって安らかなのである（傍線部）」。〉自分の解答がわかりやすい説明になっているかどうか確認してみよう。

SELF CHECK セルフチェック

最重要ポイント

叔母の感じているであろう「安らか」さの根源は、祖霊の存在である。したがって、次の点が最も重要である。

□ **先祖との結びつきを書いているか。**

厳しいが、この内容がない場合は、全体を0点とする。

〈一人暮らしでも安心できる（b・c）から、「かえって安らかなのである」〉では、叔母がなぜ「安らか」なのかを説明したことにはならないので、不十分な解答となる。

模範解答と採点基準　9点

[a]親族の霊とともに生きている叔母にとっては、[b]寂しく見える一人暮らしも、[c]むしろ安心できるものだから。48字

基準

a 親族の霊とともに生きている叔母にとっては　6点
- 先祖との結びつきが書かれていれば可。
- 継承される村の時間について言及しているものも可。
- ただし「思い出」に限定したものは△で3点。

b 寂しく見える一人暮らしも　1点
- 「独居」または「寂しさ」がなければ不可。

c むしろ安心できる　2点
- 「落ち着く」「心穏やか」なども可。

採点シミュレーション

3 / 9点

解答例1 叔母が嫁いできてからこれまでの間に一緒に暮らしてきた人との懐かしい思い出が家のなかに宿っているから。△a 50字

親族との「思い出」に限定している点が惜しい。「安らか」の説明があるとさらにわかりやすい説明になる。

6 / 9点

解答例2 家の中の時間は前代、前々代まで遡る長い時間を受け継いだものであり、ⓐ その中では心が安らぐから。ⓒ 46字

継承される時間の説明もaとして認める。こうした時間の中で安らぎを感じると11にも述べられている。これは筋の通ったよい説明。

表現チェック

□ 文末が「理由説明」の形になっているか。
□ 傍線部の「安らか」をきちんと言い換えているか。

パターン

問5

なぜ「小さな時間」といえるのかという「理由説明」を求める設問だが、これもまさしく「小さな時間」の〈意味内容〉を考えるとよいパターンである。傍線部が指しているのは、「村の時間からこぼれ落ちて」都市で一生を終えた「私の父」の人生。言うまでもなく、ここで筆者は、幾世代も受け継がれてきた村の長い時間の中での生と比較して、この「一人一人がもつ一生」を、「小さな時間」といっているのである。つまり、b〈先祖とのつながりを失った〉c〈個としての生〉ゆえに〈小さい〉といっているのである。まずは以上の二点を盛り込もう。〈小さい〉というのは相対的なものなので、何と比べているのかを対比的に示すとよい説明になるということだ。これは「内容説明　2物事の違いを説明する」の応用である。

しかも、「一人一人」という「小さな」単位の人生を送らざるをえないのは、そこが「都市」だからである。問3を思い出してもらいたい。かつて賑わっていた農村には濃密な人間関係があったが、現代の都市にはそれがないのである。a〈人間関係の希薄な・共同体のない都市で〉という点も〈小さい〉といえる理由として盛り込むとよいだろう。ただし、単に「父は都市に生きたから」と書いても「小さな時間」といえる理由にはならない。「小さな」と言える理由を集めてくる必要がある。

SELF CHECK セルフチェック

最重要ポイント

自分の答案を次の観点からチェックしてみよう。

□ **〈小さい〉に結びつく内容か。**

設問の要求をしっかりつかんで、説明の方向性を正確に見定めることが重要である。

模範解答と採点基準 9点

[a]人間関係の希薄な都市で、[b]父は先祖とのつながりを失った[c]個としての人生を生きたから。40字

基準

a 人間関係の希薄な都市で 2点
・「他人との関係」や「共同体」がないことを示していれば可。
・「都市」や「都会」のみは不可。

b 先祖とのつながりを失った 3点
・継承がないことを示していれば可。
・「安らかな生の時間から外れて」のみは△で1点。

c 個として生きた 4点
・「一人一人がもつ一生」も可。

採点シミュレーション

0／9点

解答例1

筆者の父は、都会での様々な忙しさに追われる現代的な時間を生きただけだったから。［39字］

父の生のありようの説明としては決して間違ってはいないのだが、「小さな時間」といえる理由をもっと積極的に説明してほしかった。本文をよく理解していることがうかがえるだけに、非常に惜しい答案。

7／9点

解答例2

農村の連綿と続く時間を引き継がず、ⓑ都会で個人が持つ一回限りⓒの時間を生きたから。［39字］

比較対象を明示しているので「小さな時間」といえる理由がよくわかる。何を説明すべきかをよく考えている点がとてもよい。これだけ書けていれば合格ライン。

表現チェック

□文末が「理由説明」の形になっているか。
□句読点や記号にそれぞれ一マス使っているか。

パターン

問6

「安らかな生の時間」とは、山羊小母たちが持っていた、昔の農村の時間。それは「命を継ぎ、命を継ぐ、そして一族の間に列伝のように語り伝えられる長い時間の中に存在するからこそ安らかな人間の時間なのだ⑪」とまとめられている。ここからａ〈命や物語を継承する〉とｂ〈心穏やか〉の二点を押さえればよい。

ａについては、何世代にもわたる先祖との結びつきを示すこと。また、傍線部に「安らかな」とあるので、ｂを忘れずに盛り込むこと。その際、「安らか」という表現をそのまま用いるのではなく、「心穏やか」や「安心できる」「落ち着く」といった表現に言い換えよう。

なお、傍線部には「生」「時間」という言葉があるので、以上のポイントを「ａという時間の中で、ｂのように生きる」というような形でまとめるとよい。ａについては本文中に多様な表現があるので、字数に余裕があればそれらを盛り込んで詳しく説明しよう。模範解答のように、「共同体」といった言葉を自分で考えて用いてもよい。

問7

筆者が「それはもう、昔語りの域に入りそうな伝説的時間になってしまったのであろうか」と思う理由を「本文全体を踏まえて」考える。この問いは実は、これまで学んできた「理由説明　1因果関係を説明する」と「2意味内容を説明する」の複合タイプである。

傍線部の「それ」は「山羊小母たちが持っている安らかな生の時間」を指しているので、「私」（＝筆者）がａ〈村に継承される穏やかな生の時間〉を過去のものだと思う理由を本文全体から探す。まず、「戦後六十年以上たって農村はまるで変った」⑤という点を押さえよう。こうした農村の変化が〈原因〉となって、村から「安らかな生の時間」が失われていくのである。すなわちｂ〈戦後の農村の変化によりａが失われる〉から。これが一つ目の理由。事実的な〈因果関係〉の説明である。

さらに、本文では繰り返し、都市で暮らす「私」が「安らかな生の時間」を忘れているということが述べられている（⑦・⑪）。ｄ〈「私」にとって

aは身近なものではない〉ということは、「私」が山羊小母に「さびしくないの」と聞いてみるくだりからもわかるだろう⑥。こうした〈遠さ〉の感覚こそが「昔語りの域に入りそうな」や「伝説的」の内実なのである。なお、「私」は村の時間を「人間がもっている時間というもの」と見なして、都市の時間を「えたいのしれない時間」と否定的に捉えているので、「昔語り」や「伝説的」をd〈「私」にとってaは憧れでしかない〉といった形で説明してもよい。いずれにしても、これが二つ目の理由。実質的には傍線部の〈意味内容〉の説明である。

とすれば、ここでも「内容説明　2物事の違いを説明する」のパターンを思い出してほしい。「私」が村の「安らかな生の時間」に〈遠さ〉を感じるのは、「私」がc〈慌ただしい都市の時間を生きているから〉なのである。これはc〈自分一人の生を生きるだけだから〉と説明してもよい。cポイントはdポイントの〈背景〉となる。この点を盛り込めば、より奥行きのある説明になるだろう。なお、aポイントは、「言い換え　1傍線部中の指示語を言い換える」によって導く。

複数の要素を組み立てるときには、要素間の関係をしっかり考えることも重要だ。無秩序にばらばらに書いても説明にならない。この場合は、〈理由〉の観点が二つあるので、〈a・bポイント〉と〈c・dポイント〉を並列的にまとめるとよい。

このように、「本文全体」から多角的に〈理由〉を押さえる必要のある問題も少なくない。これまで学んできたさまざまなパターンを踏まえて、そのつど柔軟に説明すべきことを考えることが大切である。とはいえ、すべてのパターンを一度で習得することは難しい。復習や書き直しをしながら、焦らず練習を重ねていこう。

SELF CHECK セルフチェック

最重要ポイント

この答案で最も重要なのは、次の点だ。

□ **村に継承される安らかな時間が過去のものと感じられる理由になっているか。**

この点を満たしていない答案は、全体が0点になる。したがってaポイントのみの答案は部分点は付かず0点。

模範解答と採点基準　12点

a b 戦後の農村の変化により村に継承される穏やかな生の時間は失われつつあり、c d 都市で慌ただしく暮らす「私」にとって身近なものではなくなっているから。（70字）

基準

a 村に継承される穏やかな生の時間　3点
・「継承される時間」か「安らかな時間」のいずれかがあれば可。
・「村の時間」のみは不可。
・「時間」や「生」という言葉はなくても可。

b 戦後の農村の変化によりaが失われる　3点
・「aが失われる」がなく、「（戦後の）農村の変化」のみでも可。
・「aが失われる」のみはbとしては加点せず、dは△として1点とする。

c 都市で慌ただしく暮らす「私」にとって　3点
・「自分一人の生だけを生きる『私』にとって」も可。
・「私」に限定せず「人々」についての説明でも可。
・「都会・都市で暮らす『私』にとって」のみは不可。

d aは身近なものではない　3点
・「aは現実的でない」「aは憧れの対象でしかない」なども可。

・dは「私」の感じ方についての説明。
・ただし、「aが失われる」「現代人にはaがない」のみで、「農村の変化」がないためbに該当しないものは、dを△と見なして1点。

採点シミュレーション

4 ／12点

解答例1

山羊小母のように安らかな生の時間を持つ人はいるが、そのような人は少数であり、筆者を含め多くの人は都会に出てそれを忘れてしまっているから。 68字

前半は農村の説明だが、「戦後の農村の変化」に直接言及していないのでbポイントは認めない。ただし、本文内容を幅広く踏まえて、多角的に説明しようとする姿勢が非常によい。

6 ／12点

解答例2

農村から都会へと人々が流出したことによって、次世代へと農村のことを語り継いでいく存在と受け継ぐ存在が失われつつあるから。 60字

農村の変化を中心にまとめた答案。aポイントは、「時間」や「生」に直接言及していなくてもよい。筋の通った説明である。

7 ／12点

解答例3

都市に住む多くの人が、昔から受け継がれてきた人間の時間を忘れ、自分の一生だけを生きるようになったから。 51字

現代の都市のありようを中心にまとめた答案。ここには当然「私」も含まれるので、cは「私」に限定して説明していなくてもよい。「私」の感じ方について言及していないのが惜しい。

7 ／12点

解答例4

前代からの人間の時間を受け継いでいくという感覚は、今の時間だけに追いまわされている現代人にはないから。 51字

これも現代の都市のありようを中心にまとめている。dについて「私」の感じ方に言及していない点は惜しいが、全体として筋の通ったよい説明である。

表現チェック

□ 筋の通った説明になっているか。
□ 指示語「それ」の内容を明示しているか。

問題 P.82 - P.89

要約

パターン ② 条件指定のない要約

特に条件指定のない「本文の内容を要約せよ」などの要約問題では、本文全体の内容を凝縮してまとめることが求められている。できるだけ本文の全体の論の流れや、全体の構造を、キーワードを落とさずに、わかりやすく筋を通してすっきりまとめること。重要な文をいくつか抜き出してつなげただけの安易な解答では、要約したことにならない。また結論部分だけを抜き出す解答も不可。前提から結論に至る論の筋道をまとめることが求められている。つまり、本文の話題が何であり、それについて筆者がどういう筋道でどういうことをいおうとしているのか、といった本文全体の主要な論点をまとめあげることが課題となる。

基本的な方針は以下のとおり。

① 本文の中で論の筋道として重要なポイントに傍線を記すなどして、ピックアップする。
② そうした重要ポイントから重複部分を削除するなどして論点を絞り込む。また、重要ポイントの表現が長い場合は、字数に収まるよう、それを短く言い換えるなど工夫する。
③ 絞り込んだポイントをどういう順番で書くと筋道の通った解答になるか考える。
④ 構想が整ったら、解答にまとめ上げる。

なお、③と④の際には、表現や内容の重複を避けることと、文章の論理的な骨組みがよくわかるような解答にすることが重要である。

さらに③に関しては、出題された文章の構成がもともと整っている場合は、本文の順番どおりに要点をまとめていけばよい。しかし、（対比が何度も繰り返されるなど）出題された文章の構成が入り組んでいる場合は、ポイントの順番を入れ替えるなどして、すっきりと筋の通った解答を構築していくこと。

また、些末な具体例は省略すべきだが、本文のテーマと結びついた重要な具体例は、要約に組み込む必要がある。

学問論

田中美知太郎

解答

配点 20点

[a]プラトンは、文字に書かれたことばを、備忘的役目を果たすものの、人の[b]記憶力を弱め、すでに知っている人に役立つだけで[c]本物の生きた知識をもたらさないと批判した。確かに[d]書物の氾濫する現代でも、この主張が真理として通用する書物は多い。しかし、[e]メディアを通じた大衆迎合の演説に惑わされやすい現代人にとって、[f]文字は覚書きを記しそれをくりかえし読むことを可能にし、[g]人びとに冷静な判断をもたらすという[h]肯定的側面もある。200字

基準

a プラトンは、書かれたことばは備忘的役目と考えた 2点
・「プラトンは忘れたことを思い出させるのが書物と考えた」も可。
b 記憶力を弱める・記憶する努力をしなくなる 3点
c 本物の生きた知識をもたらさないと批判 3点
・「すでに知っている人に役立つだけと考えた」「生きた精神との対話に劣る」「真の知識は得られない」なども可。
d 書物の氾濫する現代においてもa～cが該当する 2点
e メディアの大衆迎合の演説に惑わされやすい時代 3点
f 記された文字はそれをくりかえし読むことを可能にする 2点
g 人びとに冷静な判断をもたらす 2点
h fgの肯定的側面がある・fgを肯定的に捉えるべき 3点

解説

基本的な方針の①に従い、本文の要点をピックアップしていこう。

[1]では、プラトンの「文字に書かれたことば＝書物」は「備忘的な役目が第一」だという主張（＝a）を取り上げる。そのため、書物は、人びとから記憶する努力を失わせ「記憶力を弱める」（＝b）だけでなく、「何も考えたことも、学んだこともない者には、何の役にも立たないもの」にすぎない。プラトンは、生きた精神をもった人から学ぶのと異なり、「知ったかぶりのにせ知者」が出るだけだ（＝c）と述べている。

[2]では、現代は「書物の氾濫している社会」であるが、プラトンの主張が当てはまる事態も多い（＝d）ことが指摘される。その具体的な事例も多く挙げられているが、これは、「些末な具体例」に該当するので、要約に組み込む必要はないだろう。

[3]では、しかし、文字を否定的にだけ考えるのは一面的だという意見が示され、現代が、テレビやラジオを通じて「大衆迎合の演説」で人を惑わす時代になっている（＝e）という話が述べられている。

[4]では、そうした人々の判断力を惑わす演説に対して、文字に記した「覚書き」が、「一種の恒久性」を持ち、「何度もくりかえして読むことができ（＝f）」「一時の感激ではなくて、冷静な判断の余裕を与えてくれる（＝g）」ものであることが述べられている。これは[3]冒頭の内容とあわせると、「文字」の「肯定的側面（＝h）」だと考えてよいだろう。

以上をまとめる。「プラトン」の主張は、単なる「些末な具体例」ではなく、本文の趣旨に関わるものなのでaで「プラトン」に言及すること。逆に[3]の具体例は、eポイントにまとめられるので、言及する必要はない。

筆者紹介

田中美知太郎（たなかみちたろう） 一九〇二（明治35）～一九八五（昭和60）年。新潟県生まれ。ギリシャ哲学者。本文は『学問論―現代における学問のあり方』（筑摩書房・一九六九年刊）によった。

化生する歴史学

鹿野政直

本文について

構造図

〈かつて〉
歴史学は、過去が現在を規制すると考え、現在と過去の連続性を重視。

⬇

〈八〇年代〉
・豊かさとともに、人々の歴史ばなれが進行。
・現在と断絶した過去という意識が発生し、歴史学の見直しが迫られた。

⬇

〈九〇年代〉
歴史への関心が回復したが、さまざまな学問が過去解釈に参入し、現在と切断された過去の探究がなされるようになった。

百字要約

かつて、現在と過去の連続性を重視した歴史学も、八〇年代の歴史ばなれの風潮の中で、その見直しが迫られた。九〇年代には、歴史への関心が回復したが、歴史学自体のあり方も変貌し、歴史学の特権性も失われた。（98字）

段落要旨

[1][2] 一九八〇年代の豊かな日本では、過去への関心が衰弱し、人々の歴史ばなれが生じた。

[3] そこでは、過去と現在を断絶させる意識が見られる。

[4] 以前の歴史学は、過去のもつ現在への規制力を念頭に置き、過去と現在との関わりを力説した。

[5] 現在と過去を断絶したものとする心象の出現は歴史学に衝撃を与えた。

[6]〜[8] 過去の掌握という歴史学の自明の前提が崩れ、歴史学は自己点検を強いられた。

[9] 九〇年代には歴史への関心は回復した。

[10] しかし、過去探究といっても、現在と切断された過去や、現在を照射する過去の探究が優越した。また過去探究への他の諸学問の参入によって、歴史学の特権性は失われつつある。

本文解説

歴史学者が、歴史にまつわる世の風潮を論じた文章である。本文は三つの年代について触れているので、整理して捉える必要がある。

まず[1]〜[3]で、一九八〇年代の豊かな日本の状況が紹介されている。ここでは、現在と過去が断絶し、人々が過去に対して無関心になった状況、つまり歴史ばなれが生じたことを押さえよう。

[4]では、八〇年代以前の歴史学が、過去のもつ現在への規制力を念頭に置き、過去と現在との関わりを力説するものであった点を押さえる。

こうした歴史学にとって八〇年代の過去と現在を断絶させる状況の出現は、衝撃的な出来事であり、それによって自己点検の機運をもたらしたという内容が、[5]〜[8]に書かれている。

八〇年代以前の状況が[4]に書かれていて、八〇年代の状況が[1]〜[3]と[5]〜[8]に書かれている点をしっかり押さえよう。

[9]・[10]には、最後の九〇年代の話が書かれている。ここでは、歴史への関心が回復したものの、それが旧来の過去探究と異なる点と、他の諸学問の参入が生じた点を押さえよう。

発展

本文に書かれているとおり、歴史学は過去から現在への連続性を重視してきた。学校で習う「世界史」や「日本史」も過去から現在に向けて連続する時間軸を想定し、そこで生じたさまざまな歴史的出来事を有機的に結びつけることを課題とするものであった。

しかし、こうした現在を中心とする「系譜学」とでもいうべき歴史学のあり方は、ともすると現在の視点から過去の出来事を恣意的に取捨選択し、過去の営為のうち、現在に結びつかないものを切り捨ててしまう事態を招いてしまう。そうした見方では、現在に真に衝撃を与えるような異質な過去を無視し、現在を説明するのに都合のよい過去ばかりが寄せ集められかねない。

そこで、一九八〇年代以降、現在との連続性（通時性）ばかりを重視するのではなく、むしろ現在の価値判断を介在させず、現在とは切り離された過去の時代そのものを、さまざまな資料から浮かび上がらせるという方法が模索され始めた。

こうした営みによって、例えば中世以前の人々が、現代人とはまったく異なる発想で現代とは異なる社会秩序を構築していたことが明らかにされつつある。それは本文に一九九〇年代以降の傾向として掲げられているとおり、歴史学だけの成果ではない。科学・文学・社会学などさまざまな領域の学問の取り組みによって生じてきた知見である。そして、現代とは断絶した異質な過去の時代状況が明らかになるにつれ、逆に、近代以降の西欧を中心とする社会のあり方を絶対視せず、それを冷静に対象化して見るまなざしも獲得されてきたのである。

参考図書

『日本の近代思想』　鹿野政直（岩波新書）

本文の筆者が、日本の近代を振り返った書。敗戦まで軍事大国としての道を歩み、その後経済大国へと躍進し、バブル経済の崩壊を経て、閉塞感に満ちた現代に至るまでの、歴史のさまざまな局面での思想的意味を考察している。

『日本辺境論』　内田樹（新潮新書）

日本人を「辺境人」と位置づけた日本論。日本を、歴史的に世界の中心から外れた存在として、常に劣等感にさいなまれ、外来の物事にかぶれて、他国のことを気にする心性を帯びた国と考える。辺境人としての日本人の性質、問題点と長所をわかりやすく論じている。

筆者紹介

鹿野政直（かのまさなお）　一九三一（昭和6）年〜。大阪府生まれ。日本近代史・思想史を専攻する歴史学者。『歴史を学ぶこと』『日本の現代』『健康観にみる近代』『近代国家を構想した思想家たち』『近代社会と格闘した思想家たち』など著書多数。本文は、『鹿野政直思想史論集　第七巻』（岩波書店・二〇〇八年刊）によった。

記述上達への一歩

俗語や誤字に注意

最近、記述問題の解答に「〜とは違って」を「〜とは違くて」と書く受験生が増えた。「違う」は動詞であり形容詞ではないので、連用形接続の接続助詞「て」に「違く」が接続するのは文法的におかしい。むろん、普段の会話で「違くて」という俗語表現を使うことをとがめる気はないが、日本語についての教養や能力を試される記述問題で、文法的におかしな表現を使うことは、避けた方がよいだろう。また、「見い出す」などの表記ミスにも気をつけよう。これは「見出す」もしくは「見いだす」が正しい。「見出す」は上一段動詞「見る」の連用形「見」に「出す（いだす）」がついたものである。また「捉える」を「促える」と誤記する者も多い。気をつけてもらいたい。

設問について

解答　配点 50点

問1　ア　肥大　イ　掌握　ウ　不謹慎　エ　顕著　オ　診断　各1点

問2　一九八〇年（代）　2点

問3　歴史学が、みずからの体質を捉え直そうとする　21字　3点

問4　[a]「いま」との結びつきを失い、[b]異物と化した状態。　23字　10点

基準　a　「いま」との結びつきを失い　5点

・「いま（＝現在）と断絶した」も可。「手の届かぬ」のみは3点。

b　異物と化した状態　5点

・「異空間となった状態」も可。

問5　かつて歴史学は、過去のもつ現在への規制力を念頭に置き、進歩の観念にもとづいて過去と現在との関わりを力説した。しかし、八〇年代の「豊かな日本」では、過去を現在と断絶させて無視する歴史ばなれの心象が浸透し、歴史学も自己点検を強いられた。九〇年代には歴史への関心は回復したが、現在と切断された過去や、現在を照射する過去の探究が優越し、過去探究への他の諸学問の参入によって、歴史学の特権性は失われつつある。　199字　30点

⬇セルフチェックへ

設問解説

問1

イ　「掌握」。「詳握」などとしないよう注意。

エ　「顕著」。「顕緒」などとしないよう注意。

オ　「診断」。「審断」「審談」などとしないよう注意。

問2

傍線部Aの直後の「まで」は〈動作や作用が至り及ぶ、場所や時間などの限度〉を意味し、ここでは「〜まで」で「〜の時期になる以前は」という意味になる。すなわち「それ」はある特定の時期を指す。ではいつを指すのか？　傍線部以下の二つの段落で、筆者は〈（それまで）過去は現在まで持続し、現在と過去に関連があることを当然のことと見なしていた歴史学にとって、むかしと現在を断絶したものとする心象の出現は衝撃的事件だった〉と述べている。したがって「それまで」とは〈むかしと現在を断絶したものとする心象が出現〉する時点までを意味する。では〈むかしと現在を断絶したものとする心象が出現〉したのはいつか？　これは冒頭から傍線部直前まで書かれているとおり、「一九八〇年代」を指す。

問3

この「自己点検」とは、問2で見たとおり〈むかしと現在を断絶したものとする心象の出現という衝撃的事件〉に直面して、歴史学が行ったこと。「自己点検」だから、「歴史学」自身を「点検」する意味になる。そうすると、26行目の「歴史学が、みずからの体質を捉え直そうとする」ことが、条件に該当する。なお、抜き出し問題なので、勝手に本文の表現を変えたりしないこと。

問4

傍線部Cでは「むかし」を「糸の切れた凧」とたとえているが、それが「どのようになった状態」を意味するのかが問題。「糸の切れた凧」とは、一般に〈凧揚げの凧を操っていた糸が切れ、凧が飛び去りどこへ行ったかわからない様子〉を指す。ここでは前後が「いまから糸の切れた凧同然となったむかし＝『過去』は、歴史学にとって異物と化した」となっているので、「むかし」が「いま」との結びつきを失って「異物と化した」状態を指す。もし「糸の切れた凧」の意味がわからなかったとしても、7行目の「むかしはいまから断絶した時間帯、むしろ異空間」という表現が、傍線部前後と同じ内容になるので、ここを用いて解答してもよい。解答は、傍線部前後を用いた場合は「『いま』との結びつきを失い、異物と化した状態。」となり、7行目の「異空間」という表現を用いた場合は、「『いま』から断絶して、異空間となった状態。」などとなる。

なお「異物と化した」や「異空間となった」という表現が比喩的なので解答に使うべきではないと思ったかもしれないが、設問に「本文中の表現を用いて」という指定があるので、そのまま使うこと。自分の表現に言い換えた場合、設問の指定に反した解答になるので、点にならない。また、aは24行目の「手の届かぬ部分がある」のみの場合は、どう「手の届かぬ」状態なのかが不明確なので減点される。なお、「どのようになった状態」なのかが問われているので、文末表現は「……状態。」で終えるのが望ましい。

パターン

問5

本文は、歴史学者である筆者が、一九八〇年以前、八〇年代、九〇年代の三つの時代について、人々の歴史意識を論じた文章なので、要約に際しては、特に条件指定はないものの、それぞれの時代順に人々の歴史意識を整理してまとめるのが望ましい。

まず、本文冒頭から2までは、八〇年代について論じていて、ここから、c〈「豊かな日本」の実現とともに「歴史ばなれが進行した（＝過去への関心が衰弱した）」〉こと、そして3からd〈現在と断絶した過去という意識が発生〉した点を押さえる。次に、4の内容から、「かつて」の歴史学のあり方として、a〈歴史学は、過去が現在を規制すると考え〉、b〈現在と過去の連続性を重視〉した点を押さえる。5・6の内容は、ふたたび八〇年代の内容が書かれていて、dの機運が歴史学に衝撃を与えたことを確認したのち、かつての歴史学の前提が崩れ、e〈歴史学に自己点検の機運が生じた〉点を押さえる。

6の「過去の掌握を自明の前提としていた」7・8の『過去』は、歴史学にとって異物と化した」「過去がいかに現実を規制しているかの究明を役割と思い込んでいたにもかかわらず、じつは統一的に解釈することをとおして、過去を規制する役割を果してきたことを自覚する」「歴史学は、こうして過去から問われる存在と化した」などの内容は〈abのあり方をとっていた歴史学のe自己点検〉に含まれるので、細かく触れる必要はない（字数にその余裕もない）。

そして9以下から、九〇年代のあり方として、f〈歴史への回帰が起こり、歴史への関心が回復した〉点、ただし、それがg〈fは現在と切断された過去の探究〉をもたらした点、その一方でh〈さまざまな学問も過去解釈に参入〉することで、i〈歴史学の特権性は失われ、歴史学は過去探究の諸学の一つとなりつつある〉点をまとめる。

それぞれの時代について書かれた内容の重複を避け（特に八〇年代の記述）、凝縮した内容にまとめ上げることが求められている。

なお、「一九八〇年代」などと書くと字数が足りなくなる場合は、「八〇年代」などと省略しても問題ない。

SELF CHECK
セルフチェック

最重要ポイント

この文章を要約する基本方針は、三つの時代をきちんと区別して答えること。問2で「それまで」が「一九八〇年代以前」を意味することを押さえさせたのも、一九八〇年代以前と以後を区別して捉えさせるためである。解答の順番は模範解答のように一九八〇年代以前→一九八〇年代→一九九〇年代という順番でも、一九八〇年代→一九八〇年代以前→一九九〇年代という順番でもよい。したがってここでの最重要ポイントは次のようになる。

□ **三つの時代が明確に意識された解答になっていること。**

この基本構造が見えない解答は、全体が0点。

模範解答と採点基準

30点

かつて歴史学は、過去のもつ現在への規制力を念頭に置き、進歩の観念にもとづいて過去と現在との関わりを力説した。しかし、八〇年代の「豊かな日本」では、過去を現在と断絶させて無視する歴史ばなれの心象が浸透し、歴史学も自己点検を強いられた。九〇年代には歴史への関心は回復したが、現在と切断された過去や、現在を照射する過去の探究が優越し、過去探究への他の諸学問の参入によって、歴史学の特権性は失われつつある。（199字）

基準

かつて（従来）

a 歴史学は、過去が現在を規制すると考え 3点
・「歴史学は、過去から現在へと進歩すると考え」も可。

b 現在と過去との関わりを力説 3点
・「現在と過去の連続性を重視」も可。

八〇年代

c 豊かさから、歴史ばなれが進行 4点
・「豊かさから、過去への関心が衰弱」も可。

d 現在と断絶した過去という意識が発生 4点
・「むかしはいまと断絶」も可。
・「『歴史』は『過去』へと変色」のみは2点。

e 歴史学の見直しが迫られた 3点

・「abどちらかの見直しを迫られた」という内容でも可。

九〇年代　f 歴史への回帰が起こった・歴史への関心が回復 3点

g fは現在と切断された過去の探究 3点

h さまざまな学問も過去解釈に参入 3点

i 歴史学の特権性は失われつつある 4点

・「歴史学は過去探究の諸学の一つとなりつつある」も可。

採点シミュレーション

24／30点

解答例1

日本が豊かになり、その満足感が歴史ばなれを引き起こし、歴史と現在を切り離してしまった。しかしこれは歴史学にとって、過去に手の届かぬ部分があることを知り、自らの統一的解釈が過去を規制していたことを自覚する機会となる。そして歴史への関心が回復しつつある今、現在とは切断された「過去」探究という新しい姿勢によって、歴史学は過去探究の帝王の位置からすべりおとされるという結果になる。187字

この解答は、本文の順番を踏まえ、八〇年代のcdの状況を示して、それが元来のaに対するeの反省の風潮をもたらした、という形で、八〇年代以前の学問状況を念頭に置いた解答になっている。その後、九〇年代以降の状況に触れているので、最重要ポイントは〇。bとhのポイントが見えない点が惜しいが、よくできた解答である。

0／30点

解答例2

豊かさのもたらす達成感が歴史ばなれを生みだし、そうした風潮から脱却するために、歴史学者たちは歴史と現在を結びつけようとした。しかし、現在と過去とを断絶させる風潮は、歴史学を現在と異なる過去の探究に向かわせ、さらに、現状診断を本来の機能とするもろもろの学問による過去解釈の機運をももたらした。その結果、過去探究の帝王であった歴史学が、今やその分野での諸学の一つに変化しつつある。188字

本文の構造を見誤っている。特に八〇年代以前の学問状況に該当するａｂを、〈豊かさのもたらす歴史ばなれ〉という八〇年代の風潮の結果生じた歴史学のあり方と捉えている点が間違っている。したがって最重要ポイントが×となり、全体で０点。本文後半の九〇年代の時代状況は把握できているだけに残念である。このように、文章構造の誤った理解は致命的なので気をつけよう。

14／30点

解答例3

「豊かな日本」の実現によって、学生たちの歴史ばなれが進んでしまった。過去はむかしと一括りされいまから断絶した異空間と目されるようになった。世界史の転換や繁栄の破綻によって歴史への関心に回帰傾向が見られたが、いまとむかしを結びつける旧来の考え方は回復しなかった。過去から現在への連続性の意識の欠落が原因といえる。社会学や心理学等の普及からも、歴史への回帰傾向が必ずしも歴史学の回帰につながってはいない。200字

かつて（八〇年代以前）を明確な時代として区分しているか少し曖昧だが、一応「いまとむかしを結びつける旧来の考え方」という表現がそれに該当すると思われるので、最重要ポイントは○になる。前半で字数をとられたせいか、後半の九〇年代のポイントがいずれも中途半端。「いまとむかしを結びつける旧来の考え方は回復しなかった」は、ｂポイントは満たすものの、「回復しなかった」だけではｇの「現在と切断された過去の探究」という九〇年代歴史学のポイントとして認められない。また「社会学や心理学等の普及からも」だけでは、ｈのポイントとして認められない。

表現チェック

- □冒頭の一字を空けずに書いているか（要約問題では冒頭の一字を空けないのが普通）。
- □途中で、段落分けの改行をしていないか（要約問題では、段落分けの改行をしないこと）。

進化するコトバ　沼野充義

本文について

構造図

●言葉は常に変化するものなので、日本語の乱れは問題ではない。

⇔

●統制された全体主義的言語は危険である。

⇦

●言葉で重要なのは、言葉を通じて互いの存在を認識しあう機能だが、情報化とともにその機能は失われ、全体主義化する危険がある。

⇦

●実際には言葉や人類の未来に対して楽観的になっていいと思うが、言葉を支配する力には警戒が必要だ。

百字要約

言葉は常に変化するものなので、言葉の乱れは肯定されるべきだ。言葉で重要なのは互いの存在を認識しあう機能だが、情報化とともにその機能は失われ、全体主義化する危険がある。言葉を支配する力には警戒が必要だ。（100字）

段落要旨

1 日本語の乱れが指摘される一方で、国際化が求められている。

2 言葉は生き物なので、常に動き変化する。

3 4 ロシアでは、全体主義的な言語統制がソ連の崩壊とともに消え、外来語の氾濫する状況になった。

5 しかしロシアでは言葉を通じて互いの存在を認識しあう機能は健在だ。

6 情報化の進展とともに右の機能は失われ、言葉が言葉でなくなる危険がある。

7 8 そうなると新たな全体主義的言語が出現することになるが、実際には言葉や人類の未来に対して楽観的になっていいと思う。

9 言葉は長い歴史を生き抜き、人間以上の生命力を持つ。潜在的に恐ろしい力を持つ言葉を支配することは世界を支配することにつながる。

本文解説

本文は、言葉をめぐる現状と未来を考察したもの。1・2では、「日本語の乱れ」と「国際化」が提唱される現状について、安易な外国語志向は「国際化」につながらないということ、さらに「言葉は常に変化する」生き物であり、言葉の乱れを「活力の証」と見るべきであるということを主張している。

3～5では、ロシアにおいて、「全体主義」的な言語統制のあったソ連邦が崩壊し、外来語の氾濫する事態が生じた点と、言葉の生々しさがまだ保存されている点を指摘している。

そして6以降では、今後の展望を述べる。社会の「情報化」が進むと、言葉を通じてお互いの存在を認識しあうという言葉の機能が失われ、全体主義的言語になる危険性がある。しかし一方では、言葉が長い歴史の中でしぶとく生き続けたものである以上、そう簡単に生命を失うことはないとも思われる。本文は言葉を支配する者は世界を支配することになるという指摘で終わっているが、ここには言葉を支配する動きには注意が必要だという警告が込められている。

発展

「若者の言葉の乱れ」をめぐっては、昔から、それを是正すべきだという立場と、乱れるのは言葉が生きている証だから放置すべきだという立場があった。筆者は後者の立場に立つ。前者の立場は特に教育を通じて言葉を管理する志向を持つが、筆者はそうした管理が、ソ連邦時代のロシアのように、全体主義の言語をもたらし、言語的な貧困を招くという。

ソ連邦崩壊後のロシアほどではないにしても、確かに、国際化の時代に外来語は流入する一方である。さらに、日本を訪れて必死に日本語を話そうとする外国人も多くなっている。こうした状況において、カタコトの日本語を操る訪問者を否定し、乱れない正しい日本語をかたくなに固守する立場は生産的とはいえない。ちょうど国際共通語と化しつつある英語が、世界各地で「乱れ」ながらも、人々の生きた意思疎通をもたらしているように、生きたコミュニケーションが成立するなら、それは立派な言葉として肯定すべきではないのか。このように、国際化の時代においては、日本語もその多様性を肯定的に捉え、さまざまに「乱れ」た日本語を操る人々を歓迎することが求められている面があることは否定できない。

その一方で、メディアの多様化により、例えば日常的なメールのやりとりや気軽なネットコミュニケーションが可能となった現代において、誤字脱字だらけの書き言葉があふれかえる現状がある。これも生きた言葉の証として放置していいのか、という問題もある。そこから、話し言葉の乱れは許されても、書き言葉の乱れは放置すべきではないという立場も生じる。

国際化時代の情報化社会において、日本語がどうあるべきか、右の論点を参考に、いろいろと考えてみよう。

参考図書

『ことばと国家』　田中克彦（岩波新書）

言葉が変化するのは言葉が生きた証であると考える筆者が、母から子へと伝えられるかけがえのない「母語」と、制度化された「国家」の言葉との関係を軸に、幅広い視野から言葉の問題を論じた本。言葉＝国家語と考える無自覚な意識の変革を促す、刺激的な書である。

『日本語練習帳』　大野晋（岩波新書）

国語学者の筆者が、日本語の読み書きに熟達する手立てを考察した本。さまざまな「練習」問題を用意し、それに答えるかたちで日本語のよりよい表現が身につくよう配慮されている。本文要約（四百字と二百字）の訓練とその方法や、現代人が苦手とする敬語の基本についても詳しく書かれているので、参考になる。

筆者紹介

沼野充義（ぬまのみつよし）　一九五四（昭和29）年〜。東京都生まれ。ロシア・ポーランド文学研究者。東京大学人文社会系研究科教授。現代日本文学の評論でも名高い。『永遠の一駅手前――現代ロシア文学案内』『屋根の上のバイリンガル』『徹夜の塊――亡命文学論』（サントリー学芸賞受賞）、『ユートピア文学論』などの著書がある。本文は『W文学の世紀へ――境界を越える日本語文学』（五柳書院・二〇〇一年刊）によった。

設問について

解答　配点 50点

問1 ア 慨嘆（慨歎）　イ 遮断　ウ 膨大（厖大）　エ 飛躍　オ 警告　各1点

問2 考えを推し進めると（結論まで突き詰めると）　2点

問3 日本語の乱れが指摘されている以上、日本語を正すことが求められるはずなのに、逆に日本語をおろそかにして外国語を使いこなす「国際化」ばかりが求められる点。　75字　10点　⬇セルフチェックへ

問4 全体主義の言語　7字　3点

問5 母語をきちんと使いこなすことが国際化の前提だが、言葉は常に変化するものなので、日本語の「乱れ」を活力の証として肯定すべきだ。その一方で、社会の情報化の進展と共に、言葉を通じて個人が相互に存在を認識しあう機能が失われていくことは、全体主義的な画一化に通じる危険な事態でもある。長い歴史と強靱な生命力を持つ言葉が、簡単に言葉としての機能を失うことは考えにくいとはいえ、言葉を支配する動きには注意が必要だ。　200字　30点　⬇セルフチェックへ

設問解説

問1

ア「慨嘆」。「概嘆」などとしないよう注意。

イ「遮断」。「捨断」などとしないよう注意。

ウ「膨大」。「厖大」も可。

問2

「煎じ詰める」とは、もともとは「薬草などを、その成分が出尽くすまでよく煮る」ことを意味したが、そこから転じて「考えを最後まで推し進める・結論に達するまでよく考える」ことを意味する。したがって「煎じ詰めれば」とは、「考えを推し進めると」「結論まで突き詰めると」という意味になる。

問3

傍線部Aの前後から、「逆説的」なのは「日本語が『乱れている』いま、強く求められているのは、日本人の『国際化』だ」ということ。この表現のどこが「逆説的」なのかが問題。そもそも、「逆説」とは正確には〈一見すると常識に反するが、一面の真理を表している表現〉を意味するが、〈一見、常識に反すること〉や〈矛盾して見えること〉といった意味で用いられることが多い。したがって「日本語が『乱れている』いま、強く求められているのは、日本人の『国際化』だ」という表現のどこが〈一見、常識に反する（＝矛盾して見える）〉かを考える。

ここで「日本人の『国際化』」が直後の内容から、「もっと英語ができるようになりましょう」ということ、さらにいうと「日本語をおろそかにしながら、外国語（英語）だけは立派に使いこなせる」ことを目指すものである点に注目する。そうすると、「日本語が『乱れている』いま、強く求

められているのは、日本人の『国際化』だ」という表現で矛盾して見えるのは、〈日本語の乱れが問題なら、強く求められるのは、正しい日本語の教育であるはずなのに、逆に日本語をおろそかにして外国語を立派に使いこなすという「国際化」が強く求められている〉ことであることに気づくはずだ。

　以上の内容をまとめるわけだが、「逆説的」を説明する問題なので「〜はずなのに、逆に……」「本来〜なのに、逆に……」など、ねじれた事態が生じていることをきちんと表現する配慮が必要となる。右の「強く求められるのは、正しい日本語の教育であるはず」という内容まで書いた解答はほとんどないと思われるが、〈日本語の乱れ〉が指摘されているにも関わらず、求められているのが〈外国語・国際化志向〉と、まったく逆の方向のことであることを具体的に示す点で、必要である。この点は自分で考えて解答内容を補うこと。

SELF CHECK セルフチェック

最重要ポイント

「逆説的」の説明なので、以下の内容が含まれているかどうかチェックしよう。

□ **「日本語の乱れ」を指摘しながら、それとは逆の「国際化」を求める動きに言及していること。**

この基本構造になっていなければ、全体が0点。

模範解答と採点基準

10点

a 日本語の乱れが指摘されている以上、b 日本語を正すことが求められるはずなのに、c 逆に日本語をおろそかにして外国語を使いこなす d「国際化」ばかりが求められる点。 75字

基準

a 日本語の乱れが指摘されている 3点
b 日本語を正すことが求められる 2点
・「日本語の正しい教育が求められる」も可。
c 逆に日本語をおろそかにする 3点
・「逆に外国語を使いこなす」も可。
d 「国際化」が求められる 2点

採点シミュレーション

6／10点

解答例1

日本語の乱れが指摘される一方で、日本人の「国際化」という日本語よりも外国語を使いこなす必要のあることが、今強く求められているから。 65字

この解答では「……一方で……」という書き方になっているが、できれば「……のに、逆に……」という書き方をすること。bポイントがないが、これは自分で補わなくてはならないので、確かに難しい。しかしaとcdの「逆説」性を明確化するには必要なポイントなので、ぜひ補ってほしいところ。文末表現が不適切なのでマイナス2点。

8／10点

解答例2

日本語の乱れを指摘するようなことが言われているが、その解決よりも今は日本人が英語を話せるようになる国際化が強く求められている点。 64字

「逆説的」の説明にふさわしく「……が、その解決よりも……」という論理的なねじれを反映したかたちになっているのは、とてもよい。これもbが不足しているのが残念なところだが、出来のよい解答である。

表現チェック

□本文末尾が、「……点。」になっているか。（「……から」「……ので」「……ため」など、理由説明のものになっていないか）

□「～はずなのに、逆に……」「本来～なのに、逆に……」といった解答形式になっているか。

問4

前後から「ニュースピーク」とはオーウェルの表現として出てきたものであることは明らか。オーウェルの「ニュースピーク」を最初に紹介した箇所は17行目で、ここに「ジョージ・オーウェル流に『ニュースピーク』とも呼ぶべき全体主義の言語が幅をきかせ」とあるので、「ニュースピーク」とは「全体主義の言語」を意味すると考えてよい。傍線部B直後の「より強力な全体主義の時代に、再び装いも新たに現れる」言語という内容にも適合する。

パターン

問5

要約問題なので、本文の要点をピックアップしていこう。

まず[1]・[2]から「日本語の乱れ」と「国際化」に関して、安易な外国語志向に走らず、母語である日本語をきちんと使いこなすことが重要な点、さらに「言葉は常に変化する」生き物であり、言葉の乱れを「活力の証」と見るべきであるという点を押さえる。

その後のロシアの話（[3]～[5]）では、①ペレストロイカ後のロシアでロシア語が激しく変化したこと、②旧社会主義時代には全体主義の言語が幅をきかせ、ロシア語を貧困で抵抗力のないものにしたこと、③ソ連崩壊後膨大な外来語が氾濫する状況が生じた、④その一方で言葉を交わしあい、言葉を通じて互いの存在を認識しあう機能がいまだに保存されている、という論点が示されている。

このうち①と③は[1]・[2]に示された「日本語の乱れ」の状況と重なるので、bポイントに吸収される。

次に、[6]以下から、④の機能が社会の情報化とともに失われる危険性があり、それが[7]の言葉の全体主義化や画一化（③）をもたらしかねない危険性に通じる点も押さえる。その一方で[8]以下に書かれているとおり、言葉が長い歴史をしぶとく生き延びた強靭な生命力を持つものである点を考えると、簡単にその生命を閉じることはないと思われるという点と、最終的に言葉を支配する危険な動きに対する注意が必要だという点を押さえる。

以上を考えると、[1]・[2]の内容と、[6]以下の内容をまとめることは容易だが、[3]～[5]のロシアの話の処理がやっかいになる。日本の状況とロシアの状況を分けてまとめた人もいるかもしれないが、そうするとかなり重複した内容を羅列することになる。本文は幅広く「言葉」の歴史と現状と未来を論じたものなので、重複したポイントを整理して、まとめることが望ましい。

SELF CHECK セルフチェック

最重要ポイント

言葉をめぐる問題を論じた文章なので、言葉の基本的機能に触れることがポイント。

□**「言葉を通じて個人が相互に存在を認識しあう機能」あるいは「個人的な接触を可能にする交感機能」「多くの言葉を費やして自分の意見を相手にぶつける機能」を言葉が持っていることに言及すること。**

右のポイントに言及していない解答は、全体で0点。

模範解答と採点基準

30点

[a]母語をきちんと使いこなすことが国際化の前提だが、[b]言葉は常に変化するものなので、日本語の「乱れ」を活力の証として肯定すべきだ。その一方で、[c]社会の情報化の進展と共に、[d]言葉を通じて個人が相互に存在を認識しあう機能が失われていくことは、[e]全体主義的な画一化に通じる危険な事態でもある。[f]長い歴史と強靱な生命力を持つ言葉が、[g]簡単に言葉としての機能を失うことは考えにくいとはいえ、[h]言葉を支配する動きには注意が必要だ。 200字

基準

現状

a 母語をきちんと使いこなすことが国際化の前提 2点

b 日本語（＝言語）の「乱れ」は活力の証 4点

・「日本語の『乱れ』を肯定すべきだ」「言語は生き物であり変化（＝進化）するもの」も可。

今後

c 社会の情報化の進展 2点

d 言葉を通じて個人が相互に存在を認識しあう機能が失われる 8点

e 全体主義的な画一化に通じる危険な事態 2点

・単に「危険な事態」は1点のみ。

意見

f しかし言葉は、長い歴史を生き抜いてきた 4点

・「言葉は強靱な生命力を持つ」も可。

g したがって言葉が、簡単に言葉としての機能を失うことは考えにくい 4点

・「言葉の未来について楽観的になってもいい」も可。

h しかし言葉を支配する動きには注意が必要だ 4点

・「言葉を支配する者は世界を支配する」のみは2点。

採点シミュレーション

解答例1 0/30点

日本語の乱れの指摘をよく耳にするが、乱れは何よりも時代を超えて生き延びており、進化していく生き物としての活力の証であるからよい。しかし、情報化社会の進展から、言葉の機能が失われる危険性はあるだろう。しかしながら言葉は今日まで形を器用に変容させながら生き延びている。言葉は人間以上の生命力を持ち、人間社会を逆に作っていく働きさえ備えている。したがって言葉を支配する者は世界を支配するのである。 195字

基本的な文章の骨格はつかんでいるが、最重要ポイントに関わるdの「個人が相互に存在を認識しあう機能の喪失」に触れていないので0点になる。また、解答の最後の部分が不正確。gがないだけでなく、「言葉を支配する者は世界を支配する」と述べるだけでは、それが危険なことなのか、そうでないのかがよくわからない。明確に危険な事態であることを示す必要がある。

解答例2 20/30点

言葉は生き物であり、常に進化してきた。しかしその進化の中で、ロシア人に見られるような言葉を通じて互いの存在を認識し合うという機能が、今後日本でどんどん失われていくのではないか。そしてこれが失われた時、言葉は言葉ではなくなってしまう。現在までの言葉の生命力を考えると、それについては少し楽観的になってもいいだろう。しかしそれは恐ろしい力でもあり、結局のところ、言葉を支配する者は世界を支配するのである。 200字

aceの比較的些末なポイントが押さえられていないだけで、本文の主要ポイントをきちんと押さえた解答である。解答の筋道も

よく整えられている。あとはもう少し解答の表現の密度を上げて、ａｃｅなどを押さえると、理想的。しかし、（満点ではないが）とてもよい解答である。

解答例3

19／30点

日本語の乱れは歴史的に見れば生き物として進化している証である。しかし、言語の乱れには、落ち着いている状態と激しく乱れる時期があり、例として言葉に対する統制がなくなってからのロシアの激変が挙げられる。だが、日本は多くの言葉を費やして自分の意見を相手にぶつける機能が、情報化によって失われつつある点においてロシアとは異なる。言葉は危機を迎えてはいるが、時代の激変に耐えて生き延びる強い生命体なのだ。［197字］

この解答は前半に字数をとられすぎて、後半のポイントをきちんと書く余裕がなくなっている。ｇとｈがなくなっているのはそのため。ロシアの話を何とか組み込もうとして、あまり重要とは思えない「言語の乱れには、落ち着いている状態と激しく乱れる時期があり」といった内容を入れてしまったのが問題。ロシアと日本を分けてまとめると、先の解説で述べたとおり、うまく字数内に収めることが難しくなる。

表現チェック

- □ 後半部に余裕がなくなって、日本語として筋の通らない表現になっていないか。
- □ 全体を一文で書かずに、二つ以上の文で書いているか。

問題
P.90
|
P.99

表現

パターン 1

具体的な事実を盛り込んだ説明をする

「……とあるが、それはどういうことか」と問われた場合、まず「……」の箇所が、一般的な内容か、具体的な内容かを確認しよう。「……」が一般的な内容であれば、本文内容に即してそれを具体化し、「……」が具体的な内容であれば、それを一般化して解答する必要がある。

一般化と具体化

図1を参照しよう。AからBへが具体化、BからAが一般化である。「傍線部を説明せよ」といった問題の場合でも、一般化することが求められているのか、それとも具体化することが求められているのか、見極めることが重要である。

具体化のレベル

次に、図2を参照すると、左に行くほど具体化が進んでいることがわかるだろう。具体化することを求められている場合には、どのレベルの具体化が求められているかを見極めて解答しなければならない。本文に示されている情報や設問における問いかけ、さらには指定された字数等を考慮する必要がある。

一般化された内容と具体的な内容の両方が必要な場合がある

〈彼は親切な人である〉とあるが、それは彼のどのような行為を指すのか〉と問われた場合であれば、彼の具体的な行為を説明すればよい。では〈彼はどのような人か、具体的に説明せよ〉と問われた場合はどうだろう。この場合、「親切な人」では具体的な説明がなく、設問の条件にかなっていない。では「困っている人を見捨てない人」や「赤ちゃんを抱いているお母さんに率先して席を譲ってあげる人」で十分だろうか。この場合、やはり「困っている人を見捨てない親切な人」や「赤ちゃんを抱いているお母さんに率先して席を譲ってあげる親切な人」とすべきである。「困っている人を見捨てない人」や「赤ちゃんを抱いているお母さんに率先して席を譲ってあげる人」がどのような人であるかの説明が「親切」に該当するからである。

図1
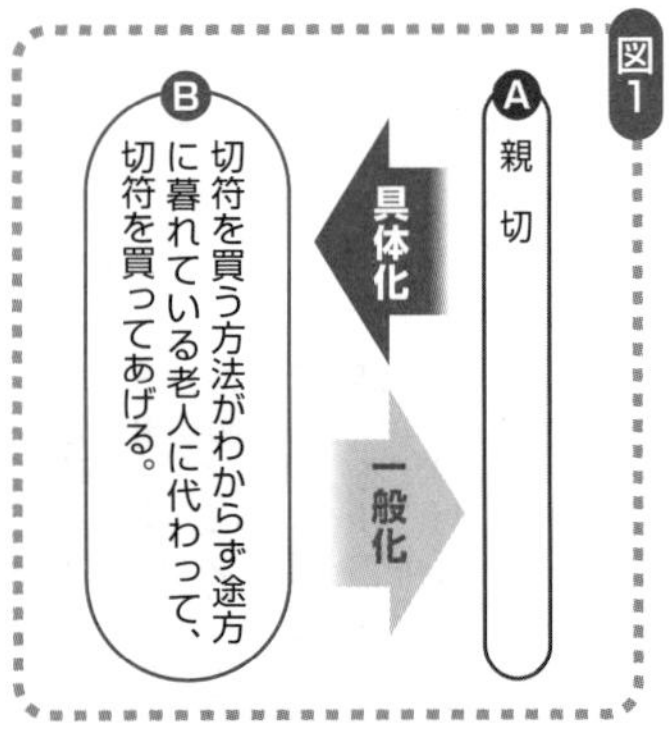
A
親切
具体化
一般化
B
切符を買う方法がわからず途方に暮れている老人に代わって、切符を買ってあげる。

図2
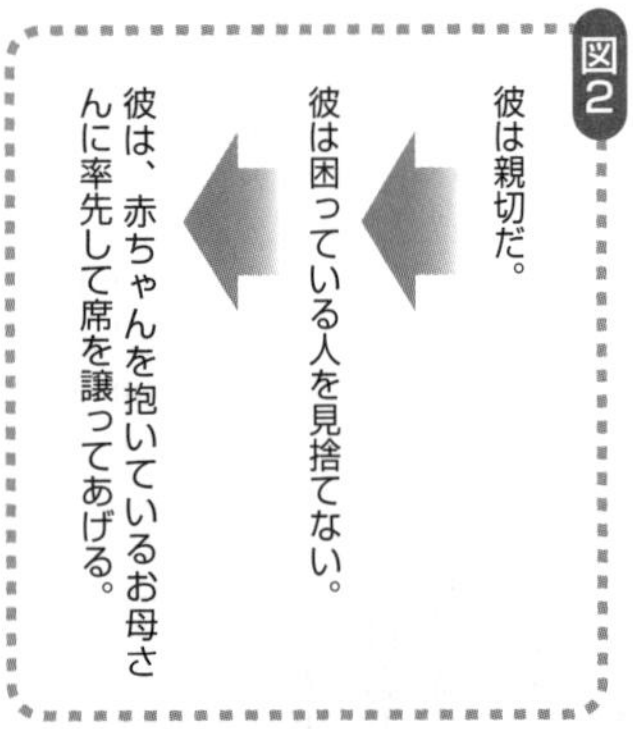
彼は親切だ。
彼は困っている人を見捨てない。
彼は、赤ちゃんを抱いているお母さんに率先して席を譲ってあげる。

例題

問題 P.90

童話

阿部昭

解答

配点 20点

[a]化け物が出現する話ではなく、[b]主人公を息子にし、[c]その主人公が急に姿を消すという[d]漠然とした恐怖を暗示する話に[e]したほうが息子がこわがるということ。（70字）

基準

a 化け物の話ではない　4点
・eとの関連で「化け物が出現する話よりも」という形で書いてもよい。

b 主人公を息子にする　4点
・「主人公の名を息子と同じにする」も可。

c 主人公が急に姿を消す　4点
・「いなくなる」などでも可。

d 漠然とした恐怖を暗示する　4点
・「漠然とした恐怖」「恐怖を暗示する」のいずれかがあればよい。

e（化け物の話よりb・c・dのほうが）息子がこわがる　4点
・〈化け物が出現する話ではなく（よりも）、漠然とした恐怖を暗示するほうが〉という内容を踏まえていなければ得点を与えない。

解説

傍線部中の表現から、次の二点に留意すべきであることがわかる。
・「こういうほう」とは何か。またそれは何と比較しているのか。
・「利き目がある」とはここではどういうことを指すか。

「利き目」に関しては、傍線部の直後、息子が「じっと息を呑んだようにしている」ことから、息子が「私」がした話を怖がったということを意味していることがわかる。

では、なぜ「私」は息子を怖がらせようとしたのか。それは以下のような経緯による。

大人は、「子供にこわい話をしかけずにはいられないもの」（1行目）であり、「私」も息子にしばしば「バケモンを持ち出しては、息子を緊張させてたのしむ」（3行目）。しかし、息子が大きくなるにつれて「並大抵の化けものの話では」（5行目）「うるさがられるだけ」（6行目）になってしまった。「そこで私は、やや話の筋立てに手を込ませて、恐怖を暗示する方法」（9行目）すなわち「特に何者が出現するというのではないが、漠然とこわい感じのする話を作り上げて」（9行目）息子に話したのである。

ここから傍線部の「こういうほう」とは、化けものが出現する話ではなく、漠然とした恐怖を暗示する話をすることを指すことがわかる。

ただし、これだけでは不十分である。「私」が、「やや話の筋立てに手を込ませ」たとは、どういうことを指しているかがわからないからである。「私」は、息子をこわがらせるために、息子を話の主人公にし、その主人公が急に姿を消すという手の込んだ筋立てにしたのであるが、こうした具体的な内容を解答に盛り込むことができただろうか。

筆者紹介

阿部昭（あべあきら）　一九三四（昭和9）年〜一九八九（昭和64）年。広島県生まれ。小説家。本文は、『阿部昭全作品3』（福武書店・一九八四年刊）によった。

ダイヤモンドダスト　南木佳士

本文について

構造図

〈状況〉
・癌を患ったマイクは、病状が悪化し、最期の時を迎えようとしていた。

〈人物〉
・マイク…戦争中に得たやすらぎを想い出したいと思っている。
・和夫…マイクを案じ、親身になっている。
・香坂…医師として冷静だが、誠実でもある。

百字要約

マイクは、ナースコールで駆けつけた和夫に、戦争中に得たやすらぎを、その体験を語ることで想い出したかったのだと話した。最期の時を迎えたマイクは、香坂と会話を交わした後、和夫とも最後となる会話を交わした。（100字）

段落要旨

1 和夫は、異国で不治の病を得たマイクを哀れに思った。
2 香坂は、カンファレンスでマイクの死の近いことや彼の死後のことを伝えた。
3 和夫は、マイクからナースコールを受けた。
4～7 マイクは、和夫に、戦争中、星の位置をアレンジした者によって自分も同じようにアレンジされた存在であることを確信し安心したという体験を誰かに話すことで、そのとき得たやすらぎを思い出したかったのだと話した。
8 マイクは、和夫に、松吉の話をし、松吉の運転する電車に乗って、月をながめてみたかったと語った。
9 その夜、和夫はマイクの容態が気になり、二時間おきに病室をのぞいた。
10 マイクの病状は日ごとに悪化し、香坂と最後のやりとりを交わした。和夫はマイクに松吉の水車を見に来て下さいと言ったが、それに答えた感謝の言葉が、和夫が聞いたマイクの最後の言葉になった。

本文解説

本文では、死期の迫ったマイクと周囲の人々との関わりが描かれることで、マイク・チャンドラーの人物像が浮かび上がるようになっている。その中で特に重要な意味を持つのはマイクが和夫に自らの体験を語る場面だろう。

ある日の夜、和夫はマイクからナースコールを受ける。駆けつけた和夫に、マイクはベトナム戦争での自らの体験を語り、「誰かに話すことで」「あのときのやすらかな気持を想い出したかったのです」と告げる。マイクが和夫に話したことは、神（創造主・造物主）と呼ばれる存在についての話であると理解することができるだろう。死が迫る中、マイクは神に自らを委ねることで、再び心の平安を得たいと願っているのだ。と同時にマイクが語った体験は、マイクのその後の人生を大きく変えることになった体験だったといえるかもしれない。ベトナム戦争において飛行機を操縦していたマイクは、宣教師としてその生を終えようとしている。マイクが和夫に語った体験は、穏やかで思慮深い人柄や今の職業へとマイクを導いた大きな要因となる出来事だったのかもしれない。

発展

小説の読解においては、単にあらすじだけを理解したとしても、それだけでは作品を十分に理解したとはいえない。小説の魂は、細部に宿るのである。本文の細かな描写を正しく理解しよう。

A 冒頭の段落において和夫は「手のつけられていない夕食のけんちん汁や塩ジャケ」に、習慣を大きく異にする異国で不治の病を得たマイクの生活の不如意さを見出しているが、そこに和夫のマイクに対する細やかな思いがうかがえる。

B マイクが和夫を深く信頼していたことは、マイクからのナースコールを受け、駆けつけた和夫に対してマイクが「ああ、あなたでよかった」という一言に鮮やかである。

C マイクが松吉を評して「脱線しても誰もケガをしないスピードの電車を、体の一部のように愛していたのです」と言うとき、マイクは、戦争中飛行機を操縦していた自分と松吉を比べ、松吉のたどった人生に敬意と憧憬を抱いていたのかもしれない。

このように、細かな描写の意味を正確に捉えるように心がけることが、小説の本文読解において大切であるが、それと同時に、自身の理解にどの程度客観性があるのかという吟味も重要である。例えば前記のA～Cにおいて、A・Bと比べてCは類推の部分が大きく、そうとも理解できるという程度に考えておかなければならない。自身が読み取ったことを相対化し、客観的な立場から検討するように努めることこそが、本文読解において勝手な思い込みを防ぐために必要なことなのだ。

参考図書

『医学生』　南木佳士（文春文庫）

医師として患者と向き合うということは、同時に、医師である自分とはいかなる存在で、何をなしうるかと問い続けることを意味する。南木佳士の作品中の医師は、一貫してそうした問いを抱え続けている。『医学生』は、医師を志す医大生たちの姿とその後を鮮やかに描き出した青春の文学である。

『仰臥漫録（ぎょうがまんろく）』　正岡子規（岩波文庫ほか）

正岡子規は、近代俳句や短歌の生みの親であり、偉大な革新者であった。しかし、子規は同時に志半ばで、その生を閉じざるをえなかった夭折者でもある。『仰臥漫録』は、間近に迫る死を意識しながら、病床で綴られた日記である。安らぎを求めた「ダイヤモンドダスト」のマイクとは対照的ともいえるすさまじい食と生への渇望に圧倒されるはずである。

筆者紹介

南木佳士（なぎけいし）　一九五一（昭和26）年～。群馬県生まれ。秋田大学医学部を卒業。内科医、作家。自らの人生を色濃く反映させた作品を数多く発表している。代表作に『阿弥陀堂だより』『冬物語』『小屋を燃やす』などがある。本文は、『ダイヤモンドダスト』（文春文庫・一九九二年刊）によった。

記述上達への一歩

文末の表現に気をつけよう

解答における文末表現は、問いかけに連動する。文末表現の誤りは、一般に減点の対象となるので、問いかけを十分に意識し、解答する際、間違えることのないように注意しよう。

原則としては、問いかけをそのまま繰り返せばよい。例えば「……はどのようなことか」という問いには「……ということ。」とする。「……はどのような人物か」には「……という人物。」、「……はどのような点か」には「……という点。」とすればよい。ただし、「……はなぜか」と理由を問われた場合は、「……から。」などという形にしなければならない。

設問について

解答

配点 50点

問1 ア 増殖　イ 就寝　ウ 完璧　エ 仰　オ 語尾　各2点

問2 言葉遣いがすらすらとしてよどみがない　6点

問3 しばらく握り合っていた手を放すと、香坂は窓の方を向いて、大きく口を開いて音を殺したため息をついてから、病室を出て行った。　8点

問4 戦争中、星の位置をアレンジした者によって自分もおなじ規則でアレンジされた存在であることを確信し、安心したという体験を誰かに話すことで、そのとき得た安らぎを、死が間近に迫る今想い出したいと思っている。　99字　16点　⬇セルフチェックへ

問5 マイクを[a]死へと誘う[b]もの。　12字　10点

基準
a マイクを　4点
・「チャンドラー」でもよい。「病人」や「人間」など、マイクだと特定できない表現をした場合は2点。
b 死へと誘う　6点
・「死に至らしめる」「死に導く」などでも可。「死」を表す言葉がない場合は、aの要素があっても全体で0点。

設問解説

問1

ア 「増殖」。「殖」を「移植」の「植」と間違えないようにしよう。

イ 「就寝」は〈眠りにつく〉という意味。「就」の訓読みは「つ（く）」。

ウ 「完璧」。もともと〈きずのない玉〉を意味し、そこから〈欠点がなく、優れてよいこと〉という意味になった。「璧」を「壁（かべ）」と間違えないように。

エ 「仰ぐ」。「仰」の音読みは「ギョウ」。〈驚いて天を仰ぐ〉ことを「仰天」という。

オ 「語尾」は〈言葉の末尾〉という意味。

問2

「流暢な」は、「彼は流暢に英語を話す」などのように用いる。こうした語彙の問題は、自分でその語を用いた文例を作れるようにしておくことが重要である。

問3

傍線部Aで示されていることは、マイクの担当である香坂医師が「感情を表に出さない」ということである。ただし、「表に出さない」からといって、感情自体がないわけではない。また、医師が自分の感情を露わにしない方が望ましい状況も少なくないだろう。本文を読解する際、傍線部Aの表現だけで香坂を冷淡な人間だと決めつけないようにしなければならない。

それでは、香坂はどのような医師なのか。香坂が登場するのは、傍線部Aを含む段落以外では最終段落だけである。香坂は、手の施しようがなくなるまでに病状が悪化したマイクに対して、延命のための治療を受けるかどうかを尋ねるのだが、その際香坂は、「腰をかがめてマイクの枕もとに顔をもっていった」（59行目）。こうした態度について、本文では、マイクを「見おろす自分の目の位置が（香坂には）耐えられない」からではなかったかと説明が加えられている。香坂は、患者を尊厳ある一人の人間として接する、誠実な医師であったのだ。

香坂は、最後に、死が近づきつつあるマイクと握手を交わす。握手を終えた香坂は「窓の方を向いて、大きく口を開いて音を殺したため息をついてから、病室を出て行った」（63行目）。もちろん香坂は、ここでも感情を露わにしてはいない。しかし、「音を殺したため息」からは、香坂が医師としての無力感や敗北感を覚えていたこと、一人の人間が死にゆくことに対して、やはり平静ではいられなかったことなどがうかがえるはずである。

ここでの問いかけは、「香坂が死を目前にした患者に対して強く感情を揺すぶられていることを示す一文」を抜き出すことだったのだから、「大きく口を開いて音を殺したため息をついて」という部分を含む一文を抜き出せばよい。

パターン

問4

傍線部Bは〈星を見ていたら誰かと話がしたくなった〉というマイクの言葉であり、問われているのは、こうした言葉を発したマイクの気持ちである。本文では、この後マイクが和夫に自らの体験を話すという展開になっているのだから、その言葉を確認していく必要がある。そうすると、32行目に「今、星を見ていて、あのときのやすらかな気持を想い出したかったのです。誰かに話すことで想い出したかったのです」という表現があることに気がつくだろう。ここから、次のようなことがわかる。

マイクは、誰かに話すことで「あのときのやすらかな気持」を想い出したいと思った。

しかし、これだけではもちろん解答にはならない。「あのとき」とはいつか、「やすらかな気持」とはどのような気持ちかを記す必要があるからだ。マイクが和夫に話した内容自体が、「やすらかな気持」を得た「あのときの体験」であるのだから、マイクの話した事柄から、解答に必要な要素をピックアップしていけばよい。

マイクの話は、戦争中、彼が操縦していた飛行機から脱出した際の体験である。こうした情報をどこまで詳しく記述するかは、指定された字数や他の要素とのバランスによって決めるほかないが、マイクが思い出したかったやすらかな気持ちは戦争中に体験したものであることは指摘すべきだろう。

ではマイクが感じた「やすらかな気持」ちとはどのようなものだったのだろうか。それは、31行目から始まるマイクの言葉に明らかである。飛行機から脱出したマイクは星を見て「誰かこの星たちの位置をアレンジした人がいる」と確信する。そして「その人の胸に抱かれて、星たちとおなじ規則でアレンジされている自分を見出し」たことで、「心の底から安心した」のである。ここで、「誰か」「その人」と呼ばれている存在は、一般に「神（創造主・造物主）」と称される存在だろう。今マイクが、宣教師としてその生を終えようとしていることを考えれば、「その人」がキリスト教的な神であると考えられなくもないが、ここではそうした形での限定は必要ないし、そもそも根拠の希薄な行き過ぎた表現になりかねない。マイクが、星の位置をアレンジした者によって自分もおなじ規則でアレンジされた存在であることを確信し、安心したということを押さえればよい。

マイクは、こうした自らの体験を誰かに話すことで、そのとき得た安らぎを得たいと思ったのである。言うまでもないことだが、今マイクには、死が間近に迫っている。不安や恐怖のない方が不自然だろう。マイクは死が間近に迫る今だからこそ、あのときの安らかな気持ちを思い出したいと思っているのだ。

この問題においては、解答の骨格を正確に捉えながら、かつての体験をいかに過不足なくまとめるか、表現力が問われているといえるだろう。自分の解答が不自然な表現になっていないか注意したい。

SELF CHECK
セルフチェック

最重要ポイント

ここでのマイクの気持ちが最も端的に表れているのは、6の「今、星を見ていて、あのときのやすらかな気持を想い出したかったのです。」という一文である。したがって、次の点をチェックしてみよう。

□ **かつて得たやすらかな気持ち（安らぎ）を想い出したいという内容になっているか。**

答案がこの内容になっていない場合は、全体が0点となる。

16点

模範解答と採点基準

[c]戦争中、[d]星の位置をアレンジした者によって自分もおなじ規則でアレンジされた存在であることを確信し、安心したという体験を[e]誰かに話すことで、そのとき得た安らぎを、[a]死が間近に迫る今[e]想い出したいと思っている。 99字

基準
a 今死が間近に迫っている 2点
・死への不安や恐怖に触れていてもよい。
b 安らかな気持ちになったという体験がある 4点
・「安らぎ」「安心した」などの表現でもよい。
c 戦争中（の体験である） 2点
d 星の位置をアレンジした者によって自分も同じようにアレンジされた存在であることを確信したという体験である 4点
・「星の位置をアレンジした者」は「神（創造主・造物主）」などの表現も許容する。
e （b・c・dの）体験を誰かに話すことで、安らかな気持ちを想い出したいと思っている 4点
・「安らぎを再び得たい」などの表現でもよい。

採点シミュレーション

16／16点

解答例1

星の位置をアレンジした存在によって自分も同様にアレンジされたのだということを見出し、やすらかな気持ちになったという戦争中の体験を誰かに話すことで、死期が迫る今、当時の安らぎを思い出したいと思っている。100字

a～eの要素をすべて満たしている。

14／16点

解答例2

戦争中、落下する飛行機から脱出したときに、星の位置をアレンジした神によって自分もアレンジされたのだと気がついたという体験を話すことで、そのとき得たやすらかな気持ちを再び想い出したいという気持ち。97字

解答の方向性はよい。bの要素をeとつなげる形になっているが、こうした表現でもよい。

0／16点

解答例3

故郷から離れた異国の地で癌を患い、余命がわずかなのを感じながら夜空を見上げているうちに、どうしようもなく不安になり、星から連想した安らかな記憶のことを誰かに話して不安をやわらげたいと思う気持ち。97字

aに関する説明があまりにも長く、そのためにcのポイントがなく、dのポイントも「星から連想した」とあるだけで、まったく不十分であり、得点の対象とはならない。解答における要素間のバランスに注意を払うようにしよう。

表現チェック

□本文末尾は「……という気持ち。」「……と思っている。」「……であった。」など、気持ちを説明する形になっているか。「……から。」など、理由説明の形で終わっていないか。

□6のマイクの言葉をただ列挙しただけになっていないか。

問5

傍線部Cを含む一文から、和夫が「窓の外の強い吸引力を秘めた闇」を、マイクの寝息を吸引し、からめとるものだと感じていることがわかる。寝息は、死期の近づいているマイクが生きていることを示すものである。そうした寝息を吸引し、からめとるという表現から、ここでの闇がマイクを死に誘うものとして和夫にイメージされていたことがわかる。だからこそ和夫は、二時間おきにマイクの病室をのぞき、マイクの安否を確認するのである。

こうした闇の描写は、ここだけではなく12〜14行目にもある。ナースコールを受けた和夫は、マイクの病室に行くが、そこで次のような描写がなされる。

> カーテンを開け放してある広い窓は、深い森の闇への入口に見えた。……マイクがそのままの姿勢ですべるように森の闇に消えて行くような錯覚にとらわれた。

だからこそ和夫は、マイクが森の闇に消えてしまわないように「窓とマイクの間に割り込んだ」（15行目）のである。

こうした描写からも、和夫が「闇」というものを、マイクを死に誘うものとして意識していることがわかるだろう。

正解は、「マイクを死へと誘うもの。」である。「マイク」と「死」という内容は必須だが、指定された字数が少ないので、あれこれ書くわけにはいかない。「死に誘う」「死へと導く」「死に至らしめる」など、簡潔で適切な表現を工夫しよう。

日帰りの旅

伊藤桂一

本文について

構造図

〈故郷を訪れる前の要助〉

・本家に対する母の恨みを引きついでいた。

〈故郷を訪れた後の要助〉

・年月の経過と、あらゆるものが滅び過ぎているさまを目の当たりにし、さわやかな気持ちになった。

百字要約

故郷を訪れた要助は、栄えていた山村家が跡形もなくなっている光景を目にした。本家に対する母の恨みを引きついでいた要助は、長い年月がたちあらゆるものが滅び過ぎてしまったことによって、さわやかな感慨を得た。(100字)

段落要旨

1 故郷を訪れた要助たちは、曼珠沙華の繚乱に圧倒された。

2 3 跡形もなくなった山村家を前に、要助たちは会話を交わし、それぞれの感慨に耽った。

4 要助は、夫の死後、本家の人たちにいじめられ無一物のまま寺を出た母を思い起こし、自分にも引きつがれた本家に対する母の怨嗟を思った。

5 6 久江は彼女なりの想いで、崩壊しつくした本家の跡を見ていた。ヒガンバナに自らの想いを託すような口ぶりだった要助は、思い直し、昔を語るのは自分たちでおしまいだと言った。

7~9 要助は、長い時間の経過と、あらゆるものが滅び過ぎてしまったために、さわやかな気持ちになり、いい旅をしたものだと感じた。

本文解説

故郷を訪れた要助たちが目にしたのは、山村家のあった辺りに咲きあふれる曼珠沙華だった。要助たちはそれぞれの感慨に耽るが、要助と久江ではその感慨に異なるものがあった。慣れ親しんだ実家が跡形もなくなったことへの痛恨の想いを抱く久江とは異なり、要助は、夫の死後、本家の人たちからの執拗ないじめによって無一物のまま寺を出なければならなかった母の恨みを引きついでいたからである。しかし、そうした要助も長い時間の経過とあらゆるものが滅び過ぎてしまったことから、本家に対する積年の恨みがなくなっていることを実感する。いい旅をしたと感じる要助には、老境に至って、ようやく本家を恨むことから解放されたことへの喜びがあったのだ。時の経過の中であらゆるものが失われてしまうことは、確かに人の生のはかなさを感じさせるだろう。しかし、同時にそれは人間にとって、一つの救済にもなりうる。本文では、そうした人生の真実がさりげない形で描かれているのである。

表現 1具体的な事実を盛り込んだ説明をする

発展

「國破れて山河あり　城春にして草木深し」。杜甫の「春望」の一節である。ここで詠まれている情景は、春のそれであり、本文における曼珠沙華は、別名を彼岸花といい、秋の彼岸の頃に咲く花である。ただ、自然の生命力が、人為のはかなさを際立たせているという点において両者は共通しているといえるだろう。

本文は、集団で咲き満ちている曼珠沙華の描写で始まる。自然の猛々しいともいえる生命力。「なんて、すてきな、眺めでしょう」と、だれもが息を呑むが、その一方隆盛を誇った山村家は、往時を偲ぶよすがとなるものさえもない。本文の後半において、「あとは、ヒガンバナだけが、昔を語ることになる」と言った要助が、「ヒガンバナは、別に昔を語りもしないか。ただ咲いているだけだ。昔を語るのは、ぼくらでおしまい、ということだね」と言い直したのは、対照的な存在ともいえる自然と人為を重ねることの不自然さに対する認識があったからかもしれない。山村家が盛んだった頃の姿は、もはや要助や久江の記憶の中にしかない。そして老境にある二人が死を迎えた後は、それすらも完全に消滅を迎える。そうした事実は、むなしくさびしいものとして捉えられることが一般的なのかもしれないが、過去にとらわれ続けて生きてきた要助は、そこに救済を見出したのだろう。

小説の読解においては、登場人物の心理をたどることが中心になりがちであるが、ぜひ情景描写にも留意してほしい。何の意味もない情景をわざわざ描写するはずがない。情景も作品世界を構成する重要な要素である。さりげない情景が、何かの暗示や象徴であったり、登場人物の心理と重ね合わされていたりすることが決して珍しくないのである。

参考図書

『蛍の河・源流へ　伊藤桂一作品集』（講談社文芸文庫）

「蛍の河」は、一兵士として体験した戦場での苛烈な出来事を、淡々とした筆致で描き出した直木賞受賞作。「蛍の河」を中心に編まれたこの作品集は、戦争文学で知られる作者が、身辺の事象にも温かな眼差しを向けた作品なども収められており、作者の広範な世界を一望できる、伊藤桂一入門として最適な一冊である。

『津軽』　太宰治（新潮文庫ほか）

津軽の大地主の家の十番目の子どもとして生まれた太宰にとって、懐かしい故郷は同時に自分を呪縛するものであり続けた。「津軽」には、そうした太宰が帰郷した折の、故郷の地をめぐる様子が多くのフィクションを交えて描かれている。太宰といえば「走れメロス」「人間失格」「斜陽」など広く知られた作品が多いが、「津軽」も、その独特の魅力で読者から強く支持されている作品の一つである。

筆者紹介

伊藤桂一（いとうけいいち）　一九一七（大正6）年〜二〇一六（平成28）年。三重県生まれ。小説家、詩人。中学生時代から文学を志すも、徴兵により長く軍務に服した。戦後は各種の職業に就きながら小説を書き続け、「雲と植物の世界」が芥川賞候補となり、「蛍の河」で直木賞を受賞した。戦争文学で知られているが、時代小説にも定評がある。また、小説家として活躍する一方、詩人としても多くの作品を発表している。主な作品に「静かなノモンハン」などがある。本文は、『文学１９９３』（講談社・一九九三年刊）によった。

解答　配点 50点

問1 ア 風情　イ 座数　ウ 傍　エ 脳裏（脳裡）　オ 圏外　各2点

問2 曼珠沙華が所狭しと互いを押しのけ合うように咲いている情景。29字 6点

基準 a 曼珠沙華が 1点

・「花が」でもよい。

b 所狭しと 2点

・「密集して」という意味があればよい。「たくさん」など、量の多さだけに言及しているものは1点のみ与える。

c 互いを押しのけ合うように 2点

・「競うように」「対立するように」などでもよい。

d 咲いている 1点

問3 後家暮らしのわびしさを紛らすために同好の士たちと作っていた文芸同人誌を、世間体の悪さを理由につぶされるなど、抵抗できない立場の自分に向けられた、姑以外の本家の人たちのさまざまないじめによって、無一物のまま寺を出ざるを得なかったということ。119字 12点 ⬇セルフチェックへ

問4 母の本家に対する怨嗟の想いを引きついでいる要助と異なり、久江は自らがよく知る本家を懐かしく思い出すとともに、かつて栄えていた家が、跡形もなくなってしまったことを哀惜している。87字 12点 ⬇セルフチェックへ

問5 年月があまりにたちすぎ、あらゆるものが滅び過ぎてしまったために、母親から引きついだ怨嗟の想いも消え、さわやかな感慨をもつことができたから。69字 10点

基準 a 年月の経過 2点

b あらゆるものが滅びた 2点

・「人も事物も滅びた」でもよい。

c 母親から引きついだ怨嗟も消え 4点

・「母親から引きついだ」という内容がなく、単に「怨嗟（恨み）が消えた」だけの場合は2点のみ与える。

d さわやかな感慨（気持ち）になった 2点

設問解説

問1

ア「風情」。〈おもむき、あじわい〉という意味。

イ「座敷」。〈畳を敷きつめた部屋〉という意味。「敷」の音読みは「フ」。

ウ「傍」。〈人や物のわきの方。そば〉という意味。「傍若無人」という四字熟語もあわせて覚えておこう。

エ「脳裏・脳裡」。〈頭の中〉という意味。「裏・裡」には、〈うら〉という意味と〈うち〉という意味がある。

オ「圏外」。〈ある範囲の外〉。対義語は「圏内」である。

問2

「せめぎ合う」とは、〈互いに対立して争う〉という意味。ここで、「せめぎ合っている」のは、曼珠沙華である。つまり、曼珠沙華が、互いに対立して争うように咲いている情景をここでは表しているのである。傍線部Aのすぐ後に、「集団で咲き満ちている」「参道を狭めて咲きあふれる」「曼珠沙華の繚乱」といった表現が繰り返し出てくるが、曼珠沙華がただたくさん咲いているだけであったら、「せめぎ合う」という表現は用いないだろう。曼珠沙華が、押しのけ合うように密集して咲いているからこそ〈対立して争う〉意味の「せめぎ合う」を用いているのである。したがって、解答のポイントは、a〈曼珠沙華が〉d〈咲いている〉情景をベースに、咲いている様子をb〈密集して〉c〈競うように、押しのけ合うように〉という形で説明すればよい。

パターン **問3**

母が要助に対して、危篤の祖父に会いに行く必要がないと言ったのは、傍線部B直前にあるように「本家に対する、拭いきれぬ恨みを持ち」続けていたからである。ここで問われているのは、「どのようなことがあったからか」ということなので、母が本家に対して恨みを抱くようになった理由となる出来事を説明すればよい。

母が本家から受けた仕打ちについては傍線部Bを含む段落に詳しいが、一言でいえば、母は本家の人たちからいじめられていたのである。いじめられた母は泣くのだが、それは「抵抗できないための悔し泣き」だった。母は夫という庇護を失った後、小姑たちからの一方的ないじめに対して抵抗できない立場に置かれていたのである。結局母は、財物一切を寺に遺し、「無一物のまま寺を出た」のだが、そうした母の受けたひどい仕打ちが本文では具体的なエピソードによって明らかにされている。

「母親は、後家暮らしのわびしさを紛らすために」「文芸同人誌を出し、村の文学青年子女が、十何人も集まって、文章や詩歌を書いていた」のだが、「本家では、寺の後家が世間体の悪いことをする、といって咎め、この雑誌をつぶさせている」のだ。「この雑誌が、母親の文箱に残されているのを要助はみたことがある」ということからも、母にとって「文芸同人誌」が、大切なものだったことがわかるだろう。母にとって理不尽に感じられたはずのこうした出来事も解答には加える必要があるだろう。

SELF CHECK セルフチェック

最重要ポイント

傍線部Bは、母が本家と縁を切っていたことを示すエピソードである。母はそれほど深い恨みを本家の人たちに対して抱いていたのである。それは、母が夫の死後、本家の人たちからひどい仕打ちを受けたからであった。したがって、次の点をチェックしてみよう。

□ **母が本家の人たちからひどい仕打ちを受けた、いじめられたということに言及されているか。**

言及されていない場合は、全体で0点。ただし、「文芸同人誌をつぶされた」や「日常の些細なことを咎められ、本宅に呼びつけられ、いや味をいわれた」こともいじめの一つなので、「いじめられた」という形で一般化されていなくてもこうした内容があれば0点にはしない。

模範解答と採点基準

12点

後家暮らしのわびしさを紛らすために同好の士たちと作っていた文芸同人誌を、世間体の悪さを理由につぶされるなど、抵抗できない立場の自分に向けられた、姑以外の本家の人たちのさまざまないじめによって、無一物のまま寺を出ざるを得なかったということ。（119字）

基準

a 文芸同人誌をつぶされた（2点）

b（同人誌作りは）生活のわびしさを紛らすためだった（1点）

c（つぶされたのは）世間体が悪いという理由だった（1点）

d 本家の人たちからさまざまないじめを受けた（4点）

・「姑以外」という内容はなくともよい。「ひどい仕打ちを受けた」「日常の些細なことを咎められ、本宅に呼びつけられ、いや味をいわれた」などでもよい。

e 母はいじめに対して抵抗できない立場だった（2点）

f 無一物のまま寺を出た（2点）

採点シミュレーション

12／12点

解答例1

夫亡き後のわびしい生活の慰めとして、村の文学青年子女とともに作ってきた文芸同人雑誌を、世間体が悪いからと、抵抗できないことをよいことに一方的につぶされるなど、本家の人たちからひどい仕打ちを受け、無一物のまま寺を出るほかなかったということ。（119字）

a～fの要素をすべて満たした解答である。

6／12点

解答例2

姑だけは親切だったが、小姑たちはひどく意地悪で、日常の些細なことを咎められ、本宅に呼びつけられ、いや味をいわれることが多かっただけでなく、村の文学青年子女たちと作っていた文芸同人誌をつぶされたりするなどのひどい仕打ちを受け続けたこと。（117字）

傍線部自体の意味は正確に捉えられているものの、dの要素だけを詳しく書き過ぎている。解答に必要な要素をもう少し広く探すようにすれば、さらなる得点アップが期待できるだろう。

4／12点

解答例3

祖父のいる本家からは、小姑たちをはじめ、祖母以外の誰からもいじめられてきた。夫が死んだ時も、冷たい眼で見られるだけで何もしてくれなかった。他にも自身の刊行した文芸同人誌をつぶされたりと、拭いきれぬ恨みを持つまでに様々なことをされたから。（118字）

文末表現のミスでマイナス2点。dの内容がほとんどで、その他の必要な内容が欠落している。解答を構成するポイントを本文からきちんと拾い出すようにしよう。文末表現にも十分に留意すること。

表現チェック

□ 本文末尾は「……こと。」で終わっているか。「……から。」など、理由説明の形で終わってはいけない。

□「新派悲劇的な情景」など、特殊な表現をそのまま用いていないか。

パターン

問4

傍線部C中の「痛恨」には、〈ひどく恨むこと〉や〈ひどく残念がること〉という意味がある。ここでは、久江が誰かや何かを〈恨む〉理由が特に見当たらない以上、〈ひどく残念がること〉という意味で解釈すべきだろう。それでは、久江の心情を丁寧に確認していこう。

17行目に「久江は、要助よりも、家の模様はよく知っているので、あそこに何、ここに何、と感慨深げにゆびさす」とあるが、本家筋の久江は、繁栄していた頃の本家についてよく知っていた。そうした久江だからこそ、本家を懐かしく感じるとともに、その本家が跡形もなくなってしまったことが残念でならないのであろう。

こうした久江の思いはある意味で単純なものだともいえるだろう。久江には、要助と違って本家に対して含むところがないからである。設問には、「要助との違いを明らかにしたうえで」という条件が付されているが、要助は久江と異なり、跡形もなくなってしまった本家のありさまに対して、もう少し複雑な感情を覚えたはずである。なぜなら「本家に対する母親の怨嗟の想いは、当然要助にも引きつがれている」（34行目）からである。要助と久江の違いとして、要助が母親の本家に対する恨みを引きついでいるということにも言及しなければならない。

セルフチェック

最重要ポイント

設問には「要助との違いを明らかにしたうえで」という条件が明示されている。そのため次の点をチェックしよう。

□ **要助に対する言及があるか。**

要助のことにまったく触れていない場合は、全体が0点。

SELF CHECK

模範解答と採点基準

12点

[a]母の本家に対する怨嗟の想いを引きついでいる要助と異なり、[b]久江は自らがよく知る本家を[c]懐かしく思い出すとともに、[d]かつて栄えていた家が、[e]跡形もなくなってしまったことを[f]哀惜している。

87字

基準

a 要助は母の本家に対する恨みを引きついでいる 2点

b 久江はかつての本家のことをよく知っている 2点

・「生まれ育った」などでもよい。

c 久江は本家を懐かしく思っている 2点

d 本家はかつて栄えていた 2点

e 本家はいまは跡形もない 2点

f 久江はeに対して哀惜の念を抱いている 2点

・「かなしんでいる」「残念に思っている」などでもよい。

採点シミュレーション

解答例1 12／12点

母親の本家への強い恨み[a]を受け継[b]いでいる要助とは違って、本家で育った久江は記憶に残[d]っている本家をなつかしく思[c]うと同時に、あれほど栄えた実家が痕跡もな[e]いことを残念に思[f]うというもの。

88字

a～fの要素をすべて満たしている。

解答例2 6／12点

要助は、本家の人たちにいじめられた母親が抱いていた本家の人[a]たちへの恨みを引きついでいたが、久江は自分が生まれ育った本[b]家のことを懐かしく思って[c]いる。

73字

ただ懐かしいだけなら「痛恨の想い」とは言わないはず。傍線部自体の表現にも十分留意しよう。

2 / 12点

解答例3 本家の人間ではない要助が、実家のことをあまり覚えていないことは違って、本家の人間である久江は、実家の様子に深ⓕいかなしみを抱いているというもの。 72字

「要助が、実家のことをあまり覚えていないこととは違って」は、bのポイントとして認めない。また、要助についての説明は誤っているが、要助についての言及はあるので、0点にはしない。

表現チェック

□本文末尾は、「……もの。」などの名詞か、「……している。」「……だった。」などになっているか。「……から。」など、理由説明の形で終わっていないか。

□「痛恨」など傍線部中の表現を解答としてそのまま使っていないか。

問5

傍線部Dは、故郷を訪れた後の、要助の感慨である。要助は、故郷を訪れたことをよかったと思っているのである。それは、母親をいじめ抜いた本家の人たちが暮らした家が跡形もなくなってしまったことに、痛快な思いがしたということだろうか。そう思う方が自然かもしれないが、要助が抱いたのは、そうした思いとは遠く隔たったものだった。だからこそ、「ふしぎなことだが」と形容されているのだろうが、ここでの要助の思いは、52〜53行目に記された次のような内容と直結しているのである。

　ふしぎなことだが、どちらかといえば、さわやかな感慨が、ある。年月があまりにたちすぎているのと、人も事物も、あらゆるものが滅び過ぎてしまっているための、風通しのよい、さわやかさであったろう。

要助は、あれほど栄えていた山村家が跡形もなくなっているという事実を目の当たりにし、年月があまりにたちすぎ、あらゆるものが滅び過ぎてしまったことに、さわやかな感慨を覚えているのである。もちろん、滅び過ぎてしまったのは、山村家ばかりではない。これまで要助が抱えてきた母親から引きついだ本家に対する恨みも消えたのだ。だからこそ、要助はさわやかな気持ちになることができたのである。〈a年月の経過とbあらゆるものが滅び過ぎてしまったためにdさわやかな感慨をもつことができた〉という内容をベースに、〈c母親から引きついだ本家への恨みが消えた〉という内容を加えることを忘れないようにしてほしい。

問題 P.100 ― P.107

表現

パターン ②

本文に書かれていないことを説明する

憶測を避け、本文を正確にたどる

本文には直接説明されていない内容を解答に盛り込むことが求められる問題は、小説の場合、そう珍しくはない。そうした問題の場合慎まなければならないのは、憶測で勝手に決めつけてしまうことである。あくまでも本文の内容を正確にたどり、妥当な内容を推し量っていくことが求められているのである。

直接的な感情の説明はなくとも、状況から判断できる場合がある

具体的な例を通じて確認していこう。

太郎は花子に対して面と向かっては親切だが、陰ではこそこそと悪口を言う。一方、次郎は花子をからかってばかりいるが、花子がいないところでは、かばってくれている。そのことを花子が知り、直接次郎にお礼を言ったところ、次郎はそんなことはしていないと顔を真っ赤にして逆に悪態をついた。

両者の花子に対する感情は直接説明されてはいないが、陰で花子の悪口を言う太郎が花子に何かしらの悪意を持っていること、逆に次郎は表には出さないが、花子に好意を抱いており、それを照れくささからか素直に表現できないでいることがわかるだろう。つまり、両者の花子に対する感情は、状況として説明されていることから読み取ることが可能なのだ。こうしたことは当たり前すぎるように感じられるかもしれないが、小説の読解の基本ともいえることである。評論文の場合、抽象的で観念的な内容や語彙のせいで難解に感じられるかもしれないが、筆者の主張は比較的ストレートに表現されることが多い。小説の場合、例えばすべての登場人物の心情が直接描かれたとしたら、作品はわかりやすいだけで何の奥行きも感じられない平板なものになってしまうだろう。登場人物の言動として描かれていることに注意を払い、その心情を探っていくことが求められているのである。

留学

遠藤周作

解答　配点 20点

[a]帰国後日本での布教活動を行うはずの工藤に[b]日本で布教をしようとしていた亡きポール[c]の面影を重ね、[d]親近感を抱くと[e]ともにポールの夢を実現してくれることを期待する気持ち。（80字）

基準
- a 帰国後日本で布教活動をする工藤（4点）
- b 日本での布教活動が夢だったポール（4点）
- c 工藤にポールを重ねる（4点）
  - ・「同一視する」などでも可。
- d 工藤に親近感を抱く（4点）
  - ・「好意を抱く」などの表現でも可。
- e 工藤にポールの夢の実現を期待する（4点）

解説

ベロオ家の人々がなぜ工藤をポールと呼ぶのか、その理由は直接説明されていない。しかし、だからといって何でも憶測して書けばよいというわけではない。本文の表現に留意しつつ、どういうことがいえるかを慎重に確定していかなければならない。

言うまでもないことであるが、ポールはベロオ家の息子の名前である。ポールについては、27行目の工藤の独白から次のことがわかる。

・ポールは日本で布教する気持ちを持っていた。

ベロオ家の人々にとって、それは「息子の夢」（21行目）として理解されていたこと。そして工藤はこうした夢を持っていたポールと同じ名で呼ばれていることをまず確認すべきである。それでは工藤自身はどのような存在だと周囲から見なされていたのか。「信者たちは工藤が日本の布教のために役立つと思っている」（13行目）とあるが、これはベロオ家の人々に共通する認識でもあったはずである。

・工藤は帰国後日本で布教活動をすると思われていた。

つまり、ポールと工藤は〈日本での布教〉という点で重なる存在であったのである。そうである以上、ポール亡き今工藤がポールの遺志を受け継ぐべき存在だとベロオ家の人々が考えたとしても不自然なことではあるまい。実際工藤は「ベロオさんはベロオさんで息子の夢をお前（＝工藤）に押しつけようとしている」（21行目）と自問しているのである。

ポールと重なる工藤の存在にベロオ家の人々が親しみを感じていることは確かだろう。しかし、それと同時にポールの果たせなかった夢を代わりに果たしてくれる人物として、工藤に期待を寄せてもいるのである。

以上のような道筋をたどれば、過不足のない解答が作成できるはずである。直接説明されていないからこそ、より慎重に本文内容を確認することが必要になる。例えば〈仏蘭西人であるベロオ家の人々にとって、工藤という日本名で呼ぶよりポールと呼ぶ方が呼びやすかったから〉などという内容は、本文からまったく読み取れない。こうした勝手な憶測を解答に加えることのないように十分に注意してもらいたい。

筆者紹介

遠藤周作（えんどうしゅうさく）　一九二三（大正12）年～一九九六（平成8）年。東京都生まれ。小説家。本文は、『遠藤周作文学全集第二巻』（新潮社・一九九九年刊）によった。

川べりの道

鷺沢萠

本文について

構造図

〈状況〉
・吾郎は毎月、生活費をもらうために父の家を訪ねた。

〈心情〉
・父……吾郎が家を訪れるのは生活費のためだけではないと思いたがっているようだった。
・吾郎…父の気持ちを理解し、父に合わせてもいたが、複雑な思いも抱いていた。

百字要約

吾郎は毎月、生活費をもらうために父の家を訪れた。父は吾郎が家を訪れるのは生活費のためだけではないと思いたがっているようだった。吾郎は父の気持ちを理解し、父に合わせてもいたが、複雑な思いも抱いていた。(99字)

段落要旨

1 吾郎の父は女のひとと暮らしていた。
2 吾郎は毎月同じ日にその家を訪ねたが、吾郎が上がることができるのは、女のひとが不在のときだけだった。
3 4 父は吾郎をいそいそと迎えたが、吾郎は女のひとが今帰ってくるかと気が気でなく、早く帰りたいと思った。
5 家に着くまでは早く着きたいと思うのに、着いたとたん早く役目を果たして帰りたいと思う自分の気持ちを吾郎は奇妙に思った。
6 7 父の話に一段落つくと吾郎は帰ろうとするが、そんなとき父は、形容しがたい表情をした。
8 9 吾郎がわざと時間をかけて靴のヒモを結んでいる間に、父は「忘れるとこだった」と言って、ひと月分の生活費を渡した。
10 父は吾郎が訪ねて来るのは生活費のためだけではないと納得したがっているようだった。
11~13 父は吾郎に時子への伝言を託したが、振り返り父の言葉に頷いた吾郎は、たまらなくなって駆けだした。

本文解説

本文では吾郎が父の家を訪れる場面が描かれている。吾郎は毎月同じ日に父の家を訪れるのだが、それは、父から吾郎と姉の時子の一か月分の生活費をもらうためである。つまり、父と子どもたちは生活費によってかろうじてつながりを持っているともいえるのである。こうしたことに対して父がどのような気持ちを抱いているのかは比較的わかりやすい。父は吾郎が家を訪ねてくるのは、生活費をもらうためだけではないとどこかで信じたがっているのである。

では吾郎の方はどのような気持ちを抱いているのか。吾郎は父の家に向かっているときには早く着きたいのに、着いたとたん早く役目を果たして自由になりたいと思ってしまうことを自分でも奇妙に思っている。また自分を捨てた父に対して強い憤りを感じてはおらず、父の気持ちに理解さえ示している。しかしだからといって吾郎は達観しているわけではない。父の家を辞し駆け出す姿からは、吾郎が彼なりに傷つき苦しんでいることを読み取ることができるだろう。

発展

本文は吾郎を主人公とし、三人称で描かれている。その小説がどのような人称で描かれているかは、小説世界の理解において重要な要素の一つである。

「私は花子に愛されていた」「太郎は花子から愛されていた」。前者が一人称、後者が三人称の描写である。一人称の場合、描かれているのは作中の「私」が捉えた主観にすぎない。このような描写があっても実は花子が「私」を嫌っていたということもありうるのだ。一方、三人称の場合は、描かれていることは事実であり、それだけ客観性の高い描写だといえるだろう。

しかし、小説において、作品世界の明確さは、作品世界の平板さにつながりかねないものである。したがって、三人称の描写であっても、主人公以外の登場人物の内面は、主人公がそう理解していたという形で説明される場合が多い。また主人公の内面を説明する場合でも、「太郎は花子に愛されていると思っていた」という形で直接的な言明を避けることも少なくない。こうした配慮によって作品の奥行きが形成されていくのである。

参考図書

『和解』　志賀直哉（新潮文庫）

本文の吾郎とその父は戦後の親子であるが、むろん親子の間の葛藤は戦後に限った話ではない。戦前の父は、家を支配する家長であった。そうした父からの抑圧とそれに対する子の反抗は、近代日本文学における重要なテーマの一つだった。もつれあう感情。しかし親子である以上、そうした関係自体を解消することもできない。「和解」は、そうした親子の葛藤とそこからの救済が鮮やかに描かれた、志賀直哉の自伝的色彩の強い作品である。

『ウェルカム・ホーム！』　鷺沢萠（新潮文庫）

両親とその子ども、これが近代的家族の典型とされている。しかし、少し前までは、祖父母、おじ、おば、いとこを含めた大家族が珍しくはなかったし、今では、ペットを大事な家族の一員だと思っている人も少なくないだろう。「ウェルカム・ホーム！」は、確かなつながりを持ちながらも一つに収斂することなく自由に形を変えていく新しい家族の可能性を温かくもしなやかな筆致で描き出した作品である。

筆者紹介

鷺沢萠（さぎさわめぐむ）　一九六八（昭和43）年〜二〇〇四（平成16）年。東京都生まれ。小説家。「川べりの道」で、第64回文学界新人賞を受賞。その後、精力的に執筆活動を続けた。『海の鳥・空の魚』『私の話』など多くの著作がある。本文は、『帰れぬ人びと』（文春文庫・一九九二年刊）によった。

記述上達への一歩

マス目の使い方

解答欄におけるマス目の使い方で注意すべき点をここで改めて確認しておこう。

1　一マスに一文字入れる。「っ」などの場合も必ず一マス用いる。

2　句読点も一マス用いる。例えば「あり、」の場合は、必ず「あ」「り」「、」でそれぞれ一マスずつ使うこと。解答欄の最後の一マスに文字と句点を一緒に入れると、「。」の部分が字数オーバーと見なされ0点となってしまう場合がある。注意しよう。

3　冒頭の一マスを空欄にしない。作文と混同して冒頭の一マスを空けないように。

設問について

解答　配点 50点

問1 ア 片隅　イ 空洞　ウ 曖昧　エ 不明瞭　オ 愚鈍　各2点

問2 1 することがなく退屈そうに（「手持ちぶさたな様子で」でも可）
2 大げさに　各4点

問3 [b]一緒に暮らしている[a]女性が家にいるとき。　19字　8点

基準 a 女性が家にいるとき　4点
・「在宅中」など同趣旨であれば可。
b （その女性は）一緒に暮らしている　4点
・「同居している」など同趣旨であれば可。

問4 父が自分に、自分と時子のひと月分の生活費の入った封筒を渡しやすくすることで、生活費をもらうという本来の役目を果たすため。　60字　14点　➡セルフチェックへ

問5 [b]病弱だったころの時子のイメージを強く持ち、[a]その身を案じていたから。　33字　10点

基準 a 時子の身を案じていた　5点
・「時子の健康を心配している」などでもよい。
b 父は時子が病弱だったころのイメージを強く持っていた　5点
・「病弱な時子を案じ」などのように今でも時子が病弱であるかのような書き方をした場合はbとしては点数を与えない。
・「すぐに風邪をひき、熱を出しては学校を休んでいた」などのように具体的に説明されていてもよい。

設問解説

問1

ア 「片隅」。「隅」を「偶」や「遇」と間違えないようにしよう。

イ 「空洞」。「洞」は訓読みでは「ほら」と読む。

ウ 「曖昧」。〈はっきりしない〉という意味。

エ 「不明瞭」。「瞭」は〈あきらか〉という意味。「瞭」を使った四字熟語には「一目瞭然」などがある。

オ 「愚鈍」は〈頭の働きが悪く、間が抜けている〉という意味。「愚」は訓読みでは「おろ（か）」、「鈍」は「にぶ（い）」と読む。

問2

1 「所在ない」は、〈することがなくて退屈である〉という意味。ここでは「所在なげに」が問われているのだから、解答は「することがなく退屈そうに」となる。「退屈」といっても、いろいろな状況が考えられる。例えば、同じ事を繰り返すことが退屈な場合もあるのだから、「することがなくて」という意味は必須である。「手持ちぶさたな様子で」でもよいが、「手持ちぶさた」自体が、意味の説明を求められてもおかしくない言葉である。言い換えではなく、意味を記すことを求められている以上、できるだけ平易な表現を心がけるべきだろう。

2 「大仰」とは、〈物事を実質以上に誇張していること〉という意味である。簡潔にいえば、〈大げさ〉ということ。したがって「大仰に」の簡潔な意味は「大げさに」となる。

問3

吾郎が生活費をもらうために父の家を訪れたとき、家に上がれと言われる場合と家には上がることができずに近くの児童公園まで連れ出される場合とがあった。傍線部Aの直後の一文から吾郎が家に上がれるのは「女のひとの不在のときに限られる」ということがわかる。ということは逆からいえば家に上がることができず近くの児童公園に連れ出されるのはa〈女のひとが家にいるとき〉だということになる。しかし、これだけでは不十分。女のひとがb〈父と一緒に暮らしているひと〉であるという説明を加える必要がある。

あとは、指定された字数に合わせて、「女のひと」を「女性」、「一緒に暮らしている」を「同居」、などの表現に改めればよい。

パターン

問4

問われているのは、なぜ吾郎が「わざと時間をかけて」靴のヒモを結んだのか、ということである。本文ではこのときの吾郎の心情が直接説明されていない。したがって吾郎の置かれた状況や取った行動から、ここでの吾郎の心情を理解するようにしなければならない。

吾郎は「じゃ、俺もうそろそろ……」（17行目）と言って、父の家を辞そうとするが、すぐに外に出ようとはせずに、「わざと時間をかけて靴のヒモを結ぶ」。すると「父が後から封筒を持ってバタバタとやって来る」（21行目）のであるから、ここでの吾郎が、父が封筒を持ってくるためのちょっとした時間を作っていることがわかる。つまり、a〈吾郎は父が吾郎に封筒を渡しやすい状況を作っている〉のである。

ではその封筒には何が入っているのか。それはb〈「吾郎と姉の時子の、ひと月分の生活費」（27行目）〉だった。そもそも吾郎は生活費をもらうために父の家を訪れているのだから、吾郎にしても生活費を受け取らずに帰るわけにはいかないのだ。ではなぜ、吾郎は生活費のことを直接口にしないのか。もちろん、吾郎自身がお金のことを口にしたくなかったということもあるだろう。しかし、それと同時にそこには父に対する配慮があったといえるだろう。父は吾郎に対して、「精一杯さり気ないような声で」「忘れるとこだった、コレ」と言う。もちろんこれは嘘である。父はそう言うことで「吾郎がこの家を訪ねるのは、決してこの封筒のためだけではないのだ、ということを自分に納得させている」（26行目）のである。つまり父は自分と子どもたちとの間にお金以外のつながりがあることを信じたがっているのである。こうした身勝手ともいえる父の心情を吾郎は理解し、それに合わせているのである。生活費を受け取った後大げさに感謝の言葉を口にしないのも、そうした父の心情を察してのことであった。したがって、ここでの父と吾郎のやりとりは一種のお芝居だといえるだろう。生活費のことは二義的なことにすぎないと思いたがっている父に合わせて吾郎も生活費のことは口に出さないし、生活費を受け取ること自体を、なるべく何気ないことのように振る舞っているのだ。もちろん、だからといって父にしてみれば生活費を渡さずに吾郎を帰すわけにはいかないし、吾郎にしても受け取らずに帰るわけにはいかない。13行目に「役目」という表現があるように、cd〈吾郎は生活費をもらうという自らの「役目」を果たさなければならない〉のである。

ここまでに挙げたabcdの内容を指定された字数内でまとめればよい。

SELF CHECK
セルフチェック

最重要ポイント

吾郎が「わざと時間をかけて」いるのは、父が生活費の入った封筒をうまく渡すことができるようにするためである。そもそも吾郎が父の家を訪れたのは生活費を受け取るためだった。したがって、次の点をチェックしてみよう。

□ **生活費の受け渡しをめぐる内容になっているか。**

答案がこの内容になっていない場合は、全体が0点となる。

模範解答と採点基準

14点

父が自分に、自分と時子のひと月分の生活費の入った封筒を渡しやすくすることで、生活費をもらうという本来の役目を果たすため。 60字

基準

a 父が生活費の入った封筒を渡しやすくしている 6点
・「生活費」という表現があれば、「封筒」という表現はなくてもよい。「封筒」に触れていても、その中に「生活費」が入っているということが書かれていない場合は不可。

b 生活費＝自分（吾郎）と時子のひと月分の生活費 2点

c aによって本来の自分の役目を果たす 2点
・「役目や目的を果たす」という表現があればよい。

d 役目・目的＝生活費をもらう 4点

採点シミュレーション

解答例1

父が、自分と時子のひと月分の生活費が入った封筒をうまく渡せるようにすることで、生活費をもらうという役目を果たすため。 58字

14／14点

a～dの要素をすべて満たしている。

10／14点

解答例2

父がなかなか渡すことができずにいる自分と時子のひと月分の生活費の入った封筒を渡しやすくすることで来訪の目的を果たすため。60字

abcまでのポイントはきちんとできており、表現も正確である。ただしdの内容がないため、「来訪の目的」が何を指すかが直接示されておらず、解答としてやや不十分な印象を与えてしまう。

9／14点

解答例3

生活費をうまく渡せない父のために、しばらくの間でも時間をかせぐことで、生活費をもらうということをした。51字

文末表現の不備でマイナス1点。また全体に表現がちぐはぐである。表現そのものにもう少し注意を払うことが必要である。

6／14点

解答例4

靴のヒモを結ぶことにわざと時間をかけることで、父が生活費の入った封筒を持ってくるまでの時間を作るため。51字

傍線部の表現を繰り返したために、解答に盛り込むべき内容が書けなくなってしまっている。

表現チェック

- □本文末尾は「……ため。」「……から。」など、理由説明の形で終わっているか。
- □本文の一部をただ抜き出しただけになっていないか。

問5

父の言葉がa〈時子の身を案じるもの〉であることは明らかである。

それでは、なぜ父は時子の健康を気にかけているのか。傍線部Cの次の段落に説明されているように、b〈父には「中学校に上がるころまですぐに風邪をひき、熱を出しては学校を休んでいた。そのころの時子のイメージ」が強くあった〉。だからこそ時子の健康が気になるのである。

ただし、この内容をそのまま書いてしまっては、それだけで指定された字数を超えてしまう。具体的な内容を思いきって次のように一般化しなければならないだろう。

・父は時子が病弱だったころのイメージを強く持っていた。

これをa〈時子の身を案じるもの〉とつなげれば次のようになる。

・病弱だったころの時子のイメージを強く持ち、その身を案じていたから。

ちなみに「今の時子からは、そんなことは想像しにくい」とあることから、現在の時子にはかつて病弱だったころの面影がまったくないことがわかる。したがって解答する際には、「病弱な時子が心配だったから」などのように、今でも時子が病弱であるような書き方をしてはならない。あくまでも〈父の中では時子は病弱なイメージのままだった〉ということがわかる書き方をしなければならないのである。

妄想

森鷗外

本文について

構造図

〈帰国する前〉

・学術研究の環境が整った欧羅巴を離れ、学術を研究する環境がいまだ整っていない日本へ帰ることが不安であった。

〈帰国後〉

・周囲の期待に反し、西洋化を否定し、旧来のあり方を守ることを主張した。

百字要約

学術の研究に便利な欧羅巴から、自然科学を育てていく条件がまだ整っていない日本へと、不安を抱きつつ帰国した主人公は、帰国後は、周囲の期待とは反対に、西洋化を否定し、旧来のあり方を守ることを主張した。（98字）

段落要旨

[1][2] 学術研究の環境が整った欧羅巴を去り、まだそうした環境が整っていない日本に帰る時を迎えた。

[3] 欧羅巴にとどまるように促す白い優しい手があったが、帰国することを選んだ。

[4]～[6] 自然科学の分野での将来発展すべき萌芽を持ち帰ろうとしていたが、それが今の日本で育つか不安を感じた。

[7] 錫蘭で買った青い鳥は日本に着く前に死んでしまった。

[8]～[12] 帰国後、目新しいものを披露してくれるだろうという周囲の期待とは反対に、西洋化を否定し、旧来のあり方を守ることを主張した。

本文解説

本文前半（[1]～[7]）では、帰国に際して主人公が抱える葛藤、後半（[8]～[12]）では、主人公の帰国後の振る舞いが描かれている。帰国に際して心が揺れるのは、帰国すれば、欧羅巴では当たり前のように得られていた学術を研究するうえでの便利な環境が失われてしまうからである。

しかし、それだけではない。主人公は「便利の皿を弔つた緒をそつと引く、白い、優しい手」（15行目）に惹かれてもいたのである。こうした表現から、同じ筆者の小説「舞姫」で描かれたような現地の女性との恋愛を想像してしまいがちだ。しかし、これ以上の説明がない以上、現地で得ていた温かな人間関係や交流が、その地を去ることに未練を生じさせたと広く解釈する方が妥当だろう。主人公は、今の日本には、学術研究に必要な環境が欠けていることを認めつつ、将来においては、それが獲得されることを期待し、信じようとする。しかしその一方、自分が持ち帰る自然科学の萌芽が育たないのではという不安を禁じえない。帰国後、周囲の期待に反する行動しかとれないことも含め、本文においては、主人公が二つに引き裂かれた人物として造型されていることに注意したい。

発展

夏目漱石と森鷗外。明治期を代表する文豪の共通点は何だろうか。いろいろな指摘や見解があるだろうが、その一つは、両者とも西欧に留学した経験を持つことである。もちろん、漱石がロンドンで英文学を学び、鷗外がベルリンで衛生学を学んだという違いはあるが、二人が、本物の西欧を実体験として知る、当時の日本人としては例外的な存在であったことは事実である。そして、そうした体験が彼らの人生において大きな意味を持ったことは想像に難くない。

明治の日本は、「脱亜入欧」「富国強兵」のスローガンも勇ましく、国を挙げて西欧に追いつき追い越そうとしていた。漱石や鷗外は、そうした時代の留学生であり、西欧で十分に学び、それを帰国後日本の発展へとつなげる役割を期待されていたのである。文字どおり、彼らは国を背負って留学したのである。そうした彼らが目にしたのは、日本にいた頃には想像することもできなかった彼我の隔たりであった。文化間の相違が、単なる相違としてではなく優劣として語られやすいという問題は、現在に至っても完全に解消されたとはいいがたいが、明治期の日本からの留学生が目の当たりにしたのは、今からでは想像のできない圧倒的な文化の格差であった。

しかし、知ったのはそれだけではない。彼らは、留学することで初めて、西欧から見た日本の姿を認識したのだ。日本にいて単純に「脱亜入欧」の夢を紡ぐことのできた者たちと違い、留学生たちは、日本が西欧から見た場合、単なる極東の小国にすぎないことを認識せざるをえなかった。「妄想」の主人公も、日本への懐かしみと矜持、また強い信頼を持ちつつも、その将来に対する不安を隠すことができない。こうした鬱屈を抱えて彼らは生きざるをえなかったのであるが、同時にそうした鬱屈こそが、日本や近代化に対する冷静な眼差しを与えたということができるかもしれない。

帰国後、鷗外と漱石とでは、国との関わりは大きく異なっていった。かたや官として出世を遂げ、かたや在野で生きていく。鷗外、漱石だけでなく、西欧に遊学し、帰国後は日本の浅薄な近代化を否定し、伝統的な日本の情緒的世界へと回帰していった永井荷風も近代化する日本の中で鬱屈を抱えて生きた作家である。彼らの軌跡の多様性こそが、明治という時代の多様性を映し出しているともいえるだろう。

参考図書

『青年』　森鷗外（新潮文庫ほか）

小説家を志す主人公小泉純一がさまざまな経験を重ねながら成長していく様子が描かれた、いわゆる教養小説である。夏目漱石の「三四郎」に触発されて書かれたものであり、ともに明治の青年の姿がみごとに描き出されている。

『私の個人主義』　夏目漱石（講談社学術文庫ほか）

講演録であるが、個人や国家を論じたその内容は、いささかも古びてはいない。個人とは、そして国家とは何か。それは現代人こそが考えなければならない重要な課題であるといえるだろう。

筆者紹介

森鷗外（もりおうがい）　一八六二（文久2）年〜一九二二（大正11）年。小説家。石見国津和野（島根県津和野町）生まれ。大学卒業後、陸軍軍医になり、陸軍省派遣留学生としてドイツで四年を過ごす。「舞姫」「ヰタ・セクスアリス」「雁」、歴史小説「阿部一族」「高瀬舟」や史伝「澁江抽斎」も執筆した。本文「妄想（もうぞう）」は、『現代日本文学全集12　定本限定版　森鷗外』（筑摩書房・一九六七年刊）によった。

設問について

解答　配点 50点

問1 ア 動揺　イ 伝染病　ウ 翼　エ 狭　オ 牧畜　各2点

問2 自然科学を育てる雰囲気のある、便利な国　19字　8点

問3 日本には自然科学を育てる条件が欠けており、それは永遠に生じないと思われているが、そうしたことはあくまでも現在だけのことであり、日本人は無能な種族ではないのだから、将来は自然科学を育てる環境が整うことを信じたいという心情。　110字　12点　⬇セルフチェックへ

問4 西欧留学の所産として日本に持ち帰ろうとしている、自然科学の分野での将来発展すべき萌芽が、自然科学を育てる環境のまだ整っていない日本では、あっけなく死んでしまった青い鳥のように、むなしいものになってしまうのではないかと不安に思う気持ち。　117字　12点　⬇セルフチェックへ

問5 [a]人々が期待する目新しく珍しいものを西欧から持ち帰ってこなかったばかりか、[b]西洋化を目指す風潮を否定し[c]旧来のあり方を守ることを主張したから。　68字　8点

基準
a 目新しく珍しいものを西欧から持ち帰ってこなかった　4点
・「目新しい」や「珍しい」がない場合は2点のみ与える。
b 西洋化を目指す風潮を否定した　2点
・「西洋化」は「改良」でも可。
c 旧来のあり方を守ることを主張した　2点
・「旧来のあり方や伝統への回帰」なども可。「本の杢阿弥（元の木阿弥）説を唱えた」は不可。

設問解説

問1
ア 「動揺」は、〈ぐらつくこと〉。またそこから転じて〈気持ちが不安定になること〉を意味する。
イ 「伝染病」は、〈病原体の伝染で起こる病気〉。「染」の訓読みは「そ（まる・める）」「し（み・みる）」。
ウ 「翼」は、〈鳥類が飛ぶための器官〉。音読みは「ヨク」。
オ 「牧畜」は、〈牧場で牛や馬などを飼育し繁殖させること〉。「貯蓄」の「蓄」と間違えないように。

問2 直後の「帰る」という表現からも、傍線部Aが主人公の故郷である日本を指すことは明らかである。ここでは、日本には学術研究をするうえでの条件や環境が欠けているということをいっているのである。であるとすれば、「これと反対の意味」は、学問をするうえでの条件や環境が整っている欧羅巴ということになる。したがって正解は「自然科学を育てる雰囲気のある、便利な国」（13行目）となる。

パターン

問3 傍線部Bの直前の内容から、「少くも『まだ』無い」ものが、〈自分が持ち帰る自然科学の萌芽を育てる雰囲気〉であることがわかる。つまり傍線部は、〈日本には自然科学の萌芽を育てる環境が「まだ」ない〉ということをいっているのである。まだがカギ括弧で強調されていることに注意しよう。「ない」と「『まだ』ない」とは同じではない。すなわち、ただ単に「ない」という事実だけを表す「ない」と異なり、「『まだ』ない」は、〈今のところはない〉という意味であり、将来においては獲得される可能性があることを含意しているのである。「まだ」という表現は、11行目にすでに出ているが、そこではより詳しく次のように記されている。

「独逸人某は、此要約は今闕けてゐるばかりでなくて、永遠に東洋の天地には生じて来ないと宣告した。東洋には自然科学を育てて行く雰囲気は無いのだと宣告した。……併し自分は日本人を、さう絶望しなくてはならない程、無能な種族だとも思はないから、敢て『まだ』と云ふ。自分は日本で結んだ学術の果実を欧羅巴へ輸出する時もいつかは来るだらうと、其時から思つてゐたのである。」

ここでの主人公は、日本には自然科学を育てる条件が欠けていることは認めつつも、そうした条件が永久に生じないと見なされたことに対しては、それを認めようとはしないのである。なぜなら日本人が無能な種族とは思えないからである。主人公は、将来は日本においても自然科学を育てる環境が整うはずであると信じたいのである。

SELF CHECK セルフチェック

最重要ポイント

傍線部は、今は「まだ」ないが、将来はそうではないということを含意している。したがって、次の点をチェックしてみよう。

□ **日本において自然科学を育てる条件が欠けているのは今だけのことであるということが示されているか。**

この点に言及されていない解答は、全体で0点である。

模範解答と採点基準

12点

[a]日本には自然科学を育てる条件が欠けており、それは[b]永遠に生じないと思われているが、[c]そうしたことはあくまでも現在だけのことであり、[d]日本人は無能な種族ではないのだから、[e]将来は自然科学を育てる環境が整うことを[f]信じたいという心情。（110字）

基準

a 日本には自然科学を育てる条件が欠けている　2点
・「自然科学」を「学問」「技術」などとした場合は1点のみ与える。
・「条件」の部分は「環境」「雰囲気」などでも可。

b （そうした条件が）永遠に生じないと思われている　2点
・「思われている」「されている」「見なされている」などがない場合は1点のみ与える。

c （そうしたことは）あくまでも現在だけのことである　2点
・abを「独逸人某が……と言ったが」と書いた場合も許容する。
・現在がそうであるにすぎないという意味合いが必要。「現在だけのことである」という書き方以外に「確かに現在はそうだが」などのように逆接の形でつないでもよい。

d 日本人は無能な種族ではない　2点
・「種族」はなくてもよい。

e 将来は自然科学を育てる環境が整う 2点

・「環境」の部分は「条件」「要約」、あるいは「雰囲気ができる」などでも可。

f （そうしたことを）信じたい 2点

・「期待する」「思いたい」「信じる」なども可。

採点シミュレーション

12／12点

解答例1

西洋人から見れば、日本には自然科学を育てる条件がなく、これからもそれは育たないということになるが、それはいまだけのことであって、日本人は無能ではないのだから、必ず将来はそうした環境が整うということを信じる気持ち。106字

a〜fの要素をすべて満たしている。

8／12点

解答例2

日本には西洋とは違って、自然科学を育てる環境はないと思われている。確かに現在はそれを否定することができないのは事実だが、日本人は決して無能な人種ではないので、かならずや将来自然科学を育てる環境が育つという気持ち。106字

傍線部自体の意味は正確に捉えられている。解答すべき要素の組み立てもうまくできている。解答に必要な要素をもう少し広く探すようにすれば、bとfが補え、さらなる得点アップが期待できるだろう。

3／12点

解答例3

今の日本には、国を発展させていくための技術を育てていけるような土壌がまったくないことはわかっているが、いつか必ず日本も発展していって、ヨーロッパと肩を並べられるような国になるのだと希望を込めている心情。101字

将来の日本に対する希望について言及しているが、その内容がずれてしまっている。

表現チェック

□文末が「……から。」など、理由説明の形で終わっていないか。

□本文の表現に引きずられ、解答の表現がちぐはぐなものになっていないか。

パターン

問4

主人公が帰国の途上に買った青い鳥は、横浜に着く前に死んでしまった。傍線部Cは、そうした事態を受けて、青い鳥のことを「果敢ない土産」だといっているのであるが、ここで問われているのは「それも」という表現に込められた心情である。「青い鳥」を「それも」と呼ぶということは、それ以外にも「果敢ない土産」として想定されていたものがあったということである。主人公が、帰国するにあたって日本に持ち帰ろうとしていたものについては、5で説明されている。

主人公は欧羅巴で自然科学を学んだが、帰国にあたって「自然科学の分科の上で……結論丈を持つて帰るのではない。将来発展すべき萌芽をも持つてゐる積り」（20行目）であった。「併し帰つて行く故郷には、その萌芽を育てる雰囲気が無い」（20行目）ことを主人公は懸念せざるをえなかった。そうした雰囲気（＝環境）は、やがては整うかもしれない。しかし少なくとも今はまだないのだから、せっかく持って帰った「萌芽」が「徒らに枯れてしまひはすまいかと気遣はれる」（21行目）のである。つまり、主人公は留学の所産として自分が持ち帰ろうとしているもの、すなわち自然科学の分野で将来の発展が期待されるまだ形をなしていないものが、自然科学を育てる環境のまだ整っていない日本で、あっけなく死んでしまった青い鳥のように、むなしいものになってしまうのではないかと不安に思

っているのである。「青い鳥」は、幸福や希望の象徴として描かれることが少なくないが、そうした「青い鳥」がはかなく死んでしまったという事実を前に、主人公は不安を強めていると考えることができるだろう。

SELF CHECK セルフチェック

最重要ポイント

「青い鳥」を「それも」と呼ぶということは、それ以外にも「果敢ない土産」として想定されていたものがあったということである。それは、自然科学の分野で、将来発展すべき萌芽であった。したがって、次の点をチェックしてみよう。

□ **主人公が自然科学の分野に関わるものを持ち帰ろうとしていたということが示されているか。**

この点に言及されていない場合は、全体で0点。

模範解答と採点基準

12点

西欧留学の所産として日本に持ち帰ろうとしている、自然科学の分野での将来発展すべき萌芽が、自然科学を育てる環境のまだ整っていない日本では、あっけなく死んでしまった青い鳥のように、むなしいものになってしまうのではないかと不安に思う気持ち。（116字）

基準

a 自然科学における萌芽 2点
・「学問における萌芽」は1点のみ与える。「萌芽」という表現でなくとも、まだ形をなしていないものという意味があればよい。

b（aは）留学の所産である 1点
・「西洋からもたらす」「日本に持ち帰る」という意味合いがあればよい。

c（aは）将来発展すべきものである 1点

d 日本には自然科学を育てる環境はまだ整っていない 2点
・「まだ」という意味合いが欠けているものは1点のみ与える。

e あっけなく死んでしまった青い鳥のように 2点
・「青い鳥同様」などの表現でもよい。

f むなしいものになってしまうのではないか 2点
・「無駄になる」なども可。

g 不安 2点
・「心配」や「悲観する」なども可。

採点シミュレーション

解答例1 7／12点

日本を離れて、西洋に三年間留学したお土産として帰国するうえで日本に持って帰ろうとしている、欧羅巴で学んだ自然科学の萌芽が、結局は無駄になってしまうのではないかと不安に思う気持ち。（89字）

傍線部自体の意味はある程度正確に捉えられている。ただし、「日本を離れて……帰国するうえで日本に持って帰ろうとしている」などやや冗漫な表現が目につく。簡潔にして十分な表現を心がけよう。

解答例2 5／12点

日本へのお土産としてせっかく買った青い鳥が日本に着く前に死んでしまったことに衝撃を受け、西洋から日本に持ち帰ろうとしている自然科学の成果についても青い鳥に対してと同様心配になっているから。（94字）

文末表現のミスでマイナス2点。「衝撃を受け」など、踏み込みすぎた内容や不必要な表現が目につく。本文からどこまで読み取ることができるのかという判断を慎重にしなければならない。また、自分の作った解答を、客観的な視点で厳しくチェックすることも忘れないようにしてほしい。

表現チェック

□文末が「……から。」など、理由説明の形で終わってはいないか。
□「青い鳥」自体の説明に終始していないか。

問5　帰国した主人公が、日本の人たちに失望された理由を問う問題である。傍線部Dのすぐ後に「自分のやうな洋行帰りはこれまで例の無い事であつたからである」とあることから、主人公がこれまでの洋行帰りとは異なっていたために人々の失望を招いたことがわかる。主人公は、人々の期待と「反対の事をした」（31行目）のである。したがってここでは、人々の期待とそれに反する主人公のあり方を説明すればよい。

傍線部Dと同じ段落に記されているように、これまでの洋行帰りは、「希望輝く顔をして、行李の中から道具を出して、何か新しい手品を取り立てて御覧に入れる」ことをしてくれた。これは、比喩的表現であり、そのまま解答にはできないが、わかりやすくいえばａ〈これまでの洋行帰りは、西欧から目新しく珍しいものを持ち帰って披露してくれていた〉ということである。人々は、主人公も同じようなことをしてくれると期待していたのである。

しかし、主人公はそうした期待に応えることはなかった。主人公がしたことに関しては32行目以降に具体的に描かれている。都会改造や食物改良、さらには仮名遣い改良の議論においても、主人公は、西洋化や近代化を目指そうとする風潮に反対し、旧来のあり方を守ることを主張したのである。最終段落に見られる「本の杢阿弥〈一般的な表記は「元の木阿弥」。いったん改良されたものが元の状態に戻ること〉説を唱へた」や、「洋行帰りの保守主義者」の「元祖」という表現は、こうした主人公のあり方を指したものである。主人公のあり方については、次の二点を押さえればよい。

ｂ〈西洋化を目指す風潮を否定した〉、ｃ〈旧来のあり方を守ることを主張した〉。

解答は、ここまでに挙げたａｂｃの内容を、「ａのような人々の期待に反し、ｂをし、ｃをしたから。」という文脈になるようにまとめればよい。ただし、具体的な内容を細かく書いてしまうと、指定された字数をはるかに超えてしまう。具体的事例から共通する要素を抽出して的確に表現することがここでは求められているのだ。

問題
P.108
|
P.115

表現

パターン
③

傍線部中の独特な表現を言い換える

言葉における表現

一般に言葉の重要な機能は意味を伝達することであると考えられている。しかし、同時に言葉には、何をどう表現するかという問題が必ず伴うのである。現代文の入試問題においても、独特な表現を問う問題は決して珍しいものではないのだ。

慣用的表現

独特な表現といった場合、すぐに連想されるのは比喩表現だろう。比喩表現は一種の約束事のうえに成り立つ場合が多い。例えば「りんごのような頬」は、一般に「真っ赤な頬」を意味する。

確かに「りんご」に「赤い果物」というイメージがあるのは事実だが、りんごには、球形に近い形状や栄養価の高さなど、それ以外の性質もあるだろう。しかし「りんごのような頬」といった場合「丸々とした肉づきのよい頬」という意味を表すことはない。また、いちごも「赤い果物」だが、「真っ赤な頬」のことを「いちごのような頬」とはいわないだろう。

つまり比喩表現は慣用的な使われ方をすることが多く、そのため、比喩表現を理解するには、そうした表現に対する常識的な知識が必要なのだ。

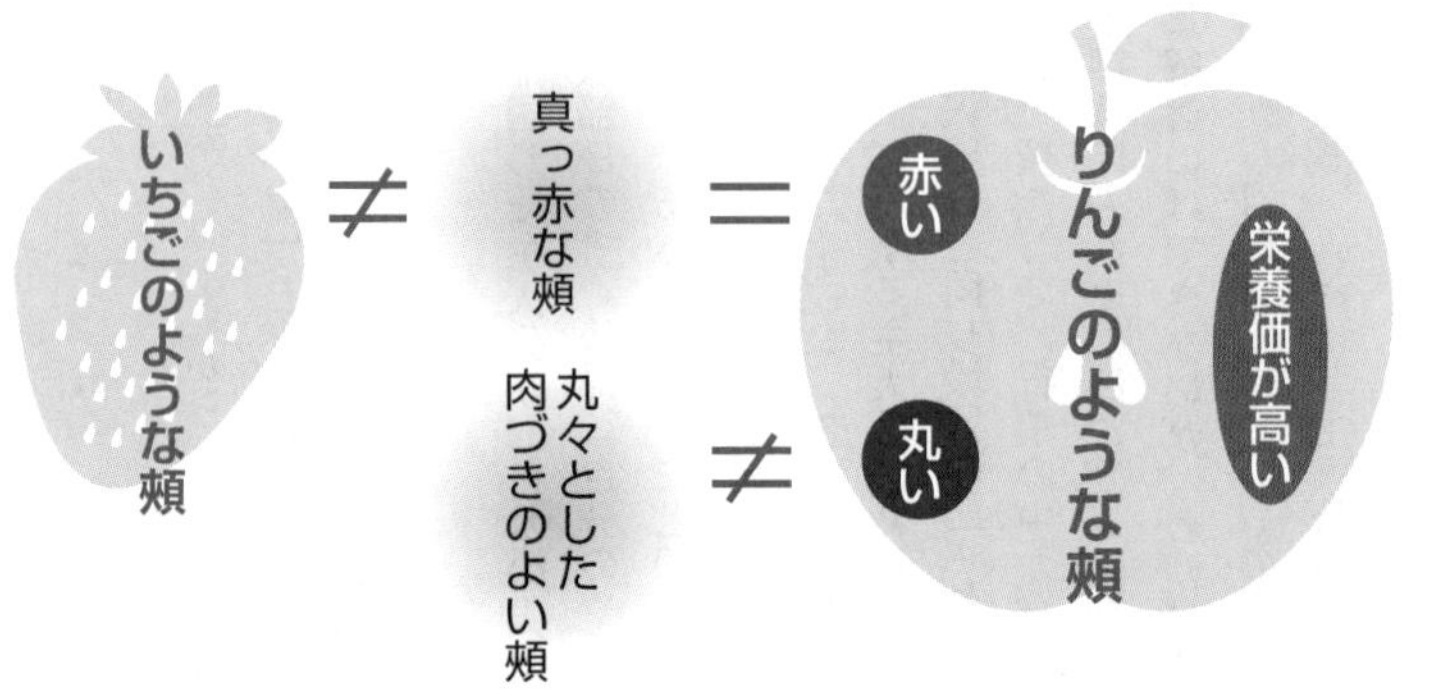

本文での使われ方に留意し、文脈を正確にたどる

独特な表現といった場合、慣用的な表現だけでなく、筆者独自の表現や語の用い方を指す場合が少なくない。その場合、文章全体の文脈を理解したうえでその表現が担っている意味を確定する必要がある。傍線部の表現に注目するだけではなく、広く文章全体を見渡すことが必要になってくるのである。

問題 P.108

声の山　黒井千次

解答　配点 20点

なかなか戻ってこない父を待つうちに、奇妙な話を聞いたこともあいまって、得体の知れない不安や心細さが生じるなか、周囲のわずかな音も聞き逃すまいと感覚を研ぎ澄ませている五郎の様子を巧みに描き出す効果。98字

基準

a 父から奇妙な話を聞いた 4点

・「奇妙な話」は「不思議な話」などでも可。また「話」の内容を具体的に書いた場合も可。

・「話」の内容と父とを結びつけて、「父はなくしたものを見つけるためにここに来たのではないかと思った」などのように書いた場合は2点。

b なかなか戻ってこない父 4点

・「父が戻ってこない」という内容が書かれていれば可。

c 不安や心細さが生じる 4点

・「不安」や「心細さ」が書かれていれば可。・「心配」は3点。

d 周囲のわずかな音も聞き逃すまいと感覚を研ぎ澄ましている 8点

・「真剣に何かを感じ取ろうとしている」「集中して探ろうとしている」ということがわかる表現であればよい。・「感覚が敏感になっている」も可。・「耳をすましている」「耳をそばだてている」「聞き耳を立てている」も許容する。・「警戒している」「緊張している」とあるだけの場合は3点。

解説

まず、傍線部に至るまでの状況を確認していこう。父に連れられ、山を登っている途中で、a五郎は父からこの山では失くしたものが戻ってくるという奇妙な話を聞いた。その後、父は突然一人でどこかへ行ってしまう。そのとき「急になにかが立去って行くような気がして」「身を起した」とあるのだから、五郎がそうした父に対して漠然とした不安のようなものを感じていたことがわかるだろう。五郎は父が戻ってくるのを待つが、b父はなかなか戻ってこない。五郎は「小さなc不安が自分の奥に生れているのに」気づく。

こうした五郎が「弱い獣のようにぴんと」耳を「立てた」というのが傍線部の表現である。〈耳を立てる〉という表現からは〈聞き耳を立てる（＝注意を集中してよく聞こうとする）〉という慣用的な表現が想起されるが、傍線部では、さらに「弱い獣のように」という比喩表現が用いられている。「弱い獣」は、外敵から身を守るために周囲に対する警戒を怠ることができないはずである。つまり、傍線部は、c不安な気持ちを抱き、d周囲のわずかな物音や変化を逃すまいと感覚を研ぎ澄ましている五郎の様子が巧みに描かれたものであるのだ。五郎の不安が何に起因するかを踏まえて、正確に記述することを心がけてもらいたい。

筆者紹介

黒井千次（くろいせんじ）　一九三二（昭和7）年〜。東京都生まれ。小説家。家族や個としての人間を主題とした作品や自伝的色合いの濃い作品など、数多く発表している。主な著作に『五月巡歴』『走る家族』『春の道標』『高く手を振る日』などの小説や『老いの味わい』などのエッセイ集がある。本文は、『石の話　黒井千次短篇集』（講談社文芸文庫二〇〇四年刊）によった。

文字禍　中島敦

本文について

構造図

〈文字の霊〉
・単なる線の集合にすぎないものに、音と意味を与える。
・著しく増殖する。

〈文字の霊の作用〉
・人間から、豊かな感性や知恵、心身の諸機能を奪う。

百字要約

単なる線の集合に音と意味とを与え、文字として統御する文字の霊の存在を確信した老博士は、文字を覚えた人間が文字を介して事物と関わることで、感性や知恵、心身の諸機能を著しく衰退させることを知った。（96字）

段落要旨

1～3 老博士ナブ・アヘ・エリバに対して、文字の霊がいるとして、それはどのような性質をもつのか研究するように命令が下った。

4 自力で解決するほかなかった博士は一つの文字を見続けた。文字が解体し、単なる線の集合にしか見えなくなった博士は、単なる線の集合を統御し、音と意味とを与える文字の霊の存在を確信した。

5 文字の精は野鼠のように仔を産んで殖える性質をもつことがわかった。

6 老博士は、調査によって、文字を覚えることで心身の諸能力が衰えることを知り、文字は物の影のようなものではないかと思うようになった。

7 事物と直接関わっていた人々は豊かな感性や知恵をもっていた。しかし、物の影である文字を介してしか世界と関わらなくなったことで、人間はそれらを失い、心身の諸能力も衰えていったのだ。

本文解説

本文の読解において重要なことは、老博士がなぜ文字の霊の存在を確信したのかということ（Ⅰ）と、そうした文字の霊はどのような性質をもつのかということ（Ⅱ）である。

Ⅰは、文字が単なる線の集合にすぎないことに気づいた老博士が、人間のあり方を振り返り、単なる線の集合に音と意味とを与えるものとして、文字の霊の存在がなければ説明がつかないと思うに至ったことを理解すればよいだろう。

Ⅱについては、5以降で詳しく説明されているが、文字を覚える前と後で人間にどのような変化が生じたかを丁寧に押さえればよい。文字を覚える以前、豊かな感性や知恵を有していた人間は、文字を覚え、それに依存してしまうことで、豊かな感性や知恵を失い、心身の諸機能を著しく衰退させてしまったのである。文字は単なるものの影にすぎないばかりか、それは人間に甚だしい害を与えるものではないのか、そうした文字観を老博士は抱くに至ったのである。

発展

私たちは日常において、ほとんど意識することなく、さまざまな文字に触れ、それを使いこなしている。例えば、「大」は、「ダイ・おお（きい）」と読み、「大きな夢を持つ」などと用いる。私たちにとってそうしたことは自明であり、自然なことである。しかし、もし私たちが無心に文字と向き合うことができたとしたら、そのとき「大」は、「ダイ・おお（きい）」と読むという約束事から解放され、線の集合に戻ってしまうのではないだろうか。「ダイ」という音や「大きい」という意味は、約束事にすぎないのである。しかし、そうであるにもかかわらず、そうした約束事は、私たちの行動や思考を規定し、私たちは、規定されていること自体を忘却する。これが文字に限らず文化と呼ばれているものの実質であろう。

本文は、こうした「文字」と人間の関わりを、一種の寓話に仕立てたものだと理解することができるだろう。漢学者の家に生まれた中島敦は、長じて「文字」と格闘する小説家となった。誰よりも「文字」に慣れ親しんだ中島は、「文字」の有する魅力とそれがもたらす弊害を最もよく理解していたといえるだろう。

参考図書

「悟浄出世」　中島敦（『山月記・李陵』岩波文庫ほか収録）

「西遊記」を知らない人は少ないだろう。自由奔放な天才悟空と道化役の猪八戒に挟まれ、忘れられがちな沙悟浄。中島敦は、そうした沙悟浄に思索にふける認識者としての役割を与える。「悟浄出世」は、真理を求め続けた若き日の悟浄の姿が、格調高い文体で描き出されている。三蔵法師一行に加わった後の沙悟浄を描いた「悟浄歎異」とあわせて読んでほしい。

『漢字—生い立ちとその背景』　白川静（岩波新書）

「日本語」は、「漢字」に負うところが大きい。「漢字」とは、古代中国において発生した文字である。しかし、私たちは、漢字を使う際「漢字」の成立そのものを意識することは少ない。中国古代社会がどのような社会であり、そこで暮らす人がどのような人たちであったのか、そしてその中で「漢字」はどのように成立したのか、本書を通して私たちは考えもつかない漢字の世界の広がりを目にすることになるだろう。

筆者紹介

中島敦（なかじまあつし）　一九〇九（明治42）年～一九四二（昭和17）年。東京生まれ。小説家。漢籍の教養に基づく格調の高い文体と思索的な内容がつとに名高い。代表作に『山月記』『弟子』『李陵』などがある。本文は、『日本幻想文学集成9中島敦』（国書刊行会・一九九一年刊）によった。

記述上達への一歩

時間を気にせずゆっくり書く

試験においては、設定された時間内に解答を作成しなければならない。しかし、だからといって初めから時間内に書き終わることだけを目指して解答を作成してはならない。なぜなら、記述問題において求められるのは解答の精度だからである。本文内容や設問意図の正確な理解は、解答作成の前提ではあるが、すべてではない。本文のどの要素を拾い上げればよいか、その要素はそのまま使えるのか、表現を改める必要があるのか、吟味しなければならない。さらに、補うべき要素はないか、要素どうしをどうつなげればよいか、解答作成において注意を払わなければならないことはたくさんある。時間を気にし過ぎていては、そうしたことへの配慮が欠け、大ざっぱで雑な解答に終わってしまいやすい。まずは時間を気にせず、さまざまなことを十分に配慮したうえで解答を作成し、推敲を重ねる。時間を気にするのは、練習を積み、記述問題に慣れてきてからでよいだろう。

設問について

解答　配点 50点

問1　ア　疫病　イ　築山　ウ　無駄　エ　看過　オ　備忘録　各2点

問2　1　はねまわる（のさばる・はびこるなども可）
2　のこらず（すべて・みんな・みな・全部なども可）　各3点

問3　[a]文字の霊の有無を自力で解決すべく[b]一つの文字を凝視するうちに、[c]文字が単なる線の集合でしかないことに気づき、そうしたものが文字として機能するには、[d]線の集合にすぎないものを統御し、[e]音と意味を付加する[f]超越的存在を認めるしかないと考えるようになった。　120字　12点

基準
a　文字の霊（精霊・精）の有無を自力で解決しなければならなくなった　2点
・「文字の霊の問題を自力で解決するため」などでもよい。
b　一つの文字を凝視した　2点
c　文字が単なる線の集合であることに気づいた　2点
d　（単なる線の集合を文字として）統御する存在がなければならない　2点
・「統括」「統合」などでもよい。
e　dによって音と意味とが付加される　2点
・「音と意味」は文字が有すべき性質として説明されていてもよい。
f　超越的存在を認める　2点
・「神秘的存在」「人知を超えた存在」などでもよい。

問4　音と意味をもつ文字は、既存の事物に応じた数だけ存在しているばかりか、旺盛な繁殖力のある野鼠のように、既存の文字から関連する新しい文字が際限なく増え続けるという性質をもつということ。　90字　10点

⬇セルフチェックへ

問5　[a]文字がなかった頃事物と直接交渉していた人間は、[b]豊かな知恵や感性を有していたが、[c]文字を覚えそれに[d]依存するようになると、[e]文字という仮象を通してしか事物と関わらなくなり、[f]結果的に人間が本来持っていた心身の諸能力を衰退させるようになったということ。　120字　12点

基準
a　人間は文字がなかった頃は、事物と直接交渉していた　2点
・「事物」は「世界」などでもよい。
b　人間は文字がなかった頃は、豊かな感性や知恵を有していた　2点
c　文字を覚えるようになった　2点
・「文字が普及した」などでもよい。
d　文字に依存するようになった　2点
e　文字を介してしか事物と関わらなくなった　2点
f　心身の諸能力を衰退させた　2点
・感性や知恵、記憶力など具体的に列挙していてもよい。

設問解説

問1

ア 「疫病」は、〈流行病、伝染病〉という意味。

イ 「築山」は〈庭園などに、山に見立てて土砂や石を用いて築いたもの〉を指す。

ウ 「無駄」。「駄」の「太」の部分を「犬」と書かないようにしよう。

エ 「看過」は〈たいしたことではないとして見のがすこと〉。

オ 「備忘録」は〈忘れた時の用心に書き留めておくノート〉。

問2

1 「跳梁する」とは、〈はねまわる〉、もしくは〈のさばる〉という意味。「跳梁跋扈（ちょうりょうばっこ）」〈悪人などがのさばること〉という四字熟語もあわせて覚えておこう。

2 「悉く」とは、〈のこらず、すべて〉という意味。同じ意味の「悉皆（しっかい）」という熟語もあわせて覚えておこう。

問3

問われていることは、老博士が「文字の霊」の存在を確信するに至った経緯である。大王から「文字の霊」についての研究を命じられた老博士は、「文字の霊」について記載された書物を探したが、見つからず、a〈「文字に霊ありや無しやを」「自力で解決せねばならぬ」ようになった〉。そこで老博士はb〈「唯一つの文字を前に、終日それと睨めつこをして過した」〉。そうするうちに老博士はc〈何時しか其の文字が解体して、意味の無い一つ一つの線の交錯としか見えなくなつて来る」〉。単なる線の集まりが、なぜ音と意味とをもつことができるのか、不思議に思った老博士は、「一つの霊が之を統べるのではなくて、どうして単なる線の集合が、音と意味とを有つことが出来ようか」（25行目）と考えるに至る。すなわち、de〈単なる線の集合を、音と意味をもつ文字へと統括する〉、f〈超越的で神秘的な存在〉が実際に存在することを確信したのである。

以上のa～fを指定された字数に合わせてまとめればよい。

パターン

問4

傍線部Bが「文字の精」の性質を比喩表現によって説明したものであることは明らかである。「文字の精」とは、「単なる線の集合」に音と意味とを与えて、文字となす存在である。したがって、「文字の精」に統御された文字が、単なる線の集合ではなくa〈音と意味を有する〉ものであることは明示する必要がある。また傍線部Bの直前には「文字の精霊の数は、地上の事物の数程多い」とあるが、これは地上の事物には名称があり、それが文字によって表記されているさまを表したものだと考えられる。b〈文字は、地上の既存の事物に応じた数だけ存在する〉のである。

しかし、そればかりではない。文字は「野鼠」が子をなすように増え続ける。増え続ける文字が「野鼠」にたとえられているのはc〈「鼠」が旺盛な繁殖力をもつ〉からである。「ねずみ算」という言葉を聞いたことがあるだろうか。毎月子鼠を十匹産む親鼠がいた場合、単に月に十匹の鼠が増えるだけではない。生まれた子鼠はすぐに成体となり、自ら十匹の子を産む。そしてそうして生まれた子鼠もすぐに成体となりまた十匹の子鼠を産む。こうしたことが繰り返されればどれほどすさまじい数の鼠が誕生することになるか言うまでもないだろう。d〈文字はすさまじい勢いで増加する〉ということをここでは表しているのである。

さらには親鼠から子鼠が生み出されるように、文字から新しい文字が生み出されるということにも留意したい。漢字に置き換えて考えた場合、例えば木→林→森のような形で増えることも考えられるし、愛＋情→愛情のような形で増えることも考えられる。いずれにしてもe〈野鼠が際限なく子を増やし続けるように、文字においても、既存の文字からそれに関連する新しい文字が際限なく増え続ける〉ということがここでは表されているのである。

SELF CHECK
セルフチェック

最重要ポイント

傍線部においては、「文字の精」が「野鼠」にたとえられているが、それは、際限なく増え続けていく文字の性質が、子を次々に産み続けていく「野鼠」の性質と共通するからである。したがって、次の点をチェックしてみよう。

□ **文字が次々と増えていくということに言及されているか。**

この点に言及されていない場合は、全体が0点。

模範解答と採点基準

10点

[a]音と意味をもつ文字は、[b]既存の事物に応じた数だけ存在しているばかりか、[c]旺盛な繁殖力のある野鼠のように、[e]既存の文字から関連する新しい文字が[d]際限なく増え続けるという性質をもつということ。 90字

基準

a 文字は音と意味とをもつ 2点

b 文字は既存の事物に応じた数だけ存在する 2点

・「文字と地上の事物とは数において対応する」という内容があればよい。「文字の数はもともと多い」などのようにただ数の多さにだけ言及している場合は1点のみ与える。

c 野鼠は旺盛な繁殖力をもつ 2点

・「次々と子を産む」「際限なく増殖する」などでもよい。

d 文字も次々と増殖する 2点

e 既存の文字から関連する新しい文字が作り出される 2点

・「既存の文字を組み合わせて新しい文字ができる」などのように具体的に書いてもよいが、「文字が自らの子を産む」のように比喩的表現で書いた場合は点数を与えない。

採点シミュレーション

10／10点

解答例1

音と意味とを有する文字は、数の上で地上の事物に対応しているだけでなく、際限なく増殖する野鼠のように、従来あった文字から関連する新しい文字が増え続けるという性質を持つということ。88字

a〜eの要素をすべて満たしている。

6／10点

解答例2

文字の精、すなわち文字は、次々と子をうむほどの旺盛な繁殖力を有す野鼠のように、従来ある文字から関連する文字が作り出され続けるという性質をもつということ。76字

傍線部自体の意味は正確に捉えられている。解答に必要な要素をもう少し広く探すようにすれば、さらなる得点アップが期待できるだろう。

4／10点

解答例3

文字は野鼠が仔を産むように、我々の知らないところで、人々が文字を覚えそれを書きしるすという行為によってどんどん増えていくという性質をもつことを表している。77字

文字が増えるという性質を持つのは「我々の知らないところで、人々が文字を覚えそれを書きしるすという行為によって」であるという説明は、本文からはまったく読み取ることのできない内容である。

表現チェック

□ 文末が「……性質を持つということ。」「……性質を持つこと。」「……という性質。」などとなっているか。
□ 比喩表現をそのまま用いていないか。

問5

傍線部C自体の意味は、〈文字の普及によって人間の頭の機能が衰えた〉という意味である。ただし、傍線部の直前の内容から明らかなように、〈頭の機能が衰えた〉ということは、人間のさまざまな機能の衰退の一つにすぎない。解答にはこうした内容を反映させなければならないだろう。さらに次のことに留意する必要がある。

・なぜ文字の普及が人間の諸機能の衰退を招いたのか、その要因を文字が普及する以前とその後との対比を踏まえて説明する。

文字を覚えてからの人間の変化については[6]に詳しく描かれている。そこでは、老博士が調査した結果、文字の普及によって、人間はさまざまな機能を衰退させてしまったということが語られた後、老博士の次のような見解が紹介されている。「埃及人は、ある物の影を、其の物の魂の一部と見做してゐるやうだが、文字は、その影のやうなものではないのか」（40行目）。すなわち、老博士は文字とはそれが表すものの影のようなものではないかと考えるようになるのである。「獅子といふ字を覚えた猟師」が「本物の獅子の代りに獅子の影を狙ふやうになる」ように、文字の普及によって、人々はものそのものではなく、ものの影のようなものである文字を相手にするようになったのである。その結果、文字が普及する前は「歓びも智慧もみんな直接に人間の中にはひつて来た」（42行目）のに「今は、文字の薄被をかぶつた歓びの影と智慧の影としか、我々は知らない」（43行目）ようになってしまったのだと老博士は考えるのだ。解答は次のような要素を整合的につなげればよい。

a　人間は文字がなかった頃は、事物と直接交渉していた
b　（それゆえ人間は）豊かな感性や知恵を有していた
c　（しかし）人間は文字を覚えるようになった／文字が普及した
d　（その結果人間は）文字に依存するようになり
e　文字を介してしか事物と関わらなくなった
f　（そのため人間は）心身の諸能力を衰退させてしまった

bやfの要素はもちろん具体的な内容を列挙してもよい。ただし、そうするとb・fの要素の説明で字数を多く使い過ぎてしまい、他の要素が書けなくなってしまうおそれがある。そうなれば当然高得点は望めない。必要な要素をバランスよく解答に盛り込むことを心がけよう。

恋愛至上かも知れない

佐藤春夫

本文について

構造図

〈人格的るつぼとしての恋愛〉

・無いはずの恋愛をあると信じる
・恋愛を求め続ける
・恋愛は得られない
　↓（しかし）
・内的葛藤の末、人格の本質が現れる

〈恋愛に対する評価〉

・恋愛は人生において有意義であり、至上のものであるだろう。

百字要約

恋愛とは存在しないはずのものをあると信じ無限に追求することだが、それにより恋愛は得られなくとも、内的葛藤を経てその人の本質が現れる。その意味で恋愛は人生において有意義であり、至上であるといえるだろう。（100字）

段落要旨

（ハイネの詩とその次の段落で一段落と見なす。）

1 世間で宝だと言う智恵と友情と恋を捜したが、見つからなかったという詩がハイネにある。ハイネの詩は本当かもしれないが、ありもしない恋愛の存在を信じ込んでしまうほど、人生が慰めを要するものであることの方が問題の眼目である。

2 3 『至上なる恋愛』の伝説は、存在しない黄金の壺を捜し求めることで原野が立派な開墾地になって巨万の富を得るという寓話にそっくりである。

4 存在しないものをあると信じ無限に追求する恋愛によって、人間はるつぼの中に投げ込まれる。その意味で恋愛至上という説も成り立つだろう。

5 恋愛によって、どの人間にも兼備されている自我拡大と自我拋棄との内的葛藤が生じ、最終的にはその人の本質が現れる。これが恋愛が人格的るつぼである所以である。

本文解説

「恋愛至上」というと、一般に生活や現実を顧みることなく恋愛にのめり込むことを意味すると考えられやすい。しかし、本文において筆者はそうした読み手の思惑をはぐらかしつつ、鮮やかに自分の考えを展開する。

本文は、まずハイネの詩の引用から始まる。それは、一般に人生における宝だと思われている「智恵と友情と恋」などというものは現実には存在しないという、辛辣ともいえる現実認識の表明である。筆者は、まずはそうしたハイネの言い分に同意する。「恋愛」など「夢に浮かされ」たようなものだと。しかし、筆者が本当にいいたいことはその先にある。存在しないかもしれない「恋愛」をあると信じ求め続けてこそ人生は豊かになり、その人の本質が明らかになるのだ。筆者は、こうした人間存在の皮肉ともいえる本質を、たとえを交えつつ鮮やかに描き出す。と同時に「恋愛」そのものをみごとに人生において価値づけてみせるのだ。こうしたみごとな手際に、耽美的な作風で知られた小説家佐藤春夫の面目躍如たるものがあるだろう。

発展

本文26行目に「ローマン的精神」という語が見られるが、「ローマン」とは「ロマン」「浪漫」のことであり、一般に「リアリズム」と対比される言葉である。

「リアリズム」とは「現実主義」「写実主義」とも訳されるが、文学においては、平明な文体によって、日常的現実の細部を描写する手法を意味し、そうした手法が客観的かつ科学的な方向へと進化したものが「自然主義」であるとされている。一方、「浪漫主義」は、遥かなるものへの憧憬の表明だといえるだろう。遥かなるものとは、手の届かぬもの、失われてしまったもの。手に入らぬものだからこそ、それを求めてやまない。そうした心情がロマン的心情だと理解できるだろう。

現実に根ざして生きようとする姿勢と、遥かなるものを求めてやまぬ心情。それは人間が世界と関わる際の根本的な二つのあり方だと考えることができるだろう。そして日本の近代文学もこの二つが大きな流れとなって展開していく。「自然主義」の文学として知られるのは、例えば島崎藤村の「破戒」や田山花袋の「蒲団」である。しかし、この二作品は、その趣を異にしている。社会的差別を告発する文学と、自らの恋情を赤裸々に告白する文学。すなわち「破戒」における社会性と、「蒲団」における内面の暴露。結局、日本の自然主義文学は、これ以降、内面の暴露へと大きく傾き、それは「私小説」へと結実する。「私小説」とは、筆者自身が自己の生活体験を描きながら、その間の心境を披瀝(ひれき)していく作品を指す。

一方、「浪漫主義」といえば、「文学界」を主宰した北村透谷や、雑誌「明星」に関わった歌人たちを思い浮かべる人も多いだろう。夢見がちな文学少年だった佐藤春夫は、上京前から「明星」に投稿し、上京後は実際に与謝野鉄幹に直接教えを受けている。「明星」を代表する歌人である与謝野晶子は大胆な恋の歌を数多く詠んでいるが、そこでの「恋」は、渇仰するものであり、情熱のほとばしりでもあった。佐藤春夫は人生の後半に至って『晶子曼陀羅』という与謝野晶子の伝記を描いているが、そこには晶子への敬意と同時に自らの文学的出自に寄せる思いが込められているのかもしれない。ただし、佐藤春夫の文学的資質は、浪漫派に収まりきるものではなかった。大らかな文人趣味、自己をも対象化する近代的知性、神経症的な感覚の冴え、そうしたものが、大正という、束の間の自由な時代と呼応した結果生まれた文学、それが佐藤春夫の文学だといえるだろう。

参考図書

『田園の憂鬱』　佐藤春夫（新潮文庫ほか）

都会の喧噪を逃れ、妻と犬二匹とともに、草深い武蔵野での生活を送る一人の青年の憂鬱と倦怠に満ちた心情が、彼の目に映じる自然を通じて描かれる。佐藤春夫の代表作にして大正文学を代表する作品。

「たけくらべ」　樋口一葉（『にごりえ・たけくらべ』新潮文庫ほか収録）

勝気な少女美登利と僧侶の息子信如との淡い初恋とその挫折が描かれた樋口一葉の代表作。「恋心」というそれまで知ることのなかった感情に揺れ動く少女の姿、ぎこちない少年の姿が、流麗な文章によって綴られている。ただし独特の文体が読みにくいと感じる人が少なくないのも事実。そうした人は『たけくらべ　現代語訳・樋口一葉』（河出文庫）を先に読むことをお勧めする。

筆者紹介

佐藤春夫(さとうはるお)　一八九二年（明治25）～一九六四（昭和39）年。和歌山県生まれ。詩人、小説家、評論家。幼い頃から文学に親しみ、「三田文学」「スバル」などに詩を発表する。その後、『田園の憂鬱』『美しき町』などの作品を発表。詩歌、小説、戯曲、評伝、評論など多岐にわたるジャンルで活躍した。本文は、『定本佐藤春夫全集第19巻』（臨川書店・一九九八年刊）によった。

解答

配点 50点

問1 ア 築　イ 逆説的　ウ 征服欲　エ 捧　オ 葛藤　各1点

問2 1 理由　2 本質（本性）　各3点

問3 一般に、智恵と友情と恋は、人生にとって重要な意味のあるものだとされているのに、それらの存在を否定することは、人生自体を否定することになりかねないから。 75字 7点 ↓セルフチェックへ

問4 存在しない恋愛を存在するように思い込んでしまうほど、人生は慰めが必要な寂しいものであるということ。 49字 6点

基準
a 恋愛は存在しない 2点
・「恋愛は存在が疑わしい」などでもよい。
b（しかし）そうした恋愛が存在すると思い込んでしまう 2点
c 人生は、そうした慰めを必要とするほど寂しいものである 2点

・「寂しい」は、「つらい」「苦しい」などでもよい。
・cで「恋愛＝慰め」という内容を示しているが、abにおいて「存在しない恋愛を存在するように思い込んでしまうことが慰めとなるほど」の形でまとめてもよい。その場合は、cは「人生は寂しいものである」だけでよい。

問5 「至上なる恋愛」も「黄金の壺」も、実在しないが、それを獲得しようと努力し続けることで、それが得られなくとも、自然と他のすばらしいものが獲得できるという点。 77字 8点

基準
a「至上なる恋愛」も「黄金の壺」も、実在しない 2点
b 獲得しようと努力をする 2点
c それらは得られない 2点
d 自然と他のすばらしいものを得る 2点

・「自然と人生を豊かにする」でも可。
・「自然と」や「そうと意識することなく」という内容がない場合は1点。

問6 恋愛が、人をその情熱の中に巻き込むことで、その人物に内的葛藤を起こさせ、最終的には人格の本質を明らかにするという点。 58字 6点 ↓セルフチェックへ

問7 恋愛という実在しないものに憧れ、それを得ようとし続けることで、内的葛藤を経て、その人の本質が明らかになる。そうした働きを有する恋愛は人生に有意義なものである。 79字 12点 ↓セルフチェックへ

設問解説

問1

ア「築く」は、〈作り上げる〉という意味。「築」の音読みは「チク」。

イ「逆説的」。「逆接」と混同しないように。「逆説」は〈真理に反するかに見えて、よく吟味すれば真理である説〉という意味だが、評論文などでは、「矛盾」と同じような意味で使われることが多い。

ウ「征服欲」は、〈ある対象を打ち負かして服従させようとする欲望〉。「制服」と間違えないようにしよう。

エ「捧げる」は、〈自分の持っているものをすべて相手に差し出す〉という意味。「研究に一生を捧げる」などと用いる。

オ「葛藤」。「葛」の訓読みは「くず」「かずら」。「藤」の訓読みは「ふじ」。葛と藤のつるが絡み合うことから、〈人と人とが互いに譲らず、もつれて対立すること〉。また〈心の中に相反する感情が起こり、その選択に迷うこと〉。

問2

1「所以」は、「ゆえん」と読み、〈わけ〉〈理由〉という意味である。ここでは、〈恋愛が存在しないところが、恋愛が至上である所以であるかも知れない〉という文脈で使われているのだから、「理由」がここでの意味としてもふさわしく、また設問の条件とも合致する。

2「地金」は、もともとは〈金属製品に加工する前の素材〉という意味だが、そこから転じて〈もともとの性質〉という意味で用いられることも多い。また「地金が出る」は〈本性を現す〉という意味の慣用句である。本文もこうした用いられ方の一例だと判断できるだろう。したがって「本質」「本性」が解答となる。

パターン

問3

傍線部A中の「人生に対しては相済まぬ言ひ草」という表現自体が、やや古風な表現でわかりにくかったかもしれない。「相済まぬ」の「相」は「あい」と読み、この場合は動詞の上に付き、意味を強めたり、語調を整えたりする働きをする接頭語である。したがって「人生に対しては相済まぬ言ひ草」とは〈人生に対してはまことに申し訳ない言い方〉というほどの意味だと理解できるだろう。それを踏まえると、傍線部を含む一文の意味が〈人生に対してはまことに申し訳ない言い方になるかもしれないが、この詩は本当かもしれない〉となることがわかる。「この詩」が、本文冒頭に引用されているハイネの詩を指すことは明らかである。ハイネの詩は〈世間で宝だという「智恵と友情と恋」は、捜しても見つからない〉という内容である。したがって傍線部を含む一文は次のように言い換えることができる。

・人生に対してはまことに申し訳ない言い方になるかもしれないが、世間で重要な意味のあるものとされている「智恵と友情と恋」は、存在しないものであるかもしれない。

ここで問われていることは、なぜ〈人生に対してはまことに申し訳ない言い方になるのか〉ということであるが、それ以前に「何が」〈人生に対してはまことに申し訳ない言い方になるのか〉ということを説明する必要がある。

・何が→「智恵と友情と恋」の存在を否定すること（に同意すること）。

では、「智恵と友情と恋」の存在を否定することが、なぜ「人生に対してはまことに申し訳ない言い方」と言えるのか。その理由は以下の二点になるだろう。

・「智恵と友情と恋」は、一般に人生にとって重要な意味のあるものだとされているから。

・（だから）それを否定することは、人生そのものの否定につながることになりかねないから。

二つ目のポイントが出にくかったかもしれないが、人生において価値があるとされているものの存在を否定することは、結局は人生自体の価値を否定することにつながるという筋道で考える必要がある。

SELF CHECK セルフチェック

最重要ポイント

傍線部中の「相済まぬ言ひ草」とは、人生において大切なものだと思われている「智恵と友情と恋」が存在しないということである。したがって、次の点をチェックしてみよう。

□ **「智恵と友情と恋」が存在しないという発言や認識をめぐるものとなっているか。**

それがなされていない場合は、全体で0点。

模範解答と採点基準

7点

[a]一般に、智恵と友情と恋は、人生にとって重要な意味のあるものだとされているのに、[b]それらの存在を否定することは、[c]人生自体を否定することになりかねないから。 75字

基準

a 一般に、智恵と友情と恋は、人生にとって重要な意味のあるものだとされている 2点

・「智恵と友情と恋は、人生に不可欠だとされる」などの表現でもよい。ただし「宝だと見なされる」のように「宝」をそのまま用いた場合は、1点のみ。

b 智恵と友情と恋の存在を否定することは 2点

・「智恵と友情と恋の存在を認めない」という意味があればよい。

c 人生の否定となる 3点

・「人生を軽視することになる」などでもよい。

採点シミュレーション

解答例1 7/7点

人生において不可欠なものとみなされている(a)智恵と友情と恋とが存在することを認めないということへの同意は(b)、結局は人生そのものを軽視することにつながってしまうから(c)。 79字

a〜cの要素をすべて満たしている。

解答例2 0/7点

智恵と友情と恋は、世間では宝のようなものだと言いふらされているから人生に対して申し訳ないと言わざるを得ないから。(△a) 56字

aが1点あるが、最重要ポイントがないため0点である。そもそも前半と後半のつながりが不自然である。自分で書き上げた解答が、内容的にも表現的にも妥当なものであるかどうかをきちんと吟味することが必要である。

解答例3 0/7点

智恵と友情と恋という三つのものを自分も捜してはみたが、結局はとうとうお目にかかれなかったから。 47字

最重要ポイントでもあるbポイントに近い内容はあるが、bポイントは、智恵と友情と恋は存在しないという認識であって、捜したが見つからなかったという行為や事実ではない。結局、この解答はハイネの詩の意味を書き連ねただけのものであり、問いに対応していない。解答する際には、何が問われているかを忘れないようにしよう。

表現チェック

□文末が「……から。」などのように、理由説明の形で終わっているか。
□「相済まぬ言ひ草」などの傍線部中の表現をそのまま解答に用いてはいないか。

問4 傍線部B「ここ」は、その直前の「この事」を指し、「この事」は、直前の内容をそのまま受けている。したがって11行目の「ありもしない幽霊が出るほどそこの枯野原が気味の悪いところであつたやうに、正体の疑はしい『恋愛』などといふもの乃至言葉が何かしら慰めとして存在してゐるほど、それほど、われわれの人生といふものが慰めを要するものがある事」が解答する際のベースとなる。ただし、このままでは、指定された字数を大幅に超えてしまうし、表現自体もわかりにくい。わかりやすく整理する必要があるだろう。「幽霊」と「枯野原」の話は、「恋愛」と「人生」との関係を説明するためにあるのだから、解答に直接反映させる必要はない。ここで語られている「恋愛」と「人生」の関係をまとめれば、以下のようなものになるだろう。

a　恋愛は存在しない
b　しかし、その恋愛を存在するように思い込んでしまう
c　それは、恋愛が慰めになるからであり、そうした慰めを必要とするほど、人生は寂しいものであるのだ

このabcの内容をうまく字数内で組み合わせればよい。

問5 傍線部Cを含む段落（2）において、黄金の壺を埋めた土地の話が具体的に説明されているが、それを簡潔にまとめたものが、その次の段落（3）である。そこでは次のように記されている。

「成るほど黄金の壺はない。けれどもどうしてもそれがないといふところまで突きとめた時には、彼の胸は開墾された土地になつてゐるであらう。さうして巨万の富は自づから別に得られる。」（21行目）

つまり黄金の壺の寓話とは、次のような話なのである。

・黄金の壺は実在しないが、それを獲得しようとして努力し続けることで、黄金の壺は得られなくとも、自然とほかのすばらしいものを得ることができる。

こうした内容に続いて、その次の段落（4）では、恋愛が至上の価値をもつ理由が説明されている。それをまとめると次のようになる。

・人生の宝のような恋愛は存在しないが、それが存在することを信じて追求することで、人間はるつぼに投げ込まれる。

「人格的るつぼ」としての恋愛については、問6で詳しく説明するが、人間の本来の性質を純化し、顕在化する出来事として「人生（人間本性の活動）の重大なまた象徴的な事件」（29行目）として位置づけられていることは明らかである。また、「恋愛」が人生の慰めとなることは、問4で確認したとおりである。

つまり、ここでは、人間は恋愛を求め続けることで、恋愛そのものを得ることはできなくても、人格を涵養したり人生を豊かにしたりすることができるということをいっているのである。

以上のことを踏まえて、黄金の壺の話と『至上なる恋愛』の伝説との共通点をまとめると、以下のようになる。

a　「至上なる恋愛」も「黄金の壺」も、実在しない
b　実在しないものを獲得しようと努力をする
c　それらは得られない
d　しかし、別のすばらしいものを得る

こうした内容をまとめればよいだろう。

パターン

問6 「るつぼ」とは、本来、〈物質を溶かしたり強く熱したりするための耐火性の深皿〉を指す。「るつぼ」はその中が高熱になることから〈興奮・熱狂の場〉という意味もあり、「場内は興奮のるつぼと化した」などと用いられる。ここでは、「恋愛」を「るつぼ」にたとえているわけだが、恋愛

の「るつぼ」が恋愛の情熱や熱狂とも関わる表現であることも押さえておきたい。その上で着目すべきなのは、本文中の次の箇所である。

「たとひ恋愛の不可思議なるつぼでも鉄や鉛を金にしはしないことだ。寧ろ、鉛は恋愛的活動で大にその鉛たるところを発揮してくる。真剣になればなるほど地金が出て来る。」（30行目）

つまり、a〈恋愛の「るつぼ」〉は、c〈その人物の本質を明らかにする〉のである。それでは、どのようなプロセスで、その人の本質が明らかになるのか。

本文では、恋愛には「征服欲に燃え切る」タイプと「自分の持つてゐるすべてを捧げつくす」タイプの二つがあると説明されている。前者が「自我拡大」、後者が「自我拋棄」に該当するのだが、本文では、すべての人はこれら二つの要素を兼備していると説明している。その二つが「c〈内面に於て相剋〉した末に、それが熱し切つた上ではその何れかに突き抜けて来る」（35行目）。これが、本質が明らかになるプロセスである。

以上のことをまとめればよいのだが、プロセスを事細かに説明し過ぎてしまうと、指定された字数内に収まらない。プロセスを簡潔にまとめ、本質が明らかになるという結論にうまく結びつけるようにする必要があるだろう。

セルフチェック

最重要ポイント

「恋愛」のもたらす作用を問うた問題である。したがって、次の点をチェックしてみよう。

□ **恋愛が何かしらの作用を人に及ぼすという内容になっているか。**

この点とまったく無関係な内容になってしまっている場合は、全体で0点。

SELF CHECK

模範解答と採点基準

6点

58字

恋愛が、人をその情熱の中に巻き込むことで、その人物に内的葛藤を起こさせ、最終的には人格の本質を明らかにするという点。

基準

a 恋愛の情熱による 2点

・「熱」や「熱さ」という内容があればよい。

b 内的葛藤が起こる 2点

・「内面における相剋」でもよい。

・「自我拡大と自我拋棄との内的葛藤」と詳しく書いてもよい。

c その人の本質を明らかにする 2点

・「本質」を「地金」としたものには1点のみ与える。

採点シミュレーション

解答例1 6/6点

57字

恋愛が、その情熱によって、その人物に自我拡大と自我放棄との内的葛藤を起こさせ、その人物の人格の本質を明確にする点。

減点の対象にはならないが、指示語が多すぎる。表現をもう少し整えよう。

解答例2 3/6点

58字

恋愛の情熱は、その人物の征服欲や自己を捧げようとする気持ちを刺激し、結局はその人の地金を明らかにしてしまうという点。

「征服欲や自己を捧げようとする気持ちを刺激し」だけでは、内的葛藤を意味することにはならない。cは、「地金」をそのまま使ってしまっているので、1点のみ与える。解答に必要な要素を正確に書いたつもりでも、意味が曖昧だったりずれていたりすることは少なくない。解答を書いた後、内容や表現の吟味をしっかりしよう。

解答例3 0／6点

恋愛の不可思議なるつぼでも鉄や鉛を金にすることはなく、寧ろ、鉛は恋愛的活動で大にその鉛たるところを発揮してくるという点。 60字

ほとんど本文中の特定の箇所を抜き出しただけの解答になってしまっている。この箇所は、確かに解答を作成するうえで、重要であり、最重要ポイントも押さえられているのだが、全体が比喩的表現になっているために得点にならない。

表現チェック

□文末を「……点。」としているか。
□比喩的表現をそのまま使っていないか。

問7

筆者の「恋愛」に対する評価は、4にまとめられている。そこでは、人生の宝のような恋愛は存在しないということ、しかし、そうした恋愛をあると信じ求め続けることが、人生において重大な意味を持つことが記されている。こうした恋愛こそが「人格的るつぼ」としての恋愛であり、それは、内的葛藤の末に、人格の本質が明らかになるという働きを有している。だからこそ、筆者は「恋愛至上」という説を認め、恋愛を人生において有意義なものだと認めるのである。

以上が、問7を解答する際に必要な要素であるのだが、問7の解答の大部分が、問5・問6の解答の組み合わせによって作成できることに気づいただろうか。解答を作成するにあたっては、設問どうしの関係についても十分に留意するようにしよう。

SELF CHECK セルフチェック

最重要ポイント

筆者は人生において恋愛の持つ意味を高く評価している。したがって、答案を次の点からチェックしてみよう。

□**恋愛の価値を認める内容になっているか。**

恋愛の価値を全面的に否定する内容になってしまっている場合は、全体で0点。

模範解答と採点基準 12点

[a]恋愛という実在しないもの[b]に憧れ、[c]それを得ようとし続けることで、[d]内的葛藤を経て、[e]その人の本質が明らかになる。そうした働きを有する[f]恋愛は人生に有意義なものである。 79字

基準

a 恋愛は実在しない 2点

b 恋愛に憧れる 2点

・「恋愛を信じる」「ローマン的精神をもつ」でもよい

c 恋愛を得ようとし続ける 2点

・「恋愛を求め続けようとする」でもよい。

・「し続ける」の意味合いがなく、単に「求める」「得ようとする」の場合は、1点のみ与える。

d 内的葛藤が起こる 2点

・「相剋が起こる」でもよい。「自我拡大」や「自我拋棄」について言及していてもよいが、それだけにとどまり、「葛藤」や「相剋」に対する言及がない場合は点数を与えない。

e 人格の本質が明らかになる 2点

・「人格が純化される」でもよい。

f 恋愛は人生に有意義である 2点

・「有意義」は「不可欠」「大切なもの」などでもよい。
・「恋愛に至上の価値を認める」でもよい。

採点シミュレーション

12/12点

解答例1

恋愛は存在しないが、恋愛の存在を信じ、求め続けようとすることで、内面における矛盾が生じ、それによって人格が純化されるという点で、恋愛は最も価値のあるものである。80字

a〜fの要素をすべて満たしている。

5/12点

解答例2

恋愛に憧れるローマン的精神によって、恋愛を求めることで、自我拡大と自我拋棄が生じるという点で、恋愛は生きる上で極めて意義あるものである。68字

cは1点。解答全体の方向性はよいのだが、不正確な表現がところどころに見られる。内容を正確に記述するように心がけよう。

2/12点

解答例3

恋愛は、黄金の壺と同じような意味を持つものであり、両者の関係はそっくりである。また恋愛は人格的るつぼでもあるということで、人生に不可欠である。71字

「恋愛」と「黄金の壺」とが、同じような意味を持つと筆者が考えているのは事実だが、その中身の説明がまったくないため、加点の対象にはならない。「人格的るつぼ」についても同様。それがどういうことか、中身の説明がない。

表現チェック

□文末を「から」など、理由説明の形にしていないか。
□比喩的表現をそのまま使ってはいないか。

〈文章Ⅰ〉近代の呪い　渡辺京二／〈文章Ⅱ〉江戸のダイバーシティ　田中優子

本文について

構造図

〈文章Ⅰ〉

筆者の主張
・人権・自由・平等は、近代になってはじめてもたらされたものではない。

人権・自由・平等それぞれについての考察
・人権＝時代に応じた人権観念がある。
・自由＝時代ごとに自由がある。
・平等＝近代社会においても十分に達成できてはいない。

百字要約

〈文章Ⅰ〉

人権・自由・平等は近代になってはじめて確立されたものではない。そのことは、近代以前にも近代とは異なるかたちで人権や自由が保障されていたことや、現代において平等が十分には達成されていないことからわかる。（100字）

段落要旨

〈文章Ⅰ〉

[1] 人権・平等・自由という三大価値は、近代になってはじめて生まれたものではない。

[2]～[5] 江戸時代に現代とは違ったかたちではあるが人権が保障されていたことからわかるように、人権は近代になって確立されたものではなく、時代ごとに人権のとらえかたが変わってきただけである。

[6]～[8] 中世ヨーロッパに中間団体に所属することで得られる自由があり、江戸時代に共同体から離脱する自由が保障されていたように、近代以前の社会にも、自由は今日と異なる独自なかたちで存在していた。

[9]～[13] 近代以前の身分制社会においても、平等を求める闘争や、神の前の平等といった観念はあった。また近代社会も、見方によっては平等な社会だとはいえない。平等という理念は現実化しにくい理念である。

本文解説

〈文章Ⅰ〉

本文全体の論理構造という点からいえば、どちらかというと明快な文章である。まず第**1**段落で、「人権・平等・自由」という価値は近代になってはじめて生じ、達成されたものではないということが述べられ、そのあと、そのようにいえる理由を、「人権」「自由」「平等」の順で検証していくという流れになっている。

〈文章Ⅱ〉

筆者は、江戸時代にダイバーシティ（多様性）など「あったはずがない」と考えるような通念を覆す。そして結婚制度、人生の目標、身分間の非閉鎖性といった実例をあげながら、江戸時代は現代以上に「流動性と多様性」（23行目）の時代だったということを述べる。そして現代人に、生き方としてのダイバーシティの創造の必要性を説くのである。

発展

二つの文章を組み合わせた出題は、それらの文章に何らかの共通点があるから可能になる。しかし、それらが異なる筆者によるものであれば、両者には何らかの相違点もあるのは当然だ。したがって、こうした複数素材からなる問題を解く際には、二つの文章の共通点と相違点を確認するということが重要になってくる。

今回の問題の場合、二つの文章の共通点は、ともに〈近代社会は近代以前の社会よりも優れた社会である、といった通念を疑う〉という観点から書かれているところにある。ただ、そうした考え方をどのような切り口から述べているか、読者にどういうことを訴えようとしているかという点では、両者は異なっている。〈文章Ⅰ〉の筆者は、「人権・平等・自由」という観点から近代と江戸時代とを比較し、自分たちの生きている社会では「人権・平等・自由」が達成されていると思いこみがちな私たちに、そうした考え方を見直してみるべきだと提案している。これに対して〈文章Ⅱ〉の筆者は、見方によっては現代よりも江戸時代の方が「ダイバーシティ（多様性）」は保障されていたと述べ、ダイバーシティとは身分や職業といったものではなく「生き方」にかかわるものなのだから、私たち個々人がそれを「創造」していくべきだと提案しているのである。

そして、こうした二つの文章の共通点や相違点を意識するためには、まずは一つ一つの文章が正確に読めなければならない。複数素材の問題だからといって特別な読解の技法があるわけではない。大切なのは一つ一つの文章と真剣に向き合う姿勢だということを、あらためて自覚するようにしてほしい。

参考図書

『逝き世の面影』渡辺京二（平凡社ライブラリー）

幕末から明治初期にかけて来日した外国人たちの印象記をもとに、古き佳き日本の姿をあぶり出す。発表当時、多くのメディアで絶賛され、その後もロングセラーとなっている。

『江戸への新視点』高階秀爾／田中優子・編（新書館）

外国の人々に日本のことを理解してもらうべく、英文雑誌『ジャパン・エコー』に掲載された文章を、日本語にして収録。富士山、参勤交代と外国人行列、体制と役人、落語、旅、といったユニークな切り口から、日本人も自覚していなかったような日本文化の特徴を解明していく。

筆者紹介

渡辺京二（わたなべきょうじ）　一九三〇（昭和5）年〜二〇二二（令和4）年。京都府生まれ。思想史家、歴史家、評論家。熊本市に暮らし、在野の思想家として活躍した。本文は、『近代の呪い』（平凡社新書・二〇一三年刊）によった。

田中優子（たなかゆうこ）　一九五二（昭和27）年〜。神奈川県生まれ。江戸文学、江戸文化の研究者としてだけでなく、エッセイストとしても知られる。本文は、池上英子・田中優子『江戸とアバター——私たちの内なるダイバーシティ』（朝日新書・二〇二〇年刊）によった。

解答

配点 50点

問1 ア 福祉　イ 窮屈　ウ 継承　エ 機 各2点

問2 個人と国家が向きあい、国家が個々人を直接掌握するような社会が成立し、個人が共同体や教会などの所属すべき団体を失ったことで、自由は、個人が国家に対し防衛的に保有すべき状態や行動を意味するものとなった。 99字 8点

基準
a 個人と国家が直接向きあうようになった／国家が個々人を直接掌握するようになった 2点
b 個人が所属すべき（個人を守ってくれる）団体（社団）が失われた／村落共同体、都市共同体、教会が力を失った／個人が共同体の束縛から解放された 2点
c 自由が、個人が国家に対し防衛的に保有すべき状態や行動を意味するものとなった 4点

問3 自分が特定の社団に属することで、他の社団に属する者と異なるものを持ったり異なることを行ったりできるという自由や、一時的に共同体から離脱することが制度的に保障されているという自由。 89字 8点

基準
a 自分が特定の社団に属することで、他の社団に属する者と異なるものを持ったり、異なることを行ったりできる 4点
b 一時的に共同体から離脱することが制度的に保障されている 4点

問4 前者にも後者にも、江戸時代に武士以外の身分の者が武士に転じることができたということが述べられている。 50字 6点

⬇セルフチェックへ

問5 誰もがなりたいものを目指すことができるようにはなったが、そのため社会に競争が生じ、しかもなりたいものの目標がある意味では狭くなってしまった。 70字 8点

基準
a 誰もがなりたいものを目指すことができるようにはなった 3点
b 競争社会になった 2点
c なりたいものの目標が狭くなった 3点

問6 前者は、江戸時代の人権・平等・自由について述べることで、人権・平等・自由は近代に固有なものだとする思い上がった考え方を見直すべきだということを提案しているが、後者は、江戸時代のダイバーシティについて述べることで、現代人も生き方としてのダイバーシティを創造してほしいということを提案している。 12点 ⬇セルフチェックへ

設問解説

問1

ア　「福祉」は、公的扶助やサービスによる生活の安定、充足のこと。

イ　「窮屈」。「窮」を使った熟語には「困窮」「窮地」などがある。

ウ　「継承」は、うけつぐこと。

エ　「機」は、織物を織る手動の装置。そこから〈からくり、複雑な仕掛け〉といった意味が生じ、「機械」などの語が生まれた。

問2

傍線部を含む文脈の意味と、設問の指示を確認しよう。傍線部を含む部分では、「人権・平等・自由」と呼べるような観念は近代以前にも存在していたが、「社会の組み立てが変るにつれて、（それらの）形態が変化して来ただけ」だということが述べられている。このことを踏まえて設問を確認すると、問われているのは以下のことだとわかる。

①　近代になって、「社会」は「どう変わった」のか。

②　①のように社会が変わったことで、「自由」は「どのようなものになったのか」。

これら二点について答えればよいのだが、ここでは、まず②について確認し、そのうえで、その原因となっている①を確認した方が解答を導きやすいと思われる。この順序で考えてみよう。

②　近代になって、「自由」はどのようなものになったのか

これについては20～33行目に述べられている。中世人にとっての自由とは「ある社団に属していてその特権を享有している」ということだった（23行目）。これは「自分がある社団に属しているゆえに、他の社団に属している者の持たないものを持つことができる、あるいはすることのできないことをしてよろしい」という意味である（25～26行目）。ところが近代になると、自由は「個人が国家に対して防衛的に保有すべき自由な状態、あるいは行動」を意味するものになった（30～31行目）。

①　「自由」が②のようなものになった原因＝「社会」の変化

これについても20～33行目に注目する。中世の社会は「村落共同体、都市共同体、教会といった中間団体」によって構成されていたため、個人は国家と直接向き合わずに済んでいた（20～22行目）。ところが近代化が進むと、そうした「中間団体」は力を失っていく。そのため「個人が国家と直接向きあう、あるいは国家が個人ひとりひとりを直接掌握する」という事態が生じることになった（29～30行目）。その結果、自由は、②のような意味のもの（＝個人が国家に対して防衛的に保有すべき状態や行動）とされるようになったのである。

以上の内容をまとめる。ポイントを整理してみよう。ａｂが①、ｃが②についての説明である。

ａ　個人と国家が直接向きあい、国家が個々人を直接掌握するような社会が成立した

「個人と国家が直接向き合うようになった」または「国家が個人ひとりひとりを直接掌握するようになった」のどちらかがあれば可。

ｂ　個人が所属すべき中間団体を失った

「所属すべき中間団体」の部分は、「個人を守ってくれる団体」「村落共同体、都市共同体、教会」などでも可。

ｃ　自由が、個人が国家に対し防衛的に保有すべき状態や行動を意味するものとなった

「個人が共同体の束縛から解放された」も可。

パターン

問3　（→「!」言い換え　**2傍線部を本文の言葉で説明する**）

前後の文脈から明らかなように、傍線部の「自由」とは、「前近代社会」に「備わっていた」自由である。これについては、まず23～27行目に述べられている。中世人にとっての自由とは、「ある社団に属していてその特権を享有していること」を意味していた。別の言い方をすれば、「自分がある社団に属しているゆえに、他の社団に属している者の持たないものを持つことができる、あるいはすることのできないことをしてよろしい」という自由のことである。

さらに34行目から始まる段落でも、そうした「前近代的自由」の別の側

面が説明されている。前近代社会は「厖大な人びとが絶えず街道を往来する社会」であり、これらの人びとは、「一時的に共同団体から離脱することによって自由な境涯を味わって」おり、「社会から遊行する者として一定の容認を受け、保護を受けて」いた。つまり前近代社会では、右のような「離脱の自由」が「制度的に保障」されていたのである。

以上の内容は、次の二点に整理できる。本文の一箇所だけに注目し、その部分の内容だけを長々と書くのではなく、第6段落と第8段落の二箇所に注目し、それらの内容をまとめることが肝要である。

a 自分が特定の社団に属することで、他の社団に属する者と異なるものを持ったり、異なることを行ったりできる

「中間団体の一員となることで、個人に特有の権利が保障される」なども可。

b 一時的に共同体から離脱することが制度的に保障されている

「共同体から離脱しても保護され復帰できる」なども可。

パターン

問4 （→「内容説明 1物語のつながりを説明する」）

傍線部は江戸時代について述べられている文脈のなかにあり、「その身分」とは武士の身分のことを指している。このことを踏まえて設問を読むと、次の条件を満たした解答を作ればよいということがわかる。

○ 江戸時代の武士の身分が閉鎖されていなかったということについて

① それがどういうことかを「具体的に」答える

② 〈文章Ⅰ〉と〈文章Ⅱ〉の両方に述べられていることを答える

以上の条件を確認したうえで二つの文章を見ていくと、まず〈文章Ⅰ〉の傍線部直後に、「他の身分から武士身分に転じて国事・藩事に関与する道が開かれて」いたとある。そこで〈文章Ⅱ〉に同様のことが述べられていないかと探していくと、20～21行目に「金持ちの商人や農民は幕末になると株を買うことで武士身分になることができた」とある。したがって、武士以外の身分から武士になることができたといったことを、設問で指定された形式に合わせて答えれば、それで正解となる。

SELF CHECK セルフチェック

最重要ポイント

□ **設問の指示が守れているか。**

〈文章Ⅱ〉を読むと、19行目に「職人や商人になる武士も出現した」とあるが、これも、傍線部Cと同様の内容を具体的に述べたものだといえる。しかし〈文章Ⅰ〉の方には、「武士以外の者が武士になる」という話は出てくるが、「武士が武士以外のものになる」ということは述べられていない。したがって、19行目の「職人や商人になる武士も出現した」に相当することを書いた場合、二つの文章に「共通して述べられている」ことを答えよという設問の条件を守っていないことになってしまう。

この問題はどちらかといえば易しい問題だが、だからこそ、設問の指示に従っていないといった理由で減点されてしまうことは避けなければならない。設問をよく読み、その指示を守るということの重要性を、あらためて自覚するようにしてほしい。

模範解答と採点基準

6点

前者にも後者にも、江戸時代に武士以外の身分の者が武士に転じることができたということが述べられている。[a] 50字

基準

a 「武士以外の者も武士になることができた」に相当する内容が書かれていれば可。 6点

・「武士以外の者」の部分は、「他の身分」「商人や農民」などでも可。

＊ a以外に〈文章Ⅰ〉・〈文章Ⅱ〉のどちらか片方にしか述べられていないことも書いてあるものは、3点減。

＊ 解答全体が「前者にも後者にも、……が述べられている。」というかたちになっていないものは、全体として0点。

採点シミュレーション

3／6点

解答例1

前者にも後者にも、他の身分から武士に転じたり、武士が他の身分に転じたりできたことが述べられている。49字

・「武士が他の身分に転じたり」という話は、〈文章Ⅰ〉には出てこない。したがって、二つの文章に「共通して述べられている」ことの説明になっていないため、3点減。

0／6点

解答例2

前者にも後者にも、江戸時代の身分制社会は流動性があり多様化していたということが述べられている。47字

・二つの文章に共通する内容だと言えなくはないが、「具体的に述べられている」ことではない。設問をよく読もう。

表現チェック

□ 設問の指示どおり、「前者にも後者にも、……が述べられている。」というかたちの解答になっているか。そうなっていない場合、設問の指示を守っていないという理由で0点となる。気をつけよう。

問5

傍線部は〈文章Ⅰ〉のなかにあるが、設問には「〈文章Ⅱ〉の内容に即して」答えよという指示がある。複数素材を組み合わせた問題では、こうした変則的な出題もしばしば見られるので、設問をよく読んでその指示を確認するということが大切である。

傍線部の前後からわかるように、「機会の平等」は「近代」になって実現したとされているものである。そこで〈文章Ⅱ〉を読み、そうした「機会の平等」のことやその影響について述べられている部分はないかと探していくと、第3段落に、「近代になって」誰もが博士や大臣を「目指すことはできるようになった」とある。これはまさに、「機会の平等」によって生じたことといえるだろう。この第3段落で筆者は、「近代になって」身分制社会ではなくなり、「競争社会」の成立とともに誰もが博士や大臣を「目指すことはできるようになった」が、それは別の見方をすれば「日本人全体の目標が極めて狭くなったということである」と述べている。以上の内容をまとめればよい。ポイントを整理しよう。

a　誰もがなりたいものを目指すことができるようにはなった

「なりたいもの」の部分は、「博士や大臣」、「自分の好きな職業」などでも可。

b　競争社会になった

「競争」が生じたということが書かれていればよい。

c　なりたいものの目標が狭くなった

「日本人全体の目標が狭くなった」「目標がいくつかのパターンになってしまった」なども可。

問6

設問には、「〈文章Ⅰ〉の筆者（前者）も〈文章Ⅱ〉の筆者（後者）も、江戸時代について述べることを通じて、現代人に何らかの提案をしている」とある。そして「両者はどういうことを述べることで、どういう提案をしているのか」とあるのだから、解答は次のようなかたちのものになると想定できる。

前者は〔　a　〕について述べることで、〔　b　〕という提案をしているが、後者は〔　c　〕について述べることで、〔　d　〕という提案をしている。

そして、設問に「（両者とも）江戸時代について述べることを通じて」とあるのだから、「江戸時代」という言葉はaとcで使われることになるとわかる。また、「人権・平等・自由」という言葉は〈文章Ⅰ〉でしか使われていないのだから、この言葉はaおよびbで使うことになる。さらに「ダイバーシティ」という言葉は〈文章Ⅱ〉でしか使われていないのだから、この言葉はcおよびdで使うことになる。以上のことを確認したうえで、a〜dに入る言葉を考えてみればよい。

aについて

〈文章Ⅰ〉では、江戸時代にも「人権・自由・平等」に相当するものはあったということが述べられていた。したがってaには、「江戸時代の人権・自由・平等」とか、「江戸時代の人権・平等・自由はどういうものだったかということ」とかいった言葉を入れればよい。

bについて

これについては、ある程度、多様な正解が想定される。まず注目してほしいのは、〈文章Ⅰ〉冒頭の「人権・平等・自由という三大価値は、ふつう近代の名に結びつけられています。」という一文である。そして文章Ⅰの筆者は、この「普通」の考え方を覆すという観点から、本文を書いている。したがってbには、とりあえず「人権・平等・自由は近代に固有なものではないということを自覚しよう」といった言葉を入れればよいということになる。他にも、「近代的な人権・平等・自由だけを絶対視すべきではない」「私たちの生きている社会が人権・平等・自由を達成しているかどうか考えてみよう」などの解答が想定できる。

cについて

〈文章Ⅱ〉には、江戸時代のダイバーシティとはどんなものだったかということが述べられていた。したがってcには、「江戸時代のダイバーシティ」とか、「江戸時代のダイバーシティはどういうものだったかということ」とかいった言葉を入れればよい。

dについて

〈文章Ⅱ〉の筆者は、最終段落で、ダイバーシティとは「創造的意欲」なしには成立しないものであり、「制度」ではなく「生き方」だと主張している。したがってdには、「生き方としてのダイバーシティを創造すべきだ」といった言葉が入ることになる。

SELF CHECK セルフチェック

最重要ポイント

□ **設問の指示が守れているか。**

一見すると漠然としたことが問われているようで難しく感じられる問題だが、設問の指示を確認し、それにもとづいて解答の枠組みを作っていけば、答えるべきことが見えてくる。自分の書いた解答の方向性や枠組みが、右に説明したものに即したかたちになっているかどうかを、あらためて確認してみてほしい。

模範解答と採点基準

12点

前者は、[a]江戸時代の人権・平等・自由について述べることで、[b]人権・平等・自由は近代に固有なものだとする思い上がった考え方を見直すべきだということを提案しているが、後者は、[c]江戸時代のダイバーシティについて述べることで、[d]現代人も生き方としてのダイバーシティを創造してほしいということを提案している。

基準

a 江戸時代の人権・平等・自由 2点

・「江戸時代にも人権・平等・自由はあった」「江戸時代の人権・平等・自由の特徴」なども可。

・「江戸時代」を「近代以前」などとしてもよいが、他に解答のどこかで「江戸時代」という言葉が使われていることが条件（そうでないと、設問の指示が守れていないという理由で、0点になってしまう）。

b 人権・平等・自由は近代に固有なものではないということを自覚すべきだ 4点

・「近代的な人権・平等・自由を絶対的なものだと考えてはいけない」という趣旨のことが書かれていれば可。

・「近代」は、「今日」「いま」「私たちの時代」などでも可。
・「それなりに人権と自由のある現代でも、平等は十分に達成されていないということを知るべきだ」なども可。
・「近代社会が平等な社会であるかどうかは疑問」「平等は現実化しえない理念」など、「人権・平等・自由」のうちのどれか一つ、あるいは二つにしか触れていないものは不可。

c 江戸時代のダイバーシティ 2点

・「江戸時代にもダイバーシティはあった」「江戸時代のダイバーシティの特徴」なども可。

d 生き方としてのダイバーシティを創造すべきだ 4点

・「ダイバーシティ」と、「生き方」または「創造」のどちらかが結びつけられていれば可。
・「ダイバーシティを使いこなす」のみは2点減。

採点シミュレーション

解答例1 4／12点

前者は、江戸時代にも人権・平等・自由はあったということを述べることによって、当時のダイバーシティについて知ることを提案しており、後者は、江戸時代のダイバーシティの特徴について述べることによって、現代におけるダイバーシティの重要性を認識することを提案している。

・bの部分が決定的な誤り。〈文章Ⅰ〉では「ダイバーシティ」について取り上げられていない。
・dの部分で、「生き方」にも「創造」にも触れていない。

解答例2 6／12点

前者は、江戸時代の人権・平等・自由がどういうものだったかを述べて、人権・平等・自由が現実化しえない過激な理念だということを銘記すべきだと提案しているが、後者は、江戸時代のダイバーシティについて述べることで、ダイバーシティは日本文化の一部なのだから、私たちもそれを知り使いこなすべきだと提案している。

・bは不可。〈文章Ⅰ〉の最終段落に、「平等」が「現実化しえない かなり過激な理念である」ということは述べられているが、「人権」と「自由」についてもそうしたことがいえるかどうかは、本文からはわからない。
・dは、ダイバーシティを「使いこなす」という内容だけなので、2点。

表現チェック

□ 「『江戸時代』『人権・平等・自由』『ダイバーシティ』という語句を必ず用いること」という設問の条件を守っているか。

ちなみに、こうした条件を守っていない解答は、入試では採点対象外とされてしまうのが普通である。

なお、解答例は「前者は……だが、後者は……」といったかたちになっているが、「前者は……であり、後者は……」というふうに、両者を並立的に書いてもまったく問題はない。

〈文章Ⅰ〉経験をリセットする　河本英夫／〈文章Ⅱ〉印度放浪　藤原新也

本文について

構造図　〈文章Ⅰ〉

大規模な緊急事態に直面した、言葉にならない事態や思い

↓

〈吟遊詩人〉
各地を流浪し、言葉にならない事態に言葉を与えていた

↓

〈吟遊哲学〉
既存の知識や構想を捨てることで、言葉が出現する場、すなわち経験が新たに組織化する場に立ち戻る詩的な営みに向かう

百字要約　〈文章Ⅰ〉

吟遊詩人など各地を流浪した者には、言葉にならない事態に言葉を与える者もいたと思われるが、吟遊哲学も、既存の知を捨てることで、言葉が出現し経験が新たに組織化する場に立ち戻る詩的な営みを、課題としている。（100字）

段落要旨　〈文章Ⅰ〉

1 2 大規模な緊急事態に直面したとき、哲学に何が出来るのかが、課題となっている。

3 4 かつての吟遊詩人には、各地を流浪し、人々の言葉にならない思いに形や言葉を与える者もいたと思われる。

5 6 山上憶良の歌も人々の行き場のない思いに区切りを与えている。

7〜11 ルソーなどの「吟遊哲学」は、放浪の中で、既存の知を捨てて新たな経験を出現させるものである。

12〜14 人生をリセットすることは簡単ではないが、既存の知識や構想を捨てることで、言葉が出現する場、すなわち経験が新たに組織化する場に立ち戻る詩的な営みが生じる。

本文解説　〈文章Ⅰ〉

東日本大震災で「持って行き場のない」思いをいだいた筆者が、哲学者として何ができるのかを考察した文章である。

筆者は2で、事態に対処する作業はいろいろあるものの、そうやって細々した作業に没頭するうちに「自分は事態に対処している」という自己満足に陥ることを戒める。哲学者として、もっと根源的な課題はないのか。そこで「前に進む」方策を考える。

3以下で例に挙げられる「吟遊詩人」などは、災害や悲惨な境遇に直面して言葉にならない思いを抱えた人々に対して、何らかの言葉を紡ぎ出し区切りを与えた人々であった。

筆者はこうした吟遊詩人に匹敵する言葉を哲学が持つことができるかを考える。さしあたり参考になるのは、苦境の中で流浪したルソーなどの「吟遊哲学」である。そこでは、既存の知を捨てて自らをリセットし、言葉が出現する場、すなわち経験が新たに組織化する場に立ち戻る、詩的な営みが課題となる。

発展

哲学や思想を論じた文章は入試でよく出題される。特に変動の激しい現代社会では、物事を考える基盤として先人たちが蓄積してきた叡智や哲学が参照されることも多い。しかし、そうした叡智や哲学をもってしても、根源的なところで対処しようのない（と思われる）未知の事態に直面した時、どうすればいいのか？ 〈文章Ⅰ〉の筆者はその点に思いを馳せる。

そこで、参照されるのは、〈**文章Ⅰ**〉の筆者が共感する「吟遊詩人」の生き方や、逆境に置かれたルソーの見解なのだが、こうした具体例を含む文章に取り組む際に、そうした具体例を読み飛ばしたり、軽視したりする悪習を身につけた生徒諸君がいる。しかし、具体的な内容が重要な文章も多いので、決して具体例を軽視すべきではない。この文章の読解においては、山上憶良の歌の成立事情やルソーの思想を具体的かつ的確に把握しないと、問4や問5で失敗することになる。注意してもらいたい。

なお〈**文章Ⅰ**〉〈**文章Ⅱ**〉のいずれも、「捨てること」の重要性について指摘している。そもそも、「捨てること」の重要性は、豊かな現代において、身近な物事の整理整頓の知恵として主張されることが多いが、〈**文章Ⅰ**〉で考察されているのはそうした生活の知恵ではないし、〈**文章Ⅱ**〉でも、旅に出る心構えとして主張されるものである。既存の先入観で本文を誤読しないよう注意しよう。

参考図書

『暇と退屈の倫理学』國分功一郎（新潮文庫）

豊かな社会が実現すると、人々は暇や退屈をもてあまし、何かに熱狂することを求めて、文化産業がもたらす娯楽などで憂さ晴らしするようになった。暇や退屈とどう向き合うべきなのかという問題は、現代人にとって切実である。そうした問題意識に基づいて、「暇と退屈」を歴史的・経済的・哲学的に考察し、その深い理解に導く書となっている。

『現代哲学の論点』仲正昌樹（ＮＨＫ出版新書）

既存の常識が通用しない現代において、哲学の前提も変化している。科学やテクノロジーの進化、ネット化する社会など、時代の変化とともに、人間主体の自明性も突き崩されるなか、動物やＡＩと人間との関係、プライバシーの問題、人間の責任や自由とは何かという問題など、さまざまな根源的課題について考察を加えている。

筆者紹介

河本英夫（かわもとひでお）　一九五三（昭和28）年〜。鳥取県生まれ。哲学者。専門は、オートポイエーシス・科学論・一般システム理論など。学術博士。『諸科学の解体 科学論の可能性』（三嶺書房）、『オートポイエーシス—第三世代システム』（青土社）、『システムの思想 オートポイエーシス・プラス』（東京書籍）、『哲学、脳を揺さぶる オートポイエーシスの練習問題』（日経BP社）、『哲学の練習問題』（講談社学術文庫）、『飽きる力』（日本放送出版協会 生活人新書）、『〈わたし〉の哲学　オートポイエーシス入門』（角川選書）などの著書多数。本文は、『経験をリセットする —理論哲学から行為哲学へ』（青土社・二〇一七年刊）によった。

藤原新也（ふじわらしんや）　一九四四（昭和19）年〜。福岡県生まれ。作家・随筆家、写真家。インドをはじめアジア各地を旅する中で撮影した写真と、文章を組み合わせた多くの旅行記は反響を呼び、気鋭のフォト・エッセイストとして注目された。『逍遥游記』（朝日新聞社）、『全東洋街道』（集英社）、『東京漂流』（朝日新聞出版）、『メメント・モリ』（ゆびさし）、『アメリカ』（情報センター出版局）、『大鮃』（三五館）などの著書多数。本文は、『印度放浪』（朝日新聞社・一九九三年刊）によった。

設問について

解答　配点 50点

問1　ア 陥没　イ 輪郭（輪廓）　ウ 冒頭　エ 培　オ 逮捕　各1点

問2　1 混乱のなか（もめごとのなか）　5字　2 変化が激しいさま　8字　各2点

問3　何世代かに一度の、過去の経験が役立たない事象に直面したとき、事態に対処する確実な思考の手順や手続きが見つからず、思いを明確な言葉にすることができないということ。　80字　10点　↓セルフチェックへ

問4　思い余ったまま[a]言葉にならない[b]困窮を抱えた人々の心情を感じ取り、[c]その思いを言葉にすることで、その事態に[d]何らかの区切りやきっかけをもたらすため。　70字　10点

基準
a 言葉（＝声）にならない（＝「行き場がない」も可）　2点
b 困窮した人々の心情　3点
c bを言葉にすることで　2点
d 区切り（＝きっかけ・リセット）をもたらす　3点

問5　[a]労力と時間をかけて習得したものを自ら捨てる態度を通じて、[b]新たな経験や心の働きが獲得されるということ。　50字　7点

基準
a 労力と時間をかけて習得（＝獲得）したものを捨てる　3点
b 新たな経験や心の働きが獲得される　4点

問6　前者では、言葉が出現する根源に立ち戻って経験を新たに組織化する自己をもたらすものだと考えられているが、後者では、情報に惑わされずに、旅先の現実の実像に触れる自己をもたらすものだと考えられている。　97字　14点　↓セルフチェックへ

設問解説

問1
ア 陥没。「官没」などとしないよう注意。
イ 輪郭。「輪廓」も可。
ウ 冒頭。「冒」を「昌」とまちがわないように注意。
エ 培。「倍」などとしないよう注意。
オ 逮捕。「追捕」などとしないよう注意。

問2
1の「渦中（かちゅう）」の「渦」は「水などがうずまくさま」。「渦中」は〈水などがうずまくように、物事の混乱し、もめている状況〉の意。「十字以内」で答える必要があるので「混乱のなか」「もめごとのなか」などと答えるとよい。2の「波乱万丈」は、もともとは「波瀾万丈（はらんばんじょう）」と書き、〈波の起

伏が激しいように、激しい変化に富むさま〉を意味する。これも十字以内なので「変化が激しいさま」などと答えるとよい。

パターン

問3 （→「内容説明　1物事のつながりを説明する」）
傍線部は「AはBである」というパターンになっている（→内容説明1物事のつながりを説明する）の問題。

「そこでの思い」とは、直前の「過去の経験は役には立たない」ような「何世代かに一度の事象」に際しての「思い」である。次に「持って行き場がない」とはどういうことかだが、次の段落に「確実にこれだという手続きや手順が見つかれば、思いは持って行き場を見つけたことになる」とある。したがって、「持って行き場がない」とは、逆に「確実」な「手続きや手順」が見つからずどう対処していいかわからない状況が想定される。さらに「思い」を「持って行き場がない」状況に関して④に「思い余ったまま言葉にならない事態」に対して「言葉を紡ぎ出し、思いにかたちをあたえてくれる」人々の話が出てくる。これは「持って行き場のない思い（＝思い余った状況）」を抱えながら、それに言葉を与えればその「思い」に行き場が生じることを意味する。逆に「持って行き場がない」状況とは、「思い」を〈明確な言葉として表現することができない〉ことだと考えられる。

ポイントはa〈何世代かに一度の、過去の経験が役立たない事象に直面したとき〉、b〈事態に対処する確実な思考の手順や手続きが見つからず〉、c〈思いを明確な言葉にすることができない〉ということ。

あくまで「思い」について、「持って行き場がない」ことを説明するので、「どこから復興していくか手順が見えない」といった現実的方策をめぐる解答にしないこと。また次の段落の〈試行錯誤を繰り返して前に進むしかない〉という内容は、傍線部の事態の後に生じる行動指針なので、傍線部そのものの説明にならない。

SELF CHECK セルフチェック

最重要ポイント

傍線部前半の指示内容と、後半の内容を本文から的確に見い出して答える。

□ **「a（傍線部の指示内容）の際に、bc」という筋道の解答か。**

aの指示内容が曖昧な解答、bc（特にb）を的確に押さえていない解答が多いので注意しよう。

模範解答と採点基準　10点

[a]何世代かに一度の、過去の経験が役立たない事象に直面したとき、[b]事態に対処する確実な思考の手順や手続きが見つからず、[c]思いを明確な言葉にすることができないということ。 80字

基準

a 何世代かに一度の、過去の経験が役立たない事象に直面し 4点

・「大規模な災害（＝緊急事態）」「今までに起こったことのない事態」なども可。

b 思考の手順（＝手続き）が見つからず 2点

・「的確に思考できず」「うまく思考できず」「心が整理できず」も可。

c 思いを言葉にすることができない 4点

・「気持ちを表現できない」も可。

・「言葉」「表現」に触れていないものは不可。

採点シミュレーション

4／10点

解答例1

思いもよらない大規模な緊急事態に直面したときや身の丈をはるかに超え出た自然事象に直面したときのように、気持ちを訴えても仕方のない場面に直面すること。 74字

「そこ」の指示内容であるaは書かれているが、bがない。cも不可。「気持ちを訴えても仕方がない」のではなく、気持ちを訴える言葉がみつからないのである。

解答例2　8／10点

何世代かに一度の事象に直面したときは、後にも同様の経験をすることができないため、それに対する思いを的確に表現したり、対処したりできないということ。（73字）

「同様の経験ができない」ことよりも「思考の手続きが見つからない」ことをcの理由とすべきである。

表現チェック

□「そこでの思い」の指示内容が不明確になっていないか。

□「そこでの思い」の指示内容をaで示した後、bcにつなげる解答にしているか。

パターン

問4　**（→「理由説明　2意味内容を説明する」）**

理由説明の問題。傍線部は山上憶良の貧窮問答歌を指していて、直後で「官僚であった本人自身が貧窮であったとは考えにくいので、立ち会ったその場の雰囲気や、聞かされた情景を詠んだものだと思われる」という推測を述べたあと、次の段落に「貧窮を言葉にすることは、誰かに向かって改善を求めて自分の貧しさを訴えようとしているのではない……ましてや自分の困窮を嘆いているのでもない」と書かれている。ではこの歌が作られた理由は何か。その後で「だが持って行き場のない思いはある。その思いに区切りをあたえるような歌になっている」とある。この「思いに区切りをあたえる」ことに関しては、4に「その場の声にならない声を感じ取り、その場になにかのきっかけをあたえる」という表現もある。つまり、言葉にならない貧窮にあえぐ人々の現実を目の当たりにしたとき、その情景や彼らの思いを歌に詠むことで、その思いに区切りを与えたり、何らかのきっかけや、新たな脈絡を与えたい、という意図や目的意識が理由となって、この詩歌が作られた、と筆者は考えているようだ。以上、a〈思い余ったまま言葉にならない〉b〈困窮を抱えた人々の心情を感じ取り〉、c〈その思いを言葉にすることで〉、d〈その事態に何らかの区切りやきっかけをもたらすため〉というのがポイント。

なお、cは傍線部の「歌った」の内容説明だが、「理由説明2」のパターンで説明したとおり、傍線部の内容説明が理由説明に不可欠な場合に該当する。またdの「目的」意識が理由となる場合があることについても、「理由説明2」のパターン（「柔軟に考えよう」）で説明したとおりである。

パターン

問5　**（→「内容説明　1物事のつながりを説明する」）**

これも「AはBである」というパターンだが、「傍線部までの文脈に即して」という指定がついているので、傍線部以前の文脈から、「捨てること」がどういうことか、「初めて見えてくるものもある」とはどういうことかを探る。

「捨てること」については、7に「吟遊する哲学とは、ある種の『捨てる覚悟』のことかとも思える。時間と労力をかけて獲得し、修得したものを、みずから捨てるのである。この捨てるところが、新たな経験の出現の場所でもある」とある。ここから、まず「捨てる」とは「時間と労力をかけて獲得し、修得したもの」を捨てること、そしてそこで「新たな経験」が出現することが、傍線部の「初めて見えてくるもの」に該当することを押さえる。さらに、傍線部の直前に、ルソーの例について「『知を捨てていくこと』の経験ののびやかさや、小さな心の起伏の弾力のようなものが出現している」という表現がある。これはルソー固有の事情に即した表現なので、もう少し一般化すると、〈新たな経験と心の働きがもたらされる〉ことが、「捨てること」で「見えてくる」ことがらだと考えられる。

以上から、a〈労力と時間をかけて習得（＝獲得）したものを自ら捨てる態度を通じて〉、b〈新たな経験や心の働きが獲得される〉といった解答が導き出される。

字数に厳しい制約があるので、「迫害をうけつつ」といった条件や、7の「世界や人間についての説明をあたえようとするのではなく、また整合的な説明図式をあたえようとしているのでもない」など、傍線部の説明に該当しない余計な内容を答えないよう、気をつけること。

問6

〈文章Ⅰ〉の「吟遊する哲学」については、波線部直前で「放浪する言葉」を含み、直後で「捨てる覚悟」を意味すると書かれているが、これだけでは問いかけにある〈「既存の知識や情報を拒絶する行為」がもたらす「自己のあり方」〉が明らかになったとはいえない。他の箇所を探していくと、最終段落に「既存の知識や構想を捨てていく」ことに関して、「言葉の出現する場所へと戻っていくことでもある。言葉の出現する場所とは、経験がそれとしてみずからを組織化する場所でもある。経験の新たな組織化こそ、吟遊哲学の課題の一つなのであろう」と書かれている。つまり、「既存の知識や情報を拒絶する行為」は、a〈言葉が出現する根源的な場に立ち戻り〉、b〈経験が新たに組織化される〉自己のあり方をもたらす、いわば自己刷新の行為なのである。なお最終段落の「吟遊する哲学は、ある種の詩人でもなければならない」などの内容は、これだけではどういう意味なのかわかりにくいので、ポイントにはならない（実は「詩人」であることの中味がabなのである）。

一方〈文章Ⅱ〉の「旅」においては、〈印度への旅の準備〉のうち、一つ目の「捨てること」は捨てる対象が「物」や「環境」に限定されていて、「既存の知識や情報を拒絶する行為」がもたらす「自己のあり方」に該当しない。それに対して二つ目の「準備しないこと」は、既存の「情報」を拒絶する行為に該当する。その要点は、インドという〈未知の世界〉に旅立つ上で、c情報に振り回されることなく、結果的にd旅先の現実の「実像」に触れる「自己のあり方」をもたらすというもの。

なお、前者後者ともに、設問の「既存の知識や情報を拒絶する行為は」という主語を解答に入れる必要はない。その行為が、どのような「自己のあり方」をもたらすかだけが問われている。

SELF CHECK セルフチェック

最重要ポイント

複数テクスト問題固有の設問。

□ **二つの文章に示された見解を対比的にまとめることが求められている。**

「前者はabだが、後者はcd」という解答を心がける。abかcdのどちらかに偏った解答にならないようにすること。また、「前者」「後者」を用いていない解答は設問の条件に反しているので、0点になるので、注意しよう。

模範解答と採点基準

14点

前者では、言葉が出現する根源に立ち戻って経験を新たに組織化する自己をもたらすものだと考えられているが、後者では、情報に惑わされずに、旅先の現実の実像に触れる自己をもたらすものだと考えられている。 97字

基準

a （前者は）言葉が出現する根源に立ち戻り 3点

b （前者は）経験を新たに組織化する（自己をもたらす） 4点
- 「新たな経験を獲得（出現）」も可。
- 「観点を切り替える」「進む道ができる」のみは不可。

c （後者は）情報に惑わされず（＝振り回されることなく・影響されず） 3点
- 「情報（＝知識）に影響されず」も可。
- 設問に示された「知識や情報を拒絶」のみは不可。

d （後者は）旅先の現実の実像に触れる 4点
- 「実像を受け入れる（＝獲得する）」も可。
- 「現実を受け入れる」「自分の見方をもたらす」のみで「実像」に言及していないものは不可。

採点シミュレーション

0／14点

解答例1

吟遊する哲学では今まで積み上げたものを捨てることで、新たな経験を獲得し自己を作り直す。一方で本文Ⅱの旅では自分を白紙の状態にして情報を取り込まないことで既存の情報に惑わされず実像を受け入れられること。 100字

bcdが書かれているので本来なら11点になるはずだが、「前者・後者」を用いてないため、0点になる。設問の指定を見落とさないようにしよう。

4／14点

解答例2

前者では、新たな経験を出現させて、観点を切り換えたり、進み方を見つけることにつながり、後者では、徹底的に情報を拒絶することで、その人それぞれの、ものごとへの捉え方や考え方が成長するようになる。 96字

（むだな表現）（ポイントがずれている）

本文内容をある程度踏まえているが、焦点がずれている。

表現チェック

□□「前者では……だが、後者では……。」といった解答形式になっているか。

□□問いかけの「既存の知識や情報を拒絶する」という表現を、そのまま解答に入れていないか。

出典大学一覧

※本書で扱っている本文・設問は、以下の大学入試問題を改変しています。
※下段には、筆者別の主な大学入試の出題歴を示しています。

言い換え

1 傍線部中の指示語を言い換える
例題「何も言わない」原研哉――オリジナル
実践問題1「幻想の標語」日高敏隆――オリジナル
実践問題2「曠野から」川田順造――九州大学

2 傍線部を本文の言葉で説明する
例題「ここではない場所 イマージュの回廊へ」今福龍太――お茶の水女子大学
実践問題1「精神の政治学」今村仁司――首都大学東京
実践問題2「『終わり』の終わり」大澤真幸――神奈川大学

3 傍線部中の複数の要素を言い換える
例題「公共性のパラドックス」平子義雄――千葉大学
実践問題1「足音が遠ざかる」松浦寿輝――オリジナル
実践問題2「感覚の近代」坪井秀人――一橋大学

原研哉
「白」東京大学
「日本のデザイン」鹿児島大学
「日本のデザイン」福岡教育大学

日高敏隆
「帰ってきたファーブル」福井県立大学
「代理本能論」中央大学
「人間についての寓話」広島大学

川田順造
「コトバ・言葉・ことば」大阪大学
「沈黙に向き合う」法政大学
「無文字社会の歴史」大阪府立大学

今福龍太
「宮沢賢治 デクノボーの叡知」
九州大学
「宮沢賢治 デクノボーの叡知」
早稲田大学
「クレオール主義」南山大学

今村仁司
「近代性の構造」立命館大学
「抗争する人間」早稲田大学
「交易する人間（ホモ・コムニカンス）」
同志社女子大学

大澤真幸
「自由という牢獄」東北大学
「恋愛の不可能性について」上智大学
「埋葬の起源」名古屋市立大学

松浦寿輝
「平面論」明治大学
「平準化と特異化」津田塾大学
「明治の表象空間」関西大学

坪井秀人
「ポストバブルの『アブジェクト』」
北海道大学
「性が語る」早稲田大学

内容説明

1　物事のつながりを説明する

例題　「呪術的儀式」　日野啓三——早稲田大学

実践問題1「法と社会科学をつなぐ」　飯田高——大阪大学

実践問題2「子規の画」　夏目漱石——東京大学

2　物事の違いを説明する

例題　「歴史と出会い、社会を見いだす」　佐藤健二——学習院女子大学

実践問題1「彩色の精神と脱色の精神」　真木悠介——中央大学

実践問題2「書籍について」　渡辺一夫——京都大学

［要約　1　条件指定のある要約］

例題　「電脳遊戯の少年少女たち」　西村清和——大東文化大学

実践問題1「異文化理解」　青木保——筑波大学

実践問題2「物語る声を求めて」　津島佑子——京都大学

日野啓三
「断崖にゆらめく白い掌の群」
早稲田大学
「夢の奥に目覚めるように」
大阪教育大学
「牧師館」福島大学

夏目漱石
「三四郎」東京学芸大学
「三四郎」三重大学
「虚子著『鶏頭』序」上智大学

佐藤健二
「ケータイ化する日本語」筑波大学
「ケータイ化する日本語」千葉大学
「歴史と出会い、社会を見いだす」
立命館大学

真木悠介
「気流の鳴る音」青山学院大学
「時間の比較社会学」法政大学
「時間の比較社会学」東京医科歯科大学

渡辺一夫
「ある神学者の話」大分大学
「曲説 フランス文学」中央大学

西村清和
「感情の哲学」新潟大学
「視線の物語・写真の哲学」中央大学
「現代アートの哲学」同志社大学

青木保
「憩いのロビーで」立教大学
「儀礼の象徴性」中央大学
「異文化理解」専修大学

津島佑子
「鳥の涙」岡山大学
「黄金の夢の歌」熊本大学
「夢の歌から」南山大学

理由説明

1 因果関係を説明する

例題 「技術哲学の展望」 村田純一——北海道大学

実践問題1 「『文化が違う』とは何を意味するのか?」 岡真理——一橋大学

実践問題2 「自分ということ」 木村敏——大阪市立大学

2 意味内容を説明する

例題 「意識は実在しない」 河野哲也——東京大学

実践問題1 「藤」 幸田文——東京大学 筑波大学

実践問題2 「山羊小母たちの時間」 馬場あき子——東京大学

［要約 2 条件指定のない要約］

例題 「学問論」 田中美知太郎——一橋大学

実践問題1 「化生する歴史学」 鹿野政直——一橋大学

実践問題2 「進化するコトバ」 沼野充義——一橋大学

村田純一
「『わたし』を探検する」 大阪大学
「技術論の帰趨」 上智大学

岡真理
「記憶／物語」 関西大学
「知の地方主義を越えて」 弘前大学

木村敏
「自分ということ」 明治大学
「異常の構造」 法政大学
「時間と自己」 香川大学

河野哲也
「境界の現象学」 センター入試
「境界の現象学」 学習院大学
「善悪は実在するか」 上智大学

幸田文
「旅がへり」 京都大学
「すがの」 立教大学
「いつまでも子供じゃないわ」
尾道市立大学

馬場あき子
「歌説話の世界」 早稲田大学
「鬼の研究」 中央大学
「女歌の系譜」 青山学院大学

沼野充義
「世界文学論」 専修大学
「翻訳をめぐる七つの非実践的な断章」
センター入試
「屋根の上のバイリンガル」 南山大学

表現（小説中心）

1 具体的な事実を盛り込んだ説明をする

例題「童話」　阿部昭——横浜市立大学

実践問題1「ダイヤモンドダスト」　南木佳士——大阪大学

実践問題2「日帰りの旅」　伊藤桂一——筑波大学

2 本文に書かれていないことを説明する

例題「留学」　遠藤周作——岡山大学

実践問題1「川べりの道」　鷺沢萠——和歌山大学

実践問題2「妄想」　森鷗外——京都大学

3 傍線部中の独特な表現を言い換える

例題「声の山」　黒井千次——大阪大学

実践問題1「文字禍」　中島敦——京都大学

実践問題2「恋愛至上かも知れない」　佐藤春夫——京都大学

総合問題1「近代の呪い」渡辺京二／「江戸のダイバーシティ」田中優子—オリジナル

総合問題2「経験をリセットする」河本英夫／「印度放浪」藤原新也—東北大学

阿部昭
「短編小説礼賛」京都大学
「贈り物」三重大学

南木佳士
「冬物語」和歌山大学
「天地有情」京都大学

伊藤桂一
「溯り鮒」センター追試

遠藤周作
「狐狸庵読書術」立教大学
「侍」静岡大学

鷺沢萠
「川べりの道」筑波大学

森鷗外
「じいさんばあさん」熊本大学
「阿部一族」南山大学

黒井千次
「庭の男」共通テスト
「聖産業週間」京都大学

中島敦
「弟子」奈良女子大学
「悟浄出世」明治大学

佐藤春夫
「蝗の大旅行」信州大学

渡辺京二
「大衆の起源」明治大学
「義理人情という界域」金沢大学

河本英夫
「哲学の練習問題」立教大学
「〈わたし〉の哲学 オートポイエーシス入門」関西学院大学

営業所のご案内

札幌／仙台／東京／東海 …………………　(03) 5302-7010

大阪／広島／福岡 …………………………　(06) 6368-8025

営業時間 9:00～17:00（土日祝を除く）

上級現代文Ⅰ　改訂版

2011年 9 月 1 日　初　版第 1 刷発行
2023年 10 月 20 日　改訂版第 1 刷発行
2024年 8 月 10 日　改訂版第 4 刷発行

著　者　晴山　亨／立川芳雄／菊川智子／川野一幸
発行人　門間　正哉
発行所　株式会社 桐原書店
〒 114-0001　東京都北区東十条 3-10-36
TEL：03-5302-7010（販売）
www.kirihara.co.jp
装丁＋本文レイアウト　塙　浩孝（ハナワアンドサンズ）
印刷＋製本　図書印刷株式会社

Printed in Japan
ISBN978-4-342-35410-6

上級現代文Ⅰ

改訂版

解答欄冊子

河合塾講師
晴山 亨／立川芳雄／菊川智子／川野一幸 著

"ADVANCED GENDAIBUN
DESCRIPTIVE WRITING EXERCISES
FOR NATIONAL AND PUBLIC UNIVERSITIES"

桐原書店

上級現代文Ⅰ 改訂版

解答欄冊子

河合塾講師
晴山 亨／立川芳雄／菊川智子／川野一幸 著

"ADVANCED GENDAIBUN
DESCRIPTIVE WRITING EXERCISES
FOR NATIONAL AND PUBLIC UNIVERSITIES"

桐原書店

目次

言い換え

1 傍線部中の指示語を言い換える
例題「何も言わない」原研哉 4
実践問題1「幻想の標語」日高敏隆 4
実践問題2「曠野から」川田順造 5

2 傍線部を本文の言葉で説明する
例題「ここではない場所 イマージュの回廊へ」今福龍太 7
実践問題1「精神の政治学」今村仁司 7
実践問題2「『終わり』の終わり」大澤真幸 9

3 傍線部中の複数の要素を言い換える
例題「公共性のパラドックス」平子義雄 11
実践問題1「足音が遠ざかる」松浦寿輝 11
実践問題2「感覚の近代」坪井秀人 13

内容説明

1 物事のつながりを説明する
例題「呪術的儀式」日野啓三 15
実践問題1「法と社会科学をつなぐ」飯田高 15
実践問題2「子規の画」夏目漱石 17

2 物事の違いを説明する
例題「歴史と出会い、社会を見いだす」佐藤健二 19
実践問題1「彩色の精神と脱色の精神」真木悠介 19
実践問題2「書籍について」渡辺一夫 21

[要約 1 条件指定のある要約]
例題「電脳遊戯の少年少女たち」西村清和 23
実践問題1「異文化理解」青木保 23
実践問題2「物語る声を求めて」津島佑子 25

理由説明

1 因果関係を説明する

例題「技術哲学の展望」 村田純一 27

実践問題1「『文化が違う』とは何を意味するのか?」 岡真理 27

実践問題2「自分ということ」 木村敏 29

2 意味内容を説明する

例題「意識は実在しない」 河野哲也 31

実践問題1「藤」 幸田文 31

実践問題2「山羊小母たちの時間」 馬場あき子 33

［要約2 条件指定のない要約］

例題「学問論」 田中美知太郎 35

実践問題1「化生する歴史学」 鹿野政直 36

実践問題2「進化するコトバ」 沼野充義 37

総合問題1「近代の呪い」 渡辺京二 51

「江戸のダイバーシティ」 田中優子

表現（小説中心）

1 具体的な事実を盛り込んだ説明をする

例題「童話」 阿部昭 39

実践問題1「ダイヤモンドダスト」 南木佳士 39

実践問題2「日帰りの旅」 伊藤桂一 41

2 本文に書かれていないことを説明する

例題「留学」 遠藤周作 43

実践問題1「川べりの道」 鷺沢萠 43

実践問題2「妄想」 森鷗外 45

3 傍線部中の独特な表現を言い換える

例題「声の山」 黒井千次 47

実践問題1「文字禍」 中島敦 47

実践問題2「恋愛至上かも知れない」 佐藤春夫 49

総合問題2「経験をリセットする」 河本英夫 53

「印度放浪」 藤原新也

言い換え

パターン
①傍線部中の指示語を言い換える

例題
問題 P.6
解説 P.9

何も言わない　原研哉

問

/20点

実践問題1
問題 P.8
解説 P.10

幻想の標語　日高敏隆

問1

ア

イ

ウ

エ

オ

/10点
（各２点）

/50点

実践問題２

問題　P.11
解説　P.16

曠野から　川田順造

問2　／16点

問3　／6点

問4　／8点

問5　／10点

／50点

問1　ア　イ　ウ　エ　／8点（各２点）

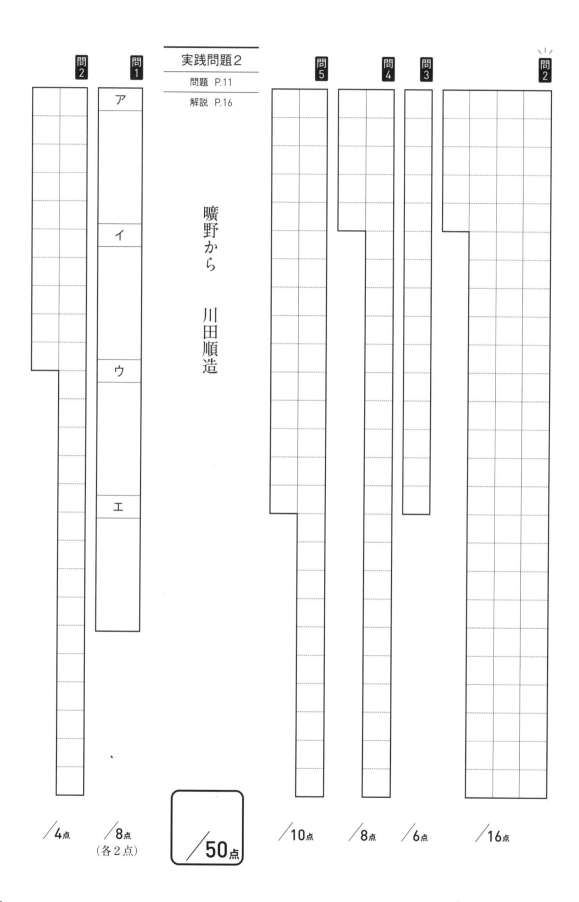

問2　／4点

問3

1

/6点

2

/8点

問4

/12点

問5

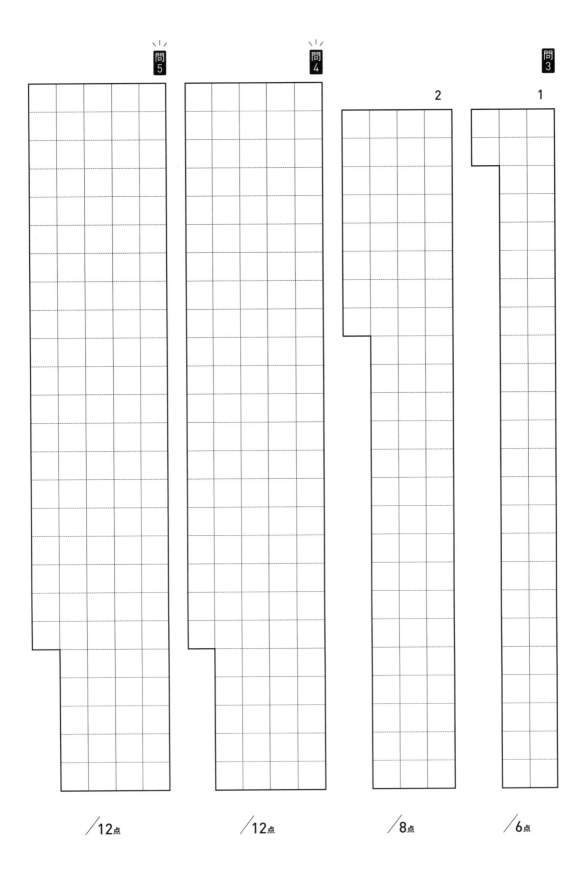

/12点

例題

問題 P.14
解説 P.25

ここではない場所　イマージュの回廊へ　今福龍太

問

／20点

実践問題1

問題 P.16
解説 P.26

精神の政治学　今村仁司

問1

ア

イ

ウ

／6点
（各2点）

／50点

問2

1

2

／6点
（各3点）

問3

／8点

問4

／6点

問5

／8点

問6

／8点

問7

／8点

実践問題2

問題 P.20

解説 P.35

「終わり」の終わり　大澤真幸

問1

ア

イ

ウ

エ

/8点
（各2点）

問2

/8点

問3

/9点

問4

/9点

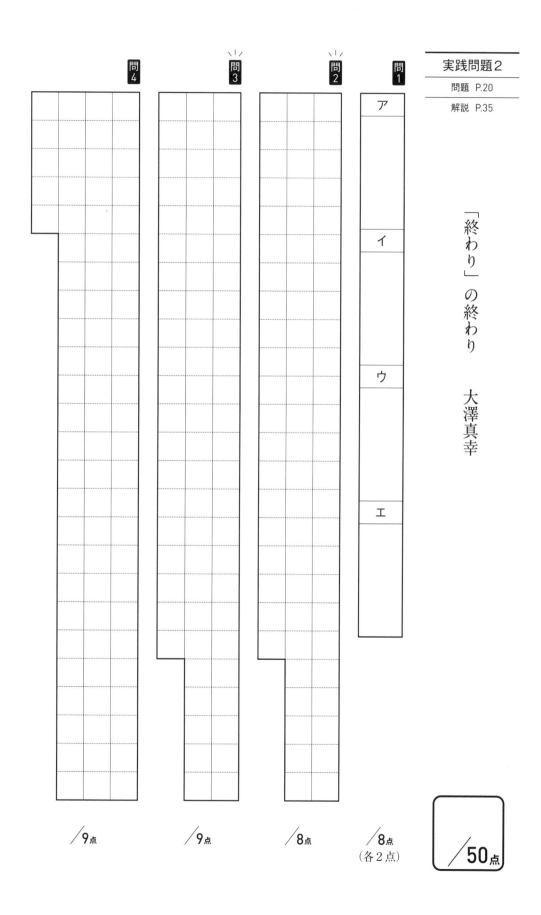

/50点

問5

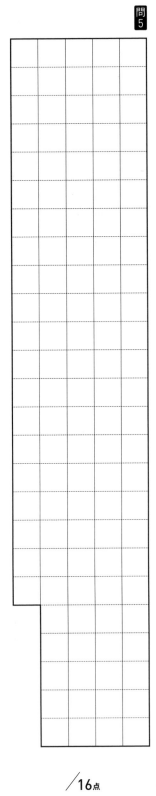

／16点

パターン③ 傍線部中の複数の要素を言い換える

例題

問題 P.24
解説 P.43

公共性のパラドックス　平子義雄

問

/20点

実践問題1

問題 P.26
解説 P.44

足音が遠ざかる　松浦寿輝

問1

ア

イ

ウ

エ

/8点（各２点）

/50点

問2

／6点

問3

／16点

問4

／12点

問5

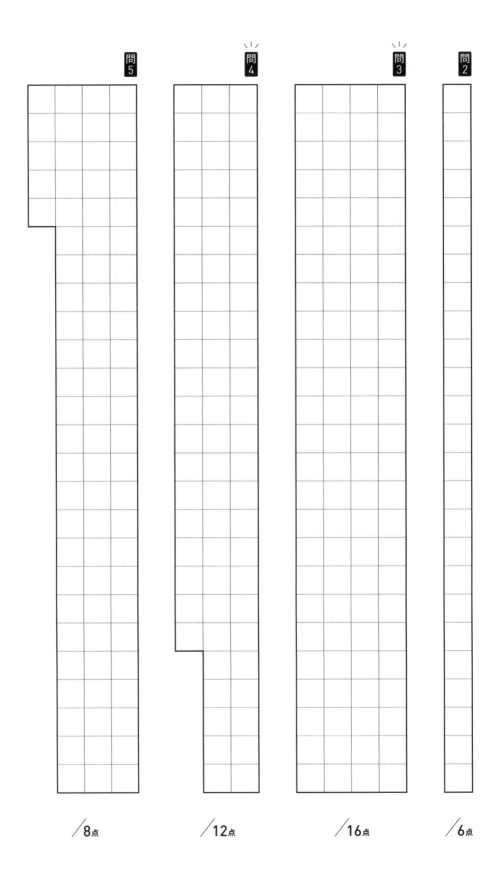

／8点

実践問題2

問題 P.30

解説 P.52

感覚の近代　坪井秀人

問1

ア

イ

ウ

エ

／8点
（各2点）

問2

／8点

問3

／8点

問4

／12点

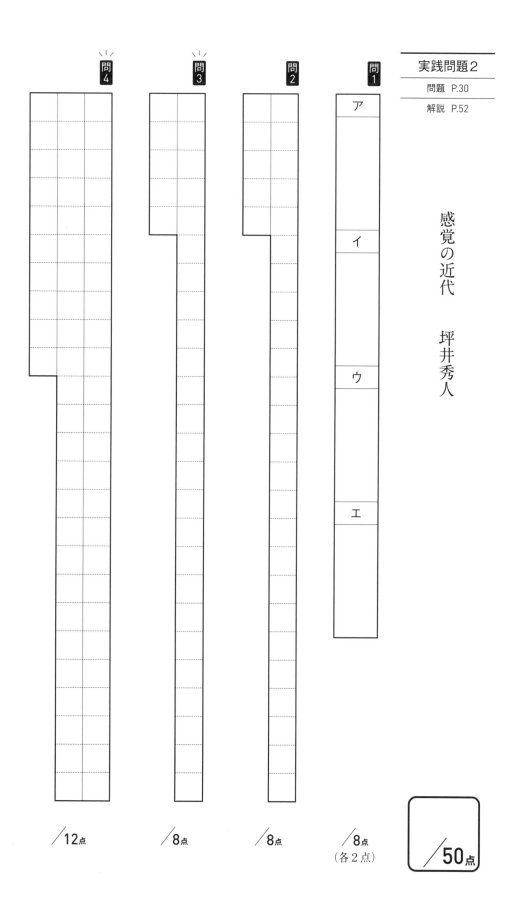

／50点

問5

／14点

内容説明

パターン①　物事のつながりを説明する

例　題

問題　P.34
解説　P.61

呪術的儀式　日野啓三

問

/20点

実践問題 1

問題　P.36
解説　P.62

法と社会科学をつなぐ　飯田高

問1

ア	
イ	
ウ	
エ	
オ	

/10点
（各2点）

/50点

問2

1

2

／4点
（各2点）

問3

／10点

問4

／12点

問5

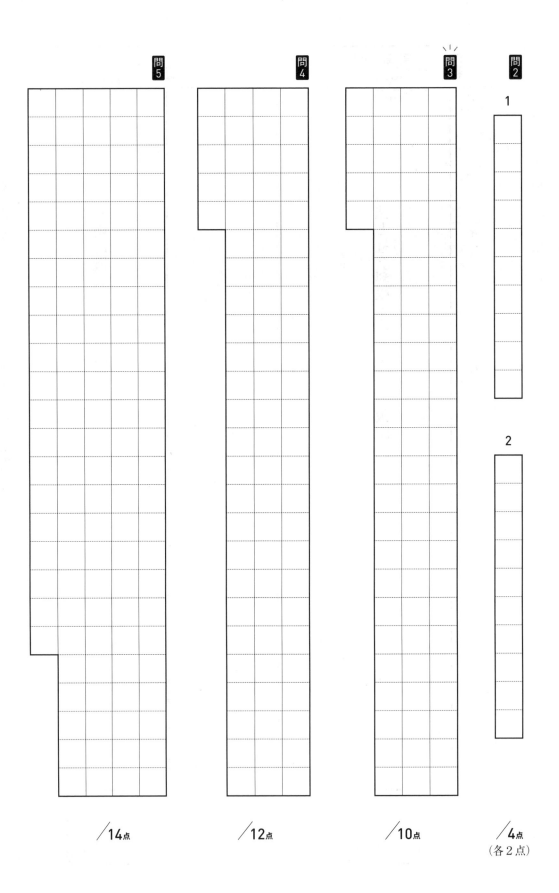

／14点

実践問題２

問題　P.40
解説　P.68

子規の画　夏目漱石

問1

ア

イ

ウ

エ

オ

／10点
（各２点）

問2

／10点

問3

／12点

問4

X

Y

／8点
（各４点）

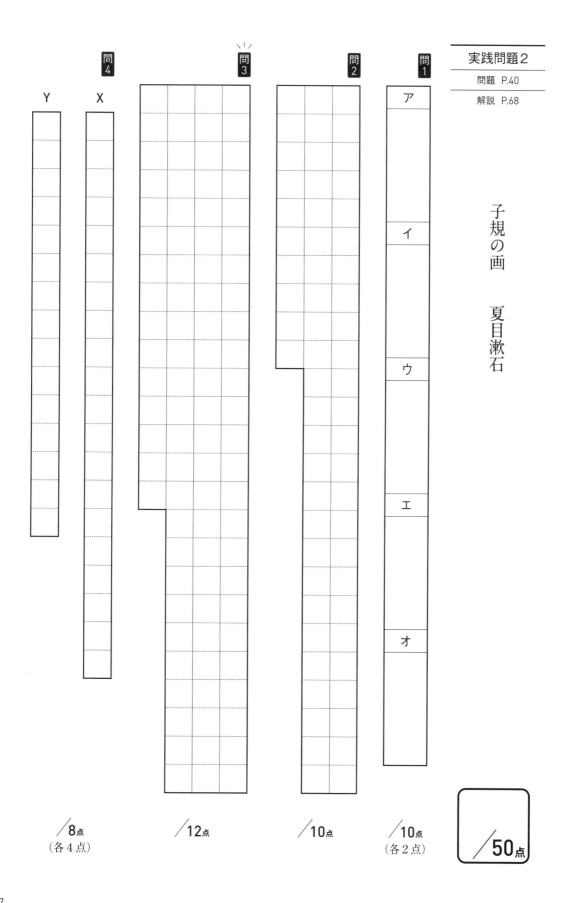

／50点

問5

／10点

例題

問題　P.44
解説　P.77

歴史と出会い、社会を見いだす　佐藤健二

問

/20点

実践問題1

問題　P.46
解説　P.78

彩色の精神と脱色の精神　真木悠介

問1

ア
イ
ウ
エ
オ

/10点（各2点）

/50点

問2

／4点

問3

／8点

問4

／10点

問5

1

／10点

2

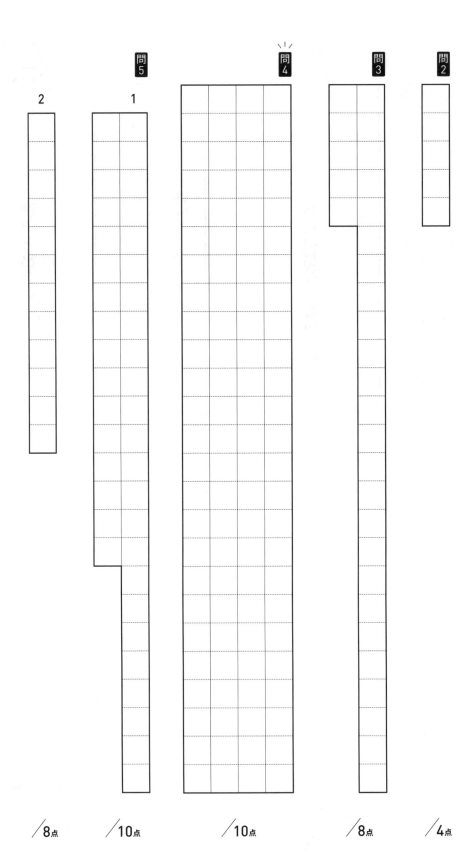

／8点

実践問題2

問題 P.49
解説 P.85

書籍について　渡辺一夫

問1

ア

イ

ウ

エ

オ

／5点（各１点）

問2

1

2

／2点（各１点）

問3

／10点

問4

／10点

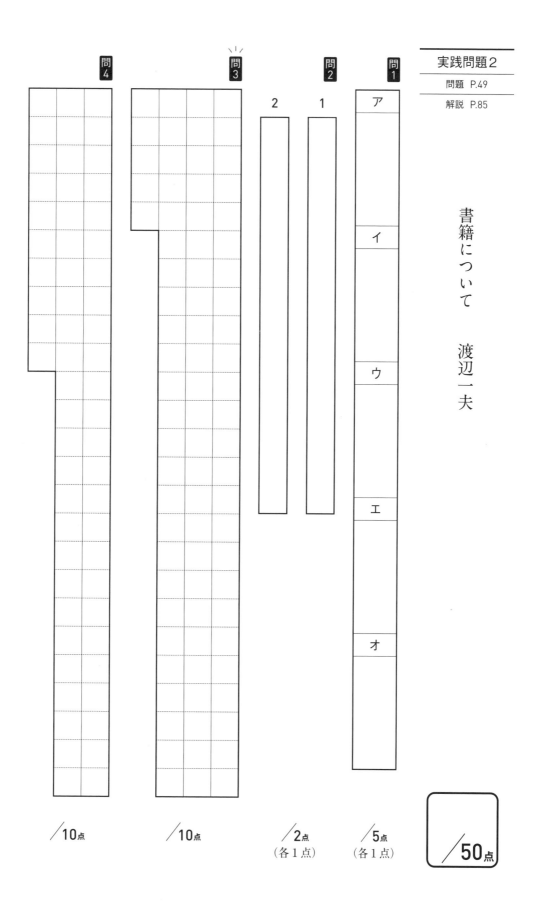

／50点

問5

／10点

問6

／3点

問7

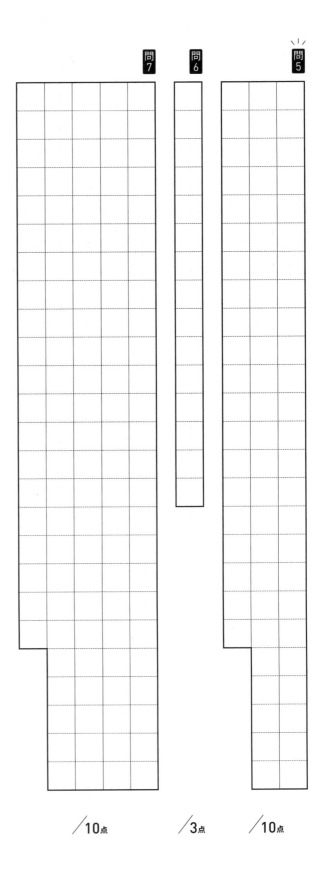

／10点

例題

問題 P.52
解説 P.93

電脳遊戯の少年少女たち　西村清和

問

／20点

実践問題1

問題 P.54
解説 P.94

異文化理解　青木保

問1

ア	イ	ウ	エ	オ

／5点（各1点）

／50点

問2

1

2

／4点
（各2点）

問3

／11点

問4

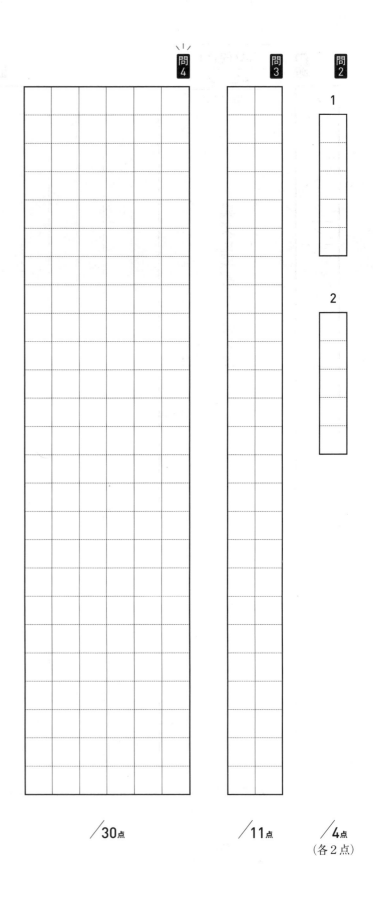

／30点

実践問題２

問題 P.58

解説 P.100

物語る声を求めて　津島佑子

問1

ア

イ

ウ

エ

オ

／5点
（各１点）

問2

／3点

問3

／7点

問4

／10点

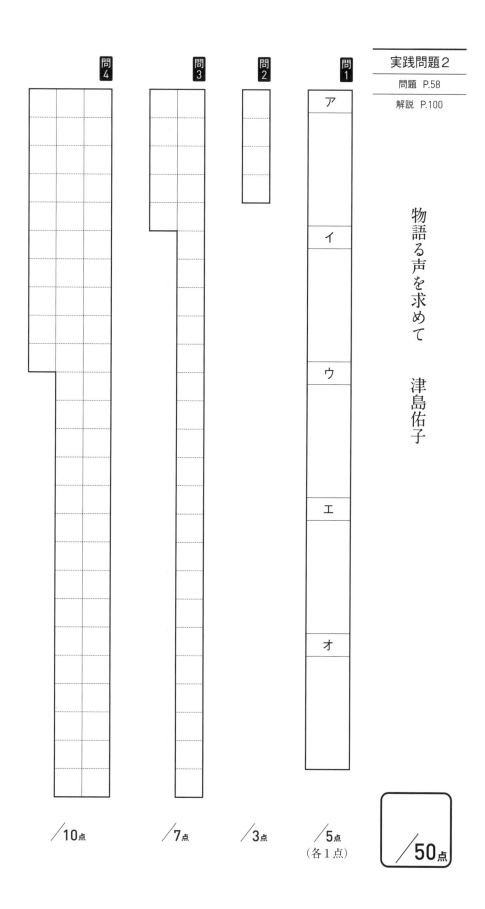

／50点

問5

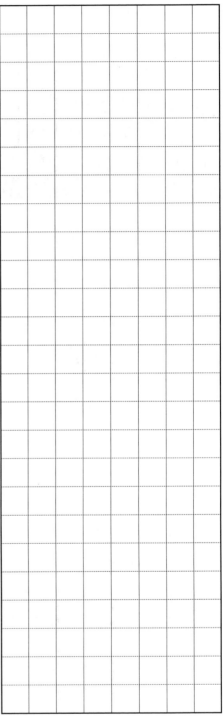

／25点

理由説明

パターン ①

因果関係を説明する

例 題

問題 P.62

解説 P.109

技術哲学の展望　村田純一

問

/20点

実践問題1

問題 P.64

解説 P.110

「文化が違う」とは何を意味するのか？　岡真理

問1

ア

イ

ウ

エ

オ

/5点
（各1点）

/50点

問2

／3点

問3

／10点

問4

／16点

問5

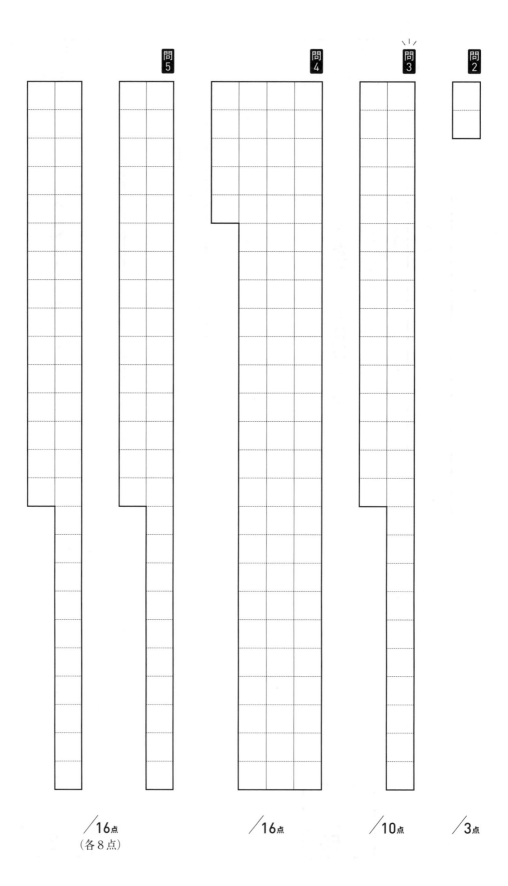

／16点
（各8点）

実践問題2

問題 P.68

解説 P.117

自分ということ　木村敏

問1

ア

イ

ウ

エ

オ

/5点（各1点）

問2

1

2

/4点（各2点）

問3

/16点

/50点

問4

／9点

問5

／8点

問6

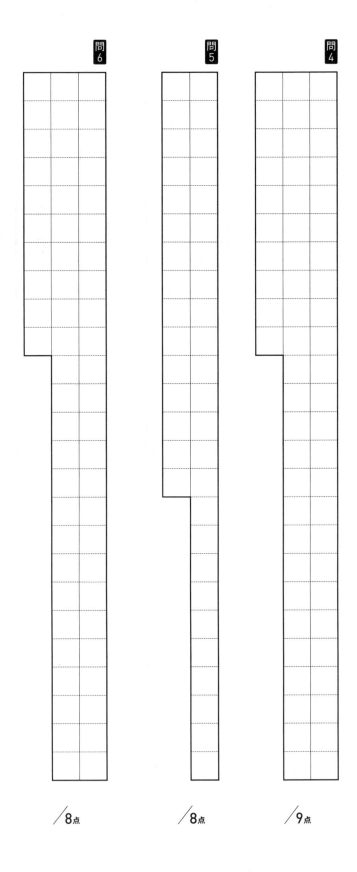

／8点

例題

問題 P.72

解説 P.125

意識は実在しない　河野哲也

問

／20点

実践問題1

問題 P.74

解説 P.126

藤　幸田文

問1

ア

イ

ウ

エ

オ

／5点
（各1点）

／50点

問2

／6点

問3

／13点

問4

／13点

問5

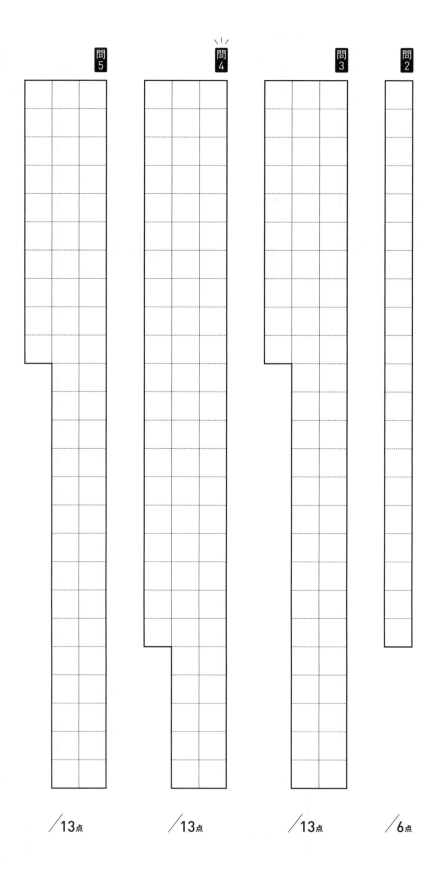

／13点

実践問題２

問題　P.78
解説　P.132

山羊小母たちの時間　馬場あき子

問1
ア
イ
ウ
エ
オ
／5点（各1点）

問2
／2点

問3
／6点

問4
／9点

問5
／9点

／50点

問7

／12点

問6

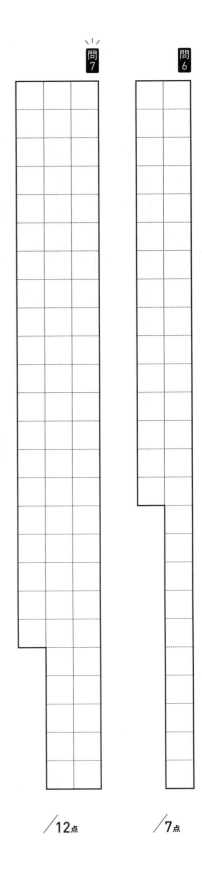

／7点

例題

問題 P.82
解説 P.141

学問論　田中美知太郎

問

／20点

実践問題1

問題 P.84

解説 P.142

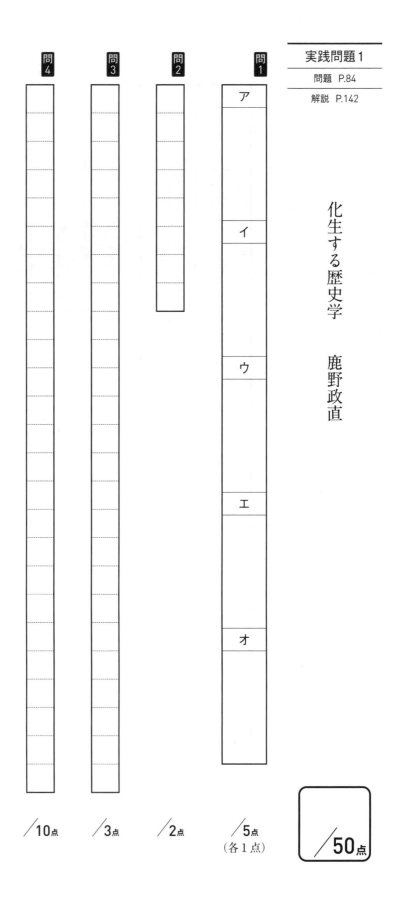

化生する歴史学 鹿野政直

問1

ア

イ

ウ

エ

オ

／5点
（各1点）

問2

／2点

問3

／3点

問4

／10点

／50点

実践問題2

問題 P.87

解説 P.149

進化するコトバ　沼野充義

問5

／30点

問1

ア

イ

ウ

エ

オ

／5点
（各1点）

問2

／2点

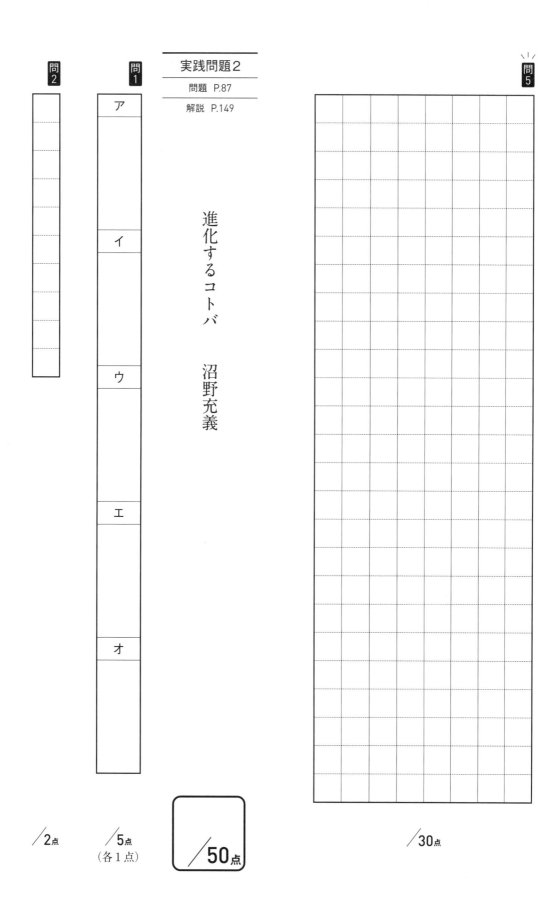

／50点

問3

／10点

問4

／3点

問5

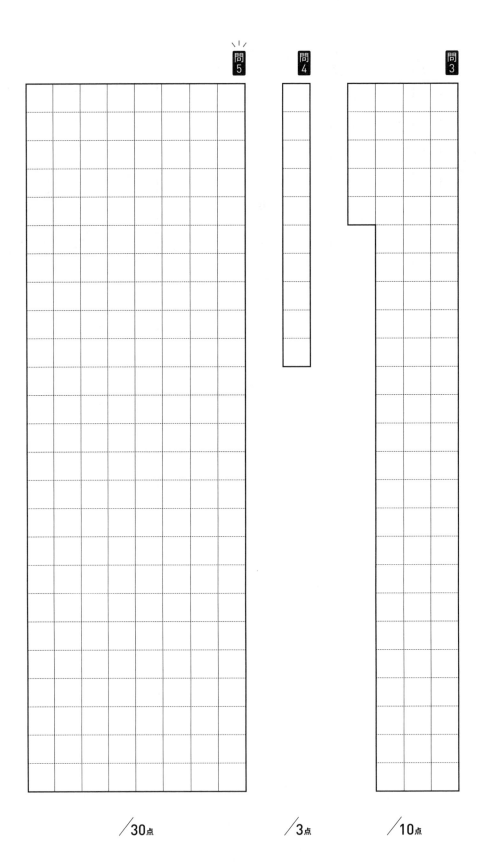

／30点

例題

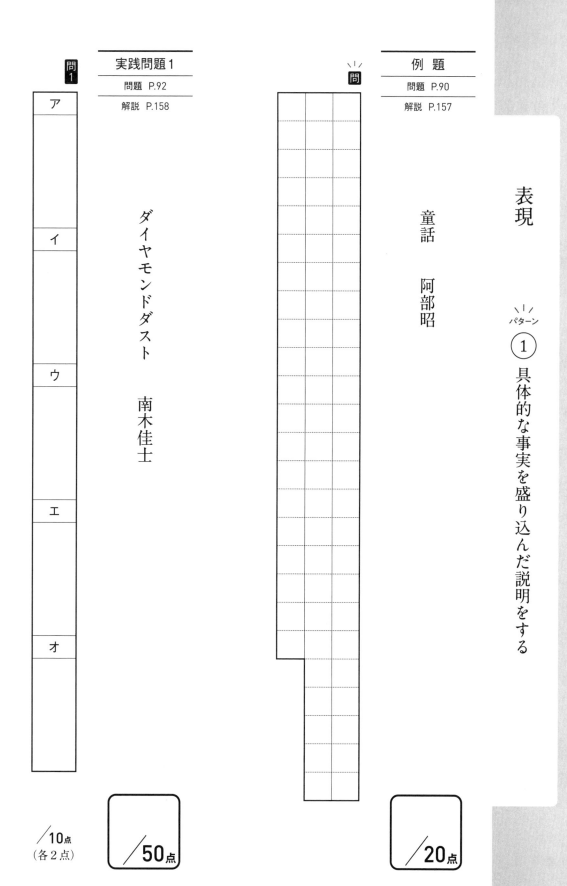

問題　P.90
解説　P.157

童話　阿部昭

問

／20点

実践問題1

問題　P.92
解説　P.158

ダイヤモンドダスト　南木佳士

問1

ア

イ

ウ

エ

オ

／10点
（各２点）

／50点

問2

／6点

問3

／8点

問4

／16点

問5

／10点

実戦問題２

問題 P.96

解説 P.165

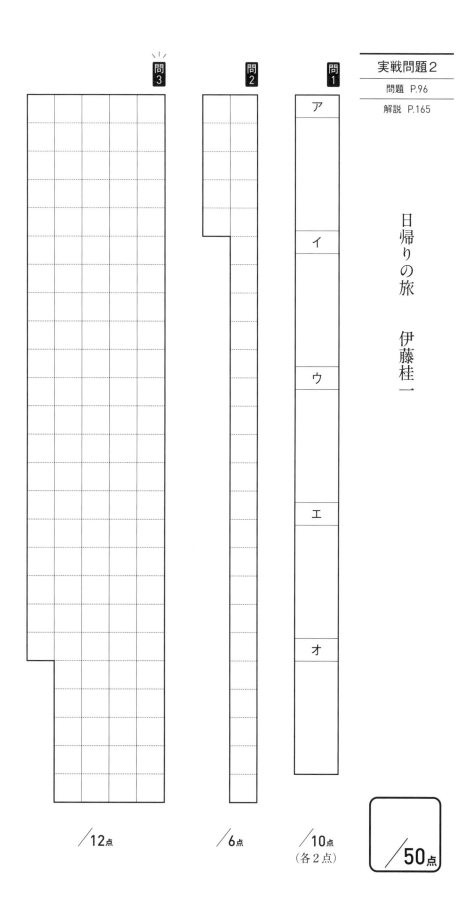

日帰りの旅　伊藤桂一

問1

ア

イ

ウ

エ

オ

／10点（各２点）

問2

／6点

問3

／12点

／50点

問4

／12点

問5

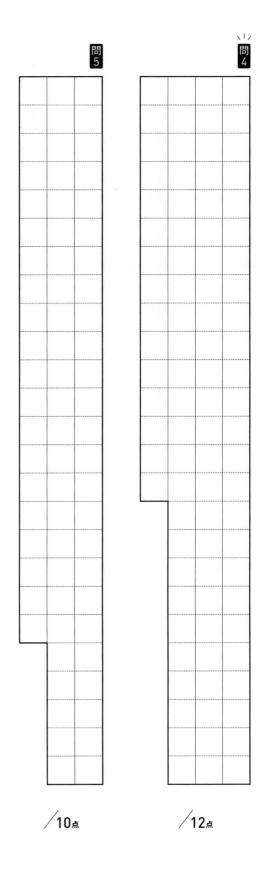

／10点

例題

問題 P.100
解説 P.173

留学　遠藤周作

問

／20点

実践問題1

問題 P.102
解説 P.174

川べりの道　鷺沢萠

問1

ア

イ

ウ

エ

オ

／10点
（各２点）

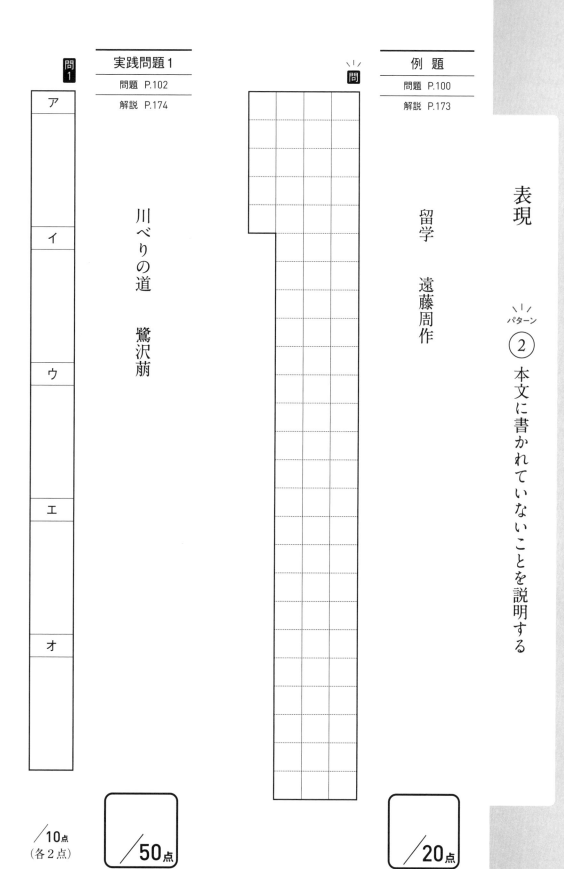

／50点

問2

1

2

／8点
（各4点）

問3

／8点

問4

／14点

問5

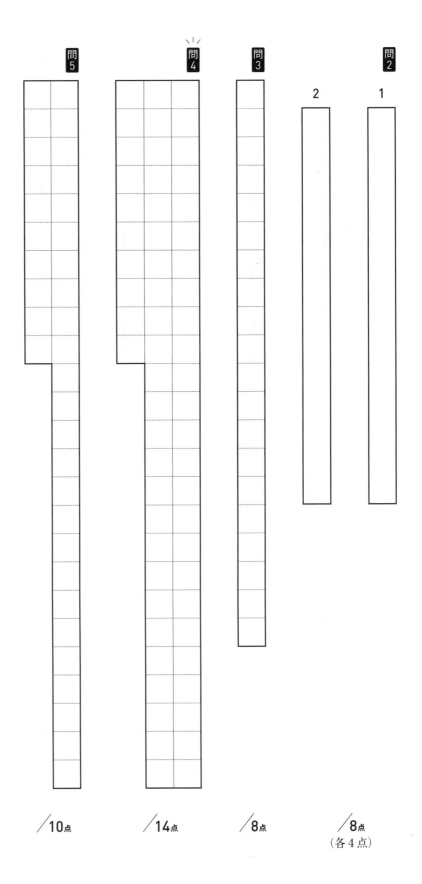

／10点

実践問題2

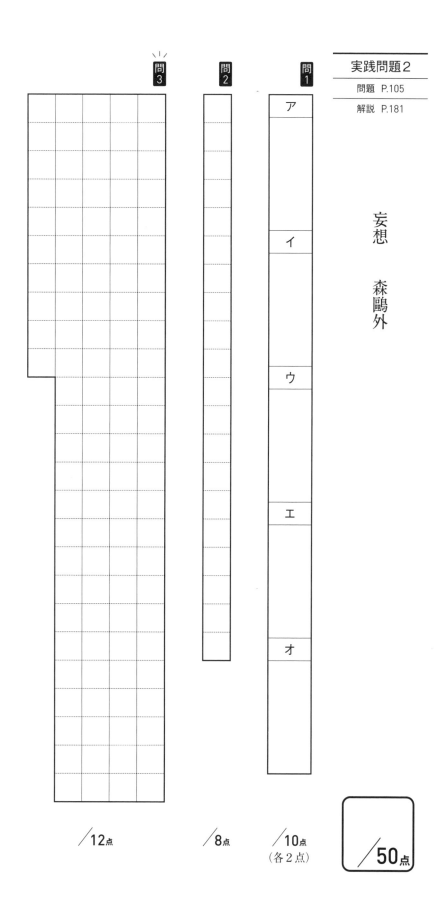

問題 P.105
解説 P.181

妄想　森鷗外

問1

ア

イ

ウ

エ

オ

／10点（各2点）

問2

／8点

問3

／12点

／50点

問4

/12点

問5

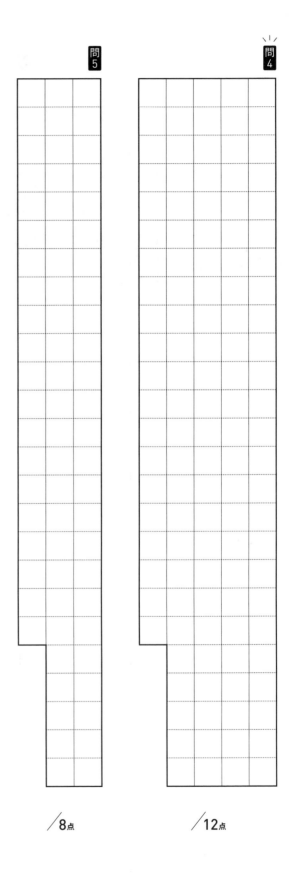

/8点

例題

問題 P.108

解説 P.189

声の山　黒井千次

問

/20点

実践問題1

問題 P.110

解説 P.190

文字禍　中島敦

問1

ア	
イ	
ウ	
エ	
オ	

/10点（各２点）

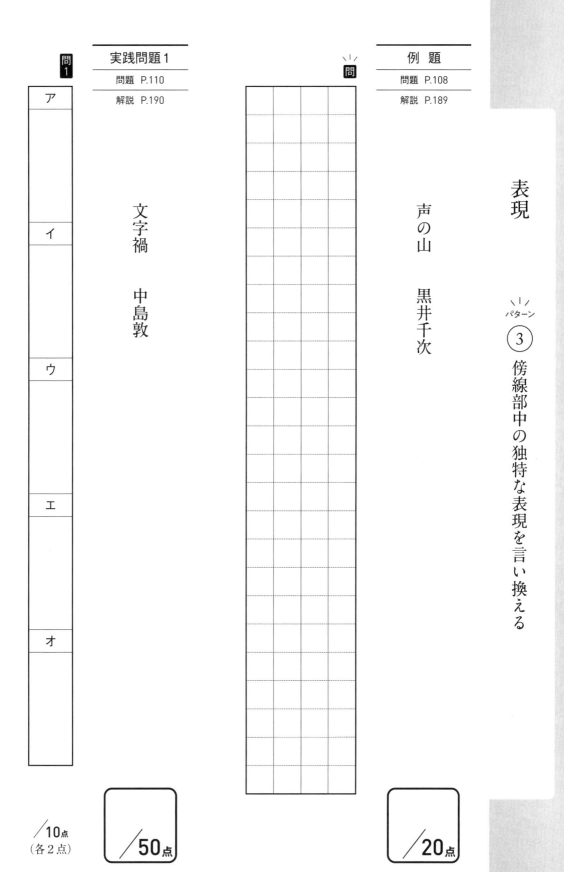

/50点

問2

1

2

/6点
（各3点）

問3

/12点

問4

/10点

問5

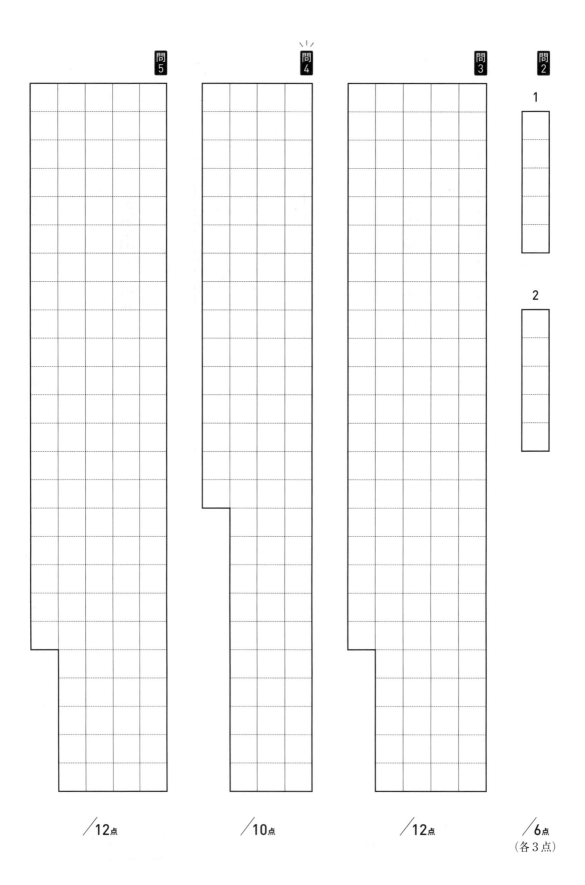

/12点

実践問題2

問題 P.113
解説 P.197

恋愛至上かも知れない　佐藤春夫

問1

ア

イ

ウ

エ

オ

／5点（各1点）

問2

1

2

／6点（各3点）

問3

／7点

問4

／6点

／50点

問5

/8点

問6

/6点

問7

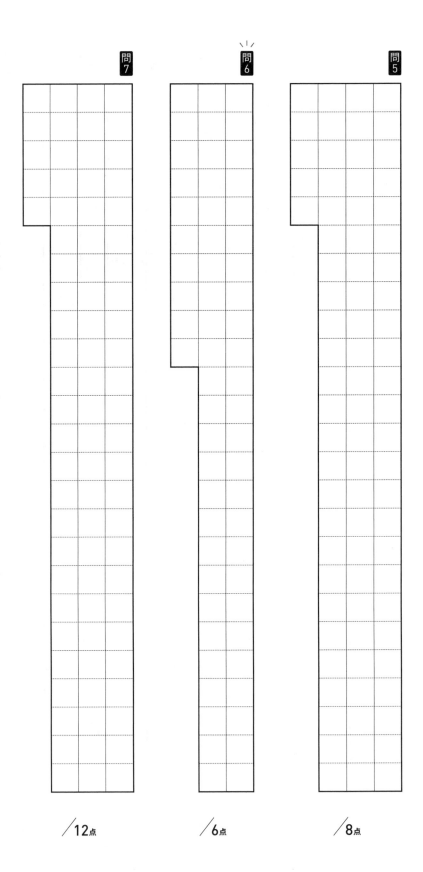

/12点

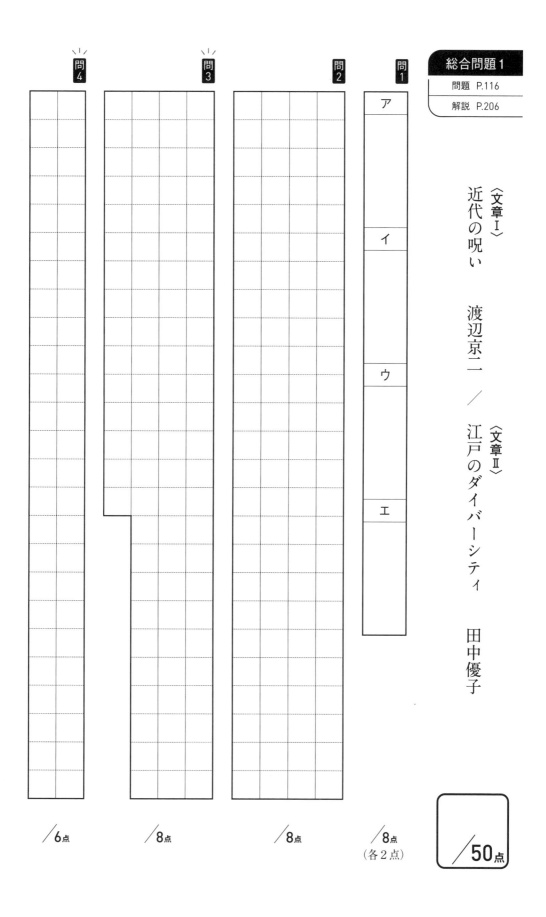

総合問題1
問題 P.116
解説 P.206

〈文章Ⅰ〉近代の呪い　渡辺京二　／　〈文章Ⅱ〉江戸のダイバーシティ　田中優子

問1
ア
イ
ウ
エ
／8点（各2点）

問2
／8点

問3
／8点

問4
／6点

／50点

問6

問5

／12点

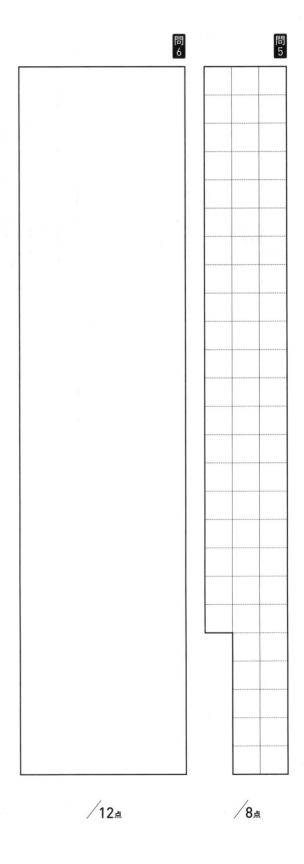

／8点

総合問題2

問題 P.122
解説 P.214

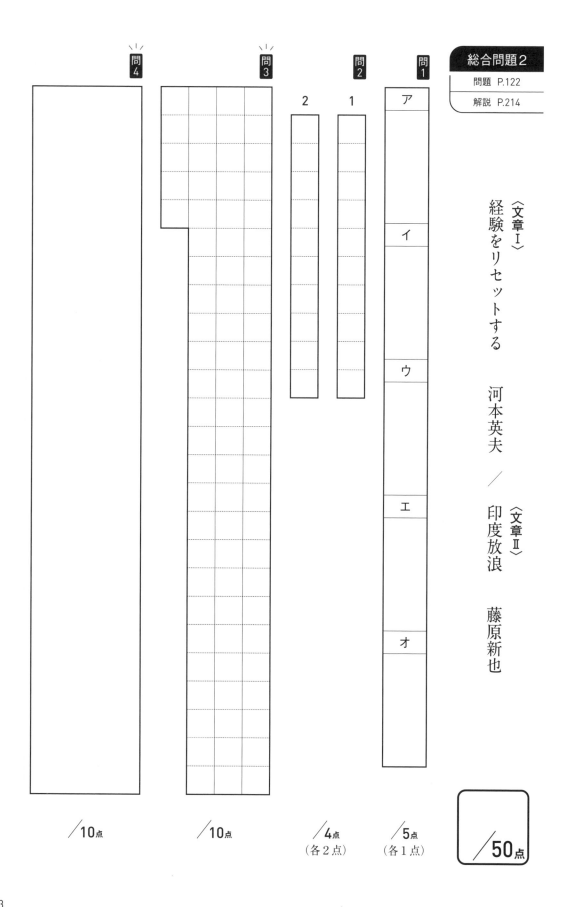

〈文章Ⅰ〉経験をリセットする　河本英夫／〈文章Ⅱ〉印度放浪　藤原新也

問1
ア
イ
ウ
エ
オ

／5点（各1点）

問2
1
2

／4点（各2点）

問3

／10点

問4

／10点

／50点

問5

/7点

問6

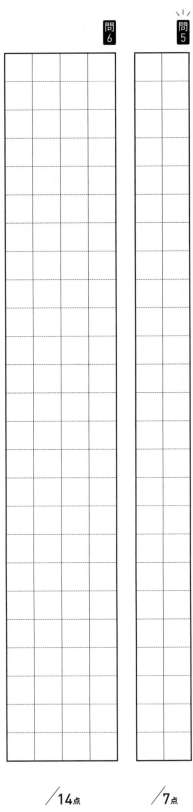

/14点

桐原書店